国家社科基金
后期资助项目

马克思教育思想的当代阐释

Contemporary Interpretations of Marx's Educational Thoughts

舒志定 著

学习出版社

图书在版编目（CIP）数据

马克思教育思想的当代阐释/舒志定著.
–北京：学习出版社，2013.3
（国家社会科学基金后期资助项目）
ISBN 978-7-5147-0324-5

Ⅰ.①马… Ⅱ.①舒… Ⅲ.①马克思主义–教育思想–研究 Ⅳ.①A811.67

中国版本图书馆 CIP 数据核字（2013）第 028061 号

马克思教育思想的当代阐释
MAKESI JIAOYUSIXIANG DE DANGDAI CHANSHI

舒志定 著

责任编辑：冰　冰　黎海华
技术编辑：贾　茹
封面设计：杨　洪

出版发行：	学习出版社
	北京市崇外大街 11 号新成文化大厦 B 座 11 层（100062）
	010-66063020　010-66061634
网　　址：	http://www.xuexiph.cn
经　　销：	新华书店
印　　刷：	北京市密东印刷有限公司
开　　本：	710 毫米×1000 毫米　1/16
印　　张：	27.75
字　　数：	468 千字
版次印次：	2013 年 3 月第 1 版　2013 年 3 月第 1 次印刷
书　　号：	ISBN 978-7-5147-0324-5
定　　价：	53.00 元

如有印装错误请与本社联系调换

国家社科基金后期资助项目
出版说明

后期资助项目是国家社科基金设立的一类重要项目，旨在鼓励广大社科研究者潜心治学，支持基础研究多出优秀成果。它是经过严格评审，从接近完成的科研成果中遴选立项的。为扩大后期资助项目的影响，更好地推动学术发展，促进成果转化，全国哲学社会科学规划办公室按照"统一设计、统一标识、统一版式、形成系列"的总体要求，组织出版国家社科基金后期资助项目成果。

全国哲学社会科学规划办公室

目 录

引 言　走向自觉的马克思教育思想研究 …………………………（ 1 ）

第一章　马克思教育思想当代阐释的基础与重点 …………………（ 9 ）
 第一节　马克思教育思想研究简述 …………………………（ 10 ）
 第二节　教育思想方式的革命 ………………………………（ 38 ）
 第三节　培养社会主体的教育目的 …………………………（ 44 ）
 第四节　教育研究的历史性 …………………………………（ 50 ）
 第五节　马克思教育思想当代阐释的道路 …………………（ 54 ）

第二章　教育危机和马克思教育思想的前景 ………………………（ 59 ）
 第一节　教育危机抑或教育学危机 …………………………（ 59 ）
 第二节　绵延着的教育"神话" ………………………………（ 67 ）
 第三节　教育在人、理性、知识之间 ………………………（ 80 ）
 第四节　"谁之教育权利" ……………………………………（ 93 ）
 第五节　"教育"传统解读没有跨越的一步 …………………（ 99 ）
 第六节　领会马克思教育思想的根本 ………………………（103）

第三章　马克思实践观对教育本质的阐释 …………………………（117）
 第一节　新中国成立以来教育本质研究特点 ………………（117）
 第二节　意识形态规范的教育本质研究 ……………………（127）
 第三节　改革开放30年的教育本质研究 ……………………（131）
 第四节　新世纪10年教育本质的多元视域 …………………（141）

第五节　马克思以实践观阐释教育本质 …………………… (151)

第四章　基于马克思现代性批判的教育正当性 …………… (171)
　　第一节　现代性的素描 ………………………………………… (172)
　　第二节　多维视域中的现代性批判 …………………………… (175)
　　第三节　解救现代性危机中凸现正当性课题 ………………… (182)
　　第四节　马克思批判现代性的理路与实质 …………………… (187)
　　第五节　马克思诊断社会正当性的视阈 ……………………… (199)
　　第六节　现代性视域中的学校教育正当性 …………………… (214)

第五章　马克思生产劳动理论赋予教育的当代价值 ……… (231)
　　第一节　生产劳动及其秘密 …………………………………… (232)
　　第二节　生产劳动阐释学校存在之根由 ……………………… (241)
　　第三节　教育与生产劳动结合的可能性 ……………………… (256)
　　第四节　重申教育与生产劳动结合的实质 …………………… (260)
　　第五节　教育与生产劳动结合的当代价值 …………………… (267)

第六章　马克思"感性活动"为教育面向生活世界奠基 …… (283)
　　第一节　吊诡的学校教育观 …………………………………… (285)
　　第二节　教育思想方式的追问 ………………………………… (299)
　　第三节　生活世界的研究主题 ………………………………… (304)
　　第四节　马克思的"感性的活动" …………………………… (320)
　　第五节　一种思想方式的绽裂 ………………………………… (324)
　　第六节　生活世界与人的问题的消解 ………………………… (328)
　　第七节　生活世界开启理解教育的当代视域 ………………… (331)

第七章　马克思唯物史观解读教育现实性 ………………… (341)
　　第一节　质疑教育的现实性 …………………………………… (342)
　　第二节　"实践"视阈中的教育现实性 ……………………… (350)

第三节 教育对象的误读与教育现实性消失 …………… (358)
第四节 异质性与均质化的抗衡隐没教育现实性 ………… (366)
第五节 教育历史性与教育现实性的失衡 ………………… (379)
第六节 唯物史观敞开教育现实性的路标 ………………… (385)
第七节 唯物史观理解教育现实性的当代价值 …………… (402)

参考文献 ……………………………………………………… (415)

后　　记 ……………………………………………………… (425)

Contents

**Introduction Research on Marx's educational thoughts:
towards self – consciousness** ·············· (1)

**Chapter 1 Foundation and Key Points of Contemporary
Interpretation of Marx's Educational
Thoughts** ·· (9)

1.1 Overview of research on Marx's
educational thoughts ································· (10)

1.2 Revolution of educational mode of thoughts ············ (38)

1.3 Aim for cultivating social subjects ······················ (44)

1.4 Historicality of Educational research ···················· (50)

1.5 Contemporary interpretation ways to Marx's
educational thoughts ···································· (54)

**Chapter 2 Education Crisis and Prospect of
Marx's Educational Thoughts** ·············· (59)

2.1 Crisis of education or of education science ············ (59)

2.2 Continuous education "myth" ·························· (67)

2.3 Education among human, rationality and
knowledge ·· (80)

2.4 "Whose educational rights" ···························· (93)

2.5 No surpassing step of traditional
explanation of "education" ···························· (99)

2.6 Root of understanding Marx's educational
ideology ·· (103)

Chapter 3 Interpretation of Nature of Education According to Marx's View of Practice ……(117)

3.1 Features of research on the nature of education since founding of new China (1949) ……(117)

3.2 Research on ideological norms in nature of education ……(127)

3.3 Research on the nature of education in the past three decades since the Reform and Opening-up in China ……(131)

3.4 Multiple perspectives of nature of education in the past ten years ……(141)

3.5 Nature of education in terms of Marx's View of Practice ……(151)

Chapter 4 Legitimacy of Education Based on Marx's Critique of Modernity ……(171)

4.1 Sketch of modernity ……(172)

4.2 Critique of modernity from multidimensional perspectives ……(175)

4.3 Legitimacy standing out in solving modernity crisis ……(182)

4.4 Logic and essence of Marx's critique of modernity ……(187)

4.5 Marx judgment of social legitimacy ……(199)

4.6 Legitimacy of school education from the perspective of modernity ……(214)

Chapter 5 Values of Education in Marx's Theory of Productive Labour ……(231)

5.1 Productive labour and its secrets ……(232)

5.2 Productive labour leading to the existence of school education ……(241)

5.3 The possibility of linkage between education and
    productive labour ·· (256)
5.4 Repeating nature of linkage between education and
    productive labour ·· (260)
5.5 Contemporary value of linkage between
    education and productive labour ························· (267)

**Chapter 6 Marx's Perceptual Activity Theory laying
            foundation of education facing life world** ············· (283)
6.1 Paradoxical view of school education ····················· (285)
6.2 Probing into education thoughts ···························· (299)
6.3 Research topics of life world ································· (304)
6.4 Marx's perceptual activity theory ···························· (320)
6.5 Breakout of a way of thinking ································ (324)
6.6 Life world and human problem solution ················ (328)
6.7 Contemporary ways of life world to
    understand education ··· (331)

**Chapter 7 Interpretation of Educational Reality in Marx's
            Materialist Conception of History** ······················ (341)
7.1 Questioning the reality of education ······················ (342)
7.2 Educational Reality from the perspective of
    "practical" ·· (350)
7.3 Misconstruction of education objects and
    disappearance of educational reality ···················· (358)
7.4 Educational reality fading in the Competition
    between heterogenicity and homogenization ········ (366)
7.5 Gaps between educational of historicality and
    educational reality ··· (379)
7.6 Historical Materialism on the way to
    educational reality ··· (385)

7.7 Contemporary Values of Materialist Conception of
     History on understanding educational reality ·················· (402)

References ·· (415)

Postscript ·· (425)

引　言　走向自觉的马克思教育思想研究

就当前教育实践来说，研究马克思教育思想，依然十分重要。这种重要性，是因为马克思主义在我国（主要是中华人民共和国成立以来）教育理论研究中的地位所决定。自1949年新中国成立以来，我们把马克思主义教育思想确立为教育工作的指导思想，马克思主义的立场、观点、方法，马克思主义的理想、信念、宗旨，是建设有中国特色社会主义教育事业的行动准则，是适应当前中国教育理论创新与教育改革实践深入发展的需要。

诚然，我们认识到，加强马克思教育思想研究的重要性，更是源于我们对马克思教育思想超越近现代教育思想所蕴含的巨大价值的领会。正如《20世纪的马克思主义——全球导论》一书的评述："马克思主义思想依然在为当代政治和学术做出贡献，并且可能在进入21世纪后仍将是一个重要的政治和思想的参照点。马克思主义仍是一个发展中的传统。"[1]

正因如此，社会学奠基人之一的德国社会学家马克斯·韦伯（Max Weber）就称马克思是"伟大的思想家"，评价马克思的理论是极其重要的理论类型，是伟大思想家的文献。[2] 这样的言说，体现着马克斯·韦伯对马克思及其学说的尊重。

事实上，马克斯·韦伯肯定马克思的立场与观点，代表着西方思想界的一种重要声音，是西方思想家已经把研究马克思思想作为一项"发展中的传统"的生动体现。就如法国哲学家雅克·德里达（J. Jacques

---

[1] ［南非］达里尔·格雷泽、［英］戴维·M.沃克尔：《20世纪的马克思主义——全球导论》，王立胜译，江苏人民出版社2011年版，第18页。

[2] ［德］马克斯·韦伯：《社会科学方法论》，韩水法、莫茜译，中央编译出版社1999年版，第52页。

Derrida）在《马克思的幽灵》一书中明确宣称"没有马克思的遗产，也就没有将来"。他在该书中写道："不去阅读且反复阅读和讨论马克思——可以说也包括其他一些人——而且是超越学者式的'阅读'和'讨论'，将永远都是一个错误，而且越来越成为一个错误，一个理论的、哲学的和政治的责任方面的错误。当教条的机器和'马克思主义'的意识形态机构（国家、政党、党支部、工会和作为理论产物的其他方面）全都处在消失的过程中时，我们便不再有任何理由，其实只是借口，可以为逃脱这种责任辩解。没有这种责任感，也就不会有将来。不能没有马克思，没有马克思，没有对马克思的记忆，没有马克思的遗产，也就没有将来：无论如何得有某个马克思，得有他的才华，至少得有他的某种精神。"①

而埃迪安·巴里巴尔（Etienne Balibar）称赞《保卫马克思》是"一声口号般的呼喊"。他在替路易·阿尔都塞（Louis Althusser）《保卫马克思》一书写的序言中开篇就说《保卫马克思》这一书名是一声呼喊，是一个口号般的呼喊。他充分肯定阿尔都塞开展此项研究工作的意义以及研究成果的价值，称它是一篇解读马克思、保卫马克思的"宣言"。他的原文如下："当这部作品于1965年第一次出版时，它既是依某种方式、依这种方式的逻辑和准则解读马克思的一个宣言，也是保卫马克思主义，更确切地说保卫真正的马克思主义的宣言。"②

20世纪极具影响力的政治学者汉娜·阿伦特（Hannah Arendt）不仅称赞马克思是伟大的学者、是"社会科学之父"，而且在美国普林斯顿大学开设马克思思想研究专题讲座，师生共同研讨、介绍马克思政治思想、传播马克思政治思想。她在讲座中阐述了开设马克思政治思想研究专题讲座的意图："首先要作一说明，我在这里并不是解说马克思的学说。马克思是伟大的学者，也是伟大的科学家、经济学家和历史学家，而且与孔德（Auguste Comte）相比，称之为社会科学之父更为恰当。"③

同样，马克思思想受到教育理论研究的重视。有如20世纪初在北美兴起的批判教育学，在他们看来，虽然法兰克福学派（尤其是尤尔根·

---

① [法] 雅克·德里达：《马克思的幽灵》，何一译，中国人民大学出版社1999年版，第21页。
② [法] 路易·阿尔都塞：《保卫马克思》，顾良译，商务印书馆2006年版，1996年重版前言。
③ [美] 汉娜·阿伦特：《马克思与西方政治思想传统》，孙传钊译，江苏人民出版社2007年版，第81页。

哈贝马斯（Jürgen Habermas）的思想）、意大利安东尼奥·葛兰西（Antonio Gramsci）的文化领导权理论、巴西保罗·弗莱雷（Paulo Freire）的"被压迫者教育学"是形成批判教育学的三大理论渊源，但是，这三部分理论的依据则是马克思的批判理论。马克思对社会意识形态和文化的本质、职能、特征的分析，以及创立的社会与经济相结合的批判分析方法，是从事批判教育学理论研究不可绕开的思想财富。[1] 这样，决定批判教育学理论形成的基础和前提是马克思思想。

诚然，我们要加强马克思思想的研究，必须切实关注当代社会变化的新特征、新需求，积极回应马克思思想研究面临的新问题、新条件的挑战。不难发现，不断变革的社会环境，社会发展路径的多样性，全球社会文化交流的多元性，它们都对当代马克思思想的研究主题、思路与范式产生深刻影响。尤其是进入 21 世纪以来，市场经济的世界性扩张，新的科技革命推动着资本主义社会的变革，使资本主义社会出现了许多新变化、新情况，构成了研究、传播、实践马克思和马克思主义思想的新的社会基础。

正是积极回应马克思思想研究的新情况，当代西方思想家重视研究马克思思想，不仅深入开展马克思思想的阅读、研究与传播，而且建立研究马克思思想研究组织、举行纪念会或专题学术研讨会，以期展示马克思思想对当代社会变革实践产生的积极意义。2011 年 5 月 13—15 日比利时工人党在布鲁塞尔主办第 20 届国际共产党人研讨会，共计 44 个国家 52 个共产党和工人党的代表参加。在此次国际共产党人研讨会上，代表们分析了资本主义危机给国际共产党带来的机遇与挑战，分析当代社会发展新形势的利与弊，指出它既有利于加强党的建设，又提出了采取切实举措加强党的自身建设的紧迫要求。对此，这次会议通过的《总结论》上说得非常清楚："世界的客观条件对于加强共产党而言是极其有利的。资本主义制度的总危机正在恶化，而紧张局势正在激化，世界各国人民不断站起来反对危机。在此情况下，共产党要在思想、政治和组织等各个方面加强自己。"[2]

会议分析了研究马克思思想、丰富马克思主义理论面临挑战的事实，更加激起思想家研究马克思思想和马克思主义理论的兴趣与热情。他们

---

[1] Dennis Saleebey & Edward Scanlon, 2005. "Is a Critical Pedagogy for the Profession of Social Work Possible". *Journal of Teaching in Social Work*.

[2] 刘春元：《第 20 届国际共产党人研讨会述评》，《马克思主义研究》2011 年第 9 期。

坚持用马克思主义的理论立场分析全球化时代面临的社会变革与发展问题，使马克思思想和马克思主义在当代社会呈现它的新意义，形成一股"研究马克思"、"回归马克思"、"复兴马克思"的热潮。国际共产党人大会、国际马克思主义大会、纪念《共产党宣言》发表150周年国际大会等研究马克思思想的学术研讨会在西方世界主要城市接连举行，东欧剧变、苏联解体之后的法国马克思主义批评学派的成立，以及一批研究马克思思想的论文、期刊著作的出版，这都是国际社会重视马克思及马克思主义思想研究的象征，反映了马克思思想研究在当代西方世界的生命力。对马克思主义研究在当代西方世界的"复兴"，波兰学者亚当·沙夫（Adam Schaff）在《马克思主义在今天的意义》一文中作了陈述："马克思主义在今天可以凭借其实用功能以新的形态、作为理论和意识形态焕发出生命力。而这一点，需要新左派在目前条件下的实践中去实现。即使这种新左派因成分不同相互有区别，即使其中有人并不尊重马克思主义，马克思主义的力量也不但会成为重要的力量，而且会给整个发展定调。马克思主义即使不为所有左翼力量接受，也将在所有的人那里成为争取新社会制度的斗争的象征。这就是我对为什么我直到今天还倾向于马克思主义、马克思主义于我有什么理论和实践意义这个问题的回答。"[1]

因而，在全球化时代，多元文化相互交流与激荡，各种思潮、各种思想挑战、诘难马克思思想的背景下，立足深刻变化的时代环境和中国教育改革的实际，深入研究马克思教育思想能为探索建立中国特色社会主义教育理论体系提供思想武器和思想资源，持续推进中国特色社会主义教育事业的改革与发展。

为此，我们要深刻领悟马克思教育思想对当代中国教育产生的指导意义，采取切实举措发挥它对中国特色教育理论建构的思想库价值，又要清醒地意识到当代马克思教育思想研究的薄弱环节，找到制约马克思教育思想研究的突出问题与困难，采取有效措施，坚定不移地推动马克思教育思想中国化研究，服务于中国特色社会主义教育事业发展，服务于中国特色社会主义教育理论体系的建设。

一是重视马克思教育思想的当代价值研究，使中国教育在全球化多元文化交流与冲突中坚守正确方向

从20世纪80年代以来，中国教育发展面临着新的时代特征。一方面

---

[1] ［波兰］亚当·沙夫：《马克思主义在今天的意义》，柴方国编译，《马克思主义与现实》1998年第1期。

中国经历着史无前例的社会变革，社会结构的调整与革新，引发着新的社会问题与矛盾，另一方面中国社会又积极融入全球化世界交往体系之中，它给中国社会带来的经济的繁荣也带来的各种价值观的交流与冲突。特别是从20世纪90年代以来，世界政治经济格局发生重大变化，逐渐走出了第二次世界大战结束后形成的世界"两极冷战"的格局，整个国际政治格局开始呈现多极化发展趋势。不同的思想观念、不同的学术流派在不同国家、不同文化背景中应运而生，构成了世界文化发展丰富多样的特点，也造成了社会文化发展与思想传播复杂多变的格局。

因此，在全球思想交流更加开放与多元的背景下发展中国教育，以适应中国社会转型发展的需要，这是一项重大的时代课题。确立正确的发展方向，保证中国教育为中国特色社会主义伟大事业服务，发挥教育在推进中华民族伟大复兴中发挥战略作用，前提是确立并坚守教育发展的指导思想。在此意义上谈论马克思教育思想的当代价值，就是要结合中国教育改革的伟大实践，深入研究马克思教育思想的内涵、特征与精神实质，展示马克思教育思想对当代中国教育改革与发展的价值，这是深刻把握当前社会背景与时代特征的必然要求。

事实上，在当前复杂的国际国内形势下发展中国教育，坚持研究马克思教育思想，这是符合为社会主义现代化建设服务、为人民服务的中国教育发展宗旨。因为，马克思教育思想的核心主旨是提供了思考人的教育问题的思想方式。实现人的"政治解放"到"人的解放"，成为自由全面发展的具有个性的人，是马克思毕生追求的理想与事业。正是这种"人文关怀"，马克思研究资本主义商品关系、社会生产力、社会结构、社会发展规律等基本问题，最终目标还是为了消除人的异化问题，使"人向自身、向社会的即合乎人性的人的复归"，真正占有人的本质，[①] 成为真正的人。

因此，加强马克思教育思想研究，着眼于人与社会关系的维度阐释人的教育的本质，廓清对人的教育问题的种种幻想或"美文学"的承诺，正确处理传统与现代、境外文化与本国传统文化、学生个人全面发展与教育的国家需求、民族需要等多重复杂关系，以树立教育发展应该遵循的核心价值理念，使马克思研究教育的重点、思路与方法作为推进当前学校教育改革与发展的思想资源。

[①] [德] 马克思：《1844年经济学哲学手稿》，《马克思恩格斯全集》第3卷，人民出版社2002年版，第297页。

二是加强与健全马克思教育思想研究机构与组织的建设,为推进马克思教育思想的当代研究发挥领导、组织以及集聚研究队伍的功能

要不断创新马克思教育思想研究,建设马克思教育思想研究机构和组织系统是一项基础性工作。如果缺乏建设马克思思想或马克思主义教育思想研究机构与研究组织的有效举措,使研究组织机构不健全、研究活动不活跃,必定要影响马克思主义教育思想研究团队的形成、研究实力的整体提升。早在1979年成立中国教育学会马克思主义教育思想研究会,对加强马克思主义教育思想研究发挥了积极作用。这一研究会成立之后,组织研究人员开展马克思主义教育思想的课题研究,召开"关于人的全面发展理论的探讨(1980年8月14—22日)"、"首次毛泽东教育思想学术讨论会(1982年5月29日—6月3日)"、"马克思主义与我国的教育改革学术研讨会(1987年11月19—24日)"、"社会主义初级阶段教育理论研讨会(1988年8月14—17日)"等马克思主义思想研究学术研讨论,[①]组织了"高等师范学校教育系开设马克思主义教育论著课"专题调研等学术活动,[②]使马克思主义教育思想研究取得了可喜的成果。然而,到了20世纪90年代之后,研究会组织的学术活动越来越少,研究会理事会没有及时完成新老交替,影响了它在引领马克思主义教育思想中国化研究中作用的发挥。

三是坚持马克思教育思想当代研究的实践导向,实现马克思教育思想研究范式的变革,激发创新研究的活力

加强马克思教育思想研究,要以中国教育变革实践需求为研究出发点,切实发挥它对指导中国教育改革和实践的理论基础、思想资源的作用。这主要是因为研究马克思教育思想,不能机械地等同于学习与研究马克思论著,不能把诠释、解读、研究马克思经典著作变成是为写文章服务的"工具书",要着力避免马克思教育思想研究被"实用化"的现象,比如在讲话或写文章时,需要它时就引用几句。这种研究马克思教育思想的思路与方法,不可能做到全面、系统、深刻地阐释马克思教育

---

① 全国马克思主义教育思想研究会:《关于人的全面发展理论的探讨》,《中国教育学刊》1980年第2期。宋才发:《国内首次毛泽东教育思想学术讨论会在武昌举行》,《华中师范大学学报(人文社会科学版)》1982年第4期。励雪琴、刘芹茂、李国拱:《中国教育学会马克思主义教育思想研究会第三届年会纪要》,《黑龙江高教研究》1988年第2期。樊兴华、刘芹茂:《马克思主义教育思想研究会召开社会主义初级阶段教育理论研讨会》,《中国教育学刊》1989年第1期。

② 全国马克思主义教育思想研究会:《关于高等师范学校教育系开设马克思主义教育论著课的情况和意见》,《中国教育学刊》1980年第2期。

思想，更不可能使马克思教育思想的研究能够与当前中国教育实践有效结合。

四是加强对国外马克思教育思想研究成果的研究，以更加主动、更加开放、更加包容的姿态推进马克思主义教育思想中国化研究，服务中国马克思主义学科建设

加强马克思主义学科建设，是进入 21 世纪以来开展马克思主义中国化研究的重要目标。而马克思教育思想研究，理应是建设马克思主义学科的重要内容之一。因而，要以建设马克思主义学科为目标，对马克思教育思想研究进行顶层设计与全面部署，为丰富和完善马克思主义中国化研究做出贡献。

以推进马克思主义学科建设为目标，开展马克思教育思想研究，一是要着力建设一支马克思教育思想中国化研究的专家队伍，为研究马克思教育思想提供人才支持。二是要坚守正确的研究价值取向，极力规避研究中的浮躁情绪、功利思想，尤其要在马克思教育思想与当代中国教育实际的结合上下工夫，科学、系统地总结中国特色社会主义教育理论。三是倡导主动、开放、宽容的研究姿态，深入地、认真地阅读、研究马克思教育思想，积极、主动地研究当代西方世界马克思主义教育思想研究新成果，使之成为建设马克思主义学科的重要思想资源。

第一章 马克思教育思想当代阐释的基础与重点

对马克思教育思想的当代阐释，是因为马克思教育思想是一笔丰厚的思想遗产，而且还在"再生产之中"①。正如后现代主义重要代表利奥塔（Lyotard J. F.）坦言："马克思主义也能发展成一种批判性的知识形式"②。沃勒斯坦（Immanuel Wallerstein）更明确指出马克思思想的当代价值。他说："已经消亡的是作为一种现代性理论的马克思主义。尚未消亡的是作为对现代性及其历史表现形式——资本主义世界经济体系进行批判的马克思主义，是激励诚笃的社会力量进行反对现行世界体系的那些批判性言说——深得人心的马克思的表达方式"③。由此启示，对马克思思想当代意义的阐释，并不是指他已经为当代社会变革与人的发展开出了"万能的处方"，是"灵丹妙药"，而是强调马克思创立的批判社会合理性的思想与方法，这将有助于我们正确认识社会发展与人的发展的规律与特点，以利于全面推进社会进步，提升文明程度。对此，正如美国得克萨斯大学哲学教授道格拉斯·凯尔纳（Douglas Kellner）所说："21世纪的马克思主义将有助于促进民主、自由、正义和平等，并能够同仅仅促进富豪权贵利益的保守思想相抗衡。"④

因而，以当代视野对话马克思思想，在多元文化交流与冲撞的全球化时代展示马克思思想的特有价值与意义，这是一项十分有意义的课题。尽管，马克思没有像撰写《资本论》那样撰写了系统、完整的研究教育

---

① [美]法兰克·麦纽尔：《马克思安魂曲——思想巨人的光与影》，蔡淑雯译，台北，究竟出版社2000年版导读。

② [法]利奥塔：《后现代状况：关于知识的报告》，岛子译，湖南美术出版社1996年版，第117页。

③ [美]伊曼努尔·沃勒斯坦：《自由主义的终结》，郝名玮、张凡译，社会科学文献出版社2002年版，第216页。

④ 俞可平：《全球化时代的马克思主义》，中央编译出版社1998年版，第35页。

问题的论著，也没有把教育科学研究、建构系统化的教育理论作为自己毕生奋斗的核心研究领域，但是，他对以资本主义为特征的现代社会的深刻洞察，由此创建理解教育的思想方式、坚守的教育立场以及阐述的教育理想，在今天看来，仍然具有指导教育实践的意义。

本章简要回顾与评析马克思教育思想研究的基本情况，阐释马克思教育思想的语境、主旨与实质，指出马克思从人与社会相互关系的视角，把"现实中的个人"确定为教育对象，提出"现实中的个人"是"对象性存在"，阐述了人从"原始自由"、异化到人的全面自由发展的三阶段理论，论证教育是"现实中的个人"的实践活动，凸现马克思教育思想的语境、主旨与实质，从中能够清晰地展示马克思教育目的观的基本内涵，以及马克思实现教育思想方式变革的意义，揭示了当代视域阐释马克思教育思想的认识路径，成为破解制约当前教育改革发展深层次问题的思想方式，展示马克思教育思想研究的当代价值，并使之成为推进当前学校教育改革发展的重要的思想资源。

第一节 马克思教育思想研究简述

深化马克思教育思想的研究，需要回顾与评析国内外马克思教育思想的研究思路、主要理论观点和贡献。

一、马克思教育思想在中国的传播与研究

回顾与评析马克思教育思想在中国传播与研究的历史与成就，概述为两部分内容：一是简要陈述马克思教育思想在中国传播与研究的演变历程与特点；二是概述国内研究马克思教育思想的理论旨趣及发展走向。

（一）马克思教育思想在中国传播与研究的演变

早在19世纪末，马克思的名字及思想已被介绍到中国，中国开始传播与研究马克思教育思想。1899年3月，《万国公报》第121册（光绪二十五年正月）发表了由英国社会哲学家企德撰写、英国来华传教士李提摩太（Timothy Richard）和蔡尔康编译的《大同学》第一章《今世景象》一文，该文介绍了马克思。文章写道："其以百工领袖著名者，英人马克思也。马克思之言曰：纠股办事之人，其权笼罩五洲，实过于君相之范围一国。吾侪若不早为之所，任其蔓延日广，诚恐总地球之财币，必将

尽入其手。然万一到此时势，当即系富家权尽之时。何也？"① 李提摩太和蔡尔康编译这篇文章并在《万国公报》发表，意图是肯定资本主义在推动社会变革中产生的积极作用，暗示清政府应该采纳资本主义道路，解除闭关锁国政策，推进中国的变革。尽管最终清政府没有全面、彻底采纳实行资本主义的建议，但是，通过《万国公报》的文章，向中国社会传达了"马克思"的信息。

此后，《新民丛报》、《大公报》也开始陆续刊载介绍马克思及其学说的文章。到五四运动前后，有更多的中国早期先进分子加入到传播马克思思想的行列之中，并且把马克思思想作为批评中国社会、谋划中国社会各个领域改革计划的理论武器，在这些改革计划中，包括社会政治、经济文化及学校教育。

这批早期积极传播、研究马克思思想的知识分子中，李大钊是重要代表之一。他先后在《新青年》、《湘江评论》等刊物积极介绍马克思思想和苏联十月革命的新成果，特别是在《新青年》杂志开辟"俄罗斯研究"专栏，重点报道与评论苏联教育改革与教育实践，先后刊载《苏维埃的平民教育》、《苏维埃的教育》、《俄罗斯的教育状况》等文章，宣传与评价用马克思思想指导的俄国十月革命后的教育观与学校建设实践。②这些工作的积极开展，使马克思教育思想成为影响我国教育理论研究与教育实践的重要思想资源，对我国20世纪初的教育学科建设产生重要影响，使当时的教育学科发展呈现出这样的状况：以杜威实用主义思潮为主流，其他西方主要教育思潮和马克思主义教育学多元并存的特点。③

经过这一时期介绍与传播马克思教育观，国内一批进步知识分子开始接受并确立用唯物史观阐释中国社会与教育发展道路的基本立场，产生了一批具有影响的研究成果。20世纪30年代，杨贤江就以唯物史观为理论指导完成《新教育大纲》，这部著作被称作是第一部马克思主义教育著作。张栗原钻研马克思、恩格斯的原著，运用马克思、恩格斯著作中的观点论述教育本质、教育目的、教育价值等教育基本理论问题，完成了《教育哲学》一书，这是一本以唯物史观立场评述西方教育思潮的重

---

① 企德：《〈大同学〉选录今世景象·相争相进之理》，李提摩太、蔡尔康译，朱维铮主编：《万国公报文选》，生活·读书·新知三联书店1998年版，第614页。
② 孙喜亭：《马克思主义教育学说在中国的传播与发展——纪念马克思逝世一百周年》，《辽宁教育研究》1983年第2期。
③ 叶澜：《中国教育学发展世纪问题的审视》，《教育研究》2004年第7期。

要著作。① 吴俊升、王西征编著的《教育概论》，评述了马克思社会发展形态理论论证教育与社会之间关系，阐明教育受社会制约的观点。② 孟宪承、陈学恂在合编《教育通论》一书论述了集体教育与个人自由教育相互关系问题。③ 这些探索对传播马克思教育思想、推进中国特色教育学科建设、指导中国教育实践的变革产生积极影响。

在推进马克思教育思想在中国教育实践中的创造性运用过程中，中国共产党发挥着关键性作用。在中国共产党领导新民主主义革命进程中，切实遵照马克思教育思想的立场、观点与方法，建立了各种教育机关和各级各类学校，即便是国民党统治区，在党的领导下开办了工人夜校、农民学校等教育组织，向广大工农传播马克思教育思想和马克思主义基本理论。以毛泽东同志为代表创立民族的、科学的、大众的新民主主义文化教育思想，是马克思教育思想与中国革命实践相结合的典范之作。

新中国成立至改革开放初期，马克思与马克思主义教育思想的研究倍加重视，并把它确定是中国教育学科建设的指导思想与理论基础。尤其是新中国成立初期，我国教育学界全面引进苏联教育思想，确立苏联教育学在国内教育学研究中的主导地位，并以此为理论武器，批判杜威教育思想以及新中国成立前国内"资产阶级教育思潮"。特别是在1958年"教育革命"重要事件发生之后，把马克思教育思想研究等同于阐释党的教育方针、教育政策以及毛泽东教育思想、教育语录，出现了教育研究作为政治意识形态组成部分的独特现象，形成了教育研究为政治服务、受政治制约的一元化格局。在1960—1964年期间，虽然对上述倾向做出自上而下的调整，并且以批判的姿态开始介绍有关西方教育理论。但是，此举尚未形成"气候"，其微弱成效很快就被"文化大革命"的汹涌浪潮冲刷干净。④

结合上述简要回顾，我们会发现社会主流政治意识形态制约与规范着马克思教育思想研究工作，要求从事马克思教育思想研究工作时坚守党性、坚持无产阶级立场，凸现教育的政治功能，是这一时期马克思教育思想研究的一个重要特征。

以社会政治需要作为制约与规范马克思教育思想研究的基本原则，

---

① 张栗原：《教育哲学》，生活·读书·新知三联书店1949年版。
② 吴俊升、王西征：《教育概论》，正中书局1935年版。
③ 孟宪承、陈学恂：《教育通论》，商务印书馆1948年版。
④ 叶澜：《中国教育学发展世纪问题的审视》，《教育研究》2004年第7期。

这是保证教育研究为社会主义建设事业服务的基本要求，明确了教育研究与教育工作发展的总方向。但是，它使教育研究的学术问题变成是社会政治问题，造成了马克思教育思想研究视域单一，对马克思著作的"教条化"、"僵化"的阅读与理解。对此，有研究者指出这样研究与运用马克思教育思想的做法是简单化的、不规范的，并且分析了这种研究思路带来的危害，提出要提高运用马克思、马克思主义教育思想成熟度等一系列问题。① 不过，这一时期开展马克思教育思想研究，对宣传、推广与普及马克思教育思想起到积极作用。对此，需要高度肯定这一时期马克思教育思想研究的贡献。

这种研究状况从1978年改革开放以来逐步发生了变化。改革开放之初的思想大解放，要求把马克思主义的普遍真理与中国改革开放的实际相结合，以积极姿态回应教育改革实践的新需求，渐渐地形成了马克思教育思想研究的新思路、新方法，展现马克思教育思想的当代价值。

1978年12月18—22日，中国共产党第十一届中央委员会第三次全体会议在北京召开，会议批判了"两个凡是"的错误方针，重新确立了党的马克思主义思想路线、政治路线、组织路线，作出了把工作重点转移到社会主义现代化建设上来的战略决定，开启了我国改革开放建设社会主义的历史新纪元。

随之，进取、创新、改革的伟大时代精神深入到社会主义建设的各个领域。就教育学科建设而言，为适应我国恢复、重建和发展教育学科的需要，提出了探索马克思教育思想与马克思主义教育思想中国化及其当代价值的新课题。1979年成立中国教育学会马克思主义教育思想研究会，② 标志着具有中国特色的马克思教育思想与马克思主义教育思想科学研究的蓬勃兴起，它对指导中国教育改革发挥着积极作用，并结合中国教育改革实践，在丰富与完善马克思教育思想与马克思主义教育思想方面取得显著成绩。比如马克思主义教育思想研究会组织举办"马克思主义与我国教育改革"等全国学术研讨会，组织理论学习专题高级研修班，向教育部递送关于加强马克思主义教育思想的理论研究与人才培养的建议等。③

---

① 叶澜：《教育研究方法论初探》，上海教育出版社1999年版，第135—164页。
② 励雪琴、刘芹茂、李国拱：《中国教育学会马克思主义教育思想研究会第三届年会纪要》，《黑龙江高教研究》1988年第2期。
③ 全国马克思主义教育思想研究会：《关于高等师范学校教育系开设马克思主义教育论著课的情况和意见》，《中国教育学刊》1980年第2期。

结合上述内容，可以看出马克思教育思想在中国的传播与研究的基本特点，它经历了从介绍、传播到意识形态化，使马克思教育思想研究走向片面化、教条化，造成对马克思教育思想的误读、误用，而改革开放以来把马克思教育思想及其马克思主义教育思想当代价值作为研究主题，进入新世纪以来，提出建设马克思主义学科的新任务、新思路，标志着马克思主义中国研究走向了深入、走向了成熟。

(二) 改革开放以来马克思教育思想研究进展概述

简略回顾新中国成立以来我国马克思教育思想研究的概貌，它说明传播与研究马克思教育思想的主题、内容与途径，受到中国社会历史条件的制约，与中国社会变化、发展的历史环境密切相关，在不同时期有着不同的研究旨趣。从1978年改革开放以来，这一点体现得更加显著。改革开放使我国社会政治、经济、思想文化建设发生翻天覆地的变革，它也推动着马克思教育思想以及马克思主义教育思想研究思路的创新，使马克思教育思想研究方法更加多样、研究成果更加丰富。以下从六个方面简略概述改革开放以来我国马克思教育思想研究的进展与取得的成就。

1. 确立马克思教育思想是教育理论研究与教育实践长期坚持的指导思想。马克思教育思想是马克思主义思想体系中的重要方面，是研究马克思主义中国化的重要领域。新中国成立以来，中国教育发展坚持中国共产党的领导，坚定不移地走有中国特色的社会主义教育发展道路。中国共产党是以马克思主义思想为指导的马克思主义政党，马克思主义的基本原理、基本判断、基本构想是中国共产党的行动准则，是推进中国特色社会主义教育事业发展的指导思想，中国特色社会主义事业的伟大成就，是坚持马克思主义理论与中国实际相结合的生动实践与有力证明。

邓小平同志十分重视确立马克思主义教育思想的指导地位，坚持教育发展的政治方向。他在1978年4月22日的全国教育工作会议上的讲话中明确提出，要使教育工作有更快的发展，学校应该永远把坚定正确的政治方向放在第一位。但这并不是说要把大量的课时用于思想政治教育。学生把坚定正确的政治方向放在第一位，这不仅不排斥学习科学文化，相反，政治觉悟越是高，为革命学习科学文化就应该越加自觉，越加刻苦。[1]并且，邓小平指出，坚定的政治方向，是要把青少年培养成为忠于

---

[1] 邓小平：《在全国教育工作会议上的讲话》，中共中央文献研究室编：《邓小平论教育》，人民教育出版社1995年版，第66页。

社会主义祖国、忠于无产阶级革命事业、忠于马克思列宁主义毛泽东思想的优秀人才。①

进入21世纪以来，坚持把"邓小平理论"、"三个代表"重要思想、"科学发展观"等马克思理论研究最新成果、马克思主义中国化最新成果应用于教育理论研究和教育政策制定与实施之中。比如教育部实施的《2003—2007年教育振兴行动计划》，提出发展教育要高举邓小平理论伟大旗帜，以"三个代表"重要思想为指导，坚持教育为人民服务的宗旨，巩固成果，深化改革，提高质量，持续发展，办好让人民满意的教育。在《国家中长期教育改革和发展规划纲要（2010—2020年）》中同样肯定坚持中国特色社会主义教育事业取得的显著成绩，并谋划了中长期教育改革与发展的指导思想。《纲要》指出推进中国教育的改革与发展，必须高举中国特色社会主义伟大旗帜，以邓小平理论和"三个代表"重要思想为指导，深入贯彻落实科学发展观，实施科教兴国战略和人才强国战略，优先发展教育，完善中国特色社会主义现代教育体系，办好人民满意的教育，建设人力资源强国。《纲要》进一步指出发展教育要求全面贯彻党的教育方针，坚持教育为社会主义现代化建设服务，为人民服务，与生产劳动和社会实践相结合，培养德智体美全面发展的社会主义建设者和接班人。

党和政府重视用马克思主义基本原理指导教育改革与实践，一批教育理论工作者也积极呼吁教育研究要坚持正确方向与指导思想。早在1980年，中国教育学会马克思主义教育思想研究会就向国家有关部门提交"加强马克思主义教育思想研究"的专题研究报告，这份研究报告强调马克思主义教育思想的教学和研究不能削弱，只能加强，要求高等师范学校教育系开设"马克思主义教育论著课"②。北京师范大学黄济教授在1982年也撰文提出教育研究必须要"以马列主义、毛泽东思想为基础，用辩证唯物主义和历史唯物主义的观点和方法作指导"。③ 这说明马克思教育思想确立为中国教育理论研究与教育实践创新发展的指导地位形成了共识。

2. 在中国特色社会主义教育实践基础上创新马克思教育思想的研究

---

① 邓小平：《在全国教育工作会议上的讲话》，中共中央文献研究室编：《邓小平论教育》，人民教育出版社1995年版，第69页。

② 全国马克思主义教育思想研究会：《关于高等师范学校教育系开设马克思主义教育论著课的情况和意见》，《中国教育学刊》1980年第2期。

③ 黄济：《教育哲学初稿》，北京师范大学出版社1982年版，第9页。

范式，重估马克思教育思想的性质与意义。重视马克思教育思想研究，必须要批判性反思马克思教育思想研究的教条化、形式化、虚无化现象，以推动马克思教育思想研究范式的变革。在马克思主义教育思想研究会召开的学术年会上，代表们提出，既要旗帜鲜明地宣传马克思主义理论和方法（包括其教育思想），破除头脑中的僵化思想、僵化观念，坚持马克思主义是推进中国教育改革与发展的指导思想的信念不动摇。既要实事求是地把马克思主义教育思想作为科学的对象加以研究，清除那些附加在马克思主义名义下的错误教育观点，抛弃那些带有空想因素的或被实践证明已经过时的个别论断，又要坚持马克思主义教育思想的基本原理，吸收当代教育理论研究的新成果，并且应该对现代世界教育的各种变化和我国教育改革提出的问题从理论上作出新的说明。[①]

为此，一批研究者紧密结合和关注当前我国教育发展的创新性实践，深入开展马克思教育思想研究，并且取得马克思教育思想研究的新成果，成为新时期马克思教育思想研究的杰出代表。他们主要是：王焕勋教授1988年出版《马克思教育思想研究》（重庆出版社）、张健教授1989年出版《马克思主义教育思想研究》（教育科学出版社）、车树实教授1990年出版《马克思主义教育思想史初编》（广西教育出版社）、厉以贤教授1992年出版《马克思主义教育思想》（北京师范大学出版社）和《马克思列宁教育论著选讲》（北京师范大学出版社）等著作。这些研究成果的主要思路，是立足马克思和马克思主义经典作家的思想发展历史的角度，系统、完整地诠释了马克思与马克思主义教育思想的本质、特征与主要内容，以及马克思主义教育思想形成的社会历史背景、内涵、地位与价值，是摆脱从唯一的意识形态视角阅读与研究马克思教育思想与马克思主义教育思想的重要成果，有助于完整、全面地理解马克思教育思想。

3. 坚持马克思教育思想与中国教育实践的结合，着力拓展与深化马克思（马克思主义）教育思想微观领域的研究。实事求是地把握马克思教育思想的精神实质，才能坚持马克思教育思想的主导地位，才能与时俱进地发展马克思教育思想。随着改革开放的不断深化，不断形成马克思教育思想研究的新观念、新思路与新方法，使马克思教育思想的研究焦点转向对微观领域的关注。主要表现在三方面：

（1）重新解读马克思教育思想文本。如陈桂生教授《马克思主义教

[①] 励雪琴、刘芹茂、李国拱：《中国教育学会马克思主义教育思想研究会第三届年会纪要》，《黑龙江高教研究》1988年第2期。

育论著研究》（华东师范大学出版社 1993 年）一书，对马克思主义经典作家的教育论著进行文本解读，试图从马克思主义思想发展历史中理解马克思与马克思主义教育思想。

（2）重新解读马克思教育思想的基本理论命题。如桑新民教授于 1993 年在教育科学出版社出版《呼唤新世纪的教育哲学：人类自身生产探秘》一书，以马克思再生产理论阐释教育本质、教育价值、教育功能等教育基本理论问题，试图以马克思人学思想建构研究马克思教育思想的思想方式，实现对马克思教育思想的当代解读。1994 年中国矿业大学出版社出版董标教授撰写的《马克思主义教育思想论纲》一书，这部著作围绕"超越教育"、"教育事实"、"教育逻辑"、"教育策略"、"教育民主"、"教育开放"等 6 个教育核心概念，梳理马克思主义教育思想的主要内容、本质特征以及价值取向，回答马克思主义教育思想对中国教育理论建设与实践变革的意义。

（3）寻求新的思想方式重读马克思教育思想。比如笔者于 2004 年在上海学林出版社出版的《人的存在与教育——马克思教育思想当代价值》著作，该著作提出从存在论视角研究马克思教育思想，主张与西方重要思想家对话中重读马克思教育思想，展示曾经因僵化理解或教条主义思想方式理解马克思教育思想所遮蔽的当代价值。

如此所述，对马克思教育思想转向微观领域的研究，虽然关注焦点与研究着眼点不尽相同，研究方法、研究思路有异，但是，研究意图是明确的，即着力阐释与揭示马克思教育思想的当代价值[①]。

4. 适应中国特色社会主义教育理论建设需要，进一步加强与推进马克思教育思想的中国化。用马克思教育思想指导中国教育改革实践，这是普遍性的教育理论与具体的教育实践结合的过程，它需要解放思想，实事求是，与时俱进，求真务实。中国特色社会主义教育事业的伟大实践永无止境，认识中国特色社会主义教育理论永无止境，创新与发展中国特色社会主义教育学科永无止境。因而，有必要研究如何更有效地使马克思教育思想与中国教育实际结合的时代课题，勇于实践、勇于变革，把握时代发展需要，实现马克思教育思想的中国化，这是在新的历史时期提出的马克思教育思想研究的新课题。

---

① 舒志定：《现实的个人：教育的出发点——马克思教育思想当代性的一个视角》，《教育史研究》2003 年第 1 期；舒志定：《论马克思教育思想的当代意义》，《河北师范大学学报（教育科学版）》2007 年第 5 期。

（1）对马克思教育思想与马克思主义教育思想中国化基本概念的研究。明确马克思主义教育思想中国化的基本概念，是开展马克思主义教育思想中国化课题研究的认识前提。从字面分析，马克思教育思想、马克思主义教育思想、马克思主义教育思想中国化是既有联系又有区别的概念，研究马克思教育思想的对象是马克思，也就是说，研究马克思主义教育思想，主要是指马克思、恩格斯在19世纪工人运动实践基础上而创立的理论体系，它包含着马克思教育思想。而谈及马克思主义教育思想中国化，主要是指马克思主义教育思想与中国教育改革与发展实践的结合。

不过，有研究者并不认同这种理解马克思主义教育思想中国化的思路。研究者认为这种认识思路没有完整系统地揭示"马克思主义教育思想中国化"的主要内容及本质特征。为此，研究者指出应该抓住"中国化"的"化"字，它表明马克思主义教育思想中国化是一个动态的变革与发展过程，[①] 因而展现出"中国化过程"中的复杂性与多样性，比如如何与中国传统教育思想、传统文化的结合、对马克思主义教育思想采取僵化立场还是辩证发展的观点等。

（2）对中国传播马克思（主要是马克思主义）教育思想与马克思教育思想中国化的历史研究。研究马克思教育思想在中国传播与发展历史，是考察马克思教育思想中国化进程的重要内容。对它的历史考察，既能够客观呈现马克思教育思想在中国的传播与实践以及形成中国共产党人自身教育思想的过程，又能够反映马克思教育思想中国化的艰辛过程，反映一批早期共产主义思想家具有的理论勇气、做出的理论贡献。如浙江大学周谷平教授主持完成全国教育科学"十五"规划重点课题《马克思主义教育思想中国化历程研究——选择·融合·发展》。该课题全面回顾与梳理了马克思主义教育思想在中国导入、传播的历程，讨论了马克思主义教育思想对中国教育学科发展、教育学理论建设以及教育实践变革产生的积极作用，进而指出了以马克思主义教育思想指导构建中国特色教育学科的历史使命。[②]

（3）对马克思主义教育思想研究人物的研究。马克思主义的内涵极

[①] 孙传宏：《马克思主义教育思想中国化研究论纲》，《青岛化工学院高教研究》1994年第1期。

[②] 周谷平：《马克思主义教育思想的中国化历程——选择·融合·发展》，浙江大学出版社2008年版。

其丰富。它的理论内核是马克思和恩格斯关于哲学、社会学、经济学、政治学等的理论和学说的体系。此外,马克思主义理论内涵,还指继承者对它的创新与发展,既包括列宁、毛泽东等老一辈无产阶级革命家提出和在实践中形成的教育思想,又包括建设有中国特色社会主义理论、"三个代表"重要思想以及科学发展观,这些都是坚持马克思、恩格斯理论和学说体系的最好也是最有力的证明,是坚持在实践中发展马克思理论新成果的生动体现。

因而,开展马克思主义教育思想研究人物的研究,既要重视开展从事马克思主义理论研究的思想家思想的研究,如杨贤江的马克思教育思想研究（光明日报出版社 2004 年出版《纪念杨贤江诞辰 110 周年丛书》）。又要研究毛泽东、邓小平等老一辈无产阶级革命家的教育思想。实际上,这部分研究成果,占了极大比例。以《教育研究》1979—2009 年刊发马克思主义教育思想研究论文为例,专门探讨毛泽东、邓小平教育思想的研究论文就有 104 篇,占 52%,其中论述毛泽东教育思想论文有 46 篇,论述邓小平教育思想论文有 58 篇,此外还涉及周恩来、刘少奇等老一辈无产阶级革命家的教育思想研究论文。[①]

（4）注重马克思教育思想的应用研究,重点是加强中国特色社会主义教育思想的理论与实践的研究。中国特色社会主义教育实践的创新发展,中国特色社会主义教育理论的丰富与完善,是当代马克思主义教育思想在中国教育改革与发展中的创造性应用,它满足了创建让人民满意教育的需要,是与时代发展共同进步的教育思想体系。所以,研究者指出,改革与发展中国教育事业,要联系中国国情,要创新中国教育发展之路,必须把马克思主义教育思想与中国教育实践紧密结合起来,加强对中国特色教育发展道路的性质、特征、本质、动力的研究,这对制定正确的教育政策和教育改革方案至关重要,也是马克思实践性思想品格对教育理论研究的本质要求。

因而,改革开放以来,教育理论界先后开展"教育本质"、"人的全面发展教育"、"教育与生产劳动相结合"、"教育规律与教育原则"、"教育学科的科学性"等教育基础理论问题和教育学科建设基本问题的大讨论,促进了教育思想的解放,推动了教育实践的创新,丰富了教育研究的理论成果。

[①] 刘黎明、吕旭峰：《重唤马克思主义教育思想研究》，《华东师范大学学报（教育科学版）》2010 年第 3 期。

5. 加强对当代国外马克思教育思想研究成果的研究，展示马克思教育思想研究的时代性、开放性特征。从20世纪40年代第二次世界大战结束以来，世界发达国家逐渐从工业化时代走向后工业时代、信息化时代，社会治理体制、经济生产方式、日常生活价值观念，都发生着重大变革，使传统学校教育以及韦伯论述的"科层管理体制"逐渐暴露弱点与不足。一批国外思想家重新审视马克思教育思想，运用马克思社会批判思想分析学校教育与社会关系，论证教育本质与功能，形成了大量富有成效的当代国外马克思教育思想研究成果。因而，开展对国外学者马克思教育思想研究成果的研究，是20世纪80年代以来我国教育理论研究的重点之一。

对此，主要开展了评述国外思想家重视马克思教育思想研究的原因、研究马克思教育思想的主要学术流派和代表人物的基本观点与理论特色。重点开展发达国家"第二次世界大战"结束以来主要教育思潮的研究，特别是介绍与评价国外马克思主义教育思想，20世纪90年代中后期以来，重点开展了批判教育学派及代表人物思想的研究，包括对新保守主义、激进主义以及新进步主义理论观点的评价，分析了英国的 B. 伯恩斯坦（Bassil Bernstein）以及法国的 D. 布尔迪厄（Pierre Bourdieu）、J. C. 帕斯隆（Jean–Claude Passeron）、美国的 M. W. 阿普尔（Michael W. Apple）、S. 鲍尔斯（S. Bowles）、H. 金蒂斯（H. Gintis）等思想家的教育思想。[①]

6. 加强马克思主义学科建设的理论与实践研究，发挥马克思主义学科在高校哲学社会科学繁荣发展中的积极作用。自从1978年改革开放启动社会主义市场经济建设之路，经过30多年的改革与建设，中国已经成为一个全面开放的市场经济国家。30多年的对外开放，不仅促进国家的经济发展，改善全国人民的福祉，而且已经成为促进区域和世界经济发展的重要力量。不过，受市场经济对财富、利益追求的负面影响，对马克思教育思想与中国特色社会主义教育思想的研究，存在着不同程度、不同类型的误解。比如怀疑与不信任马克思教育思想，或者是对马克思教育思想没有兴趣、没有热情，不愿提及中国特色社会主义教育思想。

进入新世纪以来，为开辟马克思主义发展新境界；满足构建和谐社会

[①] 王佩雄：《当代西方教育理论与马克思主义》，《比较教育研究》1983年第3期；王佩雄：《当代西方"新马克思主义"教育观述评》，《教育研究与实验》1987年第4期；陈列、俞天红：《"西方马克思主义教育思潮"简介》，《比较教育研究》1985年第6期；彭正梅：《德国批判教育学述评》，《外国教育研究》2002年第10期；杜亮：《鲍尔斯和金蒂斯教育思想探析："对应原理"及其批判》，《比较教育研究》2009年第8期。

与加强理论建设的现实需要，中共中央于 2004 年 1 月发出《关于进一步繁荣发展哲学社会科学的意见》，提出实施"马克思主义理论研究和建设工程"。之后，中共中央办公厅转发《中央宣传思想工作领导小组关于实施马克思主义理论研究和建设工程的意见》，对实施工程作出具体部署。

2004 年 4 月 27 日至 28 日，中国共产党中央委员会召开"马克思主义理论研究和建设工程"工作会议，标志"马克思主义理论研究和建设工程"正式启动。开展这项"工程"的主要任务：把邓小平理论、"三个代表"重要思想和科学发展观作为研究重点，以重大现实问题为主攻方向，把马克思主义在中国发展的最新理论成果贯穿到哲学社会科学的学科建设、教材建设中，进一步加强马克思主义理论队伍建设。

围绕"马克思主义理论研究和建设工程"提出的目标与任务，重点开展六项具体工作：一是加强对马克思主义中国化理论创新成果和重大现实问题的研究；二是加强对马克思主义经典著作的编译和研究；三是建设具有时代特征的马克思主义基础理论和哲学社会科学学科体系；四是编写体现当代中国马克思主义最新理论成果的哲学、政治经济学、科学社会主义、政治学、社会学、法学、史学、新闻学和文学等重点学科教材，形成哲学社会科学教材体系；五是建设一支老中青三结合的马克思主义理论研究和教学骨干队伍；六是大力开展马克思主义理论体系、马克思主义发展史和马克思主义中国化的研究，在一级学科中，设立马克思主义理论学科，并相应设置硕士、博士学位点，推动马克思主义学科建设与人才培养工作。

"马克思主义理论研究与建设工程"实施以来，高等学校纷纷成立马克思主义学院，设立马克思主义一级学科博士与硕士点，开展研究生培养，组织编写马克思主义理论研究与建设工程重点教材。如编辑出版《毛泽东思想和中国特色社会主义理论体系概论》（2009 年修订版）教材，体现着马克思主义中国化的最新成果，是面向当代青年大学生开展理想、信念、人生观、价值观教育的重要教材。

在推进马克思主义一级学科建设与发展中，马克思主义中国化（中国化马克思主义）与思想政治教育是马克思主义一级学科的重要内容，它重点研究马克思与马克思主义教育思想的基本内涵、特征、地位，重点研究中国共产党运用马克思主义教育思想基本理论开展思想政治理论教育的历史沿革与发展经验，研究思想政治理论教育的课程体系和课程设置，研究高等学校思想政治理论课教育教学的方式和方法、基本规律和基本经验，为不断加强和改进高等学校思想政治理论课教育教学提供学科支撑。①

　　实施马克思主义理论研究与建设工程，是适应中国社会发展需要的理论创新工程。加强马克思教育思想研究，应该是马克思主义理论研究与建设工程的有机组成部分，是完成马克思主义理论研究与建设工程任务与目标的基本要求。

二、当代国外马克思教育思想研究进展

　　马克思教育思想研究受到了国外学者的重视。1955年美国全国教育学研究会编辑出版《教育哲学》一书，书中就把《关于马克思主义的教育哲学》列为一章。美国H. A. 奥兹门（Howard A. Ozmon）和S. M. 克莱威尔（Samuel M. Craver）合著的《教育的哲学基础》一书是当代再版次数较多的教育学教材之一，书中专列一节介绍马克思主义教育思想。美国杰拉尔德·古特克（Gerald L. Gutek）完成的《哲学与意识形态视野中的教育》一书的第十四章是"马克思主义与教育"，称马克思是"革命的教育者"。而苏联的马克思教育思想研究成果更加丰富。如克鲁普斯卡娅（Надежда Константиновна Крупуская）、马卡连柯（Makarenko Anton Semiohovich）、凯洛夫（N. A. Kaiipob）等，学者更是对马克思教育思想作了深入研究，取得了丰富成果。

　　一批思想家对第二次世界大战结束以来西方资本主义社会发展现状的反思与批判，是当代西方国家重视马克思教育思想研究的重要背景。这一时期西方发达国家的社会发展出现新的情况、新的特征，尤其是现代科学技术使社会生产力得到快速发展，也使西方发达国家出现了诸多的"社会病"，可谓社会危机四伏、矛盾丛生。正如雅斯贝尔斯（Karl Jaspers）所说"古老的等级束缚虽然已经松弛，但一种新的限制，即把个人局限于社会机器的某一规定位置的限制，已经变得明显"。② 这就是说，当代社会生产力的发展，创造丰富社会财富，人过上了富裕的物质生活，但是，这是否能确保人获得真正的自由，人能否成为真实的社会主体，这仍然是一个问题。雅斯贝尔斯形容现代人是"在一个漩涡里旋转"。③

---

　　① 王顺生：《关于设立马克思主义一级学科的几点思考》，《思想理论教育导刊》2005年第7期。
　　② [德] 卡尔·雅斯贝尔斯：《时代的精神状况》，王德峰译，上海译文出版社1997年版，第22页。
　　③ [德] 卡尔·雅斯贝尔斯：《时代的精神状况》，王德峰译，上海译文出版社1997年版，第28页。

还有一个重要原因,是因为发达的市场经济对学校教育的影响,使学校教育处理与市场经济关系时面临着困惑与问题。比如学校是否要拒绝市场规则的影响,还是学校面向市场,接纳市场规则,按市场规则经营与规范学校的教育和管理工作,比如择校问题,是由政府控制还是由民众自由选择等。这些问题,它使学校教育与市场之间构成了紧张关系,怎样妥善处理两者关系,就会影响到学校教育职能的实现。一批思想家就认为马克思对社会、政治、经济、历史的独特见解、解释和预见性,形成了一种不同于"就教育问题谈教育"的"教育研究范式",是理解与解释当前社会教育问题的有价值的教育研究思想方式。所以,他们主张运用马克思批判资本主义的方法与观点,探讨与批判教育问题形成的原因,寻求解决教育问题的思路与策略,发挥教育在促进社会进步与发展中的作用,成为新时期开展马克思教育思想研究的重要组成部分。

(一)在"马克思之死"论争中坚信研究马克思教育思想的价值

在争执"马克思思想在当代世界意义"的背景中开展马克思教育思想研究,是当代国外学者研究马克思教育思想的显著特征。

研究者认为,马克思是19世纪思想家,进入20世纪以来,马克思思想成为推动世界革命的重要思潮。以苏联、中国为代表的社会主义国家,率先把马克思、恩格斯思想与本国的社会实际结合,创造性地形成列宁主义、毛泽东思想,会聚成一股强大的世界范围的马克思理论,并指导东欧、拉丁美洲、亚洲等地区的一些国家的社会主义革命,对这些国家的主权独立、社会的稳定发展产生了积极作用。然而,从20世纪80年代末90年代初以来,社会主义阵营发生历史性的变革。1989年柏林墙的拆除,标志着社会主义在东德的结束。1991年苏联解体,以及20世纪90年代初以来,东欧社会主义国家以及大部分非洲社会主义国家实行政治多党制,走向西方民主政治模式,这些都意味着马克思思想及其社会主义国家命运面临着新的考验与挑战。

事实也是如此。当世界社会主义国家阵营发生变革之时,一些思想家就马克思与社会主义的命运发表评论,制造了西方民主与价值观优越论的观点。最具代表性观点是1989年夏天前美国国务院顾问、知名政治学家弗朗西斯·福山(Francis Fukuyama)在美国《国家利益》(第16期)发表了《历史的终结》一文,提出西方资本主义国家实行自由民主制度是"人类意识形态发展的终点"和"人类最后一种统治形式"。这篇文章发表后,引起东西方学术界的关注和讨论。此后,福山对这篇文章各种批评意见的总结、分析基础上,在1992年出版《历史的终结及最后之人》。书中提出，从 20 世纪 80 年代以来，中国的改革开放、东欧社会主义国家先后接受西方发达国家的经济发展模式，这意味着社会主义国家实行的计划经济体制的失败已显得不可避免。"以技术推动的经济现代化的发展，通过高度的经济竞争与市场决定价格的机制迫使发达国家普遍接受资本主义文化的自由。实践证明，在实现完全的经济现代化的目标时，只此一条而别无其他道路可走"。[①]

福山观点体现着反马克思的理论立场，因而，他的观点的提出与传播，又加上马克思在苏联、东欧等社会主义国家遇到危机的背景之下，到了 21 世纪，就出现了马克思主义、社会主义在 21 世纪是否有意义的论题。这种论题认为马克思理论和实践已经破产，马克思理论在当今世界已经没什么价值或现实意义了，《共产党宣言》也应被请下神坛。类似的观点被称作是"马克思之死"。

对此，也有研究者坚持认为马克思并没有过时，特别是西方发达国家面对发生在 21 世纪金融危机的挑战中，马克思在西方国家出现了又一次的回归和复兴。[②] 据此，研究者认为"马克思之死"的观点是不合理的，因为它没有看到当前马克思理论和社会主义实践出现的新变化以及新的生命力，没有看到像中国、古巴等信仰马克思的政府依然存在，没有看到马克思政党和受马克思影响的组织依然活跃在 21 世纪的舞台上。如成立于 1992 年 10 月的墨西哥萨帕塔（Zapatistas）民族解放军是一个深受马克思影响的组织。[③] 有学者就称萨帕塔民族解放军打响了武装反对资本主义全球市场的第一枪。有的学者认为萨帕塔民族解放军是"武装的改良主义者"，也有学者将萨帕塔运动定位为"后现代主义反抗"。[④] 而墨西哥著名历史学家卡洛斯（Carlos Antonio Aguirre Rojas）则认为，作为一个反制度的新型农民社会运动，对它进行充分的分析和研究"有可能为今

[①] [美] 弗朗西斯·福山：《历史的终结及最后之人》，中国社会科学出版社 2003 年版，第 109 页。

[②] 侯惠勤、辛向阳：《马克思在西方的回归》，《中国教育报》2010 年 5 月 5 日。

[③] 萨帕塔民族解放军认为，当前新自由主义不仅是恰帕斯印第安人、墨西哥劳动者的主要敌人，也是全人类的主要敌人。他们认为萨帕塔民族解放军不主张反对资本主义，而是要反对资本主义当前的"发展"阶段——新自由主义。为此，萨帕塔民族解放军于 1994 年 1 月 1 日凌晨在位于墨西哥东南部的恰帕斯州发动了游击队武装起义。起义的爆发在全球反抗新自由主义的浪潮中激起了巨大反响。贡彦：《〈共产党宣言〉与墨西哥萨帕塔民族解放军纲领》，《国外理论动态》1998 年第 10 期。

[④] 王衬平：《墨西哥萨帕塔运动的自治实践研究》，《国外理论动态》2011 年第 4 期。

后反对资本主义制度的斗争找到应该走的正确道路的几个关键环节"①。这更鼓励与推进马克思思想的研究。研究者认为马克思作为一个思想体系的政治运动,其见解深刻,思想丰富,是一种有生命力的传统,并对此要深信不疑。

与此相应,在当代社会,有研究者指出马克思研究出现了新的趋势与特征,除了影响政治领域之外,还影响到自然科学、地理学、艺术学、教育学等学科领域,并且,研究思路、研究范式变得更加多样与丰富。这一点同样体现在马克思教育思想研究中,形成了观点相异、思想深刻的马克思教育思想研究成果与研究流派。比如伊利奇(Ivan Illich)是教育虚无主义的重要代表,他基于对教育的不公平、不正义现状的反思,提出当前的学校制度已经变成是人类美好生活的敌人,因而主张学校消亡的观点。② 兴起北美的批判教育理论,它关注权力与知识之间的关系问题,指出当代学校教育存在着压迫与抗争的现象,主张研究的核心是聚焦教育活动中如何有效增强教育者与受教育者的主动性、创造性,避免使学校教育活动变成奴役人的工具。因而,批判教育学也被看做是解放教育学,是一种文化政治学。在这方面,巴西的保罗·弗雷勒(Paulo Freire)的《被压迫者教育学》是这一理论的奠基之作。这部著作把"教育"看做是一种"颠覆性的力量",通过学习,让学习者获得新的自我意识,并能够批判性地看待自身的社会处境,成为一名主动采取行动参与社会改造的"社会主体"。

当然,反对"马克思之死"观点的学者也认识到,当代马克思理论研究与实践都面临着严峻的挑战。但是,他们仍然坚信,即使马克思理论存在着一些问题与缺点,仍然不能掩盖这样的事实——马克思主义思想依然在为当代政治和学术做出贡献,并且可能在进入21世纪后仍将是一个重要的政治和思想的参照点,③ 仍然可能成为一种充满生机的马克思。④ 可见,不论是对马克思之死持赞成的观点还是持反对的立场,"马

---

① [墨西哥]卡洛斯·安东尼奥·阿居雷·罗哈斯:《拉丁美洲:全球危机和多元文化》,王银福译,山东大学出版社2006年版,第182页。
② [美]乔治·奈特:《教育哲学导论》,简成熙译,台北,五南图书出版股份有限公司2010年版,第155—156页。
③ [南非]达里尔·格雷泽、[英]戴维·M.沃克尔:《20世纪的马克思主义——全球导论》,王立胜译,江苏人民出版社2011年版,第18页。
④ [英]斯图亚特·西姆:《后马克思思想史》,吕增奎、陈红译,江苏人民出版社2011年版,第3页。

克思主义仍是一个发展中的传统"①。

(二) 以"实践"为导向实现马克思教育思想研究范式的变革

重视马克思文本的解读,是国外马克思教育思想研究的主流方式,这有助于完整、全面地把握马克思教育思想,但是,它也使马克思教育思想研究的学术视野狭窄,缺乏对变化的世界与人的现实社会生活关注的主动性,造成马克思教育思想的教条化、僵化的研究范式。因此,实现当代国外马克思教育思想研究方式的变革,坚持把马克思教育思想与解决现实教育问题的结合,坚持对现实教育问题积极的理论介入,体现着马克思教育思想研究的实践导向、实践特色,是当代国外马克思教育思想研究的重要特点与理论贡献。

当然,这并不是说,国外研究者不再关注阅读与解读马克思文本,而是,他们更加主动地结合全球社会变革的新背景,结合时代发展需要,以更加多元的立场、开放的视角关注当前学校教育存在的现实问题,尤其是关注教育在多元文化融合、社会进步、全球竞争力提升中的作用,关注教育改善人的生存处境等教育"人文主题"。以此思路系统研究和阐述马克思教育思想,不仅拓展了马克思教育思想研究新的领域,而且为解决学校教育现实问题提供了思想资源与方法论的指导。在此意义上说,研究者以批判现实社会文化与教育问题的立场研究马克思教育思想,体现马克思教育思想研究的学术旨趣与实践导向,是马克思教育思想研究范式的变革,是当代西方马克思教育思想研究的重要理论特征。

概述地说,以实践为导向的当代国外马克思教育思想研究,有四方面研究重点:

1. 对现代学校教育目的的理论反思。重视马克思教育思想研究,是与研究者对学校教育目的的忧虑密切相关。而要把握教育目的的内涵,需要结合社会发展现状,这是教育目的的构成的现实社会基础。研究者在阐述教育目的时,是以批判社会及人的生存处境为前提。

研究者指出,从启蒙运动以来,西方社会完成了工业革命,依赖科学技术促进社会生产力的快速发展,使社会政治、经济、文化生活带来深刻的变化。但是,西方发达国家出现了诸多的"社会病",使青少年感觉到理想的失落、信仰的渺茫,感觉个人总是被外在的社会环境压制而无法决定自己的未来。因此,培养具有高度自主性、承担社会职责的现

---

① [南非] 达里尔·格雷泽、[英] 戴维·M. 沃克尔:《20 世纪的马克思主义——全球导论》,王立胜译,江苏人民出版社 2011 年版,第 18 页。

代社会公民、社会主体，是设定教育目的的基本要求。

要做到这一点，需要寻找批判现代社会与人的生存在处境的思想武器，即批判理论。对此，研究者指出马克思的异化理论及其人的解放的教育思想，回答了学校教育怎样培养社会主体、改善人的生存处境的时代课题。

2. 对现代学校教育独立性的理论反思。追求真善美是各级各类学校坚守的立场。但是，社会是一个复杂的系统，学校教育只是社会系统中的一部分。因而，学校教育如何与社会其他系统处理好关系，这就涉及学校保持教育活动相对独立性的课题。要求保持学校教育相对独立性，是指学校组织实施教育活动，要遵循教育基本规律，明确教育价值取向，发挥教育对社会发展的独特贡献。这也被称作是"教育的道德品格"，教育是一门"道德性职业"，因为"教与学通常涉及有关行动的意图和规范的问题，涉及资源的利用，涉及行动的责任和后果。教育的这种道德品格，直接影响到教育机构的道德水平"。①结合这一点，市场经济对当前学校教育独立立场形成了挑战与冲击。

高度发达的市场经济，它以追求效率、利润为目标，关心的是获取最高利润的方法、手段，而不关心"效率"、"利润"之外的目的，正如马克斯·韦伯所言这是重视工具理性而淡化价值理性的时代。因而，这样的社会价值理念渗透到学校教育，学校应该拒绝市场规则的影响，还是学校要面向市场，由市场规则管理与规范学校教育等等问题，都影响着学校对教育独立立场的坚持，它的结果是影响教育质量。

3. 对现代学校教育性质与功能的理论反思。对学校教育性质与功能的诘问，是当代教育者关注的课题。研究者指出，在现代社会里，学校是一个书写和重新书写民族意识的主要机制。民族意识无法与国家分开，也无法与一个追求自主的国家分开。这样，不可避免地使学校成为争取生产和再制特定民族意识的主要手段和竞技场。②

结果正如研究者描述的，学校设置的课程、教学法和考试都体现了一个群体对另一个群体的统治，学校的一切都是为了维护统治阶级的意识形态。即使是美国这样的资本主义社会，无论是富裕地区的学校，还是经济不发达地区的学校，都反映着周围地区的态度和价值观，学校不

---

① [美] 迈克尔·W.阿普尔：《文化政治与教育》，阎光才等译，教育科学出版社 2005 年版，第 104 页。
② [英] 巴索·伯恩斯坦：《教育、象征控制与认同：理论、研究与批判》，王瑞贤译，台北，学富文化事业有限公司 2005 年版，序言。

仅没能改变这种价值观，反而通过向青年人灌输这种价值观，达到了更加强化青年人接受这种价值观的目的，① 结果是使学校教育造成对人的个性发展的压抑，这与马克思倡导教育解放人的目标差距甚大。

问题在于怎样才能切实达到教育实现人的个性自由发展的目标，这是民主社会学校教育要研究的时代课题，正如研究者指出，在民主环境中，教师必须聆听学生声音，不这样做，意味着教师拒绝学生参与民主的要求。因此，民主社会的学校，它要求教师承担思考与培养创造性个人的责任。② 对此，美国的沃尔特·范伯格（Walter Feinberg）和乔纳斯·F. 索尔蒂斯（Jonas F. Soltis）作了概括，马克思理论是阐释学校教育功能三大理论之一。③

4. 对现代学校教育公正与正义的理论反思。教育不公正、不正义现象是当代社会一个突出问题。研究者通过对不同类型学校入读学生的家庭社会阶层的比较分析，指出来自劳工阶级或某些少数团体的学生比中产阶级学生或主流团体接受较少良好的教育，而且研究者强调，这一现象在学校教育系统中是实际存在的、持续形成的和随处可得的。④ 这是不公正、不正义的教育的具体体现。

要消除与克服教育不公正、不正义的现象，一批思想家运用马克思批判资本主义的方法与观点，分析教育不公正、不正义问题构成的原因，提出改革的建议，努力建立一个在他们看来是合理的或人道主义的社会。法国思想家布尔迪厄和帕斯隆就运用马克思阶级分析方法考察学生社会地位、阶层所属与教育平等的问题，指出真正民主的教育，既不是起点的民主，如人人都上学，也不是结果的民主，如让学生接受同样的教育，而是要使尽可能多的人在尽可能短的时间里，尽可能全面和完整地掌握尽可能多的知识、技能，了解学校文化，这是学校存在的绝对条件，在这一意义上说是无条件的教育。⑤

---

① [美] 杰拉尔德·古特克：《哲学与意识形态视野中的教育》，陈晓端主译，北京师范大学出版社2008年版，第271页。

② [美] 贝瑞·康柏：《批判教育学导论》，张盈堃、彭秉权、蔡宜刚、刘益诚译，台北，心理出版社2004年版，第46—50页。

③ [美] 沃尔特·范伯格、[美] 乔纳斯·F. 索尔蒂斯：《学校与社会》，李奇等译，教育科学出版社2006年版，第43—59页。

④ [英] 雷克斯·吉普森：《批判理论与教育》，吴根明译，台北，师大书苑股份有限公司1988年版，第58页。

⑤ [法] P. 布尔迪厄、J. C. 帕斯隆：《继承人——大学生与文化》，邢克超译，商务印书馆2002年版，第98页。

此外，关于怎样解决教育公正、正义问题，有研究者意识到，确立理解教育的思想方式是解决教育问题的前提。他们认为，马克思对西方资本主义社会的批判理论，是重要的思想资源。有如杰拉尔德·古特克所说，在马克思看来，资本主义不但是一种经济制度，更是一种文化体系。因而，要运用马克思批判资本主义的理论观点与立场，分析学校是如何再现这些代表统治阶级利益的意识形态、社会和政治关系，消除这些意识形态对人的束缚与约束，还原人的真实的生存、自由的生存。[①] 比如"解放教育学"理论就提出教育目标，培养具有批判性思考能力的学生，教师的职责不仅是传授知识，灌输知识，而且要使师生之间变成一个对知识进行相互创造与再创造的整体。[②]

（三）以马克思教育思想研究为基础建构新的教育理论

当代国外马克思教育思想的研究，以马克思教育思想基本原理与立场基础，积极回应当代社会教育发展中的重大问题，在解决现实教育问题基础上逐步建构新的教育理论，丰富和完善马克思教育思想，这是当代国外马克思教育思想研究的重要理论建树。

1. 应用马克思阶级分析理论基础上建构教育的文化资本与教育社会资本理论。当代国外马克思教育思想研究者，重视马克思阶级分析立场考察学校教育。认为学校是传承文化、培育新人的机构。然而，受到社会政治结构、阶级状况制约的学校教育，造成教育的不平等，导致不正义学校的出现。结构主义马克思主义的重要代表法国哲学家路易斯·阿尔都塞（Louis Althusser）批评学校蜕变成是灌输资本主义文化观念、塑造一代又一代服务资产阶级产业工人的场所。同样，在亨利·A.吉鲁（Henry A. Giroux）等新进步主义思想家看来，当前学校已经窄化了教育功能，使学校等同于培养技术工人的技能训练所，学校成为促进工业化及传递西方文明核心价值观的机构。[③]

就此，美国学者S. 鲍尔斯（S. Bowles）和H. 金蒂斯（H. Gintis）更是明确指出学校教育变成复制人的阶级地位的工具。在《资本主义美国的学校教育》、《学校教育与资本主义》等著作中，运用马克思分析资本

---

① [美] 杰拉尔德·古特克：《哲学与意识形态视野中的教育》，陈晓端主译，北京师范大学出版社2008年版，第269页。

② [美] 伊拉·索尔、[巴西] 保罗·弗雷勒：《解放教育学——转化教育对话录》，林邦文译，台北，巨流图书股份有限公司2008年版，第12页。

③ [美] 亨利·A.吉鲁：《跨越边界：文化工作者与教育政治学》，刘惠珍等译，华东师范大学出版社1992年版，第236页。

主义生产的思路，把马克思的教育思想表述成是"教育政治经济学"，提出著名的"对应原理"。他们认为美国的资本主义教育的重要特征与意图，是通过教育中的社会关系与生产过程中社会关系的"对应"来实现年轻一代的社会化。具体地说，教育中的社会关系——如学校管理者与教师、教师与学生、学生与学生等关系，都可以对应于资本主义生产过程中的等级结构关系，如资本主义生产过程中的"异化"现象，这在学校教育中同样存在，学校教育中的"异化"主要是课程内容、教育目标的异化等。①

这就是说，在形式上，现代学校教育倡导科学、追求真理；倡导平等、民主与自由，追求人的解放，但是，在实质上，现代学校服务于统治阶级人才培养的需要，是为统治阶级利益需求"再生产"。为此，法国的 D. 布尔迪厄和 J. C. 帕斯隆就从"再生产"理论出发，指出资本主义社会使学校教育变成"一种符号暴力理论的基础"。布尔迪厄和帕斯隆所说的"符号暴力"，是指学校教育成为满足统治阶级需要的手段与工具，成为再造社会阶层差异的手段与工具，使学校教育发挥着"淘汰"、"筛选"功能，阶级地位越低受害越深，而那些家境较好、社会地位较高出身的学生，"不仅从其出身的环境中得到了憧憬、训练、能力这些直接为他们学业服务的东西，而且也从那里继承了知识、技术和爱好"。② 这样，学校教育的功能是影响社会人员的流动，"一些集团或阶级把文化专断的建立和继续所必需的教育权威委托给了教育行动。作为提供持续性培养的长期灌输工作，即作为生产符合上述集团或阶级文化专断原则的实践的生产者的工作，教育工作有助于通过习性，这一客观结构再生产实践的发生功能本源，再生产这一文化专断的社会条件，即它作为其产品的那些客观结构"。③ 无疑，对受教育者的"教育"，结果是为了把受教育者放置于某一阶层、处于某种社会地位，在此意义上说，"受教育者"到学校接受教育，是被社会建构的过程，学校教育成为影响人与社会"客观结构"形成的因素。

正是基于这样的认识思路，布尔迪厄和帕斯隆看到了文化、学校教

---

① ［美］S. 鲍尔斯、H. 金蒂斯：《美国：经济生活与教育》，王佩雄译，上海教育出版社1990年版，第428—431页。

② ［法］D. 布尔迪厄、J. C. 帕斯隆：《继承人——大学生与文化》，邢克超译，商务印书馆2002年版，第20页。

③ ［法］D. 布尔迪厄、J. C. 帕斯隆：《再生产———种教育系统理论的要点》，邢克超译，商务印书馆2002年版，第42页。

育影响人的社会阶层确立的作用。他们指出:"对出身于最低阶层的人来说,学校是接受文化的唯一和仅有的途径"①。也就是说,通过学校教育,改进人的知识结构,发展人的技能,以实现顺利参与社会生活的目标。这样认识学校的教育功能,应该给予肯定。但是,布尔迪厄则透过学校教育影响受教育者参与社会活动的类型与特征,更加深刻地指出学校教育在影响人的社会分层、造成社会不平等中的作用。"不平等的社会因素的作用巨大,它可以使教育制度在经济条件平等的情况下,把社会特权转化为天资或个人学习成绩,从而不中断地维护不平等。表面的机会均等实现得越好,学校就越可以使所有的合法外衣服务于特权的合法化"②。并且,布尔迪厄指出"社会特权"对人的影响,只不过它转化"天资"或"学习成绩"的形式,潜移默化地影响着个人的日常生活,个人所处的社会阶级、生活场境变成了人的成长中的"习性",它左右着人的成长。

为此,布尔迪厄结合马克思的资本理论,把这些因素概括成是文化资本、社会资本。他说资本有三种形式,即经济资本、文化资本和社会资本。而文化资本是以教育资格的形式被制度化,社会资本是以社会义务(联系)组成的,是实际的或潜在的资源的集合体,这两种资本在某些条件下可以转换成经济资本。③ 布尔迪厄指出,如果不注意文化资本、社会资本的存在,那么资本主义社会提倡民主、平等、公平的教育,是不可能真正实现的,同时也找不到解决教育公平、实现民主教育的出路。在此意义上说,个体的文化资本、社会资本的差异(有一些是与生俱来的,比如出生在农村与出生在富豪家庭等),是分析公平、公正、正义的学校教育的现实条件。因此,资本主义社会统治集团通过垄断、控制文化资源和文化权利,使之成为一种更具隐蔽性的资本力量,维持统治地位和社会秩序,以使得资本主义统治合法化和合理化。这一点,对正确把握当前学校教育发展道路也是富有启示意义的,即怎样看待教育国际化、全球化,怎样有效应对多元文化教育的挑战等。

2. 研究马克思的意识形态理论建构教育的批判理论。学校是国家提供的,即便是私立学校(民办学校),其办学行为也要受到国家法律的制

---

① [法] D. 布尔迪厄、J. C. 帕斯隆:《继承人——大学生与文化》,邢克超译,商务印书馆 2002 年版,第 24 页。
② [法] D. 布尔迪厄、J. C. 帕斯隆:《继承人——大学生与文化》,邢克超译,商务印书馆 2002 年版,第 31 页。
③ [法] D. 布尔迪厄:《文化资本与社会炼金术——布尔迪厄访谈录》,包亚明译,上海人民出版社 1997 年版,第 192 页。

约与规范。很明显，没有一个国家愿意使学校开展不利于国家安全与发展的教育活动，变成与国家相对立或敌对的学校，培养一批国家的"掘墓人"。因而，国家就要求学校传授国家所倡导的价值观，坚守与国家发展相一致的立场，如此，就存在着学校教育受国家政治意识形态约束的问题，这是研究者关注的课题。

对此，有研究者分析了资本主义学校教育与社会政治、经济及文化的关系，指出资本主义学校教育的职能与性质，认为在资本主义条件下，学校教育不仅是劳动力和生产关系再生产的工具，而且还是资产阶级统治思想、意识形态和文化价值再生产的手段，它并不能改变教育为维护与服务资产阶级利益的性质。

与此思考相联系，也使一批研究者与马克思思想产生了分歧，认为马克思主张革命、阶级斗争，是一种"极权话语"。如曾加入法国共产党的思想家福柯（Michel Foucault）就此提出要从"意识形态"研究转向对知识和权力的研究，特别是通过对"话语"的分析，揭示话语、知识与权力三者之间的关系，阐明话语对人的意义，即人通过话语，建构了自身，因此，福柯提出关注个体如何生活、如何思考与表达，这是一项重要课题，它体现着人的社会实践特征与人的生存处境。由此他不同意马克思的经济批判理论，在《权力与性》中指出："从19世纪以来，对社会的批判基本上是从其经济的本质出发的，经济有着决定的作用。这当然是一种有效的对'政治'的还原，但这种倾向同时也忽视了构成经济关系的基本的权力关系。"① 为此，福柯把"权力"确立为社会文化批判的关键词，通过分析与批判资本主义机器大工业生产中的非人性的管理与生产机制，提出要把人处在社会政治体制和技术控制下的"异化"处境中解放出来，实现人的自由发展目标，这是福柯采纳与坚持了马克思社会批判的立场。对此，福柯肯定自己深受马克思思想的影响，"即使人们承认马克思现在已经消亡，但它将来某一天肯定会复活。我所希望做的……不完全是为一种真正的马克思平反昭雪，但肯定是为了把马克思从教条中解放出来并还其本来面目，因为这种教条长期以来打着传播马克思的幌子而将其禁锢和僵化。"②

事实上，更多的研究者重视马克思对资本主义社会的批判立场，继承马克思的思想传统，批判社会的异化与人的自由的消失，并在当代社

---

① [法] 福柯：《权力的眼睛》，严锋译，上海人民出版社1997年版，第43页。
② [英] T. 莱姆克：《马克思与福柯》，陈元等译，华东师范大学出版社2007年版，第14页。

会生活中实践马克思关于教育解放人的学说,使教育成为人的自由个性目标实现的媒介。

法兰克福学派的重要代表西奥多·阿多诺(Theodor Adorno)和马克斯·霍克海默(Max horkheimer)在《启蒙辩证法》一书中指出人类正陷入普遍的野蛮状态,而纳粹主义是这种普遍野蛮状态的极端表现。葛兰西、卢卡奇也用"物化"这个概念综述了资本主义劳动过程对社会产生的不利影响,在他们看来,"物化"代表着"人类成为建构他们生活的社会力量的消极旁观者的过程。这种消极的源头在于资本主义对工人的去人性化(dehumanisation),工人已经成为可以交易的商品,是一种'物'(thing),可以被带到市场上叫卖——就像其他任何生产或消费工具一样。"[1] 在这种"物化"处境中的人,把自己当做纯粹是生产机器的附属品,人对生产的主动性被工厂的"生产机器"剥夺了,人的精神需求、个性发展被限制在一个狭窄的技能范围之内,人的价值,只是实现利润最大化的手段,"有质量的想象力逐渐消失。我们对周围世界——我们自己创造力的产物——的感受,逐渐变得陌生又充满敌意,一个于己无关的、'物'的制度,开始通过显而易见而且不可违背的规律来统治我们。"[2] 结果,人的本性是让"理性"征服与统治。

对人的"物化"处境的抗议,崇尚与赞颂人性的旨趣,给学校提出了培养"完整的人"、"审美的人"的教育目标。可现实的学校教育不利于人的发展,因为学校教育成为资产阶级实施文化统治的场所,学校的课程设置、教学方法、教育目的反映着统治集团的思想方式和价值观,学校的教育活动成为是一种"意识形态"统治的手段,因而要重构教育主体性。如匈牙利著名的哲学家和文学批评家卢卡奇(Georg Lukacs)研究马克思的物化思想,揭示当代资本主义学校教育的意识形态本质。意大利共产党领袖安东尼奥·葛兰西(Gramsci Antonio)提出要消除"文化霸权"对学校教育的影响,培养"积极、自主、理论自觉的人类",它比消极的、没有批判力、顺从的人类高级。[3] 葛兰西指出资本主义社会通过媒体、教会、学校等社会化机制的操作,把资本主义价值观和信仰植入

---

[1] [南非]达里尔·格雷泽、[英]戴维·M.沃克尔:《20世纪的马克思主义——全球导论》,王立胜译,江苏人民出版社2011年版,第163页。
[2] [南非]达里尔·格雷泽、[英]戴维·M.沃克尔:《20世纪的马克思主义——全球导论》,王立胜译,江苏人民出版社2011年版,第164页。
[3] [南非]达里尔·格雷泽、[英]戴维·M.沃克尔:《20世纪的马克思主义——全球导论》,王立胜译,江苏人民出版社2011年版,第167页。

到民众的意识之中，控制着民众的思想意识与行为方式。要改变这种状况，同样需要强调和发挥"观念战"的作用，因而，学校教育目标是使工人阶级学会按统治阶级的意志进行思考和行动。

对此，美国印第安纳大学普渡大学韦恩堡分校教育学院院长巴里（Barry Kanpol）在《批判教育学导论》中作了清楚的阐述。他指出马克思哲学和西方马克思主义是批判教育学形成的理论基础，批判教育学是一种尝试改变学校不平等结构的手段与方法，即学校教育关注人的差异，特别是关注种族、阶级与性别差异，主张消除不平等、消除霸权、消除等级，倡导尊重种族差异与学生个性解放，重视向学生传授理想、信念，从而使学校教育变成是一种"道德的事业"、"精神的事业"。[①]

3. 批判实证主义教育观基础上诠释新教育学的理论品格。近代以来的学校教育，受到科学理性的影响，对教育的认识等同于回答传递最有价值的知识的活动，认定教育现象可以依循科学研方法去发现并解决产生的问题，而且把科学解释的逻辑评判标准作为提供建构教育理论之标准。结果，实证性方法与思路作为解决教育问题与指导教育实践的基本原则，教育是一项应用性科学。[②]

实证主义是关于人类认识演变的新理论。它是19世纪三四十年代由法国著名哲学家、社会学家奥古斯特·孔德（Auguste Comte）所创立。孔德认为人类思辨的发展经过神学阶段、形而上学阶段、实证阶段等三个发展阶段。在神学阶段，借助于上帝和神灵解释人类的命运、解释万事万物变化的根源；形而上学阶段，用本质、最后原因和其他抽象观念说明世界和人类命运，这种说明是不符合客观事实的，而在实证阶段，主张对自然界和人类社会作审慎缜密的考察，进而获得关于人的认识、人的观念，以完成主观与客观的统一。为此，孔德认为人的认识活动，既不能以感性经验为评判依据，也不能以抽象推理得到观念或结论，而是主张以实证的、真实的事实为依据，找出发展规律，从而使观念变革与社会进步实现同步发展的状态。

可见，孔德提出"实证精神"的目的，是论证人类思辨发展的基本规律与特征，避免人类进入脱离实际的形而上思辨，正如孔德所说："在思辨生活与实在生活之间直接建立全面协调关系的自发倾向，最终应该

[①] [美] 贝瑞·康柏：《批判教育学导论》，张盈堃、彭秉权、蔡宜刚、刘益诚译，台北，心理出版社2004年版，第46—50页。

[②] [英] 卡尔：《新教育学》，温明丽译，台北，台北师大书苑有限公司1998年版，第72页。

视作是实证精神最可贵的优势，没有任何其他属性可以同样显示其真正性质并促进真正的升华。"① 但是，随着科学主义之风在社会的盛行，片面发挥孔德倡导的反对抽象的思辨、反对形而上学的思想方式的作用，结果造成重视实证、重视事实而导致知识与道德的分离、重视自然科学知识而轻视人文学科知识等现象。

诚然，这种知识与道德分离、自然科学与人文科学分离的思想方式影响着学校教育研究与教育实践活动。对此，研究者指出实证主义、科学主义思路理解教育，对教育概念的理解是不全面的。因为教育包含着道德与价值观，教育实践在行动上具有道德性，教育活动应该是由价值引领的伦理性活动，正如德国重要的教育思想家赫尔巴特把道德、伦理归为是教育目的。然而，在实证主义思想规范之下的学校教育，它注重教育活动的客观性、准确性、真实性，评价教育的标准取决于科学理论是否准确、是否合理，并不重视教师与学生的能动性、积极性与创造性，而是把学生是否获得科学知识作为教育目标。

实证主义思想对学校教育活动构成的危险，主要体现为工具理性对学校教育活动产生的影响，造成学校教育行为的功利主义现象，淡化了价值理性在学校教育中的作用。因为后者是把传授精神、道德、伦理、信念等价值目标作为教育目的。一旦学校教育缺失价值理性的约束与规范，结果就会使现代学校教育变成是一个高度合理化、精确化的"知识工厂"：对学校教育行为的投入与产出、学生学习效果与教师教育教学业绩以及教师的学术劳动等都要进行精确化计算，甚至都用确定的数字加以表达。在此意义上说，受实证主义思想指导的学校教育活动，它完成了学校传授科学知识、发展受教育者技能的知识教育功能，但是，它没有把人的身心全面发展作为学校教育的教育目的。

因此，一项重要任务是要批判秉持实证主义思想的教育研究观念，对受到工具理性指导的教育研究思路进行清理，反对仅仅把"知识与计算"当做评定教育研究成效的依据，而是要倡导重视人的"本能与欲望"的教育研究，② 体现教育活动的人文特质，倡导教育研究的人文关怀取向，并以此为基础建构新的教育理论。对此，一批马克思教育思想研究者认为，马克思对近代科学的批判，对现代性的批判，是探索解决教育

---

① ［法］奥古斯特·孔德：《论实证精神》，黄建华译，商务印书馆 2001 年版，第 21 页。
② ［德］卡尔·雅斯贝尔斯：《时代的精神状况》，王德峰译，上海译文出版社 1997 年版，第 29 页。

中的科学主义、实证主义倾向的重要理论资源。而且研究者指出，马克思批判"科学"的理论立场，不仅明确了科学主义的错误是道德、伦理与科学技术的脱离，而且认为只是指出道德、伦理与科技的分离，是无法解决科学主义、实证思想带来的消极影响。这是因为马克思肯定教育是历史性、文化性的社会实践。这一点，英国伯恩斯坦（Bassil Bernstein）的教育社会学理论研究中得到体现。他提出遵循"社会逻辑"的教育理论建构思路，通过实施多学科融合的学校教育，培养"共同能力"。所谓共同能力是日常生活实践达成能力，是个体主动且富有创造性地建构一个有效的意义和实践世界。①

三、当代马克思教育思想研究特征与问题

简略地回顾国内外马克思教育思想的研究状况，是为了进一步深化马克思教育思想研究，促进马克思教育思想中国化，使之真正成为中国特色教育理论建构的思想资源。

（一）当代国外马克思教育思想研究的特征

马克思生活在19世纪，但他的思想对当代社会产生着深刻影响。这使当代马克思思想研究体现着四个显著特征：

1. 当代国外马克思教育思想研究观点多样，内容丰富。马克思教育思想研究在当代世界的复兴，由于不同国家有着不同的意识形态、文化传统、发展道路、话语体系，使研究者对马克思教育思想抱着不同的研究旨趣，提供研究马克思教育思想的不同的理论基础，出现了多视角研究马克思教育思想的特征，形成了建设性反思与批判马克思教育思想的研究风格，展示马克思教育思想的当代价值。

2. 开放与创新思路研究马克思教育思想，更加凸现马克思教育思想的方法论意义，激活马克思教育思想的内在价值。批判教育学把马克思教育思想作为理论之源与方法论的指导，是马克思教育思想当代研究思路的一种体现。

3. 立足变革的时代，回应当代问题，更加注重马克思教育思想与现实教育实践结合的研究，注重把马克思教育思想与具体教育问题的结合的研究，回答教育实践提出的新课题，避免了马克思教育思想研究脱离实际，走向抽象化、思辨的道路。

---

① ［英］巴索·伯恩斯坦：《教育、象征控制与认同：理论、研究与批判》，王瑞贤译，台北，学富文化事业有限公司2005年版，第230页。

4. 更加注重现代与后现代结合的维度研究马克思教育思想。克服启蒙情结理解马克思思想的局限，正视马克思教育思想对"现代"与"后现代"的超越及其意义。

(二) 当代马克思教育思想研究的问题

在肯定当代国内外马克思教育思想研究获得新进展的同时，需要进一步指出当前我国马克思教育思想研究中存在的主要问题：

1. 对马克思教育思想研究有所弱化。在克服了政治意识形态研究马克思教育思想的局限，又出现了放弃或不重视马克思教育思想研究的现象，甚至把马克思教育思想当做一种束缚教育发展的教条加以抵触，这种现象从20世纪90年代中后期开始尤其明显，使马克思教育思想的介绍及其研究成果，未能与时代发展共同进步，未能与时俱进。

2. 把马克思主义教育思想替代马克思教育思想的研究。缺少对马克思著作文本的深度解读，也未能在新的社会历史文化背景下，把马克思教育思想与当代西方思想家教育思想进行对话，实现马克思教育思想研究的时代性、开放性的辩证统一。

3. 限于认识论、知识论的视角解读马克思教育思想。研究者关注马克思对资本主义社会的批判，但是，对马克思的社会批判理论，把它理解成是对意识形态的批判、对现代科学理性的批判，以这种思想方式解读马克思教育思想，就难以深刻把握马克思立足资本批判前提下建构的人的教育理论的实质，结果是从传递知识、发展技能的角度理解人的全面发展的教育，"使人回归到人本身"的教育理想变成培养"知识人"与"两脚书橱"的活动。

4. 缺乏系统的、完整的比较研究成果。对当代西方国家马克思教育思想研究成果的研究，这是进一步深化马克思教育思想研究工作的重要内容。这项工作的开展，将拓展我国马克思教育思想研究的视野，丰富我国马克思教育思想研究成果。但是，当前国内在这方面的系统、完整的研究成果是欠缺的。

5. 缺乏把马克思教育思想当做建构中国教育学理论基础的学术勇气。北美的批判教育学，旗帜鲜明地提出马克思思想是批判教育学的理论基础。确立如此学术自信，有助于推动马克思教育思想的深入研究，也才能推进建构本土化的教育学理论。

诚然，研究马克思教育思想，就应该认真阅读与分析马克思的原著，并自觉主动地联系当代中国教育改革与创新实践，遵循马克思阐明的理解教育的思想方式、基本立场与基本思路，破解中国教育发展与教育理论建设的难题，推动教育事业的科学持续发展。

第二节　教育思想方式的革命

上述简要回顾了国内外马克思教育思想的研究概况，为我们开展马克思教育思想研究增强了信心。当然，要深化马克思教育思想研究，无论是拓展对马克思教育思想内涵的认识，还是重视推广应用马克思研究教育的方法，前提是要深刻剖析"教育思想方式的革命"是马克思的重大教育贡献。但是，这一点并没有成为传统马克思教育思想研究关注的重点。其实，马克思是正确阐述与把握人是教育对象的前提下，完成了教育思想的革命。顺此思路，才能正确阐述马克思教育思想的体系、内涵、特征及价值。

一、传统教育思想方式的问题辨识

要指出传统教育思想方式的问题，这与理解教育对象的思想方式密切相关。人是学校的教育对象。对此，不论处于哪一个历史时期、哪一个国家或地区的各级各类学校，只要开展教育活动，就不可能回避这一点。或者说，不能离开人与教育的关系来谈论教育。也正是因为这一点，隐藏着理解教育的种种问题，比如形式教育与实质教育之争，关键之处是争论教育是改善人的心智还是培育人的生活生产技能等，无论是心智改善还是发展人的技能，只是提及了人的全部身心机能中的某一部分，是片面地抓住人的某一方面或局部的身心机能谈论人的发展问题，这样的思路，就不可能完整理解人，不可能实现人的全面、自由发展的理想目标。

所以，这些教育问题的核心是未能正确把握人与教育关系的本质。因而出现了这样的教育困惑，围绕"教育是否能够以学科为基础"作为探究教育问题的原因，以及构成解决教育问题思路的出发点，结果使教育问题变成是"教育学科化以应对教育实践的挑战"之类的技术与方法的问题，[①] 并引发持续的争论。争论的焦点是要明确教育对人产生怎样的影响以及实现这种影响的方式或途径。换成通俗的说法，如果把人确定

---

① ［美］埃伦·康德利夫·拉格曼：《一门捉摸不定的科学：困扰不断的教育研究的历史》，花海燕等译，教育科学出版社2006年版，第178页。

是教育对象，就要阐明教育培养的人能否适应社会、参与现实生活，如果培养的受教育者，虽然掌握了科学知识，但是不会灵活运用科学知识，不能结合各种条件，创造性地、有效地解决实际问题的"有知识"的人，这不是学校的教育目标。当然，学校更不能把受教育者培养成受到某种抽象观念控制的"观念"的人、"精神"的人。

围绕这样的问题，在教育思想史上，曾出现过一个常见的误识，这就是把教育等同于改造人性、塑造"灵魂"的活动。这样认识与理解"人的教育"，合理之处是把"人的教育"看做是一种价值性活动，它要求学校通过教育活动，引导人对人生意义、人生价值等问题的自觉考量。问题是改造灵魂的教育仍然需要立足在现实人的现实社会之中，如果改造人的灵魂等同于转换概念、变革观念，这就会使教育活动脱离实际，把现实的、客观存在的教育活动引向神秘的、抽象的、浪漫的想象之中。

比如古代教育思想家把培养有德性的人作为教育目标。问题就在于对"有德性的人"的本质的把握上。这一点，古希腊教育思想家的观点非常典型，他们认为有"德性的人"，就是要把握感性世界背后的形而上的"本原性实体"，只有使人对它的领会与沟通，就达到了对真理的领悟，完成改善人性的目的。柏拉图培养哲学王的教育目的观非常清楚地表述了这一观点，他认为教育目的是塑造"哲学王"，他相信教育能够实现这个目的，原因在于人是理性的，理性不仅是人的一种认识能力，而且是到达真理的途径和方法。就此而言，柏拉图意义上"人的教育"，是在人是理性的前提下，逐渐使人趋向真理的过程。这样理解"人的教育"，是在超验世界中寻求教育依据，展示教育意义，决定教育价值的基础不是此岸世界而是彼岸世界，这体现出理解教育思想方式的抽象性特征。

受"文艺复兴"的影响，"教育"被看做是使"人从自然的状态中脱离出来发现他自己的人性（humanitas）的过程"。[①] 这就是说，这一时期依然强调教育改造人性的作用。但是，"教育改造人性"的含义发生了变化，重点是着眼于人的内在潜力，增强塑造自己的能力。因此，组织学习拉丁文、语法及修辞的目的，不仅是为了培养人的演说能力，而且是为了使人具有与其他人共同生活的能力，前提是关注培养人的社会适应能力，这是教育改造人性的核心要旨。所以，强调教育作用是塑造人

[①] ［英］阿伦·布洛克：《西方人文主义传统》，董乐山译，生活·读书·新知三联书店1997年版，第45页。

的创造能力及自身生活能力，这表明教育是"对人的个性和提高自我意识的兴趣"。[①]而对人的个性与自我意识的认识，随着受宗教观念束缚的现象的消除，自然就要回归到从人本身寻找原因的思路，但是，问题是把人的理性、理智力作为检测"人之为人"的关键因素。如此就得出这样的结论：在现实社会中，人具有思考的能力、具有生产知识与科技的能力，这正是教育之所以重要、之所以可能的本质因素。

因而，教育与人的理性之间的关系成为教育研究的重点，确认教育目标是改造人的理智力、让人学会思考，并且，把改善人的理智力等同于人的主体性的培养。无疑，这种教育观点具有合理因素，表现在它把教育活动建立在科学与人的理智基础上，有助于教育的科学化、规范化的发展。但是，随着科学技术的进一步发展，以及科学技术在社会生活中发挥着越来越重要作用，对科学的信仰，认定科学知识是可靠的观点，逐步被社会成员普遍接受与认同。这样，也就确认了科学知识产生、传递的模式及其特征，比如知识的实验性、可验证性、客观性等。当社会民众对科学的信仰变成是主流思想意识观念时，这种理解科学知识的思路，也被迁移到对教育的理解之中，因为传递科学知识是教育的手段及其任务，如此就把教育认定是一门实证科学的活动，只要保证知识的正确性、科学性，就完成了教育的任务。

这种现象最典型的表现是 19 世纪和 20 世纪的机械主义（mechanistic）和实证主义（positivistic）思想影响下的教育研究。比如斯金纳（B. f. skinner）的行为主义教育研究，就认为人的行为是需要依赖能够观察到的原因加以解释，因而认为讨论思想、价值观、理想和信仰等无法观察的东西，是没有意义的。[②]

这样，复杂的、蕴含丰富人性的教育活动被"简单化"了，把它变成是可以测量的一种"客观事实"、一个"客观过程"，并且相信教育者所说的一切都是合理的、正确的，确立了知识与教育者的权威地位。结果，对知识的怀疑、对教育者稍有不尊，就被称作是对"常人理智"的"冒犯"。"这样一种态度是对常人理智的冒犯。他知道科学家使用非常复杂的仪器，并用数学符号交流。他被庄重地告知，一张桌子'事实上'是一堆嗡嗡作

---

① ［英］阿伦·布洛克：《西方人文主义传统》，董乐山译，生活·读书·新知三联书店 1997 年版，第 32 页。

② ［美］国家研究理事会：《教育的科学研究》，曹晓南等译，教育科学出版社 2006 年版，第 15 页。

响的电子和中子，空间充满着很难被观察到的无穷无尽的大能量的中微子流，所有生命仅仅是能自我复制的 DNA 的形式。"① 显然，如果把教育理解成是如此的"科学活动"，在这样的教育环境中并不缺失"知识"，而是缺失了教育承担唤醒人生意义、社会价值的自觉性。正如怀特海（Alfred North Whitehead）所说："知识的价值完全取决于谁掌握知识以及他用知识做什么。"② 怀特海认识"教育"的思路很明确，他认为衡量知识与教育是否有价值，不是看受教育者是否获得了知识，而是要看知识使用的价值。如果只重视传授知识、关心学生是否掌握了知识，这没有完全体现教育的价值。遗憾的是，在很长时期内坚持这一认识教育的思路，成为教育理论研究争论的一个焦点话题。

比如启蒙思想家把人当做一种"实体"的思想方式阐述人的教育问题。英国哲学家洛克强调"自然人"是教育必须重视的"第一因"，唯有自然人作为教育的出发点，是符合人性的、正义的教育。而"自然人"，洛克是从"实体"的角度理解"自然人"，它是指人具有的先天赋予的不可剥夺的理智，他在《教育漫话》一书中多次重申："一切德行与价值的重要原则及基础在于：一个人要能克制自己的欲望，要能不顾自己的倾向而纯粹顺从理性所认为最好的指导。"③ 人的理智是教育的前提与基础，是教育活动必须遵循的原则。尽管洛克提及了"德行"比智育重要的观点，但是，"德行"以"理性"为基础，是指遵循理智原则成为享有天赋自由权的公民而已。

承袭启蒙时期自然主义教育思想的德国哲学家康德（Immanuel Kant）的教育贡献是提出了人是教育目的的思想。他非常明确地要求教育过程遵循理性原则，及早施行"规训"，教育者不可以将受教育者当做"工具"来使用，以"防止人由于动物性驱使而偏离'人性'"，而使全部"善"能够在世界中产生出来。④ 康德说："一个被创造物的身上的理性，乃是一种要把它的全部力量的使用规律和目标都远远突出到自然的本能之外的能力，并且它不知道自己的规划有任何的界限。但它并不是单凭本能而自行活动的，而是需要有探讨、有训练、有教导，才能够逐步地从一个认识阶段前

---

① ［英］约翰·齐曼：《可靠的知识：对科学信仰中原因的探索》，赵振江译，商务印书馆 2003 年版，第 126 页。
② ［英］怀特海：《教育的目的》，徐汝舟译，生活·读书·新知三联书店 2002 年版，第 57 页。
③ ［英］约翰·洛克：《教育漫话》，傅任敢译，教育科学出版社 1999 年版，第 19 页。
④ ［德］康德：《论教育学》，赵鹏、何兆武译，世纪出版集团上海人民出版社 2005 年版，第 6—9 页。

进到另一个阶段。"① 人的认识从一个阶段发展到另一个阶段，这一观点是合理的，问题是不能把人的认识能力的发展，看做只是人的理智的活动，更不能看做纯粹是人的自我意识的观念活动。齐良骥教授的评论是合理的，他说康德也像洛克那样认为人的感官有内外之分，意识通过外感官感觉到外面的对象。但是，康德并不承认有独立于意识的认识对象。独立于意识的东西，就不是认识对象，也不是无。这就是说，在康德看来，认识的对象必须要与意识相联系，人的意识与对象关系也构成思考知识问题的着眼点，即考察知识的来源，要以主体为立足点，知识是主体认识活动的结果。②虽然康德强调了知识来源于人的外感官对外在对象的接触与感受，但这一切是建立在人的意识的前提下，这是典型的人的理性为中心的知识观。

事实上，马克思强调物质世界是独立于人的意识的存在物，是在我们人之外的客观存在，而人的意识、人的认识是大脑对外部世界的反映。因而外部世界先于人的意识活动、先于人的认识活动，它对人的认识活动来说，占有优先的地位，具有本体的意义。显然，这与康德把人的意识确定是知识来源的观点是有本质差异的。

可见，人的发展是教育研究的基本主题。只是，教育思想史上没有真正把握人的发展的本质要求与特征，而是把人看做是一种"实体"，有待充实知识或价值理念的"实体"。因而，"人的完满"被看做是一项"理论"方面的要求，即人被看做是分享某种实体因素如上帝或绝对精神。③ 这是从近代以来占据主流的认识思路，直到现象学传统，对人的重视，以改善人的认知（意识）为核心，把认知、自我意识当做是理解人的本质的核心性概念，并且赋予"自我"、"自我意识"、"理性"以无限的价值，是个人自由的前提与基础，是不可剥夺的。如此，受教育的人被当做是达到受教育者或社会规定的某种目标的手段，教育功能自然就被"异化"。

---

① [德]康德：《世界公民观点之下的普遍历史观念》，《历史理性批判文集》，何兆武译，商务印书馆1990年版，第4页。

② 齐良骥：《康德的知识学》，商务印书馆2000年版，第39页。

③ 这里的"实践"是指亚里士多德知识分类中的"实践知识"。在《尼各马科伦理学》中，亚里士多德以知识的目的为依据，提出了三种知识类型：为着自身而被追求的知识是"理论（思辨）知识"（theoretike）；为着行动而被追求的知识是"实践知识"（praktike）；为着创作和制造而被追求的知识是"创制知识"（poietike）。虽然，"实践知识"和"创制知识"都与人的行为有关，但是，亚里士多德的"实践知识"是与人的意志和意图有关，是趋向于最高的"善"，因而，良好实践自身即是目的。亚里士多德：《尼各马科伦理学》，《亚里士多德选集》（伦理学卷），苗力田译，中国人民大学出版社1999年版，第129—135页。

需要肯定这些认识观点的合理性，主要表现在它强调个人具有促进自身发展的自由权利以及体现的主动性，因而，教育就是培养人运用自由权利的意识与能力，增强或激发人认识自然、认识社会的主动性。但是，这些观点，受到近代重视理性的思想方式与社会习俗的负面影响，对教育目的、教育本质的把握，出现了一些不正确的观点，导致教育不合理现象的形成，比如把知识传授作为最核心的教育任务，教育成了"为了知识、真理而追求知识、追求真理"的活动，出现了教育脱离实际、以掌握理论知识替代人的全面素质完善的片面现象，相反，教育培养人的智慧、让人优雅地生存，未能受到重视。这并不是说教育合理性消失了，而是说传统教育合理性存在与发展的条件发生了变化，这种条件，包括人们的思想观念、社会运行机制等因素。难怪后现代思想家批判现代学校的教育功能被蜕化成"复印机"，使教育越来越"世俗化"，强调知识、科学的合理性，忽视对受教育者科学道德、理想信仰的教育，影响了受教育者健康人格的培养。

对此，有比较多的研究者已作了反思与评述，指出20世纪以来的教育思想发展经历三个阶段：第一阶段是传授和掌握知识为主的"知识本位"阶段。在此阶段，人们相信一个人只要拥有足够的知识就能在社会上立足。但是，20世纪60年代开始，人们意识到仅仅掌握知识是不够的，因而进入第二阶段——能力本位阶段。然而，人们认识到，主张知识本位与能力本位的观点，主要是解决如何使人适应社会的问题，其实，更需要解决的问题是让人懂得在社会上生存的意义，因而提出"人本位"思想的第三阶段。[1]

二、需要阐析马克思完成教育思想方式变革的价值

应该承认，教育中突出人的价值与地位，确立人是教育目的的信念，这是必然的趋势。要厘清什么是"人的教育"，关键问题是反思各种"人的教育"观点形成的认识路线，把握"人的教育"命题的合理性，展示"人的教育"的基本要求。

在此强调要重新解读马克思人的教育思想的内涵与实质。马克思通过对人的本质的规定，提供了解决"人的教育"问题的认识前提，为理解人的教育问题创设了思想方式，以此与传统教育思想方式划清界限。

马克思指出人的本质是社会关系的总和，而社会关系是人的活动产物，它包含着现实的经济关系、思想关系等一系列内容，将人置于社会、

---

[1] 朱小蔓：《教育的问题与挑战：思想的回应》，南京师范大学出版社2000年版，第188页。

自然互动之中，揭示人与物、人与人、人与自己的种种复杂关系。这就是说人不是感性的、肉体的存在，也不是抽象的自我意识存在，而是具体的社会历史活动者，在参与社会活动中，人逐渐构筑起适合自身生存的环境，体现着人的力量。

遵照这样的认识思路，马克思强调人的教育是培养具有实践能力的人，塑造具有独立人格的人。这样，教育既要向受教育者传授认识社会、改造社会知识，培育受教育者做事谋生的能力；又要向受教育者传递社会核心价值观念，培育受教育者的社会责任感，以及养成关怀社会发展、追求美好人生的情感、理想与信仰。以此使学校的教育活动担负增进人与人之间信任的使命，从而增强受教育者对自然与自身的责任感，最终使教育成为人的解放（即是使人的潜能得到最大程度的激发）的中介[①]。

非常清楚，马克思是以造就认识世界、改造世界的社会主体作为人的发展的理论构想，这样的认识思路，有助于克服以往人本主义观点的认识局限，即从人的自然性视角诠释人与教育关系的局限性。在此意义上说，马克思对教育思想、教育理论的贡献，不仅是因为马克思坚守了教育是"人的教育"的立场，而且通过阐明理解人的本质的思想方式，把教育与现实人的日常生活相融合，教育成变是一项现实人的现实活动，是与人的日常生活体验相联系的人的"生命活动"。因而，教育不再把追求脱离现实人的日常生活的超验存在作为目标，也不再把教育当做是追求真理与科学知识的理智的、理性的认知活动，这是马克思实现理解教育的思想方式变革的基本内容。对此，本书第二章"教育危机和马克思教育思想的前景"，以及第四章"基于马克思现代性批判的教育正当性"，通过对马克思人的问题的基本理论的分析，论述马克思教育思想是对传统教育思想的扬弃，展示马克思教育思想的当代意义。

第三节 培养社会主体的教育目的

马克思在理解与阐释教育目的方面做出的贡献，是马克思把培养社会主体确立为教育目的，从人是对象性存在的思路阐释人的成长特征、特点，这是理解与分析教育目的的认识路线，是完整把握马克思关于教

[①] 马克思把现实的人规定是教育的出发点，已作了专题讨论。舒志定：《现实的个人：教育的出发点——马克思教育当代性的一个视角》，《教育史研究》2003年第1期。

育目的理论的基本要求。

马克思教育思想是以马克思哲学思想为前提，是马克思哲学思想的具体体现。马克思哲学思想与近现代哲学思想的本质区别，是因为马克思主张哲学不仅要解释世界，而且要提升人的实践能力，达到批判与改造世界的目的。所以，以扩展人的知识技能、改善人的品质为职责的学校教育，不仅要使人掌握认识世界的知识，而且要让学生学会在批判、反思过程中掌握认识世界、改造世界的智慧与能力，成为具有独立人格的社会主体，这是马克思哲学思想的本性，也是教育思想的本性。

对马克思的这一理论贡献，如果能够正确理解与认识，就能够辩证解读本世纪10年来教育界开展"关于知识在教育中的作用"、"教育中过于重视知识"等观点的争论。对这些争论（人、知识、教育之间的关系），假如遵照马克思提出的思想方式与认识路径去理解，这些争论的观点，其实归结成一个简单的问题，即教育培养什么样的人。无疑，教育要培养能够"认识世界、解释世界"的人，而且要培养能够主动地、创造性地"改造世界"的主体。在这一意义上，马克思强调教育培养社会主体，试图通过组织实施学校教育，使受教育者具有认识世界、改造世界的意识、能力以及积极性和创造性。由此我们将之称作是马克思教育思想的实践性特征，以区别于从概念的、逻辑的角度解释教育特征的教育观点（教育理论）。对此，通过进一步阐述马克思培养社会主体教育思想的基本内涵，就能获得清楚的认识。

一、培养社会主体的学校教育是现实的社会实践活动

确认培养社会主体的学校教育活动的特征，要以人的本质特征为着眼点。马克思是从"人是对象性存在"的视角阐述人的本质特征。对此作了这样的表述："凡是有某种关系存在的地方，这种关系都是为我而存在的；动物不对什么东西发生'关系'，而且根本没有'关系'；对于动物来说，它对他物的关系不是作为关系而存在的。"[①] 这是说，人直接地是自然存在物，具有自然属性，它表现在人具有与生俱来的生命力，并且，这种生命力使人产生了为了持续生存的各种欲望，伴随着欲望的扩张，人不断地占有资源以维持生存，这就形成了一个基本事实：人和人自身之外的"某些对象物"建立关系，在建立交往关系过程中，需要人

[①] ［德］马克思、恩格斯：《德意志意识形态》（节选），《马克思恩格斯选集》第1卷，人民出版社1995年版，第81页。

认知对象物，确立与对象物交往的方式、类型，更重要的是需要人对待对象物的态度与价值立场。无疑，建立与对象物交往关系的过程，也是人的能力提升与人的生存发展机会获得的过程。

对此，马克思明确指出："人有现实的、感性的对象作为自己本质的即自己生命表现的对象；或者说，人只有凭借现实的、感性的对象才能表现自己的生命。"① 这就是说，人如果没有对象，就不是对象性存在物，如果没有对象性关系，就不是对象性存在。这样，人与对象构成相互依存关系，而这种依存关系不是浪漫思想家所理解的人与自然关系，也不是形而上学思想中规定的人与客体关系（人变成了抽象的、观念的人），而是人是现实世界中的真实存在，依赖于人的身体、意识与对象物交往、互动中存在着。如果否定这一点，人只能是一种"非现实的、非感性、只是思想上的即只是想象出来的存在物，是抽象的东西"。②

并且，马克思还把人与对象物的交互活动，命名为"感性活动"，但它不是感官对客观外在世界的简单复制，而是意指人与自然、人与人之间关系的一种构成状态，这种构成状态的建立，实现了人与人、人与社会、人与自然的交往关系，在互动交往中，人把自身的思想、意志、情感渗透到对象物中，对象物又会影响人的思想、情感、意志，人与对象物是双方交融的，相互依赖、相互促进，正是这样的互动，体现或激发人的主动性、创造性。正如马克思说人是"一个有激情的存在物，激情、热情是人强烈追求自己的对象的本质力量"。③

应该肯定，人的主动性、能动性，必须在现实社会活动中才能得到呈现与展示，在呈现与展示中才能体现人的主动性、能动性，因而说，主动性、能动性是人的本质力量的敞开，这种敞开，意味着人与对象物的现实交往过程的确立，只有在人与对象物交往中才能得到实实在在的呈现，但是，不能据此说，只要人与对象物发生了交往关系，就能体现人的主动性、能动性，也就是说，人建立与对象物的交往关系，并不能保证人的能动性的体现。因为，人的能动性的体现是有条件的，人必须是自主自由的存在者，这是前提。如果这一条件不具备，即使人与对象

---

① ［德］马克思：《1844年经济学哲学手稿》，《马克思恩格斯全集》第3卷，人民出版社2002年版，第324页。

② ［德］马克思：《1844年经济学哲学手稿》，《马克思恩格斯全集》第3卷，人民出版社2002年版，第325页。

③ ［德］马克思：《1844年经济学哲学手稿》，《马克思恩格斯全集》第3卷，人民出版社2002年版，第326页。

物的交往仍然存在，也不能说是体现了人的主体性地位。人与对象物构成消极的、被动的、机械的交往，不可能是人的本质力量的呈现，甚至人反而被对象物控制，比如马克思描写的资本主义生产工厂中工人对毁坏的机器，工人的直观感受是"机器"控制他们的生活、劳动，是"机器"剥削了工人。在这种情形之下，是人处于异化的状态。人的异化状态，在社会体制、机制、纪律、社会习俗的规范下，"对象物"剥夺了人具有主导自身、处置自身的权利，结果，人没有了支配自身的权利，变成是消极、被动的存在物。这种缺失主动性与积极性的人，即使是掌握先进的科学知识，掌握先进的劳动技能，都不是马克思所说的全面发展的人。正是因为这一点，马克思概括教育目的是提升人的社会实践能力，即人的感性活动的意识、能力与质量，其合理性就十分清楚了。

因此，随着人的能力的不断增强，交往对象物越来越多，交往范围越来越广泛。可是，动物没有这样的能力，动物也不可能做到这一点，差异就在于动物只能凭本能维持生存。当然，人的能力不断增强，并不意味着人是无所不能的"上帝"或"超人"，相反，人要受到各种条件的制约，要对给予自身生存的各种对象物保持一种敬畏与感恩的心态。

所以，人存在的秘密，不能归结成是人的自我意识，或者是人的道德意志，或者是感性肉身的情欲生命，而是人的现实的社会实践，是人依赖感官、借助于感官与对象主动建构相互交往关系，并且，在这种交往关系中，揭示了人的全面发展的实质，即要增强人的"感性活动"的能力。遵循这一研究思路，本书第六章讨论了马克思教育思想对理解教育转向生活世界基本观点所确立的思想立场。

二、培养社会主体的学校教育的价值向度是人的自由发展

人作为社会主体，就要强调人应该承担建设社会、发展社会的责任感，所谓天下兴亡，匹夫有责。当然，全社会要倡导遵循每一个个体劳动的氛围，要为个体履行社会责任创造条件。这就是说，人既要服务于社会，奉献于社会，又要发展与充分展示个人各方面需求，只要在合理、合法的前提下，应遵循每一个人满足自身多方面需求的合理要求。这对学校来说，就应从儿童、青少年开始，帮助他们增加知识、发展能力、锤炼品性，成为一名具有生活品位的现代公民，成为一名有能力过着优雅生活的现代公民。

结合这一点，当前紧迫的任务是必须消除实证知识观对教育造成的负面影响，克服教育工具化、技术化的倾向，避免培养脱离社会、脱离

生活的"书虫"、"两脚书橱"。为此，要着力加强人文教育，让人文、社会科学和自然科学协调发展，让受教育者感受到学校生活是幸福、快乐的。"无疑地，中小学和大学教育都拥有自己的一片天空，它们基本上是由尊严和知识、智慧的成就所组成，也可说是包含了人类根本能力的成就。而就这片天空本身来说，睿智的知识，就是其终极的目标"。①

这一点已经被当前各级各类学校所认同与接受。我国在20世纪90年代初就开始组织实施素质教育，目标是强调学校教育要为每一个孩子全面发展服务。不少学校主动倡导与实施创造教育、个性教育、人文教育等改革思路，积极鼓励、支持教师开展促进学生个性发展的教育创新活动，与此相应，还积极改革学校管理制度、管理手段，提出并实践相应的学校办学理念，为此，各级各类学校都明确提出创办特色学校、开放学校、社区学校等，并且各项工作富有成效。②

当然，要顺利推动这些工作的持续发展，面临着不少困难，重要原因是学校是社会大系统中的一个子系统，它要受到社会的"辖制"通俗地说，学校要培养有个性的学生，可是，学校是受到社会统一化的人才标准、统一化的社会管理思想制约，这样，学校受社会主导价值观念影响，把社会的人才标准当做评价学生的指标，就会出现抽象的人才标准与具体的、生动的个体成长之间的矛盾，造成学校教育的统一化、标准化、规范化，重视那些能够凭感官直接看得到、摸得着的教育效果，而较少注意或忽略这样的事实：教育、教师是否启发了学生的心灵、是否对社会精神文化发展产生了贡献等。

探讨产生这些问题的原因，有研究者归结成是重视理性带来的负面影响。哈贝马斯（Jürgen Habermas）就提出要重新认识理性，纠正近代

---

① ［法］马瑞坦：《十字路口的教育——通识教育的理论基础》，简成熙译，台北，五南图书出版公司1996年版，第32页。
② 教育部在2010年4月27日发布的《关于深化基础教育课程改革进一步推进素质教育的意见》（以下简称《意见》）中评价了基础教育课程改革和素质教育取得的成就。《意见》指出，基础教育课程改革促进了先进教育理念的传播，带动了基础教育的整体变革，为全面推进素质教育发挥了重要作用，取得了明显成效。基本建立了有中国特色的、更加符合时代要求的新课程体系，一大批全面体现德育要求、反映人类文明成果的教材深受广大师生喜爱；人才培养模式改革积极推进，学生社会责任感、创新精神和实践能力的培养受到高度重视；考试评价制度改革取得重要进展，注重学生成长过程和全面发展的评价体系正在形成；广大教育工作者的教育观念和教学行为发生积极变化，改革的主动性和创造性不断增强，为进一步深化基础教育课程改革奠定了扎实基础。教育部：《关于深化基础教育课程改革进一步推进素质教育的意见（教基二［2010］3号）》，中华人民共和国教育部门户网站（MOE. GOV. CN），2010 - 01 - 01。

关于理性的误读，重新用理性来解决问题。他在《交往与社会进化》一书中指出："（人类）物种所学习的，不仅是对生产力发展具有决定意义的、技术性的有用知识，而且包括对相互作用结构具有决定意义的道德——实践意识。交往行为规则确实对工具行为和战略行为领域内的变化作出了反应、并推进了后者，但在这样做的时候，它们是遵循着自己的逻辑"。[1] 在这段论述中，哈贝马斯指出近代社会重视科学技术产生负面效应，即社会特别关注形式理性、工具理性，关注这个事物是否有用，如何使用，而逐渐淡忘了"物体"包含有多少道德意义、审美价值。结果对人的行为产生两方面效应：一是人在日常生活中，人们更加关注现实的利益需求，比如经济财富、政治权力等，甚至出现更加极端的现象，比如把"利益需求"作为日常行为的准则；二是对社会科学研究方法的影响，编制了一整套刻板的社会体制及其规章制度，建立了规格化、标准化的人才培养思路与模式。

哈贝马斯意识到工具理性[2]给教育造成的困境，但是，并不反对理性在教育中的地位、意义，他的解决思路是在人们语言沟通中建立理想的沟通情境。问题是这样的解决思路，没有现实社会基础作支撑，依然是在"理性"范畴内寻求解决出路，它并不能彻底解决生活世界理性化（哈贝马斯称是生活世界的殖民化）的根本问题。不过，它还是提供了思考空间，这就是要求重新思考马克思关于教育培养社会主体、促进人的全面发展思想的当代意义。

当然，要促进人的全面发展，必须要克服近代启蒙思想家从自我意识、自我权利（天赋人权）、实证知识论等路径理解教育的局限性，这种局限性的主要根源是从科学知识授受的逻辑思路分析教育，把教育理解成是知识传授与接受的活动，知识的多少与考试分数的高低成为检验教育效果的尺度。为此，马克思以人的对象性存在为思想方式，提出教育与生产劳动相结合是造就人的全面发展的途径。在马克思看来，教育与生产劳动相结合，不仅为人的培养提供了方法与路径，而且阐明教育促进人的发展的本质，明确教育是一项促进人的成长与发展的社会性活动。

---

[1] ［德］于尔根·哈贝马斯：《交往与社会进化》，张博树译，重庆出版社1989年版，第152页。

[2] 工具理性是通过精确计算功利的方法最有效达至目的的理性，是一种以工具崇拜和技术主义为生存目标的价值观。所以"工具理性"又叫"功效理性"或者说"效率理性"。它是法兰克福学派批判理论中的重要概念，最直接最重要的来源是马克斯·韦伯提出的"合理性概念"。

简言之，人的发展必须要有现实的根基，光靠一种幻想式的理念或一大堆科学知识，人虽然能够掌握知识，但未必能够理解生活、理解社会。对此，在本书第五章"马克思生产劳动理论赋予教育的当代价值"中进行专题讨论。

第四节 教育研究的历史性

结合上述讨论要形成这样的共识，要批判"人的教育"的传统观点，马克思通过确证认识前提，通过参加现实斗争，分析现实社会经济问题，揭示现实的人与现实社会的问题根源，揭示古代与近代社会关于人的教育观点的抽象性、思辨性的"形而上"实质，从而使教育研究走向现实的而不是抽象的道路，正是因为坚守教育研究的现实性、历史性，展示马克思教育思想的当代意义显得极其紧迫。

其实，英国学者卡尔（Wilfred Carr）反思教育研究存在问题时明确指出这一点，他说传统教育研究主要有两部分内容：一是分析教育名词的逻辑情境，二是关注教育概念的运用。其中这两部分教育研究内容中存在的根本问题，是没有关注教育与人类以往活动之间的关系。对此，卡尔把它称作是教育研究历史性的缺失，并认定这一点是教育研究的核心问题。[①] 卡尔提出教育研究的历史意识，关注到教育与人及其社会生活之间的关系，改变教育只是与人的理性、理智相关活动的认识，试图使教育回归到现实人的现实社会生活，这一努力是有意义的。然而，关键问题是怎样理解教育研究的历史意识。

马克思从"现实的人"为出发点，它切近、本真地描述了教育的现实性，这种现实性植根于社会生活之中，在社会历史发展中得到生成与发展，教育具有历史制约性特征。正是在这样的意义上，彰显出马克思教育思想内在历史逻辑，显示马克思教育思想的价值，赋予现代教育研究坚持历史与逻辑相一致的原则，并且，坚持批判与建构相结合的立场，客观准确地阐明教育的性质、地位，阐明社会与教育互相关系的本质。这样的认识，有助于克服关于教育与社会关系的庸俗化认识或者肤浅的解释。

---

① ［英］卡尔：《新教育学》，温明丽译，台北，师大书苑有限公司1998年版，第32—34页。

一、在教育历史性中辨认学校教育的本质

马克思在《1857—1858 年经济学手稿》中指出"理想社会"的特征，认定理想社会的最高成果被看做是"建立在个人全面发展和他们共同的社会生产能力成为他们的社会财富这一基础上的自由个性"；在《资本论》中，未来社会被规定为"以每个人的全面而自由的发展为基本原则"。人是社会历史的创造者，是社会历史发展主体力量。这样，学校教育就应该为社会持续发展提供优秀人才和智力支持。要实现这一点，要求教育以人为本，人是教育发展的主体，人的发展是教育的目的。通过教育，提高人的素质，高扬人的主体地位。可是，在资本文明建构的场域中，存在着人的健康损害、道德堕落和智力衰退等现象。对此，马克思的批判十分生动、形象："不列颠工业像吸血鬼一样，只有靠吮吸人血，其中也有儿童的血，才能生存"。[①]

马克思毕生所做的工作就是从现实社会经济运行中发现资本主义制度内在矛盾，建立变革资本主义制度的社会构想。马克思通过对经济活动的分析与研究，发现社会的思想文化、精神活动越来越被资本主义制度化，成为资本主义制度的重要组成部分，社会思想活动、精神生产失去了独立性。思想、精神生产，要服务于社会进步的需要，但是，"服务"不是变成社会政治制度的附属。因此，思想活动与精神生产存在的合理性，要与经济活动相联系，从经济规律中揭示精神生产的秘密。这样就区分两种精神生产特征：作为与经济活动相适应的精神生产，作为社会统治集团用于治理社会经济活动的精神生产。前一部分，与社会生产的人相联系，具有个体性，表明着个体在社会生活中的价值需求、信仰需求，以及从事经济活动需要的知识与技能需求，后者主要体现社会政治层面的需求，是整体的精神需求。结合这两点，要求今天研究马克思教育思想，除了关注教育与上层建筑的相关性之外，还要更多地关注教育与从事实际经济活动个体之间的关系，但很多时候，人们看到了教育的社会政治需要，忽视了教育满足人的发展需要，也就是通常所言教育构成了上层建筑的一部分。

如此，有助于正确辨认与把握教育本质，确立与坚持正确的教育本质观。对此，本书第三章"马克思实践观对教育本质的阐释"中进行了

[①] [德] 马克思：《国际工人协会成立宣言》，《马克思恩格斯全集》第 21 卷，人民出版社 2003 年版，第 12 页。

详尽分析。

二、在教育历史性中领会教育实践与教育思想建构的现实基础

社会历史奠定教育存在、教育发展的基础，这是从人与社会互动、交往的角度理解教育本质特征的基本结论。因而，把教育还原为人与社会互动交往网络结构系统中的一部分，这样解释教育，是理教育生存论视域的体现，这种认识思路，不是纯粹以知识的科学性或者是人的认知能力发展水平作为依据，对学校教育活动进行逻辑的分析。因为这样理解学校教育，就回复到"理性的教育"，进入到抽象的、虚幻的教育认识之中。

所以，从社会历史为视角理解教育的现实性，必然会得出这样的结论：教育思想的形成要考虑社会的现实基础。这样的观点，并不是要把社会历史与教育分成几个层次，比如像楼房那样有高低之分，把社会当做第一层，教育奠基其上一层。这样的理解思路，就产生目前对教育与社会关系的认识思路，既强调教育对社会的作用，又强调社会为教育发展创造条件。看起来，这样的思想方式十分完善，又富有辩证思维的特征，实际上并没有揭示教育与社会两者相互依存的状态。所谓相互依存的状态，就如鱼与水那样的关系。所以这里说教育的社会基础，是把教育与社会融为一体，社会是教育的根基，只有面向社会、融入社会的教育才具有现实性，才具有教育持续发展的合理性，这是教育社会性的具体体现与基本标志。

这就是说，人类社会是自然的历史过程，教育是人类历史活动的有机组成部分，在一定历史时期，教育具有客观性、历史性，但教育又具有相对独立性，以塑造人成为一名社会主体为基本目标，以实现人的自由个性的全面发展为宗旨，为个体的全面发展创造良好的社会条件，为社会发展提供人才与智力资源，因而，学校教育是现实的学校教育，教育实现了现实性。对此，在本书第七章"马克思唯物史观解读学校教育现实性"中作专题分析。

三、在教育历史性中实现学校与教育事业的科学发展

教育研究的历史意识，增强教育研究的历史感，是教育的科学发展观形成的重要认识前提。以科学发展观指导教育，解决教育发展中突出问题，促进教育公平、协调、可持续发展，这就要求教育研究面向社会，理性地研究教育问题的解决措施与策略。马克思早就强调教育中的诸多

问题，实质是社会问题的反映，必须从社会、历史的视角研究教育。

马克思曾经说过，每个时代总有属于它自己的问题，而所谓问题，"却是公开的、无所顾忌的、支配一切个人的时代之声。问题就是时代的格言，是表现时代的内心状态的最实际的呼声"。① 要解决社会发展中存在的课题，必须揭示问题产生的本质，才能真正解决问题。"新思潮的优点又恰恰在于我们不想教条地预期未来，而只是想通过批判旧世界发现新世界。从前哲学家们把一切谜底都放自己的书桌里，愚昧的凡俗世界只需张开嘴等着绝对科学这只烤乳鸽掉进来就得了……我们现在应该做些什么，我指的就是要对现存的一切进行无情的批判，所谓无情，就是说，这种批判既不怕自己所作的结论，也不怕同现有各种势力发生冲突"。② 在此，马克思提出解决问题首先就要抛弃理论的教条主义，要实事求是研究"理论"产生与存在的现实条件，通过消除问题产生的"实际存在"达到解决问题的目的。这是研究社会问题方法论确立的基本要求，也是研究与解决教育问题必须遵循的基本要求。

首先，客观地认识、科学地分析教育发展中出现的问题与矛盾。

概括而言，当前教育发展面临的突出矛盾主要体现在：

一是教育质与量的矛盾。一方面，社会民众的教育需求更加多样与丰富，比如老年教育、职业能力提升教育等，这就需要积极创新思路，提供多样化的教育产品，满足民众个性化的教育需要。另一方面，要密切关注教育质量，采取有效举措创建优质教育资源，切实提高教育质量。

二是教育国际化与本土化的矛盾。文化多元化、信息传递网络化是当代社会的重要特征，它迫学校教育要面向世界、主动融入全球化进程之中。但是，在推进教育全球化、教育国际化进程中，更应该关注学校教育与本国本民族文化传统的密切关系，关注学校教育的民族立场。这样，就会构成教育发展的国际化与本土化的矛盾。

三是教育公正与效率的矛盾。随着社会经济文化发展的不平衡，人民群众享受教育资源存在着差异与不平衡，特别是新中国成立以来实际存在的城乡二元分治格局，造成城乡教育资源的分配不均，致使城乡教育资源、教育条件、教育质量差异悬殊。

---

① ［德］马克思：《集权问题》，《马克思恩格斯全集》第1卷，人民出版社1995年版，第203页。

② ［德］马克思：《致阿尔诺德·卢格（巴黎）1843年9月》，《马克思恩格斯全集》第47卷，人民出版社2004年版，第64页。

四是教育继承与创新之间的矛盾。创新是教育发展的动力源泉,但"创新"必须做到教育传统继承与改造的统一,积极寻求教育传统中合理的、优秀的成分,这需要教育研究工作者深入教育发展实际,实事求是地分析我国教育事业取得的成就与存在问题。

其次,用历史与发展的眼光理性分析教育问题,创造性地解决教育问题和矛盾。

坚持马克思教育思想的历史性,是坚持与发展马克思教育思想的基本要求。虽然马克思生活于欧洲社会,他的教育思想产生于欧洲社会,但是,马克思的研究视野并没有局限于欧洲社会,而是把世界各个国家与社会的变化、运动规律作为研究样本,不仅分析社会发展规律,而且阐述人的发展规律,确定人的自由本性的必然要求,并以此作为确定学校教育目标、落实教育任务以及探索教育途径的思想前提。这一点,对促进当前学校教育的持续发展,意义重大。关键一点是马克思教育思想提供了理解与破解当前学校教育的问题和矛盾的思想方式,这是马克思坚守教育历史性立场赋予的时代意义。

对此,在推进当前学校教育改革进程中,务必要强调三点:

一是教育问题是在社会历史发展过程中出现的,需要在推动社会发展与变革的进程中创新教育问题的解决之道。

二是教育要坚持兼容并包的策略,主动、积极地将本土资源的挖掘与境外优质教育资源吸收相结合,丰富教育资源、提升教育品质。

三是倡导多元竞争,妥善处理普世价值观与教育之间的关系。国际化程度的加大,对外交流步伐的加快,迫使学校教育融入到国际教育交往之中,但是,这不能放弃教育的民族立场,不能淡忘教育应该坚守的核心价值观与承载的国家使命。因此,教育面对全球化,必须坚持多元竞争,主动吸纳优秀文化,但又要旗帜鲜明地反对推行文化侵略。

围绕上述问题,通过第二章讨论马克思教育思想的价值主题,以及对第四章教育合法性问题的追问,试图展示马克思分析教育与社会关系问题的基本思路,阐明马克思关于"什么是教育"问题的解答,以便揭示教育万能论、环境决定论、教育实证主义思想的局限与变革的出路。

第五节 马克思教育思想当代阐释的道路

以上简要概述了马克思教育思想研究的主要特征、基本主题,提出了阐释马克思教育思想当代意义的主要领域。既让我们欣喜地看到马克思教育思想研究的新进展、新成果，也深刻地意识到提升马克思教育思想研究水平面临的困难。由此提出深化马克思教育思想研究的基本要求，即以建设马克思主义教育学科为抓手，密切联系与关注中国特色社会主义教育实践，健全马克思主义教育思想研究组织，培养从事马克思及马克思主义教育思想研究的学术队伍，促进中国特色社会主义教育理论的新发展。

一、坚持马克思教育思想研究的正确方向，推进马克思主义教育思想的中国化研究

当前经济全球化与文化多元化冲击着学校教育，使学校教育面临文化安全与坚守社会主义核心价值观的挑战，影响着年轻一代的教育与培养质量。培养中华民族的建设人才，必须要坚守中国特色社会主义核心价值体系，坚守马克思教育思想的核心地位，以马克思主义教育思想引领学校的改革与发展，改变或清除制约中国特色社会主义发展道路的因素，推进马克思主义教育思想的中国化研究。

二、健全马克思主义教育思想研究组织，丰富马克思主义教育思想中国化研究学术活动

改革开放初期成立的马克思主义教育思想研究会，通过召开学术会议、组织专题调研、发表学术论文等形式与途径，聚集了一批马克思主义教育思想中国化研究的专门力量，推动着马克思主义教育思想中国化研究的健康发展。因此，要进一步繁荣马克思主义教育思想中国化研究，建议恢复马克思主义教育思想研究会，开启马克思主义教育思想研究的一系列学术活动，营造马克思主义教育思想中国化研究的氛围与条件。

三、立足中国特色社会主义教育实践，构建中国特色社会主义教育理论体系

中华人民共和国成立以来，在中国共产党领导下，把马克思主义教育思想作为制定学校教育方针、教育目的的理论依据，成为指导各级各类学校开展教育活动的行动准则。无疑，它已经深刻地影响着中国特色的社会主义教育实践。

可以说，中国特色的社会主义教育实践，是马克思及其马克思主义教育思想在中国学校教育改革中的生动实践与中国特色教育理论的不断

创新的双重结合。中华人民共和国成立之初，中国共产党人就运用马克思主义基本立场，改造传统教育思想与教育体制，逐步探索符合时代要求和人民群众需要的新教育。

改革开放再次激活中国教育，解放了束缚中国教育的种种不合理因素，使中国教育发展进入快车道，为中国社会建设、政治建设、文化建设、经济建设提供智力支持与人才支撑。因此，开展马克思主义教育思想研究，需要回顾与总结中国特色社会主义教育实践，这是马克思主义教育思想中国化研究的活的源泉，只有密切关注中国教育的创新实践，才能梳理形成中国特色社会主义教育理论体系。

四、坚持开放、创新的姿态，追踪当代世界马克思教育思想研究的新成果

加强马克思主义教育思想研究，要深入研究当代世界各国关于马克思教育思想研究的新成果、新思路，从而逐步推进新时期的马克思主义教育思想研究新成果。当然，关注世界各国马克思教育思想研究成果，并不是无原则地认同与接纳。而是要坚守马克思主义的基本立场与价值诉求，坚持中国特色社会主义教育制度不动摇，客观、公正地辨析与梳理国外马克思教育思想研究成果，避免用国外马克思教育思想研究成果来否定马克思主义教育思想的中国化研究，也要避免因为坚持马克思主义教育研究的中国化而不重视国外相关研究成果的做法。

五、注重马克思教育思想研究范式的变革，提升马克思教育思想研究水平

当代中国社会处于改革、转型之际，加强马克思教育思想研究，并且把马克思教育当做是社会教育政策理论基础的传统观点，面临着新的考验。它主要是受到自由主义观点的冲击与影响。长期以来，对马克思思想的教条化、僵化的理解，出现了反对马克思权威化的声音，提出要按照自由、平等、正义和民主的近代启蒙理念作为建构现代社会的思想基础，它是前提，"激进解放政治概念的一个基本前提，即拒绝控制每一个所假定的社会'终极基础'——无论是在思想上还是在政治上"。[1] 不尊重这个前提，就会导致独裁主义和极权主义。

---

[1] [英]斯图亚特·西姆：《后马克思思想史》，吕增奎、陈红译，江苏人民出版社2011年版，第47页。

因此，为应对新自由主义给予坚守马克思教育思想立场的挑战，抛弃背负着对马克思教育思想僵化理解的包袱，通过倡导多元性、开放性、多样性的马克思教育思想研究思路，以消除马克思教育思想面临的困境。有如齐泽克（Slavoj Zizek）所说这是对"根本不可能性的某种推迟"，[①]因为我们总是生活在间隙和预支的时间之中，每一种解决方案都是权宜性和暂时的。只有坚持以开放的姿态研究马克思教育思想，激发马克思教育思想研究活力。因而，变革马克思教育思想研究范式，吸引更多有识志士参与马克思教育思想研究，将有利于繁荣我国教育学科建设。

六、推进马克思主义理论研究与建设工程，提高马克思主义一级学科建设水平

组织实施"马克思主义理论研究与建设工程"，加强马克思主义一级学科建设，为马克思主义教育思想中国化研究纳入学术范畴、提供学术支撑。因此，加强马克思教育思想研究，要立足马克思主义教育思想已有成果，按照马克思主义一级学科进行顶层设计，对研究队伍、学科与学位点建设、研究成果编辑出版、人才培养基地建设等方面加强全面规划，以创新性地推动马克思主义教育思想中国化研究。

这一章简述了马克思教育思想的研究概况，这是开展马克思教育思想研究的基础，是深化与创新马克思教育思想研究成果的思想资源。以此为基础，指出了马克思教育思想研究需要加强的重点领域，比如马克思教育思想方式的革命、把握教育目的的深刻内涵以及教育的历史性思想等方面。在深刻变化的时代背景中解读这些问题，有助于创新中国特色社会主义教育实践、丰富中国特色社会主义教育理论，由此实现马克思教育思想当代阐释的意图。

[①] ［斯洛文尼亚］斯拉沃热·齐泽克：《意识形态的崇高客体》，季广茂译，中央编译出版社2001年版，第7页。

第二章　教育危机和马克思教育思想的前景

进入新世纪以来，不断加快的全球化进程，促进了世界各国彼此之间交往，进一步密切了各国之间的联系。但是，这并没有弱化世界各国之间存在的公开的或半公开、不公开的激烈竞争。为了争取未来的胜利，各国把改革与发展教育以培养创造性人才确立为兴国强国之大计，制定与出台一系列推进教育改革的政策与措施。在推进教育改革过程中，各国都不约而同地意识到学校教育面临着深刻的危机，竭尽全力解决学校危机是一项世界性议题，也是一项世界性难题。[①]

事实上，不少国家在结合本国国情及教育未来发展需求的前提下，创新性地探索富有成效的教育改革举措，推动了各国教育的变革与发展。但是，要解决教育危机，认清教育危机真正的成因，如何透过教育危机现象本身，深入挖掘教育危机现象隐含的教育问题本身，这是目前研究教育危机、认识教育危机中所欠缺的，是值得探索的课题。

第一节　教育危机抑或教育学危机

克服教育危机，发挥教育在社会发展中的作用。对此，无论是发达

[①] 这一点有如有关国际组织对世界教育问题及改革前景作出的判断。比如世界全民教育大会在1990年3月通过的《世界全民教育宣言——满足基本学习需要》中指出：40多年前，世界各国通过《世界人权宣言》宣告："人人享有受教育的权利。"尽管全球各国为确保每个人的受教育权利作出了令人瞩目的努力，但是问题仍然十分严重。比如有1亿多儿童，其中包括至少6000万女童，未能接受初等学校教育，还有9.6亿多成人文盲等。因此，这次全民教育大会就强调世界各国要"认识到目前教育设施在整体上的严重不足；教育必须更具有适切性（relevance），其质量必须提高，而且必须普及"，要"认识到为了迎接巨大且复杂的挑战，有必要向今世后代传递对基础教育之愿景以及我们对基础的承诺"。王晓辉主编：《全球教育治理——国际教育改革文献汇编》，教育科学出版社2008年版，第29—35页。

国家，还是第三世界发展中国家，都给予了重点关注，把教育列为国家发展的战略目标与战略重点，并从经费投入、改善教师待遇、制定教育法律法规等方面，采取了切实有效的举措。这些举措必定影响着各国教育改革与发展，同时也为其他国家提供借鉴、学习的参考样本。

2001 年 1 月时任美国总统布什（George Walker Bush）向国会提交了《不让一个孩子掉队》的教育改革计划。该计划的核心目标是提高学校教育绩效，改进教育质量。"我们国家正逐渐地被分成两个'国家'：一个'国家'的公民具备阅读能力，而另一个'国家'的公民则不具备这种能力；一个'国家'的公民胸怀理想，而另一个'国家'的公民则没有理想"。① 次年 1 月 8 日美国国会通过了这份教育改革计划。8 年之后，经历了金融危机的美国，总统奥巴马（Barack Hussein Obama）在 2010 年 3 月提出新的美国教育改革计划。他认为当前美国学校教育存在着不少问题，学生成绩下降、教育体系岌岌可危、教师质量不高。因此，他的教育改革计划将贯穿从"摇篮到职业生涯"，确保所有美国人接受全面的教育，增强美国人的全球竞争力、全球领导力。② 在 2012 年的国情咨文中，奥巴马反复强调全美国要注重提高美国工人的技能，强调提升教师和学生聪明才智的重要性，强调激发美国创造力和创新的重要性。在结束讲话时，奥巴马说："只要我们有共同的目的的加入，只要我们保持我们的共同决心，我们的旅程将不断向前发展，我们未来充满了希望，我们的联盟国家将永远是强大的。"③

加拿大第一位女总理金·坎贝尔（Avril Phaedra Douglas "Kim" Campbell）在谈到加拿大教育改革时也提到了教育危机。她说经济合作与发展组织毫不含糊地把加拿大的教育成效列为中等，中等即意味着平庸。加拿大中学生的辍学率至少为 20%，而日本是 2%。大学被迫变成了中学，不得不向 20 岁的学生们传授他们 12 岁时就应该学会的基本技能。10 个加拿大人中有 3 人计算能力不够好。④

---

① [美] G. W. 布什：《不让一个孩子掉队》，《发达国家教育改革的动向和趋势》，人民教育出版社 2004 年版，第 72—92 页。

② United States Department of Education: A Blueprint for Reform: The Reauthorization of the Elementary and Secondary Education Act [OL/ON]. http://www2.ed.gov/policy/elsec/leg/blueprint/index.html.

③ 周满生：《奥巴马政府任内的教育政策》，《华中师范大学学报（人文社科版）》2012 年第 7 期。

④ [加拿大] 金·坎贝尔：《加拿大的教育改革》，《世界教育信息》2005 年第 9 期。

日本在《21世纪教育新生计划（基本思路）》中指出，自第二次世界大战结束以来，日本实现了机会均等的教育理念，提高了全民的教育水平，教育成为经济社会发展的原动力。但是，教育也面临着前所未有的危机。一是随着家庭子女人数的减少和城市化的进展，家庭与社区的教育能力显著弱化，教育中欺侮弱小、拒绝上学、校园暴力、青少年犯罪频发等问题愈加严重。由于过分尊重自我，轻视公共利益的倾向不断蔓延，青少年闭锁孤独的现象有增无减。二是过分追求平均化，加之填鸭式的教育模式，导致教育过于整齐划一，适应儿童个性发展和能力的教育受到轻视。三是科学技术的日新月异，经济的全球化、信息化等，社会发生了巨大的变化，原有的教育体系已经远远落后于时代和社会的发展。[1]

韩国政府认识到，在知识经济社会中，国家竞争力受人力资源水平的制约，因此，国家必须把培养开发人力资源作为21世纪国家发展的核心战略。在1994年成立"总统教育改革委员会"（PCER）的基础上，提出建设"教育福利国家"的构想，以及建立与此相适应的新教育体制，包括建立开放的教育体制，使初等和中等教育充满活力，促使高等教育充分自治和多元化，对教育财政的投入增至占国民生产总值的5%。2001年1月韩国又将教育部改变为教育人力资源部，成立由教育人力资源部等12个部门的部长（级）官员为法定委员组成的"人力资源开发会议"。其日常议事机构设在教育人力资源部，负责全国人力资源开发政策的制定和审议，同时还在教育人力资源部内成立专门的人力资源政策局。同年12月，韩国政府出台《人力资源、知识、新起飞：国家人力资源开发战略》，明确提出到2005年，韩国的人力资源竞争力要跻身世界前10名。2002年8月，又颁布了《人力资源开发基本法》，从法律上确立了人力资源开发的地位和意义，[2] 明确规定其宗旨是提高国民的生活质量，提高国家人力资源的国际竞争力。

新加坡特别关注教育改革和人力资源开发。为迎接21世纪的挑战，1998年政府制定了《"人力21"报告书》。明确提出了六大策略：综合人力发展；终身学习，提高就业能力；扩大人才来源；改变工作环境；发

---

[1] ［日］町村信孝：《21世纪教育新生计划（彩虹计划）》，《发达国家教育改革的动向和趋势》，人民教育出版社2004年版，第367—380页。

[2] 转引赵中建、孙文正：《21世纪国际社会的战略选择——重视教育发展与人力资源开发》，《教育发展研究》2003年第1期。

展蓬勃的人力行业；加强伙伴关系。①

俄罗斯在 21 世纪初相继公布了一系列带有指导性的政府决议或文件，试图拓展教育革新的思路与策略。比如《关于教育兴国思想的决议》（2000）、《俄罗斯联邦 2001—2005 年教育领域科学、科学技术和创新政策的构想》（2000）、《2010 年前俄罗斯教育现代化构想》（2001）等。尤其是《2010 年前俄罗斯教育现代化构想》（2001）文件中分析了俄罗斯教育的危机。由于学校教学内容陈旧和过于繁重，不能够保证普通学校毕业生获得学科发展需要的基础性知识，职业教育本身不能应对劳动力技能发展新要求，形成人力资源的结构性紧张，造成"人才奇缺"的问题。为此，俄罗斯提出教育要开放，不能封闭自守，要靠学校的超前发展，其教育政策的主要任务是保证发挥教育的奠基性作用及其满足国家、社会和个人当前和长远需要基础上，保证教育的现代质量。②

教育危机同样挑战着第三世界发展中国家。比如加勒比海地区教育发展面临的困难以及寻求的应对策略。相对于发达国家或地区来说，这一地区有显著的特点：各个国家人口较少，国土面积较小，资源有限，造成对国际力量的高度依赖；经济比较薄弱、有限的市场、难以扩大的经济规模；脆弱的生态系统；多发的自然灾害等。社会发展的历史和自然资源制约着学校教育发展，表现在现有师资数量不足、质量不高；学校课程开设不足、初中与高中教育普及程度低；发展专科教育困难以及提升教育体系效率和改正教育公平等困难更大。③

从上述列举的材料看，认真面对教育危机，积极有效地解决教育危机，是世界各国面临的一项共同课题，也是一项共同难题。

但是，不论各国采取怎样策略去解决教育危机，就教育政策而言，存在着共同的特点，即基于国家、社会或政府的立场制定与实施教育政策。在这个意义上说，教育危机的出现，是事关一个国家整体教育战略，或者说是宏观的教育政策。

不可否认，解决教育、特别是学校的教育危机，需要拟定宏观的教育改革方案，并能够从教育政策与教育法律的保障、教育条件的改善、

---

① 转引赵中建、孙文正：《21 世纪国际社会的战略选择——重视教育发展与人力资源开发》，《教育发展研究》2003 年第 1 期。
② 俄罗斯联邦教育部：《2010 年前俄罗斯教育现代化构想》，《发达国家教育改革的动向和趋势》，人民教育出版社 2004 年版，第 383—402 页。
③ ［圭亚那］Amanda Kissoon - Russell：《加勒比海——第三世界教育改革的变化和挑战》，《教育与经济》2007 年第 2 期。

教师队伍待遇的提高等方面采取积极有效的改革措施，这对改进教育工作、提高教育质量是非常有意义的。

不过，还需要从教育学科建设角度反思教育危机的成因及其解决之道，"解铃还需系铃人"，这就是探寻"教育学"危机及其克服之道。因为教育危机是与社会对教育的理解、对教育的认识密切联系的，也就是对"教育何以为教育"理论思考的危机，是教育危机根本原因。因而，克服教育危机，寻求教育创新出路，需要重视审视与解读教育，养成适应社会变革与文化多元化时代的教育观。正如美国东西方研究中心学者所评论的："在全球化背景下，对教育手段和对其含义的基本理解进行质疑，寻找机遇以改变教育，使其更丰富地、更有效地实现全球公平"，[1]这就是说，解决教育危机，要反思教育，而不只是就具体的教育问题提出解决思路，正是因为这一点，批判教育理论受到格外关注，甚至强调批判教育理论是教育研究者个人的教育哲学、教育信念。[2] 以这样的认识思路分析教育危机，理应成为教育研究的一项基础性课题。

当然，教育危机与教育学危机是两个有关联又有区别的概念。教育危机是指日常教育活动过程中出现的各种问题，既包括出现了教育思想、教育观念方面问题，也包括教育行为操作层面存在的问题。无论是哪一类型的学校教育问题，有一些问题甚至是到了非改不可的地步，还有一些教育问题，即使进行改革，但是变化不大、成效不明显，比如消除应试教育的困难依然存在。

就此来说，当前各级各类学校面临的教育危机是不容置疑的事实。只是各所学校面临的教育危机的类型、程度、困难有一定的差异。由此给学校提出要求，寻找解决危机的思路与办法，需要分析"危机"的不同类型、不同层次，有针对性地提出解决举措。如果是涉及对教育发展根本问题的思考，则形成教育思想、教育观念的危机。如果是一名家长或教师，在日常家庭教育、学校教育过程中，存在教育内容陈旧、教育方法呆板等问题，这是教育内容、教育方法的危机，是容易被我们觉察、把握的教育危机。

而"教育学危机"不是指学校组织实施教育活动中出现的各种具体

---

[1] ［美］彼得·D.赫肖克、［香港］马克·梅森、［美］约翰·N.霍金斯：《导言：全球化进程中亚太地区教育领导创新与发展所面临的挑战》，《变革中的教育：全球化进程中亚太地区的领导力、创新和发展》，任友群、杨光富译，华东师范大学出版社2009年版，第1—18期。

[2] Elizabeth Heilman(2003): Critical Theory As a Personal Project: From Early Idealism to Academic Realism, Educational Theory, 3.

教育问题，而是把教育学作为一门学科加以建设，在开展教育学科建设中面临的问题与困难。那么，何谓学科？按照《辞海》、《现代汉语词典》对"学科"的解释，认为学科是指知识分类，即是从学术研究角度对知识进行的分类，是相对独立的知识体系。简单地说，学科建设是把知识分类变成了一个创新知识、传播知识、反思知识以及共享知识的知识共同体。教育学学科建设，就是研究教育实践，总结梳理教育实践的本质、规律、特征，并加以系统化、理论化的表述。这样，作为学科的教育学危机，是在开展教育学学科建设中出现的各种问题，比如教育学学科意识问题、教育学学科性质问题以及教育学科发展科学性问题等。

尽管教育学危机是教育学科建设范畴，它意味着作为一门独立的教育学科，在建设过程中遭遇的挑战与机遇。但是，教育学危机，是与教育实践的危机密切相连的。[①] 如此，教育实践与教育学科建设关系密切。具体的教育实践、教育问题是教育学科研究的对象，通过对生动的、丰富的教育实践的研究，把零碎的、不系统的教育经验，经过逻辑的抽象，形成系统化的教育知识，构成教育学科发展。也就是说，如果教育活动运行不规范、不科学，就无法客观、准确地总结与研究教育规律，就难以形成科学合理的教育知识，也不可能构建成熟的教育学理论体系，这样，教育实践中的问题与危机，就会影响教育学科建设，甚至是构成教育学科危机的重要根源。

另一方面，教育危机的克服，需要有正确的、先进的教育思想作指导与引领，需要系统化的教育理论与具有正当性的教育政策、法规给予必要的、甚至是强制性的规范，这样，才能保证教育实践活动健康、有序、科学的发展。但是，这些工作的开展，与教育学科的成熟与发展状况是密切相关的。如果缺乏科学、先进、合理的教育学理论，难以指导、引导与规范教育实践活动，教育活动变成是盲目的教育活动，同时，缺乏科学与成熟的教育学理论，也必定是造成提升教育理论思维水平的困难，进而影响成熟的教育理论的形成。

那么，如何才能够系统、明确地阐明教育基本思想。对此，德国学者底特利希·本纳（Dietrich Benner）提出看法，他认为需要具备三个条件：第一个条件是存在一种为教育思想和行动奠定基础、而自身无法以反思奠基的必要性；第二个条件是这种必要性对于检验教育学见解的真

---

① ［俄罗斯］弗·弗·克拉耶夫斯基：《教育学原理》，张男星、曲程译，教育科学出版社2007年版，第5页。

理性成分和评价教育实践的崇高地位具有意义;第三个条件是可以通过历史上教育基本思想的发展已提出的问题证明教育思想和行动的必要性。① 这里,本纳谈到的第一个条件,其实是教育学研究的社会基础。对处于特定历史时期的学校教育来说,教育的社会历史条件是很难改变的。第二个条件强调了教育思想与教育实践之间的关系。教育思想真理性的检验只有依赖于教育实践,通过教育实践而获得验证。第三个条件则是讨论教育思想的历史渊源,以及教育思想发展中形成的问题与原因,建构"教育思想问题史"。

正如本纳所说,要研究教育问题,就需要以漫长的人类社会教育发展历史为依据与线索。在漫长的教育发展历程中,对"教育"提出了各种观点,积累了不同的教育知识,形成不同的教育思想,既可能是零碎的教育知识,也可能形成系统的教育理论。不论采用哪一种思路理解教育,提出了怎样的教育观点,但是,有一点是共同的,首先是要解决"为什么需要教育"、"什么样的教育是合理的"等涉及学校组织实施教育活动最基本的问题,这也是替人类社会的"教育需要"寻找合理基础。

看起来,这是一个非常简单的问题。正是因为看起来是"简单的问题",它造成了对教育的误读与误解。而人们又自以为是对教育误读与误解中找到解决教育问题答案。比如1993年2月13日中共中央和国务院联合印发《中国教育改革和发展纲要》,《纲要》中提出实施素质教育,克服应试教育的消极效应。② 其后,教育部于1998年12月发布《面向21世纪教育振兴行动计划》,《计划》明确提出要实施"跨世纪素质教育工程",次年6月中共中央、国务院发布《关于深化教育改革,全面推进素质教育的决定》,以及后来的"2003—2007年教育振兴行动计划"等政策文件,对组织实施素质教育的对象、内容、方法及条件等提出明确而又具体的要求。可是,进入新世纪,我国高等教育逐步迈入大众化阶段,社会经济取得前所未有的发展成就,而"素质教育"拟要解决的教育问题并没得到切实有效的解决。在2006年,教育部、中宣部、人事部、中国社科院、团中央等部门联合组成的素质教育专项研究课题组对此进行

---

① [德]底特利希·本纳:《普通教育学——教育思想和行动基本结构的系统和问题史的引论》,彭正梅、徐小青、张可创译,华东师范大学出版社2006年版,第5页。
② 《中国教育改革和发展纲要》对基础教育所作的战略方针与目标:中小学要由"应试教育"转向全面提高国民素质的轨道,面向全体学生,全面提高学生的思想道德、文化科学、劳动技能和身体心理素质,促进学生生动活泼地发展。材料来自教育部网站(http://www.moe.edu.cn/)之"文献资料"中"教育文献"。

系统调查，完成了"素质教育系统调研总报告"、"关于深化教育改革，推进素质教育的调研报告"等研究成果，认为我国中小学实施"素质教育"形势严峻、问题突出，为此，报告专门研究了扎实推进素质教育的应对之策。①

课题组认为，对比素质教育的要求与目标，当前学校教育仍然存在影响青少年学生健康成长的四大严重问题。一是学生课业负担过重仍然未能有效扭转。据国家统计局、教育部对全国部分大中城市中小学校和农村县中的调查，35%的校长、37%的教师、58%的中学生认为负担"比较重"或"过重"，其中有34%的高三学生是早晨6点前起床，晚上11点半后睡觉的学生数超过40%。二是青少年思想品德状况存在着令人忧虑的问题。学生最需要加强的教育内容，校长和教师给出第一、第二位排序分别是"吃苦耐劳"和"诚实守信"，其次才是学习能力。三是青少年身心素质发展不容乐观。学生速度、爆发力、力量、耐力、肺活量等测量身体素质的数据持续下降，超重及肥胖检出率上升，初高中视力不良检出率分别达到58%、76%。有64%的中学生不做任何家务，63%的中学生回家没有任何体育活动。心理素质方面，许多中学生步入校门时心情感到"郁闷"、"紧张"、"疲惫"、"厌烦"、"焦虑"或"恐惧"。此外，还有家庭经济困难的学生、单亲家庭的学生、进城务工农民子女以及农村留守儿童等特殊群体，他们更迫切需要得到情感和心理的关怀。四是青少年的创新精神和实践能力较为薄弱。在片面追求升学率的导向下，学生为提高几分成绩进行重复练习，透支了学习热情与兴趣，批判性精神缺失，创造能力受到压抑。②

正是在这样的背景下，实事求是地评价各级各类学校存在的教育问题，客观评析教育问题产生原因，找到解决教育问题的合理思路，让老百姓、让一线教师听懂教育是什么，以及应该怎样去认识教育、理解教育以及采取有效的教育措施，有助于廓清对教育的模糊认识，这是一项十分重要的工作。比如：把学校、家长、学生争取考上名牌大学的行为看做是学校违背了素质教育，认定它就是应试教育。③ 显然，这种"说法"太随意而缺乏逻辑性。在日常生活中，采取这种简单推理与归纳的方法去辨析事物或观点，的确是有合理之处。在目前中国社会中，家长

---

① 素质教育调研组编著：《共同的关注：素质教育系统调研》，教育科学出版社2006年版。
② 调研组：《进一步加强素质教育刻不容缓》，《中国教育报》2006年11月8日。
③ 原春琳：《许多一线老师感觉总在"被改革"》，《中国青年报》2010年1月29日。

在"望子成龙"、"望女成凤"目标驱使下，希望自己孩子能够考上一所"名牌大学"，不少学校为了能让更多学生考生名牌大学，甚至使学校为本地区、本省造就"高考状元"，想方设法采取各种措施，加重学生的学业负担。把这种做法归结是"应试教育"，的确不为过。但是，它只是一种教育现象，对这种教育现象进行分析，是需要找到材料进行严格论证。

其实，"上名牌大学"＝"应试教育"，这样的认识思路，是否合乎逻辑？一看就知道。那么，问题出在什么地方？在我们看来，它仍然没有解决一个基本问题，即教育到底是什么？决定教育合理性的前提条件是什么？它是依赖知识传授的科学性寻求教育规律来获得合理性，还是通过塑造人的德性、确立人的信仰获得合理基础？还是使知识传授与德性及信仰教育的有机融合？

第二节 绵延着的教育"神话"

针对上面描述的种种教育问题寻找解决答案，回溯教育发展历史是需要的。对此，我们以"人的教育"为考察线索，分析比较不同时期对"人的教育"的理解，从中揭示理解教育的思想方式是教育问题形成的实质。

教育是人的教育，有了人的活动，便有了教育。随着人类社会的不断进步与发展，教育的作用愈加突出，不同朝代的统治者都把它作为治国安邦的策略与大计。为此，有不少思想家试图揭示、阐述"教育"与人类实现理想社会之间的关系，使教育成为激发与完善人性、为人类社会走向"乌托邦"的一条通道。这样，教育被冠之以人文关怀或塑造理想人格的重要使命。我们把它称之是对教育构建的"神话"。

"神话"被看做是人对某种事物或现象的天真解释，或者是表达了人们的一种美好心愿与真切向往的心情。这样，把传统对教育的理解称作是"教育神话"，不是对教育功能或教育价值的否定，而是指出了对"教育"的认识误区，主要是片面夸大教育的功能，或者是脱离实际谈论教育价值。

我们并不否认教育的功能及其教育的意义，也不否定受教育者追求与向往美好生活理想的合理性。问题是必须搞清楚用什么理论指导、规范学校完成对人性的改造与理想人格塑造的使命，为学生构建美好生活提供服务。其实，在人类教育实践中，不同国家、不同的教育思想家对教育实践的指导理论的认识是不一样的，但是这个问题的回答，恰恰是提供了理解教育问题的认识前提。因此，我们把这个问题称作是对教育存在合理基础的追问，它是任何一位教育思想家阐述自己的教育理念、教育思想的基本前提，是建构教育思想的内在逻辑。

当然，要讨论这个问题一定要牵涉到对"人"的认识。因为教育是人的教育，故而，人为何需要教育，人为何有能力接受教育，这必定会有一个"教育假设"。比如"人是可教的动物"，是一个典型的"教育假设"。

其实，以"人是可教的动物"为教育假设的命题中隐含着认识的困境。因为，这一教育假设要解决相互联系的三个问题。如果对这三个问题认识不当，就构成教育假设的认识困境。第一，什么样人的是可教的（"可教"的前提）；第二，用什么东西去教（使人的"可教"得到实现）；第三，人接受教育是为了什么（人为何需要"可教"）。

解决这三个问题，取决于能否确立解决问题的思想方式。不同的思想方式，就会采取不同的解决方案。正是这种"思想方式"，为理解"教育是否是合理存在"的观点提供不同的认识基础。这一点，是古希腊教育思想的核心主题，他们为教育确定了绝对普遍有效的基础。

比如苏格拉底（英译 Socrates）就说，人是没有智慧的，智慧在于神。"公民们，只有神才是真正智慧的，那个神谕的用意是说，人的智慧没有多少价值，或者根本没有价值"。① 所以，"神"才是决定人是否存在的因素。苏格拉底有一句非常著名的论断，"像苏格拉底那样的人，发现自己的智慧真正说来毫无价值，那就是你们中间最智慧的了"。② 智慧是神所拥有、是神的品质之一，因而神把智慧告诉人间的智者，人是分享了神的智慧而具有智慧，并且这种智慧的具体体现是使人理清社会伦理——政治秩序。

可见，公民能够在现实社会中建立伦理——政治秩序，原因是社会存在着普遍的善和正当价值规范。这也就是说，当一个人确切地知道什么是"善"才会去行"善"，同时也因行"善"而获得幸福。也正是在这层意义上说，美德就是知识，而教育就应该使人达致德性。

于是，得出一个结论便是"教育在于完善人的德性"。初听这样的语句，很容易把它理解成教育是完善人的道德品质。人的道德品质，又必

---

① ［古希腊］柏拉图：《古代文献记载·人应当知道自己无知》，《西方哲学原著选读》，北京大学哲学系外国哲学史教研室编译，商务印书馆1981年版，第68页。
② ［古希腊］柏拉图：《古代文献记载·人应当知道自己无知》，《西方哲学原著选读》，北京大学哲学系外国哲学史教研室编译，商务印书馆1981年版，第68页。

定与个体的日常生活相联系,是在个体身上所体现出来的做人治世事的观念与行为方式。然而,古希腊理解的"德性",并不等同于今天伦理学意义上的"道德"概念。

在希腊语中,"美德"一词是"arête",它的意思是卓越。因而,希腊语的"美德",不仅是指道德优秀、卓越,而且它特别是指一个人要尽可能地履行被赋予的角色职责。这样,具有美德、德性的人,就会以恰当的方式实现他/她的职能。①

而在现代英语词汇中,"美德"、"德性"是伦理学、道德哲学的核心概念之一。有德性的人,通常被看做是能够自觉遵循道德规范的要求,自觉内化道德规范并履行道德规范,因而成为具有良好道德修养、道德品质的人。这就是说,现代语境中的"德性"的优秀,是指道德的优秀。

通过上述简略比较,就能发现不同时期对"美德"、"德性"的理解是不一样的。而古代对"美德"、"德性"的认定,是从个人承担并履行职责角度理解"德性"。

因而就能确认"德性"的重要特点。不仅人有德性问题,而且动物也存在着德性问题。比如马,如果是赛马,它的"德性"是"速度",因为通过速度取胜;如果是运输工具的马,主要用途是载物,那么它的"德性"是"力量"。顺此可说人的"德性",是指人能够具有的各个方面的优点,包括道德、心智、肉体等各方面,简言之,人的美德在于能尽其所能,实现人之为人的真正潜能。比如教师的优秀在于教得好,铁匠的优秀体现在能制作出好的工具。《奥德赛》对主人公的描述中就很清楚地反映了这一点。这位主人公既是一名伟大的战士,又是一位足智多谋的策划者,同时还是一名机敏的演说家,勇气十足,充满智慧,同时,他知道自己必须默默忍受神所降临的一切。因此,他既会造船又会驾船,还会犁地、掷铁饼、拳击、摔跤、赛跑等,这样的人就成了希腊的英雄。可见,评判英雄的依据在于他是否能够完整地实现一个人的社会职能,这也是英雄的意义所在。② 这就很清楚了,在希腊人看来,具有德性的人,便是一个完整的人。一个完整的人,是使自身通过"尽责"与社会相融合,实现身体、心灵与社会的融合。正是在此意义上,希腊人追求、崇尚体育运动的目

---

① [挪威] G. 希尔贝克、N. 伊耶:《西方哲学史——从古希腊到二十世纪》,童世骏等译,上海译文出版社2004年版,第42页。

② [英] H. D. F. 基托:《希腊人》,徐卫翔、黄韬译,世纪出版集团上海人民出版社2006年版,第166页。

的，不仅是为了锻炼身体，而且是为了通过锻炼身体以更好地履行社会职责，达到"尽性"目的，达到使自己成为有德性之公民的目的。

如此，一个人要成为有美德、有德性的人，就要懂得作为一个人具有哪些职能以及如何实现这些职能。如何掌握与了解人的职能，成为古希腊思想家争论的话题。这里存在着相关的两个议题：一是什么因素规定了人的职能，是神还是人自己还是其他因素？二是依赖经验科学还是其他途径才能实现人的职能？

就这两个议题，希腊人的立场是相信世界、宇宙的一切是有规律的，它遵循着法则，是不可改变的。"希腊悲剧"描述的就是这样一种信仰：主宰人事是法则而不是机会。比如《俄狄浦斯王》描述弑父娶母的故事。看起来主人公是在不知情的状况下做了这些事情，然而，故事是要表明一个基本道理，即世界上各种事物之间的关系，无论是纷繁复杂还是从表面看来纯属偶然的事件，其实都是有着内在联系，是"必定如此"的，问题是人无法预知或感知这种"必定如此"的"事物之间的联系"，只有神才能预见、才能揭示它。

就此，苏格拉底指出"知识"就是获得了对这种法则的把握与了解，了解了这些知识，也就掌握了"事物本性"，就能顺其性、尽其性，如此便是"德性"。故此，苏格拉底说美德即是知识。正因如此，他对知识的理解则是多方面的，不仅要体会世界对人作了哪些规定以及内涵，比如正义、勇敢、好的生活的基本含义，而且还要懂得了解人自身的知识。进而，苏格拉底强调，了解与掌握知识是不够的，还要强调如何使人灵活运用这些知识，实现人的职能，这是人运用知识的正当性、合理性问题，苏格拉底把它称作是美德行为的正当性问题。

所谓美德行为正当，是指人对自身职能蕴含的价值的主动把握，因而帮助人解决了"我为什么实现职能"、实现职能有什么意义等基本问题的认识，这是价值知识。但是，人要获得这部分知识是极其困难的，原因在于人的感官、人的经验是不可能获得它的。对此，苏格拉底提出人要洞见"善"、洞见规范和价值的基本观点与思路。

苏格拉底把知识分成三类：有关是什么的事实知识、对应当是什么的规范性洞见、对真正自我的洞见。把知识作这样三种分类，目的是希望人能够真正认识到这一点，即作为人类一员和社会成员的自己应该承担的职能。只有这样，人能够保证自己的行为是正当的行为，是善的行为、正义的行为；而从事正当行为的人，才能感受到是幸福的人。因此，幸福不是取决于生命的长度，不是取决于物质财富，而是能否达致心灵的平静，以及良知、自尊的获得。这便使幸福与人的德性相联系，即是说幸福人生是正义的人生、从事正当行为的人生。正因如此，苏格拉底被判死刑入狱，他也不同意朋友帮助他越狱求生，认为自己的一生是正义的人生、是幸福的人生。

上面简要谈及苏格拉底对"美德是知识"的界定与信仰。可见，苏格拉底的"美德"不是指某一种具体的品质或行为，而是强调美德的"普遍性"、"规范性"特征，这是人成为有美德的人的必然性规定。如果说，美德是多种多样的，那么，就无法谈论人的美德，因为人无法知道需要获得何种美德才是有意义的。所以，只有认定存在着共同的、普遍的"善"的前提下，人寻求美德以及导致人的幸福才是有可能的，这是提出人成为有美德的人的基本依据。从这一点来说，我们发现苏格拉底关于"美德是知识"的论断有两点是有意义的：

一是提供"人成为人"的普遍性依据。从自然人变成受社会认可的"人"，社会构建一套评价人的行为规范体系。而"普遍的善"，则是评价人的行为规范体系的核心依据。只有提供或找到普遍的善，才能为规范所有人的行为提供依据，才能确保人的行为是正当的、合理的。苏格拉底确信普遍善的存在，而且将它归结成是超越人之外的神圣意象。这一点正如西方学者所指出，苏格拉底不仅把伦理学建立在理性基础上，而且建立在人可以通过直觉洞见而分享的神圣意象的基础上。[①]

二是明确养成有美德的人的方法、途径。明确了普遍的善的存在，这只是使人成为有美德的人的可能性，如何使可能性变成现实性，就要提供使人掌握与了解这些知识、进而成为有美德的人的途径或方法。在苏格拉底看来，这需要通过对话，通过概念分析，澄清对人自身和社会已经存在的模糊概念，比如对正义、真理、勇敢等概念的分析，前提是找到关于人的正义、真理等普遍性、共同性的要求，通过认识及把握这种共同性，洞见到确定不变的事物，洞见到什么是正当和善，什么是人应该做的目标与要求。可见，苏格拉底开辟了一条依赖于人的"理性"的"认知"的道路，尽管最终目的是人的存在问题，但是，使人成为德性之人的道路，则建构了一条依赖概念分析与判断、运用逻辑推理的理性之路。

事实上，讨论苏格拉底有关德性与知识的观点，对苏格拉底的观点

[①] [挪] G. 希尔贝克、N. 伊耶：《西方哲学史——从古希腊到二十世纪》，童世俊等译，上海译文出版社 2004 年版，第 43 页。

是否认同，这一点并不重要。关键是苏格拉底关于知识与美德的基本立场，提出理解知识与美德的方法论即逻辑思路，以及人为何要寻求知识及美德的本体依据。德性之于人的意义不是要求人的行为合乎社会的道德规范，而是要求把德性作为人之为人的本体依据，正是对这种本体依据的觉悟及获得，即知识，这才是有意义的。也是在此意义上，传授人的美德，帮助人掌握这种知识，不是所有人都具有资格。因而，在那个时代，教育是分类的，是自由人的权利而不是奴隶的权利。

对此，柏拉图继承并深化了这一观点。既然存在着决定人的存在的本体依据，又存在着人的日常生活要接触的具体事物与现象，因而，柏拉图颇具创意地划分了两个不同世界：一是不变的、完善的理念世界，另一是易变的、不完善的、可以感觉的世界。"不变的实在（Reality）我们只有通过思想才能把握；感觉只会向我们展示倏忽易变的、残缺不全的实在摹本。在实在或理念（Idea）的世界中，居于最高地位的是至善（The Good）"。[①] 进而认为知识不是一个人能够直接听到、看到或学到的东西，"只有通过长时间热切的探索，他才能自己对此有所发现。再者，只有永恒的东西，而不是倏忽易变的东西，才是知识的构成要素；知识的对象是'存在'，而不是那些易变的感觉对象"。[②] 柏拉图肯定知识是"不变的、永恒的存在"，因而提出寻求某种感官所不可接触到的"存在"是关键目标，是人的意义与价值的归宿。"一个人一旦拥有这种知识，他就不会犯错误，这是一种有关存在的知识，一种有关至善的知识，实际上也就是一种有关神的知识"。[③] 只有获得这种"至善的知识"、"有关神的知识"，才能使心灵远离粗糙的感觉对象，而去思考更为真实的东西。

尽管柏拉图没有像神学家那样把决定世界存在的本体因素说成是"上帝"，但是，他把世界存在根本因素规定是"理念"，是决定"至善"的根本动力，事实上使"理念"具有了"上帝"的性质与职能，如此，对"理念"的求索，获得的知识，既是求善的过程，也是获得善的知识的过程。同时，当一个人一旦拥有这种知识，就会逐渐地向"善"，就会使自己的行为合乎德性的要求。

---

① ［英］H. D. F. 基托：《希腊人》，徐卫翔、黄韬译，世纪出版集团上海人民出版社2006年版，第188页。

② ［英］H. D. F. 基托：《希腊人》，徐卫翔、黄韬译，世纪出版集团上海人民出版社2006年版，第187页。

③ ［英］H. D. F. 基托：《希腊人》，徐卫翔、黄韬译，世纪出版集团上海人民出版社2006年版，第188页。

显然,"理念"与后来神学家所说的"神"是最高存在、是人的本质规定的观点,并没有本质性的区别。在这个意义上看,柏拉图理念论的重要价值不是宣称理念是最高存在,不是要肯定"理念"是影响人的日常生存活动的决定因素,而是表明道德和政治有稳固的基础,这个基础完全独立于人的日常生活。因为人在日常生活中发现的各种观点、形成的意见都是人主观的、感官活动的产物,它具有可变性,不可能是道德与政治的基础。可以说,理念论为伦理——政治的规范和价值确保了一个绝对和普遍有效的基础。[1]

这样,柏拉图认为感官不能感觉到的"理念世界"是至善的目标,又是追求至善目标的动力源泉。通俗地说,人们要使自己的行为含有至善的因素,或者说使自己变得有德性,既要有德性的知识,又能运用这些知识去规范日常行为,这就必须要洞见感官所不能感受到又存在着的"理念",当人们清楚地、自觉地洞见善的理念时,人就掌握了至善的知识,即能够区分哪些是可以选择的行为,哪些是不当行为,是没有价值的,也就是要对可感世界中感受到的方方面面、纷繁复杂的现象作出善与非善的区分,进而使之规范人的行为,使人的行为越来越具有价值,人的德性由此得到体现,也由此使人从"可感世界"向不可感的"理念世界"跃进。如此,柏拉图认定已经完成了教育的使命。"当我们试图更好地理解在可感世界遇到的善恶时,我们也就更能设想善的理念了。这样在设想理念和经验感觉(实践)中,有一个不断交替(辩证)的认识过程。这一认识过程可以同时提高我们对善的理念和对善的生活的洞见"。[2]

当然,柏拉图肯定理念是可以通过传授获得,但是,柏拉图强调并不是所有的人都能获得理念,都能掌握至善的知识。因为理念虽然可以依赖逻辑、通过学习对话的渠道加以理解,但它是很难被理解的。这就需要加强理智能力的训练、培养,从而具备良好的理智能力的条件。"因此大多数人无法获得对理念的充足洞见,也就无法靠自己主动地去拥有美德和过幸福的善的生活。结果,必然是那些能洞见理念并且有德性的少数人引导其他大多数人走上正确之路"。[3] 正因为如此,柏拉图在《理想国》中强调

---

[1] [挪] G.希尔贝克、N.伊耶:《西方哲学史——从古希腊到二十世纪》,童世俊等译,上海译文出版社2004年版,第54页。

[2] [挪] G.希尔贝克、N.伊耶:《西方哲学史——从古希腊到二十世纪》,童世俊等译,上海译文出版社2004年版,第55页。

[3] [挪] G.希尔贝克、N.伊耶:《西方哲学史——从古希腊到二十世纪》,童世俊等译,上海译文出版社2004年版,第59页。

教育是国家之事,使教育能够平等对待所有儿童,所有从10—20岁的人都能接受教育。这就要求让卓越的人来领导、管理教育事务,建立一个普遍的教育体系,设置有利于人的身心发展的教育科目,比如体操、音乐和宗教,教育目标是使每一个人在城邦中各司其职、各尽所能。

同时,柏拉图又强调人的差异性,由于人的这种差异性,决定不同的人做不同工作,承担不同的任务,实现不同的职能。柏拉图设计了三种类型的人承担管理社会的职责,履行不同的社会职能,即金子做成的哲学王,是政治家,银子做成的武士、军警,铜质做成的农工商劳动阶层。这三种类型的人,正是因为承担的社会职能是不同的,所以,他们需要掌握的德性知识是不一样的。柏拉图列出了他们的职能与德性要求(表2-1)。

表2-1 不同阶层的职能与德性要求[①]

阶　　级	职　　能	德　　性
金子:哲学王、统治者	统　治	智　慧
银子:武士,军警	管　理	勇　敢
铜:农工商劳动者、生产者	生　产	节　制

不同的人在城邦中承担不同的职能、发挥不同的作用。这样,每个人的德性是不同的,不同阶层的人的德性是相互补充的。但是,处于同一阶层、承担同样职能的人,他们的德性要求是一致的。只有使每一阶层的人具备相应的德性,才能履行各自职能,城邦才能得到治理,并能够使城邦生活体现最重要的德性:正义。因而,让三个不同阶层的人都有机会接受教育,并不是按同一个培养目标改造每一个人,而是遵循教育差异,展示教育的选拔功能,即针对不同种类的人,实施相应的教育,使不同的人具备不同的"德性",进而能够把每一个人顺利地安置在社会的不同岗位上,比如,针对第三种人,接受教育,只要粗知通商之道即可。所以,柏拉图认为国家组织教育的意义是保证每个人在社会中找到适合自己的位置,在社会中发挥他们最能胜任的职能。

[①] 表2-1根据柏拉图《理想国》内容综述而成。柏拉图:《理想国》,郭斌和、张竹和译,商务印书馆1986年版。

上述简要讨论苏格拉底和柏拉图教育思想的基本观点，对于他们提出的具体教育方案和建设国家教育体系的构想，表面看来是富有道理的，甚至与现代基础教育的分层次教育、分科教育的设想有类似之处。但是，不可否定，如果对决定他们教育体系基本构想的思想基础进行考察，就能发现，以一种类似神学思路替教育建构一个绝对的、具有普遍意义的基础，这一点是非常清晰的。这种教育构想的合理之处是着力替教育找到形而上前提，为教育追求人性的关怀以及超越的信仰、信念的价值设定前提，即从本体论意义上奠定学校教育合理性基础，因而，这种理解教育的思想方式，追求教育的"纯粹"的目的而不是世俗的功利目的，培养技能、赢取物质利益的世俗目标不是教育的价值目标，这对当前学校教育避免市场经济功利主义思想的负面、消极影响提供了思想武器。但是，它的问题是不可避免地陷入到对教育抽象的、空洞的"想象"之中，割断了教育与鲜活的社会生活之间的有机联系。有西方学者对此作了评析："设置一个凭借独立的人类思想，即逻各斯的力量建立起来的观念世界以代替神话的世界，可以自称按一种自然的方式去解释实在"。[1]

可见，这种理解教育的思想方式的特点，是为教育寻求绝对普遍有效的基础，进而把完善人的德性的教育目标奠基在"本原世界"之中。对这样的思想方式，韦伯概括的十分清楚："包含着'世界'作为一个'宇宙秩序'的重要的宗教构想，要求这个宇宙必须是一个在某种程度上安排得'有意义的'整体，它的各种现象要用这个要求来衡量和评价"。[2]因此，要实现教育促进人的德性完善的目的，它的前提，或者说教育能够实现人的德性的条件，在于对神圣秩序或抽象观念世界的尊重，只要按照神圣秩序的要求，教育的目的与价值便得到实现。

实际上，这种理解教育的思想方式，在古代中国教育思想中也有体现。占据中国传统教育思想核心是儒家文化，其精神聚焦点是"仁"与"礼"，目标是"尽心尽性"，实现人格修养的完善。因而，教育被看做是世俗之人向仁义圣贤之人拯救的途径。有研究者对此作了描述："先秦的教育，本非只实施文字或书本教育而已，如孔子之六艺教育所示，实兼具文武礼乐等教养，尤其是礼乐熏陶。汉武帝兴太学，虽将教育定位为书本（如五经）教育，但仍重视'礼仪'"。[3]

---

[1] ［德］E. 策勒尔：《古希腊哲学史纲》，翁绍军译，山东人民出版社 1996 年版，第 3 页。
[2] ［德］马克斯·韦伯：《经济与社会》，林荣远译，商务印书馆 1997 年版，第 508 页。
[3] 高明士：《东亚传统教育与学礼学规》，华东师范大学出版社 2008 年版，第 1 页。

所谓世俗救赎，是指对教育价值的一种看法，它强调教育目标是使人合乎礼，以取得社会存在与个体身心均衡稳定，它既反对突出"神"的超越地位，又反对人对社会与自然实施"盲目"改造，缺失对社会和自然的"敬畏"之心。所以，孔子说"祭神如神在"（《论语·八佾》）。很清楚，孔子说"神"的问题，神是否存在并不重要，也不需要去争辩，关键在于人的心中要有"神"，如果人心中有"神"，神就自然存在着。

这是孔子理解"神"的思路，它与西方的"神"、"上帝"概念及意义有所不同。孔子强调"祭神如神在"，"神"的存在及其"意义"取决于个人内心意愿，突出祭祀者的生活态度、生活立场，而不是脱离个人去假设"神"的存在。这就是说，在孔子看来，"神"是否存在的决定因素是"祭神者"。正如马克斯·韦伯的评论，认为古代中国儒家重视"适应此世"，并不像西方宗教那样关注人如何得到"拯救"的问题，"儒教伦理中完全没有拯救的观念。儒教徒并不渴望得到'拯救'，不管是从灵魂的转世、还是从彼世的惩罚中得到拯救。这两个观念都是中国儒教所不知的。儒教徒并不希望通过弃绝生命而得到拯救，因为生命是被肯定的；也无意于摆脱社会现实的救赎，因为社会现世是既有的。儒教徒只想通过自制，机智地掌握住此世的种种机遇。他没有从恶或原罪（他对此一无所知）中被拯救出来的渴望。他唯一希望是能摆脱社会上的无礼貌的现象和有失尊严的野蛮行为。只有对作为社会基本义务的孝的侵害，才是儒教徒的'罪孽'"。[①] 安分守己，尽责尽力，这是维护社会秩序的目标，也是实现社会秩序的手段，即遵循"天"的意志是社会秩序的核心。如果违反了"职责"，不能尽职，就在违抗"天命"，破坏秩社会秩序。就此而言，"神灵"与人的日常生活、日常社会秩序密切相连，从而使"神灵"不再是人的世俗生活之外的一种超验的存在，而是融入进人的日常生活之中。

这是儒家发展的"宇宙"的理论，显然，这种"宇宙意识"是"人文"的。这是指它不是从自然科学角度研究宇宙，研究它的生成、运行、变化的特点、规律，相应地形成关于宇宙的科学观念与科学知识。也不是从形而上学角度理解宇宙，以宗教神秘主义态度理解宇宙，[②] 比如像佛教徒那样"冥想"，结果把宇宙与人看做是不可融合的对立存在，相反，儒

---

① ［德］马克斯·韦伯：《儒教与道教》，洪天富译，江苏人民出版社1997年版，第182—183页。

② ［德］马克斯·韦伯：《儒教与道教》，洪天富译，江苏人民出版社1997年版，第181页。

家倡导关注"此世的事物",着眼于从人的日常生活经验的角度认识宇宙,把宇宙人格化,看做是一位无所不能的"人",看成是能喜能怒、能作威作福的"君主的君主"。如《诗经·大明》中说"有命自天,命此文王"。

由此必须关注儒家强调"神"的原因,它对现世社会秩序的关心与关怀。儒家认为,"神"的价值不是教人学会从"原罪"中"拯救"自己,而是教人学会"敬"、懂得"敬",使每一个人都能恪守职责以达到维持一种秩序的目的。这一点在《说文解字》中就说"礼,履所有也,以事神致福也"。礼是由"示"与"豊"两字拼合而成,示即祭神,豊是祭神用的供品,把供品献祭于天地鬼神之前,就称做礼。因此,礼既表示一种程序与仪式,又内含着人对未知世界、不确定命运的敬畏之情。而且这种敬神祭祀活动,融合在远古先人的日常生活中,代代相传,影响到当代广大农村的普通百姓生活。它不仅构成了人的日常生活中不可或缺的内容,也成为普通百姓教育子女的重要手段与途径。"中国民族自原始时代以至殷、周之际,莫不以事神致福为极重要的礼教,故《虞书》上有'有能典朕三礼'的诰命;但自此以前,礼教二字仍不脱离宗教的范围。可是一到周朝以来,'礼教'二字的意义又变更了,由宗教上的意义变而为伦理上的意义了"。①礼教的功能在于确定人在社会中的位置与秩序,即君主讲君道,臣子要恪守臣道,夫妇、子女、朋友等皆有规定要遵守的"道"如此各尽所责,方能使社会秩序齐整。

而要使人能知道各自的职责,这需要通过教育,教育目的是使人知道社会秩序的重要性以及个体承担的职责,即教育使人知"礼"、"守礼",是人的"成人"之道,最终实现与社会的和谐平衡。所以,儒家重视"教育"、"学习"。孔子说"好学不如丘也"。不过,孔子强调"学",就"学"的根本价值取向上说,它不是把学习科学技术知识、生活技能放在首位,而是指人生之学,是成己之学。在孔子看来,学知识与学技能是奠基于人生之学之上,没有人生之学,就不能领会人生意义与价值,则达不成学之目的。这一教育思想的意义则在于实现了从"神本主义"到朴素的"人本主义"转向,既是古代中国教育思想重要特点也是贡献所在。

对此,有研究者指出从公元前六世纪以来,一群伟大的思想家强调人在宇宙内的位置,以寻求促进社会秩序和谐发展为使命,表达了这些思想家共同努力目标是"一致推崇人的理性自主"。使人的命运祸福不再

---

① 陈青之:《中国教育史》,东方出版社2008年版,第13页。

受鬼神的掌握,而由人自己决定,"自从汉朝以后,古代的祭祀、占卜、巫术等宗教现象虽然仍旧,但是这种事情已不再像以前那样受人重视了",[①] 不过,儒家提出的"人的教育",重点是关注如何实现道德智慧的代代相传,以维护社会和谐稳定。

事实上,无论是儒家的教育立场,还是古希腊的教育思想,致力于通过教育改造人性的观点与立场,并没有随着时间的变迁而消失。即使是处于现代工业生产及信息化社会的背景之中,仍然肯定教育对人性的改造作用。特别是永恒主义教育思想、要素主义教育思想,十分明确地强调教育对人的精神生活的贡献,强调教育使命在于传递文化的价值与意义,提升人的生活品位、改善生活品质,避免使人陷入到被社会异化的境地,放大了人性虚伪、卑劣、自私等弱点。

比如永恒主义教育思想就认定学校功能是培养人的理性,教育是实施发展人的理智的通才训练,反对把学校当做宣传政治、社会和经济理论的代理机构,反对把学校变成是职业技能训练机构,因而提出好的教育是追求和领悟真理的教育,而真理是普遍存在的,不因地点、时间或人物的情况而发生变化,这种普遍的真理存在于文明社会的伟大著作之中。[②]

事实上,到今天为止,并没有否定教育在塑造学生伦理行为、提升道德素质、养成审美情趣等方面的重要功能,反而更加强调学校教育要承担向学生传递核心价值观的职责,更注重充分发挥学校在培养学生确立人生理想与信仰中的独特作用。因而,问题不在于有没有把这些内容列入教育目标、教育内容,也不完全是教育方式是否妥善,关键是我们以什么样的理论去构建信仰教育、人格理想教育的框架,包括教育目标、教育内容、教育方式、教育评价等。

对此,威廉·V. 斯潘诺斯(William V. Spanos)在《教育的终结》中对学校教育提出的批评是有启示意义的。他指出当前学校教育出现的各种问题,根源是思想方式不当所致,属于教育问题的"认识论"根源,这便是"存在—神—逻辑"的思想方式,它是决定学校存在与发展的"指导思想",正是这种思想方式,它规范着学校的教育活动,因而导致了教育的终结。[③]

[①] 秦家懿、[德]孔汉思:《中国宗教与基督教》,吴华译,生活·读书·新知三联书店1990年版,第54页。
[②] [美]阿伦·奥恩斯坦、[美]莱文·丹尼尔:《教育基础》,杨树兵等译,江苏教育出版社2003年版,第127页。
[③] [美]威廉·V. 斯潘诺斯:《教育的终结》,王成兵等译,江苏人民出版社2006年版,第20页。

对此，威廉·V.斯潘诺斯认为造成"存在——神——逻辑"的教育认识论，它的根源源自古希腊。当时有两种理解教育的思维取向：一是自然主义的思想方式。通过论证宇宙规律存在的合理性、普遍性，要求教育遵循隐含在自然内部的规律，并对自然与具有普遍意义的自然规律保持敬畏之心，以此实现人性改造的目的。二是反自然主义的思想方式。认为公正、正义、善是最有价值的、永恒不变的最高存在，但是，它不能凭经验的手段获得，需要依凭逻辑、对话的方式把握"理念世界"。获得"理念世界"，成为"完善的人"，实现培养治理城邦的哲学王或智者的目标。比如"苏格拉底从日常生活转向反思个人灵魂生活的本性和命运时，他求助于神话了，求助于诗，而非辩证"。[①] 灵魂是理念的复制，完善德性，取决于对抽象理念的把握，这样，用普遍、绝对的"理念"作为人的存在"真理"，结果，具体的、生动的个人存在被淡忘了，教育只是抽象的概念推理与逻辑判断活动，与具体的人的生动存在无关，如此使教育成为虚假的教育。

然而，这样认识教育、理解教育的思想方式，并没有随着社会文化环境的变化而完全消失，依旧像是教育的"幽灵"影响着教育活动。只不过，受到社会主流思想方式的影响，对"存在"、"神"的理解发生了变化。

西方社会孕育的文艺复兴运动，它的主旨是把人从受上帝与神的制约与束缚中解放出来，凸现人的价值、倡导人的自由构成社会主流思想方式，这对学校教育行为与教育目标确立产生深刻影响，要求学校教育培养人的创造能力和塑造自己生活的能力，提高人的自我意识，发展人的个性。但是，近代文艺复兴先驱者仍然像古希腊思想家那样去寻求支配人类社会合法的、公正的秩序。这些公正的、合法的、不同于古希腊的"自然秩序"，而是对"科学"的信念，[②] 结果，理解人的尊严、地位、权利的出发点是基于"理性人"的假设，强调任何事物都要受到理性的质疑，都需要用理性衡量，使理性处于绝对的地位，这样，事实上使"理性"成了一种新的"信仰"。尤其是笛卡尔"我思故我在"形成了自然是客体、人是主体的主客对立的思维方式，巩固了"理性"的地位。

无疑，这对于消除"神"在教育中的权威地位，是有积极意义的。

[①] [美]斯坦利·罗森：《悲哀的理性》，哈佛燕京学社：《启蒙的反思》，江苏教育出版社2005年版，第193页。

[②] [芬兰]冯·赖特：《知识之树》，陈波、胡泽洪、周祯祥译，生活·读书·新知三联书店2003年版，第28页。

但是，重视人的理性、发展人的理智，不能离开具体的个人，离开具体个人讨论理性，结果把人的"理性"放置于绝对的地位，体现着"理性"的抽象化理解特点。其实，这样理解"理性"的思维方式，把"理性"当做是超越自然的、超越日常世俗生活的存在，使"理性"成为人作为人存在的本质因素，这是与理解神的思想方式是一致的，结果使学校教育具有形而上学特性。它表现在这样三方面：

其一，教育目标。确立一个绝对的、僵化的目标，人受教育的目的是为了追寻这一绝对的、超越目标，这样，人变成了实现超越目标的手段；其二，教育内容。改善人的理性因素作为教育内容依据，把传授科学知识当做学校教育的全部内容。显然，这是对人的教育的不完整的认识；其三，教育方法。重视人的理性，决定实施教育方法的依据是人的理性认知能力，把教育过程的开展及实现，等同于人运用知识概念进行逻辑推理的过程，是人的自我意识、思想观念的变革，是认知能力的完善。

针对这些问题，斯潘诺斯批判了问题的实质：这样的学校教育活动，其实是借教育之名，"不断地在人文主义逻各斯的名义下追求统治全世界的霸权。在本体论意义上，它涉及西方人把他们多方面的意志强加给存在的持久的形而上学的努力"，[①] 学校教育对象是生动活泼的青少年，学校教育应该是生动的、多样的、活跃的，可事实上变成是单一的、僵化的教育活动，变成了充斥大量有违青少年意愿的教育行为，比如对青少年提出一整套的标准化要求而缺少对青少年个体需求的关注，比如用一整套的文化霸权的意识形态话语控制青少年的价值观念，缺失对异质文化的开放、包容的价值取向等。这些现象与做法的存在，与学校教育关注每一位学生富有个性的发展、尊重每一位学生发展需求的教育目标是背道而驰的，而这恰恰是呈现了学校教育的问题根源。

第三节　教育在人、理性、知识之间

随着文艺复兴运动对人的地位的确立，尊重与维护的人权利与地位，寻求"人的解放"，成为社会主流的思想观念与意识形态。卢梭就说人与人应该是平等的存在者，但这并不否定社会生活中不平等存在的客观事

[①] ［美］威廉·V.斯潘诺斯：《教育的终结》，王成兵等译，江苏人民出版社2006年版，第256页。

实，正因为如此，人要不断地追求从不平等到平等，从不自由到自由。①要消除人的不平等，事实上已经隐含着一个前提即人是平等的存在者。因而，追求人的平等与独立的地位，确立人的主体性，成为思想家社会改革实践的努力目标，也成为这一时期以来教育思想研究的核心命题。

当然，理解这一时期提出"人的教育"的命题，至少要明确两个问题。一是决定教育培养人的主体性的依据是什么；二是怎样才能确证教育培养了人的主体性。

一、明确"教育培养人的主体性的依据"问题

人是教育对象，这一点是明确的。尽管关于理解尊重人的独立地位与权利的出发点是不同的，或者确信人权天赋，或者坚持先验决定论的立场。但是，达成的共识是对"人生而是自由平等的"观点的信仰。这样，追求自由、平等、民主的生存空间是人的基本权利，任何他人或社会都不可剥夺它。因此，对人的尊重以及维护人权的思想，自文艺复兴直至启蒙运动，从提出到不断地完善、丰富，直接影响人在教育中的位置以及教育对人的价值的认定。

夸美纽斯的教育立场是极有代表性的观点。在《大教学论》中开篇就说，教育不仅要认识人，而且使"人成为人"。这表明夸美纽斯是非常明确地坚持人的教育的立场，而且，从"认识人"到"成为人"，意味着实现了对人的问题思考方式的转向，也就是说，对学校教育来说，揭示人是什么不是学校教育的重点，学校教育使命是研究采取怎样的方式更有助于人成为真正的人："人的终极目标是与上帝共享永恒的幸福"。实现这样的教育目标，夸美纽斯认为是可能的，这种可能性就在于人是一个理性的动物，因此，学校开展的教育活动，就应该以人是理性的人为立足点，发挥教育在强化人的理性力量的作用，从而使人成为名副其实的理性人，这样，就能实现使人分享上帝永恒幸福的教育目标。

据此，夸美纽斯提出学校的教育任务是使学生认识、知道世界上万物的名字，并要学会观察、分析世界上事物变化的原因，使万物为人所用，达到由人主宰万物的目标。这既是达成人之为人的目标，又是实现

---

① 卢梭指出人类有两种不平等，一种是自然的或生理上的不平等，另一种是精神上的或政治上的不平等。这两种不平等形成原因是不一样的，两者也没有内在必然联系。因而，卢梭提出的实现人的主体地位的目标是揭示社会、事物演进过程中，在什么样的一个时机权利代替了暴力，自然服从了法律。［法］让-雅克·卢梭：《论人类不平等的起源和基础》，李常山译，商务印书馆1962年版，第70页。

人之为人目标的基本途径,同时也是学校的教育内容。进而,夸美纽斯把这一教育目标区分成三方面相互联系的目标,这就是要使人达到"博学、德行或恰当的道德、宗教或虔信"的目标。①

可见,使人成为人的教育,意味着夸美纽斯已经确立了人在教育中的主体地位,只是,他把人为什么能够成为人的假设归结是上帝,又把"追随上帝"确定为人的发展的终极目标,这使夸美纽斯陷于对"人的教育"思考的矛盾处境:虽然看到人具有无限发展的可能性,确信人自身内部蕴藏的发展力量,但是,他没有找到论证人的独立存在、重视人的价值的思想方式。当然,这里并不关心夸美纽斯把"上帝"引入认识人的发展视野的局限,而是关注夸美纽斯从人的成长角度阐释教育的合理性,以及在设计不同类型的学校与教育内容方面作出的重要贡献。

这一点在洛克(John Locke)、卢梭(Jean-Jacques Rousseau)等思想家的教育思想中也有反映。不过,与夸美纽斯的观点不同,他们不是从上帝的角度阐释教育对人的意义,而是着眼于社会与人的关系的维度,看到了社会对人的发展构成的制约因素,看到了人被社会剥夺人自然权利之后的生存处境,因而在坚持人是生而具有不可剥夺的权利的前提下,倡导教育的价值与任务是唤醒人的这种权利意识,使人养成能够履行这种权利的能力。卢梭在《爱弥尔》中有一段话很能说明这个问题:"我们生来是软弱的,所以我们需要力量;我们生来是一无所有的,所以需要帮助;我们生来是愚昧的,所以需要判断的能力。我们在出生的时候所没有的东西,我们在长大的时候所需要的东西,全都要由教育赐与我们"。②

无疑,人是需要教育的。但问题在于怎样开展教育?回避社会,重视人的感官、经验、重视自然事物教育以及坚持人的自然发展的信仰,成为卢梭、洛克等17—18世纪思想家设计教育方案的重要立场。有研究者称这一时期教育思想的重要特点是"自然的唯实的"教育,教育目的是在世俗生活中养成身心发展的个人(夸美纽斯的神本主义的理想是属例外)。此种类型的个人,虽仍不至于排斥合理的宗教信仰,但是主要任务是传授实学知识,培养绅士式的德性,以实现世俗的幸福生活。因而,在实际教育中,教材以实科为主,教学方法则遵照自然的顺序。③

进入19世纪以来,不断推进"人的教育"的理论研究与实践变革,

---

① [捷克]夸美纽斯:《大教学论》,傅任敢译,教育科学出版社1999年版,第10—11页。
② [法]卢梭:《爱弥尔》(上卷),李平沤译,商务印书馆1978年版,第7页。
③ 雷通群:《西洋教育通史》,东方出版社2007年版,第179页。

并取得了更加丰富与多样的成果。对此,雷通群概述成四大教育思想立场:美的人文主义、理性的道德主义、社会的人文主义、科学的功利主义。① 伴随着人的教育的理论研究取得新成果,它影响及推动着教育实践创新,在教学方法、普及义务教育等方面成效显著。比如在教学方法的改革方面,改变了教师本位的观念,向儿童为本的观念转向,提倡更加灵活多样、更加注重发挥儿童参与学习的教学方法,如活动教学、直观教学、启发教学等。又如,对人的权利的尊重,不少国家开始倡导与实施义务教育,开放女子教育,并遵循启蒙运动倡导的基本理念,建构现代教育制度,并走向完备。

结合上述简要陈述可知,人的发展是这一时期教育关注的焦点,坚持培养独立的、自主的人是教育工作的出发点,是这一时期教育思想的特点,也是价值所在。不过,问题是要澄清教育培养人的独立性、自主性、主体性的核心是什么,换句话说,教育培养的人的主体性是指什么,这是教育塑造人的主体性的认识前提。对此,哈贝马斯评述了这一阶段关于主体性问题的认识思路。哈贝马斯认为笛卡尔(René Descartes)以来的主体性原则已经影响到各个领域,"在现代,宗教生活、国家和社会,以及科学、道德和艺术等都体现了主体原则"。② 那么笛卡尔主体性原则又是指什么呢?

在笛卡尔那里,主体性与自我有关,主体性是人的主体性。而对"自我"的认识,笛卡尔转向了主体内在性或主观性的领域,这就是众所周知的"我思故我在"论断。这一论断表明笛卡尔把主体性与人的自我意识或自身认识联结起来,只有"自我意识"是真实可靠的,"我思维,所以我存在","我思"才是确实可靠。这样,思维着的我才是主体的我,思维等同于人的主体性,结果是把"人的思维活动"变成是人的主体性的具体要求与具体体现。反过来说,要证明人是否具有主体性,则要通过人的思维才能实现。因而,人的思维等同于主体的功能,同时,思维成为人的本质的内在规定。

这样,笛卡尔第一次把"思维的自我"当成是理智上自主的、自由的自我,是一个理性主体。可见,笛卡尔主体理论的意义在于突出"自我"的地位,要求"自我"不受一切既定权威与成见的约束,享有独立运用自己的理智的自由。这种着眼于把人的思维或理智当做是人的主体性的观点,

---

① 雷通群:《西洋教育通史》,东方出版社2007年版,第367页。
② [德]哈贝马斯:《现代性的哲学话语》,曹卫东译,学林出版社2004年版,第122页。

势必使自我与主体性成为"空中楼阁"、无根之木,是空洞的自我。

其实,笛卡尔也意识到这一点,他说"如果我把观念仅仅看成是我的思维的某些方式或方法,不想把它们牵涉到别的什么外界东西上去,它们当然就不会使我有弄错的机会"。① 人进行思维的目的是为了解决实际问题,推动人类社会的文明与进步。如果为了防止错误的发生,把"思维"当做是大脑的"智力"游戏,这不可能解决现实问题,而无法解决现实问题的个体,是成不了具有主体意识、主体能力的人。

客观地说,哈贝马斯的评述是合乎实情的。它揭示了近代思想家在理解"人的教育"中存在的关键问题,这就是:虽然认识到了人是教育的对象,并在教育实践中体现了对人的尊重与重视,但是,对人的地位的确认,是建立在对"人是理性"的认识前提之上,结果"人是理性"的认识,既是开展教育活动的前提,又是教育活动的结果,学校教育目标就是使人成为"理性的人"。

这样,人就被看做是一种"实体",构成"实体"的核心要素则是人的自我意识。因而,确立人的自我意识,并不断地完善自我意识,被当做是人的主体性目标的实现。这样理解人的"主体性",它的认识误区,海德格尔(Martin Heidegger)说得很清楚:"作为突出的基底的我思自我,绝对基础就被达到了……这就是说,主体乃是被转移到意识中的根据,即真实的在场者,就是在传统语言中十分含糊地被叫做'实体'的那个东西。"② 把自我意识等同于人的主体性,确立主体性关键是自我意识,改善、确立人的自我意识是教育的目标。但问题关键是主体性的自我意识又作何理解?

把自我意识与主体性相联系,肯定人的自我意识的存在,肯定自我意识在人的日常生活中的价值,这一认识是合理的。正如当代现象学教育学对个人自我体验、个人主观性感受的重视,认为教育研究过程中要重视受访对象的个人叙述和研究者的判断,③ 由此把教育看做是觉悟启蒙与"开始明白"的过程,"在这一过程中,体验通过和别人以一种对话体的遭遇的检验而被理解"。④ 类似现象学教育学提出重视人的主观性体验、人的自我意识在教育研究中的价值,认定这体现着教育学作为人文科学

---

① [法] 笛卡尔:《第一哲学沉思集》,庞景仁译,商务印书馆1985年版,第37页。
② [德] 海德格尔:《面向思的事情》,陈小文译,商务印书馆1999年版,第75页。
③ [美] 洛伦·S.巴里特、[美] 托恩·比克曼、[荷兰] 汉斯·布利克、[荷兰] 卡雷尔·马尔德:《教育的现象学研究手册》,刘洁译,教育科学出版社2010年版,第88页。
④ [美] 洛伦·S.巴里特、[美] 托恩·比克曼、[荷兰] 汉斯·布利克、[荷兰] 卡雷尔·马尔德:《教育的现象学研究手册》,刘洁译,教育科学出版社2010年版,第100页。

的特质，这与笛卡尔的自我意识立场是一脉相承的。

当然，这种观点的进步意义是肯定主体是人而不是上帝或其他物质或神秘观念，重视人的主体地位的确立。人作为主体，其主体性的体现，则要通过人的自我认识、自我理解、自我确信、自我塑造、自我实现、自我超越等一系列的"自我活动"，这一系列的"自我活动"是密切关联着自我意识，也可以把它们纳入到"自我意识"概念包含的范围之中，即便如此，对"自我活动"的认识，要避免一种错误的认识，即把它看做是个人抽象的"精神的"活动，看做是纯粹观念的交换或者是逻辑推理的"思辨"活动，事实上，必须认识到它是现实人的现实的生命活动。

这里说"生命活动"，不是指人作为生命体的"生命活动"，比如人会走动、会说话、会呼吸等，而是强调生命活动的实质是人与世界交往关系的建立，这样的生命活动是广泛而丰富的，是立体的，有不同的侧面。它是个体生命、群体（社会、文化）生命和类（物种）的生命的统一，是生产和交往的统一，是物质生活和精神生活的统一，是思想和行动的统一，是知、情、意的统一，是主观世界和客观世界的统一，是人对自己的力量、自己的生活、自己的世界及其人对生命活动寄予最高意义的自觉意识和不懈追求，因此，作为人的生命自觉的主体性，它内含着三个层次：个体生命的自觉、群体生命的自觉和类生命的自觉。[①] 这三个层次的生命自觉，是人从确立个体生命自觉向类生命自觉的发展，它意味着人的主体性发展，是逐步向更高阶段生命自觉的发展与超越，它也成为检测人的主体性发展的标尺。

二、"怎样才能确证人的主体性"问题

启蒙运动崇尚理性与进步，把人的主体性建立在人的理性、人的理智力基础之上，反对权威与专制，消灭迷信，张扬人的主体性。"以冷静的思维与客观的事实为证据，来重建社会新秩序，迈向教育的新里程"。[②] 这是说，知识教育能够促进人的理性的发展，因而，围绕怎样传授知识以及传授什么样的知识是合理的教育行为作为学校教育方案的设计依据。

这一点在康德的教育思考中已经非常明确。康德在《纯粹理性批判》中明确地提出人的理性的三个问题：我能够知道什么，我应当做什么，

[①] 郭湛、王文兵：《主体性是人的生命自觉的一种哲学表达》，《唐都学刊（西安）》2004年第2期。

[②] 林玉体：《西方教育思想史》，九州出版社2006年版，第358页。

我可以希望什么。第一个问题关系到人的幸福，第二个问题关系到人的道德准则，第三个问题则是说在道德法则支配下的人的行为追求幸福是否可能。康德提出这三个问题，是一个既是经验又是超验的问题，人的幸福与道德是在人的经验生活中实现的，但是，人具有实现人的幸福与道德的能力？就此，康德把它归结成是人的"良知"、"善意"等"内在价值"，认为这些"内在价值"是规范与约束人生行为的指导原则，只有遵循这些"内在价值"的行为，才有可能达致人的幸福与道德，以此要求重新思考学校教育的意义。

康德提出获得教育意义的基本思路。认为谈论教育意义，不可能脱离学生谈论教育意义，也不能把满足某种世俗的、功利性的目的当做是教育意义的实现，而是要求立足学生个体本身谈论意义，即致力于丰富与完善学生的内心世界。如此要求学校教育必须坚持教育目的是"教育本身"、学习目的是"学习本身"的立场，在教育与学习之外的因素比如奖励、荣誉等都不能当做学校教育目的，因为对教育、学习本身来说，都是外在的，如果过度追求这些外在目的，结果会扭曲人的内在价值，比如读书就是读书，不是为了成绩好，或为了师长的表扬、赞赏而读书，要从小陶冶成服从及依良心而为的习惯，按康德说法就是要遵照内心世界的"道德律令"，它是指导人的日常生活行为的"无上命令"，如此是"自我"养成的实现。这样，把理性在人的发展中的地位推向了极致。

康德从教育完善人的理性阐述教育理论，把理性、知识、人的发展作为教育价值的实质，理性人成为教育出发点。这样理解教育的思路，是近现代教育理论的主流性观点。正如英国思想家、被称作是社会达尔文主义之父的斯宾塞（Herbert Spencer）提出教育的重点是解决"什么知识最有价值"的核心问题，并坚信科学是最有价值的知识。"为了训练，也为指导人类活动，科学都有最主要的价值"，科学使人类走出了迷信，"要不是有了科学，我们就会还在拜物，或当众牺牲人命去求神鬼保佑。可是这个使我们抛弃对事物的低级概念而多少见到造物的宏伟的科学，却在我们神学中被排斥，在教坛上受鄙视"，[1] 因而，斯宾塞指出关于身体发育与健康等知识最为重要，至于德性陶冶则居次要，即使强调德性涵养教育，也主张在自然的方法之下，养成自律自由。[2] 而且，教学的方

---

[1] ［英］斯宾塞：《教育论：智育、德育和体育》，《斯宾塞教育论著选》，胡毅、王承绪译，人民教育出版社1997年版，第1—92页。

[2] 雷通群：《西洋教育通史》，东方出版社2007年版，第311页。

法则要按进化的原则，由简而繁，由不确定以至确定，由具体而至抽象，此外，还强调要减轻儿童的负担，倡导愉快学习，避免过度劳累。

把传授与学习科学知识放在学校教育首要位置，这是斯宾塞教育观的核心，而斯宾塞教育观形成的思想基础是进化论的科学观，正是因为坚持进化论的立场，斯宾塞指出学生学习知识应是一个渐进的过程，反对学生死记硬背的学习方式，要求把学校建设成为一个学生学会反省、学会探索的机构，反对把学校变成满足政府或社会其他目的的机构，这是非常有意义的观点。也正是因为斯宾塞坚持进化论立场理解学校教育的功能与价值，设计学校的教育方案，对学校的管理思路与学校日常运作方式也产生深刻的影响。这主要体现在把追求效率、追求标准当做各所学校确立的管理理念与管理风格。有短语说"像做生意那样管理学校"是对这种管理风格的总结，[①] 也是对斯宾塞理论影响学校管理的生动写照，从中非常清楚地揭露了学校管理思路存在的问题。

从斯宾塞阐释教育思路中，可以发现，不同思想家对教育的不同看法，形成不同的教育观，这种不同，直接体现在教育观内容的差异，而影响教育观差异的本质因素是对理性、知识与人的不同认识，形成多样化教育理论与教育观点，并造成不同的教育实践。

哈耶克（Hayek Friedrich August）就此梳理了不同理性观支配下形成不同的知识观。一是以笛卡尔、卢梭为代表的法国"百科全书派"的"建构理性主义"；二是弗格森、休谟为代表的苏格兰启蒙学派，以及近代保守主义政治哲学创始人柏克等思想家倡导的"进化论理性主义"。这两种知识观对知识来源、习得、分享存在着不同看法。而这种不同看法直接影响到人为什么需要教育以及怎样教会人获取知识的能力。

在"建构理性主义"看来，人类知识是一个完整的整体，而把分散的知识集中起来，是一批少数天才能够做到的，这样，知识只是被少数天才所掌握。同时，人类的知识，又可以通过人为手段，把它合理地配置到社会各个角落。无论是完成"知识的集中"，还是完成"知识的配置"，这都要取决于人的理性能力，取决于人具有抽象理性推演的能力，正所谓"理性为自然立法"。

但是，坚持"进化论理性主义"的知识观，并不同意建构理性主义的观点。它强调知识和信息并不构成一个整体，而是处于不断变化之中，

[①] ［美］吉拉尔德·古德克：《教育学的历史与哲学基础——传记式介绍》，缪莹译，湖南教育出版社2008年版，第415页。

知识需要交流、沟通，而且知识交流与配置的原则只能通过市场机制加以实现，这样，才能使创造知识的人获得最佳报酬与回报，同时又不会被少数人或少数机构垄断与控制。否则，就会造成知识及创造知识人才的浪费，进而影响知识创造的积极性。

基于这样认识知识的立场，尽管"进化论理性主义"知识观肯定人的理性的作用，不过，他们提出不能滥用理性，不能无限夸大理性的价值与作用，人运用理性运用参与知识创造，是需要受到约束与制约的，[①]否则就会造成理性的"泛滥"，造成社会灾难。

无疑，不同的知识观与思想家的不同理性观密切相关。不同的理性观、不同的知识观又会形成不同的知识学习观，建构不同的传授知识理论，实践不同的知识传授方法，进而形成不同的教育思想，它又会成为制约、影响教育实践活动的重要因素。比如凯兴斯泰纳主张精神的劳作教育，原因是凯兴斯泰纳认为儿童人格养成是儿童的自我建构，完成儿童人格自我建构的基础是儿童的日常生活经验。这一点，在进步主义教育运动以及主张人格教育的教育家中也有同样的考虑。如意大利的蒙台梭利（Maria Montessori），创设儿童之家，认为各种感官练习是儿童获得知识的基础，教育是促进儿童内在力量、实现自我发展的过程。如表2-2是对主要教育理论中关于知识传授的基本观点作了扼要的汇总。

表2-2 主要教育理论关于知识传授的观点

主要教育理论	代表人物	教育构想	教学要点
教育万能论	[捷克]夸美纽斯（Johann. Amos Comenius）	所有人都能接受教育，所有人都能学到一切使人变得有智慧、有德行、能虔信的科目，教育是生活的预备	自然教学 感官教学 培养优秀教师
进步教育运动	[美]杜威（John Dewey） [美]克伯屈（William Heard Kilpatrick）	教育在做中学，学校即社会，废除班级授课制，倡导设计教学法	从背诵答案到教会思考 认知性、情感性与动作技能性统一

---

① [英]哈耶克：《致命的自负》，冯克利译，中国社会科学出版社2002年版。

续表

主要教育理论	代表人物	教育构想	教学要点
社会改造理论	[美] 布拉梅尔德 (Theodove Brameld)	主观设想蓝图改造社会、学校，形成社会新秩序	重视感受、情绪、态度的作用
永恒主义	[美] 赫钦斯 (Robert Maynard Hutchins)	主张复古，以名著启动自由教育	为所有学生开设共同的课程，重视理智与概念，偏向机械记忆
要素主义	[美] 巴格莱 (William Chandler Bagley) [美] 科南特 (James B. Conant)	传授人类文化遗产的要素，帮助学生实现理智和道德训练。智力标准，天才教育	重视人文学科、学术性科目的教学，重视学业成绩优异，重视知识概念和原理的教学
后现代主义	[法] 利奥塔 (Jean-Francois Lyotard) 等	知识的合法化、学科规训的消解	去除学科与学校的权威与中心地位，重视差异的价值，倡导对话与交流，关注学生体验

表2-2陈述了不同教育理论的主要代表人物及其主要观点，这些教育理论的基本观点存在着差异，这种差异的存在，反映着不同教育理论所秉持的知识观是不同的，不同知识观，就会形成不同的教育观，并影响到教育实践，形成知识传授的不同目标、内容与方法。应该肯定，不同的教育立场，不论持什么样的学习观、知识观、教育观，都注意到人的教育问题，强调教育培养主体性的人，培养具有主体意识的社会合格公民，这是有积极意义的。

然而，我们必须明确：实施知识教育，虽然有助于改善人的认知能力，但是，这不能保证完成社会主体的培养任务。对此，纽曼（John Henry Neman）从知识与信仰相互关系的维度作了阐述，指出影响学校教育处理知识、信仰、教育三者关系的根源是思想方式。

（一）认识论的局限

以认识论思路理解学校的教育任务与教育目标，把学校教育活动看做是科学知识传授与学习过程，通过学习与接受科学知识，增强人认识世界、改造世界的能力。对此，纽曼不同意这一看法，认为知识传授与学习不能作为学校的教育目标，要求把完善人的道德、信仰、价值作为学校教育目的。纽曼指出，如果一个人缺少道德、信仰、价值观，仍然是"自然人"

的状态，实现人的心智完善才是学校的教育目标。为此，纽曼认为学校教育要聚焦于超自然的"神性"，把人看做是神、上帝创造的一部分，只有使人得到"宗教"的呵护，才能保证人的心智的完善，以此实现学校的教育目标。纽曼把"上帝、神"看做人的心智完善的前提，通过参与"宗教"活动、感受"神学"知识，达到完善人的心智的目标，这一认识思路，与发教育发展人的认知能力的认识论思路是截然不同的。

（二）价值立场的缺失

追求真理是现代学校教育的行动导向，这并没有错。但是，对学校教育来说，不是以教会学生掌握"真理"为目标，而是要教育学生学会探索真理、发现真理的知识、能力以及价值立场。"科学研究中的某些思想错误比某些真理更能结出丰硕的成果。一门科学似乎没有取得进步，而且屡屡失败，其实它一直在进步，只是难以看出罢了，即便仅仅知道这不是真理，这当然就已经向真理迈进了一步"。[①] 所以，与其让人掌握现成的"真理"，还不如让人学会理解"真理"，"真理"是不断被发现的，没有绝对的真理。因此，帮助受教育者确立追求真理的信念与责任感，这是十分重要的教育任务。对此，纽曼提出"除了良好的信仰，我提议要有诚恳的意图、忠诚的天主教精神和强烈的责任感"。[②]

（三）方法的绝对化

纽曼认为研究自然科学知识与研究神学知识的方法是有所区别的。神学采用演绎法，它的研究对象是不能被感官感受的事实、现象或结果，是上帝的事，以及上帝的本质、属性、意志与行动。而自然科学研究对象是客观存在的，能够依赖感觉器官去感受对象物，发现这些现象并进行分类、比较与组合，以阐明现象背后的规律性知识。

因此，纽曼比较了这两种研究方法的差异。探求自然科学知识的研究方法，强调实验与证伪，而神学是传统性的；自然科学更大胆，神学更稳妥；自然科学是前进的，而相比之下，神学则是静止的；自然科学着眼于未来，神学忠于过去。[③] 正是因为两者存在着差异，对科学与神学的不同态度，就会影响两种知识的获取。而近代以来的学校教育，受世

---

① [英]约翰·亨利·纽曼：《大学的理念》，高师宁等译，贵州教育出版社2003年版，第279页。

② [英]约翰·亨利·纽曼：《大学的理念》，高师宁等译，贵州教育出版社2003年版，第279页。

③ [英]约翰·亨利·纽曼：《大学的理念》，高师宁等译，贵州教育出版社2003年版，第254页。

俗利益的驱动,追求实用的知识,满足谋生解决职业技能需要,偏向于自然科学研究方法的实证性、有效性,甚至走向了极端。正是对科学及理性的过度偏信,哲学家和道德学家的担忧科学理性对西方文明价值基础的腐蚀作用。①

(四) 教育功能观的迷误

从教育目标的角度看,对"有用"的教育的认同,并不奇怪。但是,要认真辨析与区分"有用性"问题。"有用性的意思并非简单意指功用,而是指倾向于功用,或者指通向功用的途径"。② 这样就能够区分"功用"与"有用"异同,即"有用的一定是好的,但好的不一定有用"。③ 教育的有用性是体现在"心智的培养","心智培养"是为了心智本身的完善,一方面,人对社会负有责任,另一方面,只有完善的心智,才能履行人的社会责任。"这种心智本身不仅仅是美丽的、完善的、令人满意的、高尚的,而且在真正和高级的意义上,对它的拥有者及其周围的一切必然是有用的。并且不是在任何低级的、机械的、商业的意义上有用,而是作为可以向周围扩展的好东西或一种恩惠、禀赋、力量、财富在其拥有者身上发挥作用,继而通过他对世界发挥作用"。④ 这样,塑造心智教育"有用性"被凸现出来,这种"有用性"着眼于对人的思想观念和日常行为的规范,使"心智"成为决定人的行为发生的基础。

在此,"心智塑造"已不是一项具体可待操作的、可以量化计算的目标,而是规定着学校的价值目标。"很难找到这样一个人,他达到了这种真正的培养所应该达到的理念,或者至少似乎已经接近这种理念,并使他自己的卓越标准成了这种培养真正的范围和结果。但是却可以找到许多这样的人,他们会致力于这种培养,而且在很大程度上已经达到了这个目标"。⑤ 这是确认教育目标的哲学态度,因而,确立的教育目标不是世俗的、功利的目标。当然,它不排斥与拒绝学校的功利目标,只是将

---

① [芬兰]冯·赖特:《知识之树》,陈波、胡泽洪、周祯祥译,生活·读书·新知三联书店2003年版,第19页。
② [英]约翰·亨利·纽曼:《大学的理念》,高师宁等译,贵州教育出版社2003年版,第152页。
③ [英]约翰·亨利·纽曼:《大学的理念》,高师宁等译,贵州教育出版社2003年版,第152页。
④ [英]约翰·亨利·纽曼:《大学的理念》,高师宁等译,贵州教育出版社2003年版,第152页。
⑤ [英]约翰·亨利·纽曼:《大学的理念》,高师宁等译,贵州教育出版社2003年版,第144页。

功利目标放于心智教育之后，心智教育成为功利目标的思想基础，唯此，"它有利于仁爱之更为宏大的利益，也为成功地达到单纯的个人目标做准备"。①

通过上述几方面的分析，可以得到这样的结论：首先，纽曼预见了出现、存在学校教育危机的可能性。指出危机源自于教育对科学理性的推崇，导致学校变成是改变学生技术知识、技能水平的培训基地。其次，纽曼把知识与信仰关系作为视角，批判科学知识教育与道德、信念等人文价值教育的分离，突出确立教育价值目标的意义。再次，改变了从认识或知识论维度理解教育的局限，指出了多元化理解教育及其把握教育内涵的要求，这种多元化思路包括认识论、知识论以及价值论的融合。如果只是着眼于单一的思想方式，比如认识论，就无法解释教育满足人的全面发展需要的合理性。第四，纽曼坚持知识教育与信仰灌输协调发展的基本要求，倡导用信仰、道德、价值引导与规范知识的传授、发现与获取，克服与防御教育危机的发生。

当然，纽曼基于宗教立场呼唤"信仰"的重要性，目标是使人通过遵循教义以达到人人相爱的"神"的世界。这种追求"信仰"的立场，在当今世界民族国家利益冲突、战争与灾难不断的处境中，怎样让各民族国家负起和平共存、合作发展的责任，避免人为的战争与灾难，建立和平发展的新时代，仍然是值得思考的命题。正是因为这一点，早在1993年8月28日至9月4日在美国芝加哥召开了一次世界宗教评会大会，提出了一份《走向全球伦理宣言》。② 这份宣言的起草人就指出当前世界比以前任何一个时期都更多地由世界性政治、世界性技术、世界性文明所塑造，因而，呼吁人们以一种关于有约束力的价值观、不可或缺的标准以及根本的道德态度的最低限度的基本共识，作为全球化时代各民族国家交往、联系、合作、发展的"全球伦理"的基础。但是，处于多元文化冲突、经济利益不断分化、国家主权凸现的时代，这种全球普遍之爱的伦理能否具备现实条件。当然，像纽曼那样提出价值教育的重要性，提出处理知识、信仰、教育三者关系，提出为教育奠定伦理基础等观点与思路，对正确理解教育本质、把握教育方向是有启示的。

---

① [英]约翰·亨利·纽曼：《大学的理念》，高师宁等译，贵州教育出版社2003年版，第154页。
② 何怀宏：《问题意识》，山东友谊出版社2005年版，第127页。

第四节 "谁之教育权利"

上述的讨论，已经提及人是教育的对象，教育是人的教育的基本结论。因而，就要分析"人的教育"是由谁给予规定的。换言之，"有书读"、"有学上"是否就是受教育权利的全部内容？这就要求思考这样一个现实问题：在教育过程中，怎样尊重教育对象，怎样维护接受教育权利。

学校作为专门培养青少年健康成长的教育机构，理应使学校拥有教育青少年的权利，履行教育青少年的义务。然而，在多元文化冲击的背景中，面临着"实施教育权利是谁的"新课题：受教育是青少年学生的基本权利，切实有效维护青少年受教育权利，学校是否承担了教育青少年的全部权利？换句话说，教育青少年的任务是否都由学校来完成？如果是，接着第二个问题是，学校的教育立场能否代替青少年学生的立场，也就是说，学校是否可以不经过青少年学生及其学生家长的同意，传递认为应该传递的价值观，学校是否有权利否决青少年学生自愿接受哪些与学校教育未必一致的教育内容、价值目标呢？

能够说明这个问题的一个例子，比如奥巴马（Barack Hussein Obama）新学期开学讲话引发的争论及反对意见，争论焦点集中在奥巴马总统是否有权利向学生灌输价值观。

在开学之际，奥巴马到一所中学向学生们发表演讲，引发了反对的声音。支持反对声音的重要理由显然是抓住了"教育权利"这一关键词。作为总统的奥巴马，其演讲内容与出发点，不能被看做是作为一位美国普通公民的奥巴马。因此，其是否有权利向学生灌输国家的政治理念与立场，成为争议的焦点。其实，奥巴马并不是第一位在开学初到学校向学生们发表演讲的美国总统。早在1991年10月，时任美国总统老布什就在华盛顿一所初中发表全国电视演讲，要求学生们认真学习，远离毒品。当时，这一讲话也引发了一片反对声音，有人就指责这是花纳税人的钱为自己做"政治广告"。由此可见，对总统发表教育演讲的评论与争议，兴趣不在于演讲内容本身，而是与美国不同党派、集团、群体的政治利益竞争挂钩，结果，使简单的事情变得复杂了。

奥巴马给学生讲话反挨骂[①]

在美国学校新学期开始之际，美国总统奥巴马2009年9月8日在弗吉尼亚州阿灵顿韦克菲尔德中学向全美国学生发表了讲话。然而，这一看似普通的讲话却在美国掀起了不小的波澜。

韦克菲尔德中学是当地种族最为多元化的学校，而且该校的学生成绩不错，大学入学考试通过率为40%，比美国全国平均水平高出一倍多。在这样一所具有代表性的学校发表演讲，奥巴马的良苦用心可见一斑。

在当天讲话中，奥巴马大力强调理想和责任对于学生的价值。奥巴马说，每个人都有自己的才能，都能做出独特的贡献，而教育的作用，就是为每个人能够发现自己的才能和贡献提供良好的环境。他希望孩子们能够"好好做家庭作业，按时上课，每天读书，参加课外活动和社区服务"。

作为总统，奥巴马能够和全国学生近距离交流，照理说应该大受欢迎。但是，他的这一演讲在美国引发了许多争议。

美国教育部长邓肯给全美公立学校发出指示，敦促学校让孩子聆听奥巴马的演讲。这一带有强迫性的举动，引起家长们的强烈不满。因此在8日的演讲开始之前，有许多家长不停地向学校咨询奥巴马讲话的内容。而就在演讲当天，韦克菲尔德校外还有不少家长打出抗议的横幅"总统先生，请离我们的孩子远点！"在支持共和党的学区，许多学校选择不转播奥巴马的讲话。而在转播讲话的学校中，一些家长为了不让孩子听奥巴马的演讲，专门为孩子请假一天。

政治评论员马克·斯泰恩指责奥巴马是在试图建立"个人崇拜"。佛罗里达州共和党委员会主席吉姆·格里尔说，奥巴马用纳税人的钱传播他的政治理念。

不过，也有不少家长表示支持奥巴马的演讲。许多人说，奥巴马发表鼓励孩子们的讲话无可厚非。美国前第一夫人劳拉·布什也评价说，奥巴马"敦促孩子们留在学校里学习"无可厚非。

[①] 材料编选自"奥巴马给学生讲话反挨骂"，中国国际广播电台国际在线 - 《世界新闻报》http://gb.cri.cn/27824/2009/09/11/4445s2619099.htm 2009 - 09 - 11。

当然，我们也可以从这一事例中提出值得关注的教育话题，即多元文化与教育问题。因为进入 21 世纪以来，全球化、多元文化交融变得越来越普遍，并融入到人的日常生活之中，孩子们的教育权利交给谁，向孩子们教育哪些内容，如何处理民族、国家、社会及个人之间的关系，教育是德性教化还是人力资本开发？① 这些都是推进学校教育持续发展需要处理好的极其重要的教育议题。在这里，重温意大利思想家维柯（Giovanni Battista Vico）就培育公共理性为主旨分析学校的教育职责与任务的观点，对回答在多元文化背景中学校要坚守什么样的教育立场是有启示的。

维柯认为学校教育核心是处理个人与社会之间关系，否则，就会使学校的教育活动面临困境。对此，维柯提出学校教育不能宣扬与培养个人主义，要凸现学校教育的社会功能，这就要求学校教育坚持与弘扬公共理性，培养受教育者成为社会历史文化的创造者。

维柯指出，在现代社会，公民普遍关注物质财富的增长与物质生活的改善。如何让公民利用时间与精力直接或间接地参与社会活动，维持社会的公正、正义，建设理想社会，这既是公民应尽的职责，也是学校的教育课题。不过，公民因为时间与精力等条件限制，直接参与现实社会管理，尤其是社会政治活动，存在一定的困难，但是，公民不能因为时间与条件的缺失，就缺失关心社会公共活动、公共事业的态度与责任心。

为了解决这个矛盾与困惑，维柯提出关键是培养现代公民的公共理性。所谓公共理性，简单地说是指每个人能够自觉地基于社会正义的原则去维护与追求社会的"公共善"、"普遍的善"。按罗尔斯（John Rawls）的说法，"公共理性是一个民主国家的基本特征"，② 实现"公共善"是公共理性目的。这就是说，作为社会公民，不仅要具备民主意识、自由观念以及维护个体正当利益的能力，而且要确立承担公共责任与公共义务的观念与能力，关注公共事务、促进社会进步与发展。所以，维柯断言："谁如果想要在学问研究中获得无上大用并且与荣耀相伴，他就应该为国家之善或公民公共的善而修养其身"。③

---

① 全球化时代，学校教育仍然要面对现代性的成果，这就是行政体制、市场、效率与质量及其追求标准与规范。因而，受现代性制约的全球化教育，应对人力资本的挑战是首选的目标与职责。DAVID HARTLEY 2003: "Education as a Global Positioning Device: Some Theoretical Considerations", Comparative Education, 4。

② [美] 罗尔斯：《政治自由主义》，万俊人译，译林出版社 2000 年版，第 225 页。

③ [意大利] 维柯：《维柯论人文教育——大学开学典礼演讲集》，张小勇译，广西师范大学出版社 2005 年版，第 62 页。

对这种"国家之善"、"公共的善"的内涵及其意义，维柯以"军官的德性"为例加以说明。作为一名军官需要具备一系列的德性：正义，即任何战争必须要有正当的原因；节制，以便懂得愤怒和宽恕；克制，即对战败者的消灭仅限于消灭其侵犯能力；宽厚，他应爱惜生命而不是草营人命，对士兵他应平易近人，在敌人面前也讲求诚信。① 维柯认为这就是"战争的智慧"，这种"战争智慧"造就了军事将领的"军事德性"，给军事将领带来了战争的荣耀。

战争是残酷的，是生命与生命的对决，但维柯的军官德性则体现着对战争价值的思考，只有对战争价值进行认真思考的军事将领，才能使战争变成正义的、和平的战争，避免使战争变成无人性的种族仇恨的"杀人机器"。其实，这种"战争的人文关怀"，不仅战争时期需要它，而且在国家、民族的建设时期也是必需的。

由此应该把培育受教育者的公共理性意识当做是学校的重要教育议题，② 是处理学校、个人与社会三者关系的准则，也是学校教育实践旨趣的体现。维柯一再要求青年学生修养智慧、造福人类社会。"谁在这些学问研究中不是去修养智慧，也就是说，他不去培养智慧，以便能改正他的本性，即：用真理来改造他的心灵，用德性来改造他的精神，用雄辩来改造他的语言，从而使自己立身为人，并且尽其所能地造福于人类社会"。③ 所以，维柯告诫青年学生要以真诚、诚实的态度努力学习各种优秀艺术，开展科学研究，"不要受空洞无用的机巧所诱导，从而决定投身于那些较为诱人然而空洞的学问，以至最后去追逐学问上的虚荣"。④ 这样，确立公共理性是

---

① ［意大利］维柯：《维柯论人文教育——大学开学典礼演讲集》，张小勇译，广西师范大学出版社2005年版，第86页。

② 公共理性与人的社会性密切相关。但它又不能完全等同于人的社会性。因为人的社会性属性，它比较复杂。有一些社会性属性与动物的"社会性"有些类似。比如贮存食物行为等。也正是人的社会性特征与需求，使人意识到人的社会性即不同个体的集合所达到的力量与智慧超越了个体。这就逐渐发育了人的公共理性特征，并依赖这种公共理性去认识世界与改造世界。因此，有研究者认为公共理性主要有广义与狭义两种理解。一是各个个体或共同体在交往与合作中生成的新的利益，它规定了一般社会共同体的公共性质，这是广义理解；二是国家范围的公共利益，它规定了当代世界在国家层面上对本国人民和对人类担负的责任，这是狭义理解。袁玉立：《公共性是历史进程的一个原则——对马克思主义历史决定论的进一步思考》，《学习与探索（哈尔滨）》2006年第2期。

③ ［意大利］维柯：《维柯论人文教育——大学开学典礼演讲集》，张小勇译，广西师范大学出版社2005年版，第99页。

④ ［意大利］维柯：《维柯论人文教育——大学开学典礼演讲集》，张小勇译，广西师范大学出版社2005年版，第71页。

促进个人成长与发展的基本要求。基于此也可说，培育人的公共理性是学校教育的使命，创新地完成公共理性的教育任务，是学校教育的职责。

首先，学校坚守培育公共理性的立场，实现教育的社会价值。

在维柯看来，培养人的公共理性，实质是培养一种社会态度，它是关于自身在社会中生存的基本理念和行动准则。具有公共理性的人，能够超越自我中心论观念的限制，进行自我教育、自我规范、自我批评及自我完善，引导自身处理和建立良好和谐的社会关系。因而，维柯强调必须将"为国服务获得荣耀"作为学问研究的首要目的，只有坚持这一点，其他目的比如财富、地位等等，虽然并未设定也未作为追求对象，但是依然会自动自然地跟随而来。"从有益于人类社会这个律令中诞生出责任；从各种责任的履行之中又生长出德性之意见；紧跟着德性意见的就是对善的称颂；对善的称颂又必然会导致权威的出现；由此荣耀、财富和庇护就随之而来"。[①] 维柯坚定不移地要求学生把为国服务作为自己一生"最高荣耀"，即使在追逐"荣耀"中遭到挫折与失误，也丝毫不减其志，依然坚定为国家谋福利、求幸福的信念。

其次，学校坚守培育公共理性的立场，源于学生是社会历史文化中成长的事实。

青年学生生长在民族文化之中，受到特定社会文化、法律、道德的约束，这是青年学生社会属性的一种体现。"就算是你们之中有被像广为称颂的伊壁鸠鲁一样，凭借着自己独有的才智，无师自通，自成大家，他仍然应该把他的学识归功于他的祖国，因为是他的祖国赋予了他如此良好的禀赋和如此幸运的才智"。[②] 这段话阐述了维柯关于青年学生与社会文化之间的基本关系，显示着青年学生成长的文化特征：一是强调社会文化与民族历史是促进个体成长的重要资源，也是制约个人成长的重要因素，必须承担传承社会文化的历史责任；二是强调任何个体是在特定国家、民族中生活，这要求青年学生确立履行社会职责的公共理性，确立为祖国贡献的志向，这是理应确立的个人成长目标。

再次，学校坚守培育公共理性的立场，解决知识教育与道德教育之间的冲突与矛盾。

---

① ［意大利］维柯：《维柯论人文教育——大学开学典礼演讲集》，张小勇译，广西师范大学出版社 2005 年版，第 69 页。

② ［意大利］维柯：《维柯论人文教育——大学开学典礼演讲集》，张小勇译，广西师范大学出版社 2005 年版，第 65 页。

现代教育出现的大量问题，与公共理性的缺失直接相关。一方面，现代学校教育尊重受教育者个体的需要，鼓励受教育者相互之间展开竞争，这对人才培养有积极作用。但是存在着负面现象。比如学生过分追求学习成绩，把考上理想大学作为学习目标，而关心社会、关心集体的公共理性则有所淡化；另一方面，社会和学校在人才培养过程中，出现了人才规格的标准化、培养方式的规范化现象，约束了学生个性化发展。因而近些年，不断深化素质教育与基础教育课程改革，目标是避免出现类似的现象。

第四，学校坚守培育公共理性的立场，促进学生健全人格的养成。

坚守培育公共理性的立场，培养学生的反思与批判能力，这与培育学生个体的健全人格并不矛盾。

人的成熟是逐步发展的过程，维柯借助神学认识论的思想方式描述了人体成长的过程。个体脱离形体的羁绊，之后变得越来越有条理，最后达到对精神的沉思，洞见至大至善的上帝，最终获得"审慎智慧"。审慎智慧又分为两个层面：首先是立身为人的伦理智慧，其次是成就公民的公民智慧。① 这是人的学习与成长过程。

不过，学习、学问只是通向智慧的手段，最终目标是培养具有公共理性的智慧的人，不再使心灵堕落。② 所以，培养公共理性，它确立了社会个体开展思想修养的一种准则与依据，使个体能够主动对日常生活进行掂量、斟酌，成为合格的社会公民，进而迈向更高目标，即能够做到为社会公共利益而牺牲个人利益。

但是，突出公共理性对个人发展的价值，不是否定培养个体独立人格的意义。在传统社会中，个人受到社会伦理或宗教伦理的规范与约束，这也是社会意志对个体的一种统治，在这种情况下，个人被"社会"整合，个性得不到张扬。维柯反对这种"集体性"，如果个体受这种集体性制约，则个人变成了"愚人"，被"世俗化"，缺失了对事物的知识的掌握，以及审慎的智慧的培养，结果导致人的自由与民主权利的缺失。

"愚人们被剥夺了那伟大的公民权，而且必然又要被剥夺巨大的财富和机运。剥夺了什么？你们会问。那就是幸福。因为向往幸福的生活是每一个人的天性。然而当愚人追求幸福时，却与之背道而驰；幸福生活

---

① ［意大利］维柯：《维柯论人文教育——大学开学典礼演讲集》，张小勇译，广西师范大学出版社2005年版，第106页。

② ［意大利］维柯：《维柯论人文教育——大学开学典礼演讲集》，张小勇译，广西师范大学出版社2005年版，第93页。

的最高要求就是真正的欢乐、可靠的安宁和稳固的保证；但他们却总是搜寻各种原因以走向孤独；他们总是走在歧路之上，离他们所要的东西越来越远；最后，他们在迷宫中转来转去，像热锅上的蚂蚁"。①

超越"集体性"压抑，使人着力追求神圣和美好的部分，成为具有自主性的个体，维柯认为这一任务是"由智慧来予以解放"。② 因此，以德性、智慧改善精神，与个人紧密相关，具有个体化特征，关键是要求人坚持"公正的善意"，和"自己签一个神圣的盟约"。③ 这样，也许在批评别人或受别人批评时，能少犯差错，这有别于"感觉主义"的观点，有别于部分启蒙思想家倡导的自然主义、浪漫主义观点。

因此，一个严肃的课题就是教育中如何将培育社会公共理性与尊重个人自由结合起来，把蕴含在教育权利中的实质内容作为解答人的教育权利问题的优先议题，这是解答现代学校教育面临的"谁之教育权利"问题的一条出路。

第五节 "教育"传统解读没有跨越的一步

维柯阐述教育的公共性，试图在学校教育中平衡人与社会关系，以提出解决教育危机的思路。而历史发展的事实表明，维柯的教育理想并没有被教育实践采纳。其实，教育发展历史显示，应对教育危机，像维柯那样的思想家，提出观点各异的教育思想，形成了系统完整的教育理论，兴起了促进教育变革的教育思潮，对教育变革产生不同程度的影响。但是，也要看到，人类社会教育发展历史证实这些教育理念、教育思想以及教育方案的局限性，无论是古代德性至上的理性主义教育思想、17世纪夸美纽斯的泛爱教育理想、启蒙时期以来的自然主义教育思想、科学主义影响的实证主义教育思潮以及注重个体非理性因素的人本主义教育理论，及至主张破除标准化、规范化、倡导差异性、异质性的后现代教育思潮，它们对改变当前社会政治经济快速发展、全球化进程日益加剧的背景下学校教育面

---

① ［意大利］维柯：《维柯论人文教育——大学开学典礼演讲集》，张小勇译，广西师范大学出版社2005年版，第34页。

② ［意大利］维柯：《维柯论人文教育——大学开学典礼演讲集》，张小勇译，广西师范大学出版社2005年版，第35页。

③ ［意大利］维柯：《维柯论人文教育——大学开学典礼演讲集》，张小勇译，广西师范大学出版社2005年版，第37页。

临的困难，是有合理性的。然而它们设计的教育方案存在着共同的问题：

一、观念决定论

观念决定论是指影响教育因素之中，观念是起决定性作用。其一是指教育发展取决于人的教育观念、思想，是人的观念与思想推动着教育的变革与发展。其二是把教育看做脱离生活实际依赖人的思想、观念的活动，教育成效取决于人的观念的变革，甚至取决于人的智力因素。

事实上，这种观点假设了教育存在以及开展教育活动的理性基础，并把理性及其人的认知能力构成教育前提。类似的认识，在教育发展历史中并不少见。尽管各种教育思想、教育思潮对教育存在基础与前提的假设是不同的，提出了不同的教育研究主题与教育研究方法，但是，把教育看做是纯粹的观念或理智的活动，从教育与社会文化、教育与精神观念相互关系中寻求解决出路，这是不同教育思想存在的共同问题，它使教育问题的解决思路，又一次回复到抽象的、思辨的、主观的道路。通俗地说，这些教育思想形成的出发点，是基于对教育对象的理性假设，即把教育对象看做是脱离社会环境的抽象的人，即使肯定人是有"差异"的，但是，这种"差异"，限于对个体智力与非智力因素的区别上。因而，提出的解决教育方案是设法改变教育内容，调整教育组织方式，培训师资等。

二、人的误读

基于前一个问题的认识，与此相关的问题是对教育对象的误读。人是教育的对象，这是一个十分明白的事实。可是，当我们开展教育活动时，这个人被"简约化"了，被理解成是发展认知能力的"认知体"，或者是发展感官欲望的"情感体"。笛卡尔确立的自我意识为核心的认识论思想是代表性观点。

笛卡尔把"自我意识"当做是人的主体意识的绝对根据，一方面强调人具有独立自主性，肯定培养人成为社会主体的教育活动的合理性；另一方面把人的各种精神活动归结为"我思"，是"我思"的不同形式与形态,[1]"我思"是建构人的主体地位的基础与前提。

尽管也有不少思想家对笛卡尔观点提出质疑与批评。但是，从人的心灵或思想或观念等层面理解人的主体性，解释与建构教育促进与人的

---

[1] 周晓亮：《自我意识、心身关系、人与机器——试论笛卡尔的心灵哲学思想》，《自然辩证法通讯》2005 年第 4 期。

发展的合理举措，这样的思路产生了深远的影响。教育的标准化与标准化的教育是其中代表性观点之一。这种观点认为教育对象是一批等待加工的原材料，按照统一的模式、统一的要求、统一的方式进行培养与加工，甚至要求思想高度集中，只能接受一个观点或一种立场等。在教学过程中也有体现。比如教育学中经常提到课堂教学要把握与处理好的教学环节，这是有合理之处的，它有助于规范课堂教学秩序，探索教学规律，提高教学质量。不过，问题在于不能把它们僵化理解与执行，如果不顾教师与学生的特殊性、不顾课堂教学内容的特殊性，把这些程序化的教学要求当做是衡量与评价课堂教学质量的标尺，局限性是显著的。

其实，人不可能像现代科学制造的机器人那样"生活"，也不会像动物那样凭本能、本性生活，人是在社会历史中存在又在不断地创造着社会历史的"高级动物"，"一开始就表明了人们之间是有物质联系的。这种联系是由需要和生产方式决定的，它和人本身有同样长久的历史；这种联系不断采取新的形式，因而就表现为'历史'"。① 其实，历史研究早就表明了这一点。人能够告别自己原先那种动物式的生存方式，是由于生产劳动。生产劳动使人获得了生存的机遇与条件，同时，在生产劳动过程中，积累与创造了文化财富。无论人创造的物质财富、精神财富如何丰富，人能够在社会中生活的基本条件仍然是现实的社会实践，即使是在社会分工越来细化的当代社会，通过网络与世界各地进行沟通联系，通过网络进行产品交易，它仍然需要人直接参与网络，这样的现实性，是不可回避的。因而可以说，不管社会进步到何种程度，人永远只能是通过社会实践而存在，社会实践是人的存在的基础。

认定并要理解"人是通过社会实践获得存在"的观点，我们可以重温恩格斯评论黑格尔"凡是合乎理性的东西者是现实的；凡是现实的东西者是合乎理性的"时的一段话。他指出："在黑格尔看来，绝不是一切现存的都无条件地也是现实的。在他看来，现实性这种属性仅仅属于那同时是必然的东西……所以，他决不认为政府的任何一个措施……都已经无条件地是现实的。"② 因为黑格尔相信是理性才导致现实，所以，恩格斯揭露了黑格尔思想的问题实质："按照黑格尔的思维方法的一切规

---

① ［德］马克思、恩格斯：《德意志意识形态论》（节选），《马克思恩格斯选集》第1卷，人民出版社1995年版，第81页。

② ［德］恩格斯：《路德维希·费尔巴哈和德国古典哲学的终结》，《马克思恩格斯选集》第4卷，人民出版社1995年版，第215页。

则，凡是现实的都是合乎理性的这个命题，就变为另一个命题：凡是现存的，都一定要灭亡"。① 受此启示，教育要关注现实，并不是要保守地维护某一个现存的传统或某一个活生生的生命体，而是以此为前提或出发点，对这个"现实"进行一种积极的、主动的改造。

马克思也谈到这一点，"哲学家并不像蘑菇那样是从地里冒出来的，他们是自己的时代、自己的人民的产物，人民的最美好、最珍贵和最隐蔽的精髓都汇集在哲学思想里"。② 无论是伟大思想家，还是现实社会中的普通一员，都不能脱离现实的社会实践，是社会实践提供丰富的物质财富与精神财富，构成人能够活着的重要前提。"任何真正的哲学都是自己时代的精神上的精华"。③ 因而，必须承认个体之外的外部世界存在的客观性，以及它对个人存在的意义。这样说，并不是要求回复到宗教神学的视域认识人，或者回复到类似费尔巴哈旧唯物主义道路。恰恰相反，以人的实践活动为认识人的前提，则是对人的主体性的正确把握与高扬，因为人要成为主体的人，是在认识世界、改造世界的过程中实现人的主体性，如此避免类似笛卡尔那样把主体性当做是纯粹的主观意识活动。

三、人的发展的误读

正是因为对人的问题存在着不当认识，必然影响到对人的发展的正确理解。在关于教育与人的发展问题的认识上，出现的主要问题是把知识学习等同于人的发展，使人的发展变成是纯理论的道路。

事实上，从知识获取的角度分析人的发展，其局限性是很明显的。

（一）离开价值立场讲纯粹的"知识"

当前学校教育内容主要是自然科学知识、社会科学知识与人文科学知识等三大学科知识组成。尽管自然科学知识寻求客观事物的存在、发展变化规律，它具有客观性、实证性特点，但是，它也和社会科学、人文学科一样，都要强调知识学习与运用的价值立场，要强调学习者学习知识的目的问题，即要体现强烈的人文关怀，体现民族、社会、国家的立场与意志。企图抹杀教育的国家立场、民族立场，把教育变成纯粹客观的、没有特定

---

① [德] 恩格斯：《路德维希·费尔巴哈和德国古典哲学的终结》，《马克思恩格斯选集》第4卷，人民出版社1995年版，第216页。

② [德] 马克思：《〈科伦日报〉第179号的社论》，《马克思恩格斯全集》第1卷，人民出版社1995年版，第219—220页。

③ [德] 马克思：《〈科伦日报〉第179号的社论》，《马克思恩格斯全集》第1卷，人民出版社1995年版，第220页。

利益背景的知识传授活动,这是不现实的。特别是在当前全球化、资本权力关系对全球影响加剧的背景下,如果把教育看做是没有价值介入、保持价值中立的客观科学活动,这是不现实的,也是不可能做到的。

(二)学生发展主动性的弱化

学生是在广阔的社会环境中获得成长,要充分地关注青少年学生的求知欲、表现欲,以及易接受新事物、新观点等特征。但是,在日常的学校教育活动,存在着一些不合理的认识,比如把学生看做是由学校、教师任意塑造的一块"白板"。在这种认识前提下,学生成为被动接受教师传授知识的"储蓄罐",逐渐地压抑或消失了学生的积极性、主动性。

正是基于对这些问题的反思与追问,所以,各种教育思潮、教育思想丰富多彩,对指导当前学校教育改革也是有积极作用的,但是,在丰富多彩的教育思潮中,进行合理的取舍与辨析,必须要寻求教育存在基础的正确答案。

第六节 领会马克思教育思想的根本

对"教育前提"合理与否的考察与分析,仅仅把教育当做研究对象是不全面的,而是要从社会发展的历史维度,着眼于从教育与社会关系的角度进行考察,分析教育存在的社会基础、历史前提,进而揭示教育存在的合理基础,避免对教育基础作抽象的假想,也有利于维护作为社会与国家公共事业的、体现公益性的教育的公共品质。这一思路由马克思批判"意识本质"时已经提及。

马克思和恩格斯在合写的《德意志意识形态》中阐述了意识及其产生的本质问题:"这种历史观就在于:从直接生活的物质生产出发阐述现实的生产过程,把同这种生产方式相联系的、它所产生的交往形式即各个不同阶段上的市民社会理解为整个历史的基础,从市民社会作为国家的活动描述市民社会,同时从市民社会出发阐明意识的所有各种不同理论的产物和形式,如宗教、哲学、道德等等,而且追溯它们产生的过程"。[①] 在此,两位思想家是以辩证的思想方式考察意识形态、精神观念生产:现实历史是意识形态、精神观念产生的基础,不是从观念出发解释实践,而是从实践

---

① [德]马克思、恩格斯:《德意志意识形态》(节选),《马克思恩格斯选集》第1卷,人民出版社1995年版,第92页。

出发解释观念的东西,"意识的一切形式和产物不是可以通过精神的批判来消灭的,不是可以通过把它们消融在'自我意识'中或化为'幽灵'、'怪影'、'怪想'等等来消灭的,而只有通过实际地推翻这一切唯心主义谬论所由产生的现实的社会关系,才能把它们消灭"。① 由此我们认为重读马克思关于人的科学及历史本质的思想,坚持把马克思创立的历史唯物主义思想作为理解教育危机(问题)的思想武器,揭示教育活动变革与发展的现实依据,寻求教育发展的现实道路。

一、确认"人是教育对象"的意义

人是教育的对象,这样的认识不是源自马克思。无论是古希腊教育思想家,还是启蒙思想家,他们重视人的教育,把人作为教育对象,这一点是无需怀疑的。但是,怎样理解作为教育对象的人?人的教育的核心要旨是什么?对此存在不同的认识,形成了不同的教育思想、教育流派。而马克思确立理解教育的历史维度,指出教育不是纯粹思辨的活动,不是以求得"人的德性完善"为目的;也不是脱离社会实际的"应试教育",以学习"书本"的科学知识为目标,变成高分低能的"两脚书橱"。而是要使教育置身于现实人的现实社会生活,教育是现实社会的一项"实践"活动。要理解这一点,是与马克思创立的历史观密切相联系的。对于这种历史观,恩格斯作了概述:

"一切历史现象都可以用最简单的方法来说明,同样每一历史时期的观念和思想也可以极其简单地由这一时期的经济的生活条件以及由这些条件决定的社会关系和政治关系来说明。历史破天荒第一次被置于它的真正基础上;一个很明显的而以前完全被人忽略的事实,即人们首先必须吃、喝、住、穿,就是说首先必须劳动,然后才能争取统治,从事政治、宗教和哲学等等"。②

在这段论述中,恩格斯阐述了马克思历史观揭示的一个基本现象与事实:任何思想观念与意识形态,与特定社会历史条件的物质生产、人的实践活动相联系并受其制约。因而,认识人的思想、精神观念与社会意识形态,就要关注产生人的思想、精神观念、意识形态的社会基础。

---

① [德]马克思、恩格斯:《德意志意识形态》(节选),《马克思恩格斯选集》第1卷,人民出版社1995年版,第92页。
② [德]恩格斯:《卡尔·马克思》,《马克思恩格斯选集》第3卷,人民出版社1995年版,第335—336页。

顺此而言，以传递思想文化为职责的学校教育，它是人类所创造并与人的发展相联系的社会行动，①理应是人的社会实践活动的重要方式，因而，就要受到社会历史条件的制约，不能超越历史阶段、不能脱离特定社会历史环境而变成是抽象的思想与精神观念。对此，马克思以"现实中的个人"为教育对象，从人与社会生活关系为视点，指出人的发展的三个阶段理论，论证了理解与评价教育的历史维度，以此确立理解教育的思想方式，是对形而上学理解教育思路的一次颠覆。

（一）马克思指出教育对象是"现实中的个人"，把教育纳入人的社会实践范畴

何谓"现实中的个人"？马克思和恩格斯合作完成的《德意志意识形态》中阐述得十分清楚："社会结构和国家总是从一定的个人的生活过程中产生的。但是，这里所说的个人不是他们自己或别人想象中的那种个人，而是现实中的个人，也就是说，这些个人是从事活动的，进行物质生产的，因而是在一定的物质的、不受他们任意支配的界限、前提和条件下活动着的"。②这就是说，"现实中的个人"，不仅是指从事物质生产劳动的个人，而且"个人"是相互联系的，建立这种"相互联系"的基础是现实的生产劳动，是人在物质生活、生产劳动中结成的交往与联系的各种关系，包括政治关系、思想关系、经济关系，乃至于形成社会与国家。

这是说，马克思提出"现实中的个人"，不是为了说明人是依靠物质生活才能生存的生物学道理，而是阐述"现实中的个人"与人类社会发展历史之间的关系，这是现实中的个人的存在方式与特征，因而，提出"现实中的个人"命题的意义，在于转换研究人的问题的思想方式，即终止脱离实际的玄思，要求直面人的现实生活，转向"描述人们实践活动和实际发展过程"，"对现实的描述"替代"关于意识的空话"。③正是这种转向的实现，消除了抽象的教育研究，使教育研究的现实性、客观性得以凸现。

然而，历史上不少教育思想家并没有意识到这一点，只是把学生认知能力作为研究教育问题的核心，即便是充斥18世纪以来主要教育内容、成为20世纪重要教育思潮的"儿童本位"教育理论，"怎样教"是

---

① ［德］布雷钦卡：《教育目的、教育手段和教育成功：教育科学体系引论》，彭正梅译，华东师范大学出版社2008年版，第4页。
② ［德］马克思、恩格斯：《德意志意识形态》（节选），《马克思恩格斯选集》第1卷，人民出版社1995年版，第71—72页。
③ ［德］马克思、恩格斯：《德意志意识形态》（节选），《马克思恩格斯选集》第1卷，人民出版社1995年版，第73页。

它关注的重点，比如按照学生年龄分成几个学习阶段，这种划分是基于学生的认知能力或是心理发展特点。甚至有教育理论把学生认知能力的差异归结是遗传因素、是进化问题。这些教育观点、教育理论，在马克思看来，问题在于理解教育的思想方式，即是"抽象的思辨"、"抽象的经验论"的思路。因而，解决问题的前提是转换思想方式，马克思指明了方向：学校教育不能分割人与社会历史、文化、政治、经济之间的紧密联系，不能脱离人的社会实践、人的现实社会生活评价教育。

（二）马克思进一步指出人的发展三阶段理论，展示了人的个性自由作为人的教育目标的实质

既然人是现实中的个体，讨论人的发展问题，就要密切关联社会历史条件。马克思以人与社会关系为依据，阐述了人的发展三阶段理论，即从"生产能力只是在狭小的范围内和孤立的地点上发展着的人"，到"以物的依赖性为基础的人的独立性"，再发展到"建立在个人全面发展和他们共同的、社会的生产能力成为从属于他们的社会财富这一基础上的自由个性"。[①]实现人的自由个性，是马克思提出人的发展理论的终极目标，但是，实现人的个性自由，是立足在人的社会实践活动前提下谈论人的自由发展，它不同于把人的发展等同于改善人的认知能力的科学理性视域，也区别于人本主义从人的情感、意志、欲望需要的满足理解人的发展的观点。

因而，把实现人的个性自由作为社会发展的理想，成为推动社会各项工作的指导思想和价值目标，理应成为学校教育目标。当然，实现受教育者个性自由发展，必须立足在现实社会政治经济文化背景下，在个人与社会协调和谐发展的前提下实现人的个性自由。

（三）马克思提出人的发展三阶段理论前提下，指出制度变革是实现人的自由发展的教育目的的基本条件

人的发展三阶段理论，它告诉我们人的发展是不断消除"依赖"、"压制"走向"自主"、"自由"的过程。但是，人不同于动物，人具有欲望、需要、目的、情感等能动的心理机制，它能够驱使着人去改造生存的环境与条件，也是因为人的"改造"能力，又会出现人被"物"所制约的"异化"的处境，比如商品拜物教现象。

诚然，学校教育是促进人的发展的重要因素。它通过改善人的智力、发展人的技能、培育人的德性等途径，使学校教育在人的发展中具有独

[①] ［德］马克思：《1857—1858 年经济学手稿》，《马克思恩格斯全集》第 30 卷，人民出版社 1995 年版，第 107—108 页。

特的意义。但是，学校教育促进人的发展目标的实现，与现实社会生活、生产相结合的前提下才有价值，在参与社会生活、生产劳动、改造社会生活、生产劳动中才能促进人自身的发展。如果不是以此为前提谈论教育培养"圣人"、培养德性高尚的人，只能导致教育的空想或形而上学。

因此，关键问题是要求通过建设公正、公平、正义的社会生活环境以实现人的发展目标。就此，马克思在《1844年经济学哲学手稿》中对未来人的理想说得十分明白："它是人向自身、向社会的即合乎人性的人的复归"，而且这种"复归"，是"人和自然界之间、人和人之间的矛盾的真正解决，是存在和本质、对象化和自我确证、自由和必然、个体和类之间的斗争的真正解决"。[①] 人寻求自身的发展，与人成为一名社会人，这是能够辩证统一的，两者并不矛盾。但是，这是有前提的，即建立能够解决"人和自然界之间、人和人之间的矛盾"的社会制度。

二、展示"人的教育"的意蕴

把握人的教育的本质，要确立人是教育对象的基本观点。无论是教育理论研究，还是实际的教育实践，对此较容易达成共识。那么，既然人是教育对象，是教育活动发生与参与的主体（无论是教育者还是受教育者，都是教育活动的直接参与者、发动者，就这一点而言，他们体现着教育活动的主体性），因此，正确理解与把握人的本质特征，进而准确理解人的教育基本内涵与可能实施的教育手段，这是十分关键的工作。

然而，在西方传统教育思想中，把人（受教育者）看成是由教育者加以改造的"思维机器"，是各种机能与器官的组合体，或者把人的某种属性当做是人的本质，比如人的情感、意志或其他因素。即使是在唯物论、自然哲学的思想家那里，人是孤立的个人，人的理性是孤立的个人的理性。这些观点的共同点是把人的自然属性归结是人的本质特征，因而，教育的意义是改造人的理智与身体。

要突破传统教育思想理解"人的教育"困境，马克思创立的历史唯物主义理论为之提供了思想武器。以唯物史观理解人的教育，是对理解教育思想方式的一种变革，廓清了把握"人的教育"本质的认识路径。

上文论述已经提到，科学揭示研究人的本质问题的路径，是马克思唯物史观的重大贡献，它辩证分析了人、环境、社会及教育之间的相互

---

① ［德］马克思：《1844年经济学哲学手稿》，《马克思恩格斯全集》第3卷，人民出版社2002年版，第297页。

关系，以社会历史发展的维度论证人的自由发展教育价值目标的合理性。这一点，对费尔巴哈人本主义的批判中，马克思阐明了立场：

"哲学家们在不再屈从于分工的个人身上看到了他们名之为'人'的那种理想，他们把我们所阐述的整个发展过程看做是'人'的发展过程，从而把'人'强加于迄今每一历史阶段中所存在的个人，并把他描述成历史的动力。这样，整个历史过程被看成是'人'的自我异化过程，实质上这是因为，他们总是把后来阶段的普通个人强加于先前阶段的个人并且以后来的意识强加于先前的个人。由于这种本末倒置的做法，即一开始就撇开现实条件，所以就可以把整个历史变成意识的发展过程了"。①

这里，马克思、恩格斯批判"人"及"人与历史"的观点，并不是说不要谈论"人的问题"，而是强调揭示人的社会本质是解决"人的问题"的关键。"我的普遍意识的活动——作为一种活动——也是我作为社会存在物的理论存在"。②

人是教育对象。关注人的教育问题，研究人的教育问题，前提是正确把握人的本质属性，这样，才能把人看做现实社会中生活的个体，是现实的个体，如此，才能消除对"人的教育"的认识误区。马克思从人是现实世界的现实存在者的角度指出人是现实的存在者，这种现实存在，是人的实践活动，并通过实践活动使人与世界建立相互交往的关系，这种交往关系使人具有了存在于特定社会历史文化背景的基本特点，我们把它称作是人的社会历史制约性。人受到社会历史制约，只是强调人的生长、发展到死亡的客观规律，这种客观规律是不依人的主观意愿能够改变的，当然，这里强调"人的现实性"，不是人的主观判断，主要是指人的变化、发展，成长的过程，是在现实社会中客观存在的事实，它不是一个逻辑演绎与判断结果。当然，这并不是说人对自身生存的客观世界没有任何主动性，人不能去改造自身的生存处境。正是基于这样认识，马克思提出教育价值是促进人的全面、自由发展。

那么何谓人的发展？马克思提及了一条重要思路。他指出理解人的发展，不能着眼于人本身作为讨论的主旨，比如人的心智是否改善、身高多少、年龄多大等，这些是从生理学、心理学角度对"人的发展"下

---

① [德] 马克思、恩格斯：《德意志意识形态》（节选），《马克思恩格斯选集》第1卷，人民出版社1995年版，第130页。
② [德] 马克思：《1844年经济学哲学手稿》，《马克思恩格斯全集》第3卷，人民出版社2002年版，第302页。

的定义，这是一个自然科学的定义，它只是对"什么是人"作了一个概念描述。当然，对人的发展的认识，也不能把思维机能、自我意识看做是人的发展全部内容，当做人是否获得了发展的基本尺度。因为把自我反思、自我意识当做人的发展的全部内容，这样的理解，只能把人的发展引向抽象的形而上学，所以，马克思指出从人与对象世界关系之中考察人的发展，实质是人的对象性交往能力的增强。

（一）"异化"呈现了人受社会制约的本质特征

马克思在考察资本主义发展历史后得出结论，一方面指出人的自由全面发展是实现人的发展目标，另一方面指出资本主义社会条件下存在着人被"异化"的可能。造成人的异化的原因，主要是客观现实的社会基础。马克思在批判蒲鲁东关于分工与人的发展关系的观点时提及了这一点："现代社会内部分工的特点，在于它产生了特长和专业，同时也产生职业的痴呆"，① 这是事实。但是，真正造成人的片面发展的原因并不是分工本身，"分工"是社会历史发展过程中的一个阶段、一种社会生产的组织方式，促进了社会生产力的发展。

当然，不能据此否定分工是制约社会与人的发展的重要因素，它造成了人的片面发展，尤其进入现代大工业机器生产时代，机器逐步取代工厂工人的劳动能力，机器生产率超过了工场手工业生产时期工人的生产效率，这样，机器分工造成工人生产能力的降低、造成工人在工厂生产中地位的下降，乃至导致工人的失业。就此，马克思指出资本主义社会分工产生了特长和专业，同时也制造了职业的"痴呆"。

而要克服分工产生的消极影响，取决于社会生产力与生产关系的革命性变革的实现。所以，马克思说要改变这种职业的"痴呆"、消除人的发展的片面性，只有通过变革工厂制度才能实现。从这个意义上说，马克思指出"工厂"具有革命性，"自动工厂中分工的特点，是劳动在这里已完全丧失专业的性质。但是，当一切专门发展一旦停止，个人对普遍性的要求以及全面发展的趋势就开始显露出来。自动工厂消除着专业和职业的痴呆"。② 可是，"工厂"具有的这种"革命性"难以被理解与发现，即使是蒲鲁东也没有意识到这一点，结果只能感叹人的命运不济，由此设计的出路是

---

① ［德］马克思：《政治经济学的形而上学》，《马克思恩格斯选集》第 1 卷，人民出版社 1995 年版，第 169 页。

② ［德］马克思：《政治经济学的形而上学》，《马克思恩格斯选集》第 1 卷，人民出版社 1995 年版，第 169 页。

回到中世纪做一名手工工场的师傅，满足于"只要有一次感觉到自己是人也就够了"①的"理想之中"。对人的生存理想有所渴望与希求，但是，找不到解决人的生存困境的出路。

(二) 人的生存本质决定着教育价值取向

人的发展受社会制约说明了什么？它不仅说明社会是实现人的生存与发展目标的条件，而且证明了人是怎样生存与发展的基本事实，而这恰是教育的价值取向。

教育是使人获得并培养真、善、美的修养，从而使人了解生活、学会生活、创造生活。而这些工作，必须是务实的，即扎根于人的日常生活之中，企图通过一整套理论或神圣观念的灌输，不可能培养"真正的人"，只会导致"两脚书橱"。所以，马克思说造就"新人"，不仅能够"解释世界"，而且能够"改造世界"，这展示了人的成长的一个基本事实：人是在与世界交往中发现自己、改变自己，目标是增强与世界的交往能力。由此断定教育的意义是引导人与世界交往中发现自己的存在，发现自己作为人的能力、价值及其意义，而不是"躲进小楼"的孤芳自赏。这是人的"能动的生活过程"的具体体现与基本要求。可见，这种人的能动的生活过程，绝非是一个"认知的"、"理论的"态度与取舍，因为从认知、理论的角度理解人的生活，是人把与之交往的对象当做是认识的客体，或者外部世界成为满足人的欲望、需要的对象，无法使人对世界确立平等的态度，难以使人对外部世界保持敬畏之心，在这种情况下，即便提高人改造世界、改造自身的技能，但缺乏人对外部世界投入一份情感，缺乏对外部世界坚守一种伦理的姿态。

所以，一方面强调通过学校教育，养成受教育者支持改革、参与改革的动机，培养他们对世界、人生的积极态度，从而能够客观规范地完成人生发展规划。另一方面强调人的现实社会生活是谈论人生理想的现实基础。这一切马克思说得十分明确与坚决："这种考察方法不是没有前提的。它从现实的前提出发，它一刻也不离开这种前提。它的前提是人，但不是处在某种虚幻的离群索居和固定不变状态中的人，而是处在现实的，可以通过经验观察到的，在一定条件下进行的发展过程中的人"。② 因而，要消除当

---

① [德] 马克思：《哲学的贫困》，《马克思恩格斯选集》第1卷，人民出版社1995年版，第170页。

② [德] 马克思、恩格斯：《德意志意识形态》（节选），《马克思恩格斯选集》第1卷，人民出版社1995年版，第73页。

前各种"非人"化教育现象,关键是消除非人化教育现象产生的社会基础,包括社会经济基础以及根深蒂固的教育观念。

三、开启实现"人的教育"的正义之路

"正义"(justice)一词使用由来已久。在中国古代思想家看来,"正义"指做事要坚持公正、合理的原则。《论语·为政》中就说:见义不为,无勇也。而在西方思想家看来,正义往往与人的行为相联系,在主张建设民主、自由社会制度的启蒙思想影响下,正义则被越来越多地用作评价社会制度的一种道德标准,被看做社会制度的首要价值。罗尔斯(John Rowls)《正义论》中明确说正义的对象是研究分配公民的基本权利和义务,划分由社会合作产生的利益和负担的主要制度。"在一个正义的社会里,平等的公民自由是确定不移的,由正义所保障的权利决不受制于政治的交易或社会利益的权衡"。[①] 循此思路,如今言及教育正义,是考察与辨识当今教育制度合理性的首要因素,是体现教育制度价值的基本维度,这包括如何分配与维护公民的教育权利,建构教育制度的道德基础是否体现正义原则等。

因为教育是人的教育,使每一位社会成员都能享受到人类社会的教育成果、文明成果,这是现代社会进步、教育发展的必然要求。由此要求创建能够让社会成员分享教育成果的学校教育制度,让每一个公民接受教育,在受教育中,实现人的自由发展,这是关系社会持续发展的重要课题,是教育正义的题中之义。

按马克思的基本立场,维护教育正义的前提,取决于社会基础的合理与否。只有通过变革不公正、不正义的社会制度,合理协调教育内外部关系,建立分配公民教育权利的策略与机制,才能维护公民的教育权利,实现教育的正义。"国家获得了和市民社会并列并且在市民社会之外的独立存在;实际上国家不外是资产者为了在国内外相互保障自己的财产和利益所必然要采取的一种组织形式"。[②] 独立的国家是不存在的(这里说独立不是指主权意义的国家独立,而是强调国家要受到社会生产力的约束,要与特定所有制形式联系在一起的),因此,改造国家,首先是

---

① [美]约翰·罗尔斯:《正义论》,何怀宏、何包钢、廖申白译,中国社会科学出版社1988年版,第2—3页。

② [德]马克思、恩格斯:《德意志意识形态》(节选),《马克思恩格斯选集》第1卷,人民出版社1995年版,第132页。

要改造社会生产力与所有制形式。"因为国家是统治阶级的各个个人借以实现其共同利益的形式,是该时代的整个市民社会获得集中表现的形式,所以可以得出一个结论:一切共同的规章都是以国家为中介的,都获得了政治形式"。①

依据这一点,马克思批判了资产阶级"教育正义"的虚假性。他在《哥达纲领批判》中批判与揭露了德国工人党提出"由国家实行普遍的和平等的国民教育"的观点,指出了德国工人党倡议的"普遍的和平等的国民教育"是虚假的口号,因为教育的平等、教育普及,是以现实的社会政治历史经济等为前提条件。放弃这一立场,德国工人党提出"普遍的、平等的国民教育"的目标,必然是"理论的"、"思辨的"、"抽象的"观念表述,缺失了实现"普遍的、平等的国民教育"目标的社会基础。

对此,马克思指出,从字面上看起来,德国工人党提出了非常完美的教育设想,然而,在"现代社会(马克思所说的是资本主义社会)"前提下是不可能存在"平等的"、"公平的"教育,不可能是"免费"的教育。对德国工人党提出的"平等的国民教育"的局限,马克思作了深刻的分析:

"平等的国民教育"?"他们怎样理解这句话呢?是不是以为在现代社会中(而所谈到的只能是现代社会)教育对一切阶级都可以是平等的呢?或者是要求用强制的方式使上层阶级也降到国民学校这种很低的教育水平,即降到仅仅适合于雇用工人甚至农民的经济状况的教育水平呢"。②

难以实现"平等的国民教育"的原因,就在于阶级的利益差异,阶级权力的差异,而造成这种差异的决定性因素是现实的社会经济结构。马克思说"权利决不能超出社会的经济结构以及由经济结构制约的社会的文化发展"。③ 因此,要实现真正的权利在民,让人人享受义务教育教育,这需要变革社会制度,创建权利在民的社会制度,这是实现社会教育正义的前提。

从马克思对"哥达纲领平等教育观"的批判中,我们可以看到,一方面肯定教育正义是教育发展的题中之义。作为民主社会,必须要建设

---

① [德] 马克思、恩格斯:《费尔巴哈》,《马克思恩格斯选集》第1卷,人民出版社1995年版,第132页。

② [德] 马克思:《哥达纲领批判》,《马克思恩格斯全集》第25卷,人民出版社2001年版,第30页。

③ [德] 马克思:《哥达纲领批判》,《马克思恩格斯全集》第25卷,人民出版社2001年版,第19页。

平等教育，维护全体公民的受教育权利，实现教育正义，这既是民主社会的使命，也是民主社会的基本特征，因此，要求社会创造条件实现民主的教育、正义的教育；另一方面，民主与平等教育的基础是民主的社会。因而，实现平等教育，需要进行政治革命，消除不平等的国家对教育的影响。"用一般的法律来确定国民学校的经济、教育资格、教学科目等等，并且像美国那样由国家视察员监督这些法律规定的实施，这同指定国家为人民的教育者完全是两回事！相反地，应当把政府和教会对学校的任何影响都同样排除掉"。① 这就是说，建立民主的社会制度，必须是彻底的、完善的，任何停留于"形式的民主"（如像德国工人党提出"普遍的、平等的国民教育"），是不可实现教育正义目标。

消除不平等的社会，为平等的教育创造条件，这一点是完全能够实现的，因为现代资本主义社会发展历史已经创造了实现社会革新的条件。马克思在给《祖国纪事》杂志编辑部的信中论及了研究《资本论》得到的基本结论。马克思说：

"'资本主义生产本身由于自然变化的必然性，造成了对自身的否定'；它本身已经创造出了新的经济制度的要素，它同时给社会劳动生产力和一切生产者个人的全面发展以极大的推动；实际上已经以一种集体生产方式为基础的资本主义所有制只能转变为社会所有制。"②

马克思的立场是非常清楚的。只有社会生产力高度发达的前提下，才能建立公正、正义的社会制度，才能保证每一个人最全面的发展。就这一点来说，只有建立公正正义的社会制度作，要实现正义的教育、平等的教育目标，才具有实现的社会基础，这样，正义的教育与公平的教育，绝对不是抽象的话语表达。

马克思从教育与社会关系的角度阐述教育正义的社会基础，揭示教育正义实现的社会机制以及各种制约因素，由此说明了教育正义、教育公平是社会正义、社会公平的具体体现。并且，进一步明确了实现教育正义的基本条件，即通过政治解放实现社会制度的变革，进而为教育正义奠定现实的社会基础（对此，在本书第四章中作专题研讨）。

事实上，马克思研究教育正义的思路与观点，影响着当代西方学者

---

① ［德］马克思：《哥达纲领批判》，《马克思恩格斯全集》第25卷，人民出版社2001年版，第31页。
② ［德］马克思：《给〈祖国纪事〉杂志编辑部的信》，《马克思恩格斯全集》第25卷，人民出版社2001年版，第144页。

的教育研究,正如有研究者提出分析学校教育性质与功能必须要具备"阶级意识"。① 但是,他们对"阶级意识"的分析,则是把教育当做是为统治阶级服务的工具,教育的功能是"阶级工具"的功能,这一点在路易·阿尔都塞的意识形态理论中更为清晰。他把意识形态功能等同于一种国家机器,比如国家设立的通讯机构、文化机构、宗教机构以及政党、工会等机构都是意识形态的"生产机器",无疑学校也构成是意识形态国家机器的重要组织部分。

也有研究者受后现代思潮影响,避而不谈教育与社会意识形态之间的关系,甚至强调国家、政党要保持教育的中立,保持价值观不干涉学校教育,只是以更宽泛的社会文化概念反思人的独立自主的主体地位诉求的合理性,通过赋予人的自主权利的结合,以期达到自我的成长及其个体社会(社群)观念的养成。②

事实上,在现代民族国家尚存、国家主权独立的处境中,要防御与抵制追求狭隘的民族主义理想的教育。同时,也要反对对个人自主权利的无限夸大,导致了个人自由主义思想与行为方式的产生。要解决这些问题,关键是要明确这一基本事实,无论是现代社会还是后现代社会,它并不是一个话语系统,而是客观的社会存在,是一个社会事实。因而,通过传递道德观念、清理与规范交往话语等举措,是不可能解决教育问题。③

所以,必须强调通过社会制度变革创建教育正义的现实基础,其用意是表明教育的终极价值取向是为了人的自由发展。只有完成了社会制度的变革,才能创造人的自由发展条件,这也说明人的发展以及教育正义的实现将是一个漫长的历史过程。也正是因为是一个漫长的社会历史发展过程,它是客观的、现实的,而不是主观的、观念的、精神的逻辑演化的结果,这是历史发展客观规律的必然要求。马克思和恩格斯在《共产党宣言》中通过资产阶级和无产阶级两大阶级的力量与社会地位变化加以说明。

"资产阶级生存和统治的根本条件,是财富在私人手里的积累,是资

---

① [美]沃尔特·范伯格、乔纳斯·索尔蒂斯:《学校与社会》,李奇译,教育科学出版社2006年版,第49页。

② Roni Aviram &Yossi Yonah,2004:"'Flexible Control':Towards a Conception of Personal Autonomy for Postmodern Education",Philosophy of Education Society of Australasia,1.

③ Adam Tenenbaum,2000:"Anti-human Responsibilities for a Postmodern Educator",Studies in Philosophy and Education,19.

本的形成和增殖；资本的条件是雇佣劳动。雇佣劳动完全是建立在工人的自相竞争之上的。资产阶级无意中造成而又无力抵抗的工业进步，使工人通过结社而达到的革命联合代替了他们由于竞争而造成的分散状态。于是，随着大工业的发展，资产阶级赖以生产和占有产品的基础本身也就从它的脚下被挖掉了。它首先生产的是它自身的掘墓人。资产阶级的灭亡和无产阶级的胜利是同样不可避免的。"[1]

而当前理解这个问题存在的困惑，原因是从认识论、知识论的维度看待实现教育正义需要的社会基础、社会条件。我们说"认识论维度"，是把教育与社会关系看做一种反映关系，只是强调教育与社会之间构成的相互影响、相互作用的关系。其实，更应该从社会历史发展的内在逻辑、社会发展基本规律角度分析教育价值、教育功能，以及教育的条件。

这一点也可以从作为教育主体的人的角度进行考察。教育是人的教育，它不可能脱离人这个主体，因而需要以人的历史活动作为考察教育的客观依据，教育是人类社会历史活动方式之一，在人类客观历史实践中变化、完善。也因如此，马克思指出在资本主义社会条件下，首先是要通过对资本主义制度的革命，取消现在这种形式的、儿童的、工厂劳动，对所有儿童实行公共的和免费的教育。[2] 其实，这是一种社会制度的创新，只有这样，才能达到马克思所说的"每个人的自由发展是一切人的自由发展的条件"。无疑，这将是一个现实的社会历史运动，是不依人的主观愿望能够改变的，就此来说，教育正义与公正，是正义社会发展的具体体现，是一种客观的社会存在。

上面三方面论述了马克思教育思想的内在价值及其基本立场。尽管没有直接论述马克思对教育危机的看法，但是，马克思坚持社会批判的立场以及建构的社会批判方法，开辟了一条从社会发展规律的视域批判传统教育核心问题的思路，拓展了研究教育问题的路径，为进一步走出教育困境提供了思想武器。

---

[1] [德]马克思、恩格斯：《共产党宣言》，《马克思恩格斯选集》第1卷，人民出版社1995年版，第284页。

[2] [德]马克思、恩格斯：《共产党宣言》，《马克思恩格斯选集》第1卷，人民出版社1995年版，第294页。

第三章 马克思实践观对教育本质的阐释

教育是一种社会现象。从社会发展视角考察教育，处于不同社会、社会的不同发展阶段的学校，形成了不一样的教育目的、教育内容、教育方法。因而，一项十分重要的工作是要明确什么是教育，什么是建设具有中国特色社会主义国家需要的教育，这涉及对社会主义教育本质的把握问题。明确了这一点，有助于确立具有中国特色社会主义教育方针，确保教育工作的持续开展。同时，廓清"教育本质"的认识，也是推动中国特色教育学科发展、繁荣中国特色教育学理论的基本要求。

"教育本质"是教育理论研究中十分重要的基础理论问题之一，是教育学科建设的基础性课题，更是体现与落实马克思教育思想中国化的一项重要内容。

新中国成立以来，教育理论工作者认真学习马克思思想，坚持用马克思主义理论指导教育本质的理论探索，形成了马克思教育思想中国化研究的最新理论成果，对推进中国特色教育学科理论建设产生积极影响。

因此，以教育本质研究为个案，回顾与总结新中国成立以来我国教育本质理论研究的历程，以马克思实践观阐释教育本质的内涵与实质，彰显马克思教育思想对当前中国教育研究的意义。

第一节　新中国成立以来教育本质研究特点

教育本质是教育基本理论研究的一项基础性课题。如何运用马克思理论与立场阐述教育本质，是研究马克思教育思想的重要内容。要完成这项工作，有必要回顾与审视新中国成立以来我国教育本质研究的主要特点。

一、教育本质研究的意识形态话语

作为新中国成立以来教育理论研究重要内容之一的"教育本质",其研究思路与立场受到政治意识形态的约束与规范。尤其是1978年改革开放之前的教育本质研究,实质是研究教育与政治的关系问题。

"意识形态(ideology)"一词最早出于18世纪晚期。原为英国哲学家洛克的法国学生特拉西(Destuttde Tracy)于1796年创造的一个法文词(ideollgie),指一种学习思想,表示在内心形成了与感觉经验无关的抽象观念,它是一种"观念学"。

特拉西出生于巴黎,在大革命中热衷于君主制改革,雅各宾专政时期被关入监狱直至热月政变。在狱中,他通过研究洛克等人的认识论思想,完成了《意识形态的要素》一书,提出了自己的"观念学",即意识形态。他说观念是复合的,可以通过分析还原为感觉要素,而许多宗教观念就因不能还原为感觉要素,必须要给予抛弃。① 拿破仑也是在此意义上用"意识形态分子"(ideologues)一词指称特拉西等法国知识界人士,指责他们只追求抽象真理无视历史事实,这使意识形态一词有了政治意味。②

马克思立足于社会物质生产基础上考察意识形态的来源、本质与功能,创新了理解意识形态概念的思路,为"意识形态"奠定了客观的社会基础,这就避免出现类似德国小资阶级那样把"意识形态""虚幻化"。可见,马克思研究意识形态的思路,不同于早期"观念学"的意识形态,也不同于不同于青年黑格尔派关于"自我意识"、"唯一者"之类的观点。

就此,马克思和恩格斯在《德意志意识形态》中明确指出研究意识形态问题的初衷。他说研究意识形态问题源于对德国哲学的批判,因为"这些哲学家没有一个想到要提出关于德国哲学和德国现实之间的联系问题,关于他们所作的批判和他们自身的物质环境之间的联系问题"。③ 这里非常清楚,马克思指出现实生活中人的物质实践是理解"意识形态"问题的现实路径,对"观念"的理解,必须要还原到人的现实社会生活实践,"始终站在现实历史的基础上,不是从观念出发来解释实践,而是

---

① 庄国雄:《马克思"意识形态"概念论要》,《复旦学报(社会科学版)》1988年第6期。
② 顾上飞:《意识形态这一概念的由来和演变》,《文艺理论与批评》1988年第5期。
③ [德]马克思、恩格斯:《德意志意识形态》(节选),《马克思恩格斯选集》第1卷,人民出版社1995年版,第66页。

从物质实践出发来解释观念的形成",因此就得到这样的结论:"意识的一切形式和产物不是可以通过精神的批判来消灭的,不是可以通过把它们消融在'自我意识'中或化为'幽灵'、'怪影'、'怪想'等等来消灭的,而只有通过实际地推翻这一切唯心主义谬论所由产生的现实的社会关系,才能把它们消灭。"① 同时,还必须注意到这样的事实:统治阶级的思想在每一时代都是占统治地位的思想。这就是说,一个阶级是社会上占统治地位的物质力量,同时也是社会上占统治地位的精神力量,支配着物质生产资料的阶级,同时也支配着精神生产资料。②

由此观之,要关注马克思对意识形态问题的两大理论贡献:一是肯定意识形态是复杂的思想体系,包含着哲学思想、宗教信仰、艺术情感和道德判断等等观念的"精神生产资料"。二是构建了批判这个思想观念体系的思路,不是就"观念"谈"观念"、就"精神"谈"精神",而是提到意识形态构成的社会现实基础,谈到意识形成与统治阶级的关系。"占统治地位的思想不过是占统治地位的物质关系在观念上的表现,不过是以思想的形式表现出来的占统治地位的物质关系"。③

正是因为从社会物质生产、经济基础的角度考察意识形态,所以,社会意识形态不是固定不变的,它会随着社会经济基础的变化、社会结构的转型而发生变化,体现着浓厚的时代特征。但是,在现实社会生活中,我们并没有始终坚守马克思批判意识形态的两大理论立场。对于前者,我们把意识形态丰富内容窄化成"政治观"的"阶级斗争理论",对于后者,看到了意识形态的作用,但没有辩证处理意识形态与社会之间的辩证关系。依此我们清楚地看到,新中国成立至启动改革开放的30年,由于当时国际国内的社会政治形势的局限,巩固新中国的政权、维护祖国的主权独立,主导我国意识形态的核心理念是阶级斗争、是敌我矛盾。作为培养无产阶级接班人、建设新中国新主人的学校教育,是上层建筑的重要组成部分,受到社会主流意识形态的规约,这是客观的、必然的选择。

无疑,这一研究特点的形成,是与这一阶段的国际国内形势密切相

---

① [德]马克思、恩格斯:《德意志意识形态》(节选),《马克思恩格斯选集》第1卷,人民出版社1995年版,第92页。
② [德]马克思、恩格斯:《德意志意识形态》(节选),《马克思恩格斯选集》第1卷,人民出版社1995年版,第98页。
③ [德]马克思、恩格斯:《德意志意识形态》(节选),《马克思恩格斯选集》第1卷,人民出版社1995年版,第98页。

联的。受到国际政治形势的影响，中国社会主导话语是讲政治、讲阶级斗争，讲国内主要矛盾就是强调无产阶级和资产阶级的矛盾。因而，当时社会意识形态的核心主题是阶级斗争理论，即使是基本完成生产资料私有制的社会主义改造之后，党和国家主要领导人仍然强调无产阶级和资产阶级的斗争，突出阶级斗争的社会指导思想。

受这一时期社会主流意识形态影响，对教育性质及职能的理解，体现着鲜明的意识形态色彩。比如政治就是阶级斗争和路线斗争，教育要为无产阶级政治服务，就是要以阶级斗争为纲，要求学校直接为一个又一个的政治运动服务，甚至主张在学校里也搞政治运动和政治活动。比较突出的事件如1958年"拔白旗"运动、"大炼钢铁"运动、1959年的"反右倾"斗争以及后来的"四清"运动等，造成教学的混乱局面。①

如此背景之下追问教育本质，其实是回答教育如何以及怎样更好地服务于无产阶级政治的需要。正如毛泽东在1957年"反右"斗争时明确指出，学校教育、文学艺术都是意识形态，都是上层建筑，都是有阶级性的。在1958年更加明确提出"教育必须为无产阶级政治服务，必须与生产劳动相结合"的工作方针。1958年4月中共中央召开教育工作会议明确了"教育革命"要解决的问题，概括为"批判教育部门的教条主义、右倾保守思想"，而核心是明确教育方向、解决教育方针问题。1958年9月中共中央国务院发布《关于教育工作的指示》，指出"教育工作在一定的时期内曾经犯过教育脱离生产劳动，脱离实际，并且在一定程度上忽视政治、忽视党的领导的错误"，并将原因归结为是教育思想界存在着"为教育而教育"、"劳心和劳力分离"和"教育只能由专家领导"的资产阶级教育思想，必须与之进行坚决的斗争。② 以此为指导，当时探索新教育制度建构，重点是关注教育与政治的关系、教育与群体关系以及教育与生产劳动关系③。这一观念对以后的教育理论与教育实践产生了深刻的影响。④ 此后掀起的"文化大革命"、"教育大革命"等，是对"教育是上层建筑"思想的具体落实与体现。

新中国教育发展事实已经证明，用单一的政治意识形态话语阐述教育理论，规范教育行为，阻碍了教育事业健康有序发展，造成了教育理

---

① 姚启和：《教育的本质与党的教育方针》，《高等教育研究》1981年第3期。
② 《中华人民共和国教育大事记（1949—1952）》，教育科学出版社1985年版，第221页。
③ 姚启和：《艰难的选择突破苏联教育模式》，《高等教育研究》1994年第2期。
④ 金一鸣：《教育原理》，高等教育出版社2002年版，第30—36页。

论与教育实践的混乱。但是，这里需要加以澄清的事实是，造成教育失误的根源并不是因为把马克思教育思想确立为教育的指导思想，恰恰相反，是对马克思教育思想的僵化理解与教条主义的实践。由此更加要求重新审视马克思教育思想的真实内容与时代意义。

二、教育本质研究的固本清源立场

20 世纪 80 年代我国全面实施改革开放战略，它确立了经济建设的中心地位，发展经济，需要一批优秀人才与科学技术成果，这就需要发展教育，通过教育培养一大批社会建设急需要各类人才。因而必然要反思教育的本质、教育的价值等基本问题。

概括这一时期教育本质研究的特点，要先了解教育本质研究论文的变化情况，这一点比较客观反映不同年份研究教育本质的基本情况。图 3-1 是研究人员根据中国人民大学报刊复印资料《教育学》的全文转载与索引为依据，对改革开放 30 年（1978—2008 年）的教育本质研究论文进行统计分析。①

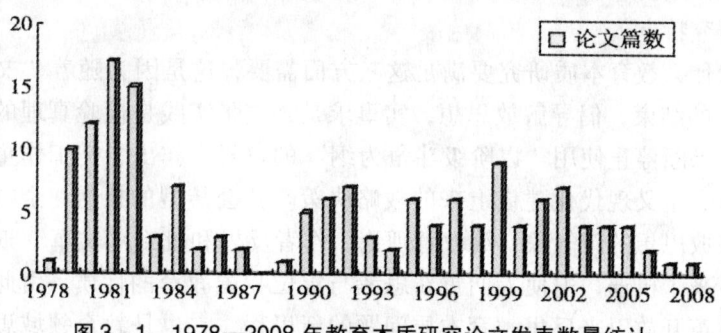

图 3-1　1978—2008 年教育本质研究论文发表数量统计

图 3-1 显示，改革开放 30 年期间，有三个时间段是教育本质研究受到关注的时期。第一阶段是上文提到的改革开放初期，第二阶段是 20 世纪 90 年代初期，第三阶段是 20 世纪 90 年代中后期及 21 世纪初期。

在不同的时期，教育本质研究被一再提及与重视，这是与社会对教育问题的理解以及解决教育问题的举措密切相联，这是这一阶段开展教育本质研究的社会背景。对这一时期教育本质研究的社会背景简述如下：

---

① 田娟：《我国 30 年教育本质研究回顾与反思》，《河北师范大学学报（教育科学版）》2010 年第 3 期。

20世纪80年代初,反思"文化大革命"时期给教育造成的混乱,同时适应经济开放与改革需要,为培养人才,兴起了研讨教育性质、地位之高潮。到20世纪90年代初国家提出实行素质教育、反对应试教育,以及中国共产党第十四次全国代表大会上确立教育优先发展战略地位,[①]到1995年国家颁布《中华人民共和国教育法》,在"总则"中明文规定教育是社会主义现代化建设的基础,国家保障教育事业优先发展。这是第一次以国家法律形式确立教育优先发展的战略地位。20世纪90年代后期则是因为国家全面推行新的基础教育课程改革,无论是素质教育还是新一轮基础教育课程改革,都会涉及教育研究最基础课题,即教育是什么,教育应是什么。

因此,我们认为这一时期的教育本质研究是基于三方面需求:一是加强教育本质研究,有助于教育界的拨乱反正,肃清对教育的不正确认识。二是加强教育本质研究,有助于正确理解教育内涵,把握教育价值,确立教育发展的战略地位;三是加强教育本质研究,解决了教育理论建设的基础性命题,也就是说,依据教育本质理论,总结教育实践经验,建立和完善教育理论,这有助于建设中国特色教育学科目标的实现。结合这三方面,我们以"教育研究的固本清源立场"概述这一时期的教育本质研究特点。

为什么教育本质研究要满足这三方面需要,这是因为随着"文化大革命"的结束,倡导解放思想,实事求是,主张实践是检验真理的唯一标准,果断停止使用"以阶级斗争为纲"的口号,作出了把工作重点转移到社会主义现代化建设上来的战略决策。社会转型的机遇,全社会倡导的解放思想的新气象,给教育理论工作者反思和批判"文革"期间的教育带来了机遇,迫使人们重新思考与定位我国教育的性质,由此也开启了改革开放以来反思教育本质问题的新里程,它也是教育领域思想解放的重要表现,是全国解放思想的重要组成部分。因此,这一时期讨论教育本质,不仅要纠正与消除从阶级斗争视角分析教育本质是上层建筑观点的消极影响,避免使教育成为政治的工具,而且要正确运用马克思主义基本立场与理论观点,科学说明作为社会现象的教育及其本质,确立教育在建设社会主义中国的地位,充分发挥教育的作用,推动教育事业的健康发展。

对这一时期教育本质研究特点的概述,也可结合图3-1对教育本质

---

① 1992年10月12日江泽民在中国共产党第十四次全国代表大会报告:《加快改革开放和现代化建设的步伐,夺取有中国特色社会主义事业的更大胜利》。

研究论文的统计为佐证。总体上看，这一时期关于"教育本质"的研究论文数量明显高于其他时期，同时，通过对不同年份发表论文数量变化的分析，我们发现教育本质研究与不同时期社会背景密切相关。随着1985年5月颁布实施《中共中央关于教育体制改革的决定》，在政策层面对学校教育性质、地位、功能作出明确规定，也就是从国家教育政策层面解答教育是什么的课题，因而，这一时期教育本质研究论文的数量明显减少。这说明这一时期教育本质研究是要解决第二个问题，即明确教育性质、确立教育地位。既然国家政策对此作出明确规定，因而，教育理论界不再把它作为讨论与论争的重点。

提出这一时期教育本质研究的第三个需求是与我国开展教育学科性质论争有关。我国把教育学作为一个学科，早在1981年国务院批准实施的《中华人民共和国学位条例暂行实施办法》已明确规定。该实施办法首次将我国的学科门类划分为哲学、经济学、法学、文学、历史学、理学、工学、农学、医学等。此后几十年，无论怎样调整学科、专业目录，教育学作为一个学科门类没有改变。[1] 就此看来，国务院发文把教育学作为一个学科门类，这是基本事实。问题在于怎样建设这门学科，却存在着不同声音。

如果简要回顾新中国成立起来我国把教育学作为一门学科的建设发展过程，很清楚这个问题受到多方面的影响，表现出教育学科发展困难，以及教育学科建设自主性的缺失。如果说新中国成立至改革开放初期，教育本质研究受到国际国内政治形势影响，把教育当做政治的工具，教育本质的研究是基于国家的政治需要；1992年启动市场经济改革，重视教育对社会经济发展的贡献，教育产业化理论、教育公共产品理论、教育社会化理论等观点的提出与论争，一定程度上对教育是经济的工具的观点达成共识。所幸的是，20世纪90年代国家采取强力举措推行素质教育改革，追寻与还原本真的教育功能。因而，这一时期开始讨论与倡议与实践如生本教育、人本教育、生命教育、新基础教育、新教育等新的教育观。

其实，无论是哪一种观点，要建设一门中国特色的教育学科，这并非是一件易事。因而，华东师范大学叶澜教授在1987年就发表专题论文提出加强教育科学"自我意识"的研究，认为这有助于加速教育科学发

---

[1] 王建华：《教育学：学科门类还是一级学科》，《复旦教育论坛》2012年第2期。

展，改变教育科学在整个科学体系中的落后地位。[①] 此后，倡导元教育学研究、展开教育学科地位的论争，是教育学科研究深入发展的具体体现。诚然，要深化这一问题的研究，不能不讨论教育本质问题，澄清教育本质问题的认识思路，它关系到能否为教育学科建设提供基础理论，关系到教育学科的建设方向。

三、教育本质研究的学科需求导向

依据图3-1所示，与教育本质研究论文数量较为集中的阶段相比，进入21世纪前五年，教育本质研究论文数量略为下降，但每年研究论文数量大致相当，此后研究论文数量下降显著，远远不及改革开放初期及20世纪末。但是，进入21世纪以来的10年，通过对发表论文的内容与主旨的考察，发现这10年教育本质研究走向学科化取向，使教育本质研究呈现新的特点。

进入21世纪以来，我国建设中国特色社会主义事业取得卓越成就，同时，在全球化推动下，我国的教育、文化、科学等国际交流与合作日益频繁与正常化，国际教育与社会科学思潮影响教育本质研究，使教育本质研究的学科化现象显著，并深化与拓展教育本质研究思路与研究视域。

这里所说教育本质研究学科化取向，主要是指两层意思，其一，指导教育本质研究的学科理论不再局限于教育学科，它来源于哲学的、经济学、人类学、社会学等不同学科，运用不同学科的不同思潮作为教育本质研究理论，这是教育本质研究多元视域、推进教育本质研究创新的重要保证。其二，教育本质研究深入到教育学二级学科、三级学科，甚至更为具体的教育学科研究领域。表3-2对2000—2009年教育本质分主题研究的论文数量统计情况，能够说明这一点。

下表3-1统计了2000年—2009年教育本质分主题研究的论文数量。检索数据库是中国期刊网（CNKI数据库），检索的文献标题主题词是"教育本质"，检索期限是2000年1月至2009年12月（统计栏目中数字表示发表的论文数）。

[①] 叶澜：《关于加强教育科学"自我意识"的思考》，瞿葆奎主编：《教育学文集——教育与教育学》，人民教育出版社1993年版，第758—772页。

表3-1 2000—2009年教育本质分主题研究论文数量统计

名称＼时间	2000	2001	2002	2003	2004	2005	2006	2007	2008	2009	合计
教育本质	5	9	7	2	18	18	10	21	16	10	116
思想政治教育本质	2	1	3		1	8	5	4	5	4	33
高等教育(大学)本质	2		1		2	1	5	4	2	3	20
职业教育本质		1		2	2	5	2		3	2	18
素质教育本质	2	2			2	1	4	4	1		16
德育(道德教育)本质	1	1		2		3	3	1	2	1	16
艺术(音乐、美术)教育本质		1		1	2		1	2	5	2	14
高等职业教育本质	1			2	2		1	2	2	2	12
语文(文学)教育本质	2		1					2	2	2	9
马克思主义教育本质							2	1	2	2	7
创新教育本质	1		3		2	1					7
国防教育本质					2		1	1	2		6
基础教育本质					3		1	1			5
研究生教育本质							1	2		2	5

此外还有社区教育本质（4篇）、成人高等教育本质（4篇）、体育教育本质（4篇）、双语教育本质（4篇）、远程教育本质（4篇）、通识教育本质（3篇）、成人（继续）教育本质（3篇）、杜威教育本质（3篇）、人文教育本质（3篇）、数学教育本质（3篇）、多元文化教育本质（2篇）、社会教育本质（2篇）等。

为了比较这一时期教育本质研究的内容与主题的变化情况，又根据中国期刊网（CNKI数据库）以题目主题词"教育本质"进行检索，检索时间是1994年1月至1999年12月（统计栏目中数字表示发表的论文数）。

表 3-2　1994—1999 年教育本质分主题研究论文数量统计

时间 名称	1994	1995	1996	1997	1998	1999	合计
教育本质	6	6	8	6	6	10	42
高等教育（大学）本质	1	7	1		1	3	13
思想政治教育本质			1	1	1		3
成人教育本质		1	1				3
义务教育本质	1	1					2
体育教育本质					1		1
艺术教育				1			1
远程教育本质	1						1

结合表 3-1 与表 3-2，从中可以看出，21 世纪 10 年的教育本质研究，除了研究论文数量发生显著变化外，更重要的变化是对教育本质研究领域的拓展，对教育各领域，都提出了教育本质问题研究，如高等教育本质、职业教育本质、体育教育本质、美术教育本质等。

四、教育本质研究方法多样化

本质是抽象的，通过概念、范畴揭示教育本质。因而，思辨、逻辑、辩证分析是教育本质研究主要方法。研究者指出研究教育本质要依据如下基本思路（公式）：表象经验理性思维→质（抽象概念）理论理性思维→本质（具体概念）。如此，认识教育本质的方法是：从教育表象出发，通过经验理性思维方式加工，获得一系列抽象概念，得到教育的质（规定性），对它们再进行理论理性思维方式加工，获得具体概念，它就是对教育本质的最初摹写。[1]

也有研究者提出处理个性与共性辩证联系方法是教育本质研究的根本方法。作为教育本质，它是最一般的共性。这就是说，无论是原始社会的教育，奴隶社会的教育，封建社会的教育，还是资本主义、社会主义的教育，它们最一般的共性，都是为了解决社会需要和人的发展这一

---

[1] 张巽根：《教育本质探讨：局限与突破》，《教育研究》1994 年第 12 期。

矛盾而存在和发展的。当然，教育又是有特殊性的、有个性的，但强调教育特殊性与个性，是指教育与其他社会现象的区别，是教育之所以为教育的最根本的个性。①

结合这一点，有研究者提出要运用结构主义方法分析教育本质。结构主义方法提出的"本质在关系中"观点，对指导教育本质的研究有一定的合理性。教育是一个系统，它的本质存在于构成教育系统诸要素相互关系和相互作用中，也存在于教育子系统（要素）与社会大系统的关系以及与社会大系统中的其他子系统如经济、政治、文化等之间的关系之中。②

当然，也有研究者不同意把"理性至上"作为教育本质研究前提，对运用逻辑分析的教育本质研究方法提出批评。强调作为人的活动的教育，它是复杂的，依靠研究自然科学的方法揭示复杂多变的人的活动的本质，是不可靠的。因而提出要依靠科学理性也要依靠人文理性，完整把握教育的本质品性。③

基于教育现象的复杂性，有研究者提出教育本质研究要注重复杂性思维方法的应用，而且强调教育本质研究要突破教育学学科研究的局限，要引入哲学、逻辑学、社会学等多种学科知识与方法，将教育研究视作一个由各个学科就教育这个主题进行对话的学术场域。④

以上简要概述了新中国成立以来教育本质研究的主要特点。下面是从新中国建立30年、全面建设社会主义市场经济20年以及新世纪10年等三个阶段讨论教育本质研究的思想主张。

第二节 意识形态规范的教育本质研究

从中华人民共和国成立至1978年进入改革开放新时期止，在这近30年的教育本质研究中，受到当时国际国内形势和国家发展战略目标的制约，认识与研究教育本质的思想方式受到社会主流意识形态的制约。

---

① 汪锡龄：《试论马克思主义哲学对揭示教育本质的指导作用》，《辽宁教育学院学报（社会科学版）》1991年第3期。
② 程少堂、程少波：《教育本质新探》，《高等教育研究》1993年第2期。
③ 李长伟、孙元涛：《教育本质知识论的困惑与存在论的彰显》，《哈尔滨学院学报》2001年第2期。
④ 孙侠、邹智：《教育本质论争的回顾与思考》，《当代教育论坛》2008年第2期。

总的来说，这一时期教育学界关于"教育是什么"、"教育的本质是什么"的认识，是在"新中国"的思维框架下展开的，确定教育本质是上层建筑的基本观点，同时，由于同属社会主义阵营，"新中国"成立后与苏联保持着密切联系，教育学科的理论研究、实践改革受到苏联教育思想的影响。

一、教育本质是上层建筑

关于教育是上层建筑观点，在20世纪20年代末杨贤江已经提出，但是，在当时中国共产党领导的革命根据地和解放区并不占据主导地位。① 例如第二次国内革命战争时期，毛泽东为苏区制定的苏维埃文化教育总方针就是："在于以共产主义精神来教育广大劳苦大众，在于使文化教育为革命战争和阶级斗争服务，在于使教育与劳动联系起来，在于使中国民众成为享受文明幸福的人"，毛泽东当时还十分明确地说："用文化教育工作提高群众的政治和文化水平，这对于发展国民经济同样有极大的重要性"②。可见，当时教育与政治关系并没有作为理解教育的唯一认识思路，而是强调教育既要服务战争的需要，突出教育的政治功能，又要带动解放区的社会经济发展，突出教育的社会经济功能。

其实，这样认识教育本质，当时也有研究者提了这一点。比如张栗原概括了当时对教育本质问题的不同看法，"有人说，教育本质是理念；有人说，教育的本质是社会生产力；更有人说，教育的本质即是生活"③。形成这些不同观点的原因，他认为主要是研究者坚持了不同的哲学立场，不能从复杂的现象之中发现教育本质。因此，他通过研究马克思主义基本理论，指出教育本质是"以自然现象、劳动现象及社会现象为其基本的范畴，由教育者指导被教育者研究自然的、劳动的及社会的诸现象之实际的知识及其相互间的关系，使被教育者获得在自然环境与社会环境中工作的能力，藉以征服自然、扩大生产、改进社会，而谋人群之进化的工具"。④ 这一教育本质观的形成，关键是考察教育在社会与人的生存发展中的作用，基本立场是符合马克思主义基本原理的。

在新中国成立后，对教育本质的看法发生了变化。当时，全国教育

---

① 潘懋元、宋恩荣、喻立森：《马克思主义教育理论家杨贤江》，光明日报出版社 2005 年版，第十三章"教育本质论"。
② 《毛泽东同志论教育工作》，人民教育出版社 1958 年版，第 15—16 页。
③ 张栗原：《教育哲学》，福建教育出版社 2008 年版，第 137 页。
④ 张栗原：《教育哲学》，福建教育出版社 2008 年版，第 146 页。

界全面学习苏联的教育思想，苏联对教育本质的基本观点影响了国内教育界。特别是苏联在1951—1952年之间展开的"关于作为社会现象的教育的专门特点的争论"，对国内教育界影响更为深刻。这场讨论的最后总结由 Н. И. 包德列夫、В. П. 叶西波夫等人完成，以《关于作为社会现象的教育的专门特点的争论总结》为题名发表在1952年4月的《苏维埃教育学》杂志。文章认为教育具有历史性和阶级性，它是为巩固和发展新社会服务的，因而要强调教育是上层建筑的结论，尽管文章也强调教育要与社会生产相联系，是劳动力再生产的手段之一。但是，教育与生产相联系，则受制于意识形态。"与政治、哲学和其他的观点密切联系着的教育观点和家庭以及在社会发展的一定阶段上由专门建立起来的教育机关和组织（学龄前机关、各种类型的学校、儿童和青年的组织等等）所实现的教育，或者包含在当代的上层建筑部分之内，或者是过去的上层建筑的因素、残余、遗迹，或者作为未来的上层建筑的胚胎、萌芽或前提。不替现存的经济基础服务的教育观点及与其相适应的教育机关，不属于由当代的基础所产生的并为巩固这个基础服务的当代的上层建筑之内……在资本主义国家，共产党的政治、哲学、教育和其他的观点及与这些观点相适应的机关（无产阶级的组织、出版物、教育机关及其他等等）乃是未来的社会主义上层建筑的前提"。[①] 这篇文章（这份总结）很快被译成中文，并在《人民教育》1952年第7期、第8期刊登，作为教育科学研究的最新成果在国内教育界传播。这样，对教育本质形成了这样基本观点：教育是上层建筑，在阶级社会中，教育具有阶级性，是阶级斗争的工具，在社会主义社会里，学校是实施无产阶级专政的工具。自此，这一观点逐渐受到国内教育界的认可。

在这种大环境下，对教育本质问题的研究，形成独特的认识方式和思维框架，使教育本质研究带上特有的"有色眼镜"，教育是上层建筑，把教育分成无产阶级教育与资产阶级教育，按阶级的需求评判什么样的教育是合理的、正当的，与阶级需求不相吻合的教育排除在外，甚至把解放前夕一批教育思想家探索的教育成果、教育实践也被当做是资产阶级教育思想加以批判与否定。如此理解教育本质，不是从教育整体的、完整的角度进行考察，而是把系统的、复杂的教育活动机械地划作是红

---

① [苏] Н. И. 包德列夫、В. П. 叶西波夫等：《关于作为社会现象的教育的专门特点的争论总结》，华东师范大学教育系教育学教研室编：《教育学参考资料（上册）》，人民教育出版社1980年版，第144—145页。

色与黑色、主流与逆流、无产阶级与资产阶级，并以此作为评价教育活动、教育思想的标尺。

二、对教育是上层建筑观点的不同看法

这一时期也有过对教育本质是否是上层建筑观点的反思。主要是在1951年至1952年间，围绕斯大林发表的《马克思主义与语言学问题》一文，讨论教育是否是上层建筑以及教育的特点等问题。比如有观点认为教育一部分是上层建筑，一部分不属于上层建筑，因为教育与语言一样，既不属于上层建筑也不属于生产力。特别是1956年社会主义改造基本完成后，中国共产党第八次全国代表大会明确提出，今后主要任务是大力发展生产力。毛泽东同志也在1958年1月发出了"把党的工作重点放到技术革命上去"的号召。受这种政治形势影响，对教育本质与教育作用的理解，理所当然地要求把工作重点转移到教育为大力发展生产力服务方面，强调教育要为国家经济建设培养人才。

尽管这一阶段对教育本质是上层建筑观点提出了不同看法，但是，当时占主导地位的认识是坚持教育本质是上层建筑的观点。同时，随着中国共产党内"左"的思潮强化，没有全面实现党的工作重点的转移，教育为生产服务的职能也没有得到充分发挥。总体而言，在新中国成立以来的30年，不再对教育本质是上层建筑的观点提出异议，特别是"文化大革命"10年，教育是上层建筑之说达到了极盛时期，只讲教育要反修、防修的工具，要求学校把阶级斗争作为主课，甚至主张"停课闹革命"，只强调教育同政治的关系，突出教育的政治功能，对教育的其他职能与属性并不关注。

反思这一时期从意识形态与教育关系的维度揭示教育本质，为使学校教育满足当时国际国内政治斗争的需要，把意识形态狭义理解成无产阶级政治观，用无产阶级立场、道德思想和政权意识规范、约束学校教育，难免使学校教育会舍弃意识形态中关于文学、艺术、审美等方面的关注，这是有局限的。但是，强化学校教育在建设社会主义意识形态中的功能与作用，这是值得关注的。即使是进入21世纪建设市场经济的当代中国，建设富有中国特色的意识形态的任务依然十分艰巨。既要抵御西方发达国家宣扬的"普世价值"、"世界终结"等观点，试图用西方社会的世界观、价值观、意识形态统治当代中国，成为发达国家的"文化殖民地"，另一方面，又要批判传统中国封建社会"遗传"下来的腐朽的思想观念，比如官本位、封建迷信、宗法观念、小农意识等。面对当代

中国社会主流意识形态建设的新形势、新挑战，这给当前学校教育本质研究提出基本要求，既要拓展思路，又要坚守社会核心价值观，充分发挥学校教育在引领中华儿女走向民族伟大复兴中的作用。

第三节 改革开放 30 年的教育本质研究

探索市场经济体制建设过程中的教育本质研究，是指 1978 年改革开放至 20 世纪末的 20 年。如果寻求这一时期社会发展的主轴，则是破除计划经济体制的束缚，探索与建立中国特色社会主义市场经济体制。这并不容易。正因如此，经历了从计划经济到有计划的商品经济到社会主义市场经济体制建立的摸索过程，到 2002 年 11 月中国共产党第十六次全国代表大会的报告中肯定我国社会主义市场经济体制初步建立。当然，这并不是说我国社会主义市场经济体制已经相当完善了，只是比较前 20 年，今天的经济体制与改革开放初期的计划经济、集权经济、指令经济大不一样。在这样的改革开放驱动社会变革进程中，教育本质研究必定会受到影响。现就这一阶段讨论的主要观点作一介绍。[①]

一、教育本质是生产力

1978 年实施改革开放政策，在这样的背景下，"社会生产力"成为一项重要的研究课题，这其中包含着对生产力构成要素以及如何提高生产力等问题的研究。当研究者在分析影响生产力提高的主要因素时，强调教育是劳动力再生产的手段，因而提出教育本质是社会生产力而不是上层建筑的基本观点。

1978 年于光远发表《重视培养人的研究》一文，率先提出教育本质不能与上层建筑画等号。于光远指出：

"究竟什么是教育呢？人们会说教育是一种社会现象，这是不错的。

---

① 教育本质问题研究与社会关系密切。对改革开放 30 年的教育本质研究，分成两个阶段进行论述。第二部分论述是前 20 年。第三部分论述新世纪 10 年教育本质研究。划分这两个阶段，主要是考虑前 20 年社会中心工作是探索、建设、逐步建立市场经济体制。而进入本世纪，一方面我国社会主义市场经济体制初步建立（江泽民：《全面建设小康社会，开创中国特色社会主义事业新局面》——2002 年 11 月 8 日在中国共产党第十六次全国代表大会上的报告）；另一方面，我国加入世界贸易组织，对外开放进入新阶段，受到全球化的影响更加显著。这种影响包括经济、文化、人员流动等各个领域、各个方面。这是研究教育本质问题面临的新的社会背景。

但是人们还会问：教育是怎样一种社会现象？教育是属于基础的还是属于上层建筑？对这个问题，我认为回答应该是：在教育这种社会现象中，虽然包含有某些属于上层建筑的东西，但是整个说来，不能说教育就是上层建筑。在教育与上层建筑之间不能画上等号。"①

这篇文章对当时把教育本质理解成是上层建筑的论断提出了质疑，文章中论述教育本质是生产力的基本观点。他在《重视教育经济学，改进教育工作》一文中通过论述教育促进社会国民经济发展中的作用，断定教育劳动是生产劳动的一个组成部分，提出教育劳动者是生产劳动者的观点，并且指出，教育跟自然科学和技术一样都属于社会生产力的范畴，这是马克思主义的观点。②

于光远的文章与观点发表之后，教育理论界反响强烈。有研究者通过分析教育推动人类社会历史发展中的作用阐述这一观点。③④ 认为教育是存在于人类社会始终的一种复杂的社会现象，是不同社会形态下所共有的产物。因此，探求教育本质时，就完全有必要认真考察教育产生、发展和变化的全部历史，必须详细地研究各种社会形态存在的条件，研究人类社会的不同发展阶段，生产力与上层建筑双方各自对教育的制约作用和影响程度。

也有研究者从加强市场经济建设，推动政府管理社会职能与观念变革的角度论述教育本质是生产力。在中国传统社会，管理者是集政治、经济、文化、宗教权威为一体的绝对垄断权力的"皇权"，它拥有军事的暴力和垄断意识形态的解释权，并以政治权威的身份兼取宗教领袖和文化象征的地位，为权力获得永久的合法性资源；它通过中央官僚和地方官僚体系掌控中央到地方的各种资源；它通过举荐和科举制度掌握了社会的知识精英资源。这种垄断权力资源的管理体系，经历2000多年的漫长发展不断趋于成熟和完善，不仅有一套健全的文官制度，而且有一套完备的调节系统，如提高皇帝执政能力的教育制度、为防止皇帝决策失误的"封驳"和"谏议"制度、为防止宰相专权而实行的"合议制度"、为防止官员不忠和腐败的"监察制度"等，这是世界其他文明绝无仅有的"原创性"国粹。⑤ 然而，当它遭遇市场经济挑战时，必须要思考政

---

① 于光远：《重视培养人的研究》，《人民教育》1979 年第 1 期。
② 于光远：《重视教育经济学，改进教育工作》，《新华月报》1980 年第 11 期。
③ 毕定一：《浅谈教育的本质》，《安徽教育》1979 年第 12 期。
④ 喻立森：《试论教育本质的演变》，《黄石师院学报》1981 年第 3 期。
⑤ 杨阳：《中国政治制度史纲要》，中国政法大学出版社 2001 年版，第 11—12 页。

府、政治权力性质、职能与实现方式。

市场社会的基本特征是自由、开放与竞争，因而需要研究社会的经济管理职能。研究者通过分析市场社会具有经济管理职能的特殊性，指出教育具有生产力本质属性的可能性。作为上层建筑的国家、法律、道德观念等要素，从其诞生之日便有双重性质，即阶级的政治性和社会经济的管理性，这两者属同一矛盾对立的两个方面。当然，在不同的生产力发展阶段，各自作用的范围、程度上存在着差别，因而性质也有一定的差异。比如在自然经济阶段，由于生产力系统的简单性、松散性和封闭性，国家等上层建筑的政治性居于矛盾的主要地位，主要是实施阶级统治为主，管理经济的职能是极其有限的，仅提供微观的生产力系统正常运行的外部条件。随着社会生产力的不断发展，生产社会化程度不断提高，高新科学技术对经济影响作用的不断增强，从而使得纯政治性统治已不能维持其自身的存在，更不利于促进社会经济的高速增长。这就要思考如何认识和处理教育本质中的生产力属性。[1]

也有研究者对教育本质是生产力的观点提出了质疑。认为这种观点指出了教育与生产力之间的相互联系，这是有意义的。但是，据此把教育本质归结为是生产力，这种论证与观点是有误的。[2] 也有研究者指出生产力只是教育的部分属性，教育本质只能说一半是生产力、一半是上层建筑。[3]

也有研究者不同意教育本质是生产力的观点，也不同意教育本质一半是生产力一半是上层建筑的观点。认为教育的生产力属性只是教育的非本质属性。如果说教育的本质属性是生产力，而生产工具、劳动力、科学技术也属于社会生产力，那么，生产力的属性就是教育、生产工具、劳动力、科学技术等几类事物共有的属性，它就不是"教育"的特有属性。把教育本质分属生产力与上层建筑，更加不妥。教育不可能同时具有两种不同的本质属性。[4] 也有研究者指出对教育本质是生产力的观点所作的逻辑分析是不当的。强调教育本质是生产力观点的动因是看到现代社会生产力发展与现代教育关系越来越密切，教育是培养人，提高劳动力质量或能力的过程，而劳动力又是生产力一个最活跃的因素，因而认定教育本质是生产力。这样推断，是根据不足，[5] 显得主观武断。

---

[1] 樊安群：《社会发展与教育本质的深化》，《兰州大学学报（社会科学版）》1988年第4期。
[2] 杨银付：《教育本质研究之研究》，《华东师范大学学报（教育科学版）》1994年第4期。
[3] 刘楚明：《教育辩证法》，教育科学出版社1994年版，第11—12页。
[4] 洪宝书：《关于教育本质的理论研究》（上），《高等教育研究》1991年第1期。
[5] 睢文龙：《教育本质管窥》，《承德师专学报》1981年第1期。

二、教育本质的多种属性论

教育，一般理解成是有目的地培养人的社会实践活动，它通过传授系统知识和培养思维、品德、意志、心理和生理素质等，使受教育者在体力、脑力和知识技能等方面获得发展，是教育劳动者、教育对象、教育手段、教育设备、教育思想、教育内容、教育制度和教育过程的总和。依此，研究者指出教育本质具有双重属性，一部分属于非物质的观念形态，即精神文化，一部分则属物质形态，诸如教育劳动者、教育对象、教育组织形式、仪器设备、语言文字、科学技术以及提高劳动者知识技能的手段等。[①] 因而提出教育具有生产力属性和意识形态属性。

北京师范大学成有信教授指出社会主义教育本质是大生产性与阶级性的统一。他认为教育本质是由人类社会发展需要决定的。人类社会的发展，实质是生产力与生产关系相互联系、矛盾与变革的过程，它是人类历史发展的前提。这样，作为人的教育活动，则与当时社会的生产力、生产关系发展状况密切相连，受到社会生产力与生产关系的制约，也要为生产力与生产关系矛盾的革新创造条件。因而产生了教育的两个社会职能，第一，生产和再生产劳动力的职能，即使新一代适应一定生产力要求而成为具有一定生产知识和劳动能力的人；第二，培养和训练社会人的职能，即使新一代适应一定生产关系的要求而成为具有一定思想品质和社会活动能力的人。这样，教育的目的应当使新一代人成为与生产力相适应的劳动者和与生产关系相适应的社会人的统一体。教育的这两个职能决定了教育的两个特性或教育本质的两个方面：生产和再生产劳动力的职能决定了教育适应生产力的特性，这就是教育的生产性或教育的生产本质，培养和训练社会人的职能表现了教育适应生产关系的特性，这就是教育的社会性，在阶级社会里，教育的社会性的主要表现就是它的阶级性或它的阶级本质。[②]

对教育本质双重性的探讨（也有研究者概括第三种、第四种属性，习惯称是教育本质的多重属性）思路，其实是看到了教育职能与教育功能的多重性，避免从狭窄的思路把教育的政治功能当做是教育唯一的功

[①] 张德辉：《浅析教育本质的二重性》，《西南民族学院学报（哲学社会科学版）》1990年第3期。

[②] 成有信：《社会主义教育本质是大生产性和阶级性的统一》，《北京师范大学学报（社会科学版）》1980年第5期。

能，这样理解教育本质的认识思路，它看到了教育的复杂性，教育职能的多重性，是理性审慎思考教育问题的体现，反映了研究教育思想方式的创新与进步。但是，只是指明教育职能、教育功能的多重性，并没有揭示决定、制约影响教育职能、教育功能多重性现象的关键因素。其实，教育职能与教育功能的双重性、多重性，它只是教育功能在不同社会环境中的不同体现，是社会发展多方面需求给予教育职能的一种规定。然而这一点未能引起持有教育本质多重性观点研究者的重视。

三、教育本质是社会实践活动

针对教育的生产力本质和教育的上层建筑本质的基本观点，有研究者提出教育本质是人类社会实践活动。研究者依据马克思主义经典作家的论述，指出人类的一切社会活动按照活动客体的不同，划分为社会生产活动、社会生活活动和社会组建活动等三大类。社会生产活动是以物为客体的活动，包括各种各样的物质资料的生产劳动以及自然科学的研究和实验。此类活动的本质体现了人类社会和自然界之间的关系，作用在于为人类社会的各种各样的活动提供物质资料基础和其他基本条件，是推动社会历史发展进程的根本动力。社会实践活动是以人类个体为客体的活动，包括一切有关人类个体的养育保健，其他各种各样的社会生活服务活动以及人体科学与人文科学的研究和实验。此类活动的本质体现了人类社会和人类个体之间的关系，它的作用是为实现人类社会各种各样的活动目的提供必要途径和可能的便利条件，成为社会历史发展进程的沟通渠道和联系环节。社会组建活动是以人类社会的种种社会关系为客体的活动，包括一切有关维护、发展、调整或变革某种社会关系的社会组织建设活动以及社会科学的研究和实验。

结合上述把人类社会实践活动分成三大类别的基本观点，进而认为教育是可以在生产力和生产关系、经济基础和上层建筑两对基本范畴之外，找到理解教育本质的新思路，这就是社会实践活动领域。教育作为以人类个体为活动客体的一种社会实践活动的对象，既不同于社会生产活动，也区别于社会组建活动，因而教育既不可能是生产力，也不可能是上层建筑。不过，与一般的社会生产活动相比较，教育又有着它所特有的、极为重要的意义。它的作用在于促进人类个体养成特定的志趣和能力，这种志趣和能力内在于人类个体，它将普遍地、综合地、长久地起作用。只有这样，人才能成为现代文明的人，才能吸收人类社会一切有益的物质文明和精神财富，从而有可能去继承和发展人类社会的高度文明。①

在认同教育本质是社会实践活动的前提下，提出了对这个论点不同的表述。比如把教育本质表述成是社会劳动能力的生产实践活动。这种观点认为教育是一种生产，是一种劳动力的再生产，是社会劳动能力的生产实践活动。② 更直白地说，教育是一种培养人的社会实践活动。③ 也有研究者表述成是人类自身建构与改造的社会实践活动。认为只要考察教育发生和发展的过程，分析教育与人类自身生产的关系，发现教育与人类自身生产在每一个历史阶段都以不同形式"稳固"地联系着，人类社会在任何时代所创造的物质和精神的文明，自觉或不自觉地纳入人类自身生产的环节之中，因而教育本质表述为：人类有意识地实现自身生产完善化的社会过程，是人类自身生产完善化的社会实践，④ 是造就主体的实践活动。⑤

把教育本质确定是社会实践活动，重要原因是反对从精神生产或精神观念层面理解教育本质，反对把教育本质看做是一种精神生产，认为这种观点只是承认教育是社会现象，并没有触及教育的本质。只有承认教育是人类社会实践活动，才能触及教育的本质。⑥

为此，围绕教育是精神生产还是社会实践活动，研究者在1982年与1983年以及1985年与1986年两度展开热烈讨论与相互辩驳。

支持教育本质是社会实践活动观点的研究者认为，教育本质是精神生产的观点是不能成立的，主要问题在于，生活在任何国家和任何历史时期都不是抽象的，它总是依附于一定的社会和一定的阶级而存在，因而如何具体地分析"生活"是正确地认识教育本质属性的关键环节。⑦ 也有研究者认为教育本质是社会实践的观点缺乏充分的论据，原因是对马克思经典论述的理解不够准确与全面。⑧

---

① 魏贻通：《教育属性探新》，《厦门大学学报（哲学社会科学版）》1986年第4期。
② 陈一百、孔棣华：《试论教育本质的三种属性》，《学术研究》1981年第1期。
③ 贾宁超：《教育是一种培养人的社会实践活动》，《锦州师范学院学报（哲学社会科学版）》1980年第4期。
④ 肖渊：《教育的本质与人类自身生产》，《社会科学研究》1981年6期。
⑤ 魏立言：《教育本质特征新论》，《教育理论与实践》1994年第2期。
⑥ 陈一百、孔棣华：《试论教育本质的三种属性》，《学术研究》1981年第1期。
⑦ 高时良：《论教育的本质属性》，《福建师大学报（哲学社会科学版）》1983年第1期下卷。
⑧ 郑金洲：《教育本质研究十七年》，《上海高教研究》1996年第3期。

四、教育本质是社会遗传机制

重视教育与经济关系，发挥教育在国民经济发展的积极作用，培养一批适应社会经济活动的劳动者，由此强调教育的生产力本质属性的合理性。然而，随着改革开放的不断深入，社会主义市场经济体制的日益完善，国家经济实力的不断增强，全社会开始关注到经济之外的因素，比如文化、道德、法律、生态等因素在社会发展中的价值。特别是生态观念、可持续发展概念的引入，① 对以经济量的增长为发展模式的社会发展观提出了新的看法。因而，有研究者强调要从文化与文明传承的视角分析教育本质，认为教育本质是社会遗传的机制（方式），或者说是对人类文化、文明的积累和积淀的统一。② 因为人类以自己的活动创造了独特的文化，文化使人类社会与狭义的动物界区别开来，并且获得了不同于生物进化的社会进化的机制。从某种意义上说，文化的状态也是人类和人类社会的状态，而且，每一个历史时代的人们不能凭空创造自己时代的文化，而是以前人创造的文化、文明成果为基础，继承、创新与发展的结果。从整个社会历史发展过程看，后人在继承前人文化、文明成果同时，不断增加新的内容，使后代人的文化、文明内容与形式更为丰富、更为高级，这是一种类似于生物体由遗传和变异引起的物种进化的机制，但它不是生物学遗传机制而是社会变革与发展机制。很显然，这一教育本质观既反映了教育与社会的关系，又反映了教育内部诸要素（教育者、受教育者、教育内容）之间的关系，而且揭示了教育同其他社会现象之间最根本的区别。③

着眼于文化传承机制的角度阐述教育本质，其意义是有助于把握教育的整体职能，即教育不能仅仅以服务于培养从事生产劳动技能的劳动力，不能以促进社会经济、推动生产力为首要职能，因为人类社会走向现代化、发展现代文明，经济发展只是社会发展目标之一，更为关键的工作是要考察如何使社会建设、经济建设、文化建设、政治建设得到整体和谐发展。因此，有研究者强调"教育更深长的意味，显然不落在知识上，教育的神圣职责在于不断向人们启示和提高智慧"。④ 从这一角度

---

① 可持续发展（Sustainable Development）是 20 世纪 80 年代提出的一个新概念。1987 年世界环境与发展委员会在《我们共同的未来》报告中第一次阐述了可持续发展的概念，得到了国际社会的共识。
② 程少堂、程少波：《教育本质新探》，《高等教育研究》1993 年第 2 期。
③ 程少堂、程少波：《教育本质新探》，《高等教育研究》1993 年第 2 期。
④ 张文质：《教育的价值向度与终极使命》，《教育评论》1993 年第 4 期。

说，文化角度阐述教育本质，强调教育在人类文化传承、创新、变革中发挥的独特作用，这有助于完整把握教育功能、教育价值。

但是，也有研究者指出文化视野考察教育本质的局限。从人类文化、文明的积累和积淀角度阐析教育本质，前提是正确理解文化、科学，既不能从科学主义立场确定传授知识是教育的本质属性，也不能从人本主义维度把教育本质抽象成人性改造与精神观念的培育。正如美国学者吉鲁所说："教育者和家长必须要把知识看做是一种体现着特殊旨趣、利益和假定的社会构造。必须把知识与权力联系起来，这意味着教育者和其他人都必须对知识与真理为己任的主张以及这种知识所服务的利益提出质疑"。① 所以，理解教育，要结合教育的社会基础，不应回避教育受到特定社会价值观、意识形态影响的事实，要充分重视教育受到现实社会政治、经济、文化等客观条件的制约，从而使教育既不会固执地坚守科学主义的象牙塔，也不会把人的精神生活建构成为一个空想的、虚幻的形而上学世界。

据此，研究者对研究教育与文化关系问题提出要求。认为既不能忽视经济与政治对文化的制约，又不能忽视文化发展的相对独立性和它自身发展的规律。特别是要处理传统与现代、本土化与国际化、多元化与一元化等三重关系。处理这三重关系，不能忽视马克思主义这个起一元化指导作用的思想基础。②

五、对教育本质是上层建筑观点的新认识

教育本质是上层建筑，它是新中国成立以来教育界盛行的传统观点，也是对我国教育学科的理论建设与教育实践产生重要影响的观点。改革开放初期开展教育本质观的讨论，核心问题是反思"教育本质是上层建筑"的观点。其中否定教育本质是上层建筑的观点影响较大。认为教育本质是上层建筑的观点没有真正揭示教育的本质。原因是以经济基础与上层建筑的原理作理论依据，这个原理能说明的问题是很有限的，它只能说明同经济基础与上层建筑相互联系的一些社会现象。而教育不仅同经济基础与上层建筑有着密切的联系，而且教育还同社会生产力、科学文化和社会生活等复杂的社会现象有着密切的联系。③

---

① [美]亨利·A.吉鲁：《教师作为知识分子——迈向批判教育学》，朱红文译，教育科学出版社2008年版，第18页。
② 黄济：《对教育本质问题的再认识》，《北京师范大学学报（社会科学版）》1998年第3期。
③ 卢曲元：《教育本质新论》，《湖南师大学报（社会科学版）》1988年第2期。

除了对这一观点持否定立场外，也有研究者提出要全面、完整、客观地理解教育是上层建筑的观点。高时良在《论教育的本质属性》一文中综合了关于教育本质的不同观点，肯定教育本质是上层建筑的观点。他认为改革开放以来，对教育本质是上层建筑的观点产生了不同看法：如教育是上层建筑；教育属于社会生产力，不是上层建筑；教育一部分属于上层建筑，一部分不是；教育是独立的社会实践，教育是生产性和阶级性的统一等观点。他通过对这些不同观点分析后指出，教育本质属性不是生产性与阶级性的统一，不是作为独立的社会实践或旨在培养人的社会生活能力，不是部分属于上层建筑而部分不是，也不是超越于社会关系之外的生产力，而是属于一定社会经济基础的上层建筑范畴。并且，他指出，对这个问题引起讨论，甚至被研究者所否定，主要是过去几十年受到"左"的思想路线影响，对教育本质是上层建筑进行片面理解。片面强调上层建筑的阶级性，片面强调教育为阶级斗争服务，从而使有些人不自觉地把阶级性看做上层建筑的唯一标志。在阶级社会里，上层建筑具有阶级性，不等于说不具有阶级性的社会现象（例如某些艺术作品和教育的某些组成部分）就不是上层建筑，要避免一种错觉，即认为只有在阶级社会里才存在上层建筑。这样理解上层建筑背离了历史唯物主义的基本立场。因此，他认为教育本质比较完整的提法是：教育是一定的社会经济基础的上层建筑，它以一定的组织形式，用符合当代社会或阶级要求的道德规范和知识技能教育受教育者的过程。[1]

对教育本质是上层建筑观点的不同认识，以及为此作出的否定与辩护的立场，30年后黄济教授对此作了评论。他在回顾改革开放30周年的纪念文章《对教育本质的再认识》中强调，讨论教育本质是否是上层建筑，当时的意图是要反对片面强调教育的政治功能，反对把教育变成是实现阶级斗争的工具。认识教育本质是否是上层建筑，涉及对社会上层建筑作何理解的问题。马克思主义在论述社会上层建筑时，并未把教育列入其中，社会上层建筑是否具有阶级性，这也是一个有待商榷的问题，由此引申出教育是阶级斗争的工具，这不是马克思主义的观点。不过，当时深入讨论这个问题对否定坚持教育是阶级斗争的工具的观点，起到了积极作用。[2]

---

[1] 高时良：《论教育的本质属性》，《福建师大学报（哲学社会科学版）》1983年第1期下卷。
[2] 黄济：《对教育本质的再认识》，《中国教育学刊》2008年第9期。

六、对教育本质研究思路的反思

随着改革开放的深入发展,多元文化与多元化的思想方式影响着教育本质研究。研究者不满足于把教育本质归结为某一属性,比如生产力、上层建筑或人的实践等,而是强调研究教育本质需要全面、完整地反思教育本质研究思路的合理与否。研究者指出了教育本质研究中存在的最主要问题:一是社会本位与个人本位相持不下,难以在研究中寻求一个更广的视域;二是试图在教育与政治、教育与经济、教育与人等非此即彼的视角中寻求教育本质的答案,缺乏教育本质研究的"立体感"。比如可以把几种较具代表性的教育本质观的视角陈述如下:

上层建筑说:教育→←政治
生产力说:教育→←经济
双重属性说:经济→←教育→←政治
实践说:教育→←人
灵魂说:教育→←人
类本质说:教育→←(个性)人

类似的研究思路都存在一个问题,即研究思路着眼于从一个视角、一个维度分析教育本质,或者从政治的角度、或者从经济的角度、或者从人性的角度等,而教育活动的主体,无论是教育者还是受教育者,是生活在社会中的现实的个人,是一个又一个具有丰富需求的个人,包括政治、经济、道德价值、艺术审美、人际交往情感等需要。此外,在教育本质研究中,尚存在着研究思路简单化以及存在着一些常识性错误。比如把教育属性、教育的质和教育的本质混为一谈等现象。[1]

因此,有研究者指出教育本质研究首先要非常明确地区分本质、教育本质、教育功能等概念的差异,准确把握教育本质的词源解析,这样才能通达教育本质的基本内涵。教育本质与科学的教育概念是一致的。[2]

但是,也有研究者强调,区分本质、教育本质、教育功能等概念的差异,对研究教育本质来说,是十分需要的工作,而且在此前提下,就能够整体、完整地理解教育的本质,以避免只强调教育的某一属性或某些属性代替对教育本质的完整把握。[3]

---

[1] 程少波:《教育本质研究之批判》,《教育理论与实践》1995年第4期。
[2] 段作章、傅岩:《教育的本质究竟是什么》,《学术研究》1983年第2期。
[3] 睢文龙:《教育本质管窥》,《承德师专学报》1981年第1期。

第四节 新世纪10年教育本质的多元视域

进入21世纪以来,研究者对教育本质问题的研究视域更为宽广、研究思路更为多样,提出了富有启示的理解教育本质的观点。

一、坚持马克思主义教育本质观

进入新世纪10年来,随着2004年"马克思主义理论研究和建设工程"的全面实施,理论界不断深化对马克思主义中国化与马克思主义当代价值的研究,产生了马克思主义理论研究的新成果,它丰富了教育理论研究的思想资源。为此,有研究者结合当前马克思主义中国化理论建设与中国特色社会主义改革实践的需要,依据马克思主义的本质理论分析教育本质观,这是开展教育本质理论研究的重要工作,并且对新中国成立以来马克思主义教育本质研究思路与观点作了新的解读与探索。

研究者指出,研究教育本质取决于对"本质"概念的把握。而马克思主义本质观强调"本质"是事物的根本性质,但是,它又是多方面、多层次的统一,也就是说,它不是唯一的、不变的,这一点对教育来说同样如此。依此,把教育本质划分成三个层次:教育的类本质、种本质和亚种本质。

教育的"类本质"是指教育不是一种生物本能活动,也不是一种心理模仿活动,而是人类社会特有的一种有意识、有目的的实践活动。作为人类社会实践活动之一,它具有一般实践活动的基本结构与功能。正是这种实践活动的性质,是区分人类教育活动与生物本能活动或心理模仿活动之间存在差异的关键点。

教育的"种本质"是指教育是一种有意识、有目的地培养人、影响人、改造人的活动。提出教育"种本质"的论点,是因为"自由"是人的"种本质",实现人的自由本质就成为教育的目的,这是区别人类的教育活动与人类其他活动的重要特征。

教育的"亚本质"是指根据影响人、改造人的深度、强度、广度和培养人的高度等划分教育的不同形式、类型,如基础教育与高等教育、普通教育与职业教育、各种专业教育以及智育、体育、德育、美育等,它们各有自己特殊的本质。结合这样的认识,研究者提出教育是通过文化传递达到陶冶学生精神世界的目标,人类历史上创造的优秀文化成果,它蕴涵和凝结着人的生命本质力量,从这一意义上说,教育本质在于以文化传递的手段去开发人的本质力量，提高和增强人的生命本质力量。具体来说，就是通过文化来培养和提高人的类本质，发展人的个性本质。[①]

如上观点，研究者结合教育发展的时代特征和社会需要，运用马克思主义基本理论观点阐述教育本质的基本内涵，提出理解教育本质的新思路。这种努力是值得肯定与关注的。自新中国成立以来，教育理论工作者坚持马克思主义基本立场、方法指导教育理论和教育本质问题的研究。然而，在很长时期，由于把马克思主义理论变成一种僵化的"意识形态"，并作为指导教育研究的主导话语，这样，研究教育本质的思路与立场是基于现实社会政治的需要，并以阶级斗争的思维方式制约着教育研究，结果，突出强调教育的社会功能、政治功能，未能关注教育对象身上体现的生动、丰富的个性发展需求，而且也未能给予积极的引导。

改革开放以来，思想领域的拨乱反正，以及市场经济建设的不断推进，对教育本质的研究思路展开了反思与批评，实现了教育本质研究思路与表述方式的转向。认为以往开展教育本质研究的思路是偏重经济发展、个人利益等工具性角度，提出教育本质是生产力的观点。这样的研究思路是有积极意义，即有助于改变意识形态立场研究教育本质的局限性，有助于完整把握教育与社会、教育与人的关系。但是，这一研究思路也隐含着内在矛盾，即从经济利益的视角解析教育本质，片面强化教育的经济功能，这又成为新世纪10年来教育本质理论研究面临新的难题。

为解决这一难题，研究者通过阅读马克思文本及马克思主义基本观点，尝试对教育本质作出新的解释，这种努力是值得肯定的。问题关键是能否抓住马克思以及马克思主义理论的核心与精髓，避免出现对马克思思想的"主观主义"、"经验主义"的解读。

上面介绍了三层次教育本质观，从表面上看，这种理解是有道理的。但是，它对切实把握马克思的本质观是有差异的。马克思强调本质是事物内在最根本的特征，决定着事物存在依据，是事物之间存在差异的关键因素。如果把本质区分成三个层次，实质是混淆了事物本质与事物本质的具体体现形式之间的区别。作为事物本质的具体体现形式，或者说事物本质的外化，它要受到事物本质的制约，它是事物本质在特定的社会历史、自然环境等条件制约下的不同表现。

因此，作为人的教育活动的本质，同样如此。教育本质是唯一的，

[①] 张正江：《后现代本质主义背景下的马克思主义本质观、人的本质与教育的本质》，《教育理论与实践》2009年第2期。

但是，在特定的社会政治、经济、文化与教育环境中，人们认识与把握教育本质的程度是有差异的，围绕教育本质开展的教育活动就会有不同的要求、不同的教育风格和不一样的教育质量目标，进而使教育本质的实现形式、表现类型呈现多样化的特点。

但是，它的积极意义是肯定人在教育中的地位与价值。这里强调人在教育中的地位，并不是把人看做是观念的、精神的人，也不是把人看做是纯粹的、理智的人，而是强调人就是活生生的、现实的人，教育使命是对人的改造，这种改造不是使人变成"两耳不闻窗外事，一心只读圣贤书"的"知识人"、"观念"人，也不是只关注个人生存得与失的"原子式"个人，而是使受教育对象成为社会合格乃至优秀的公民，最终成为主动改造社会、服务社会变革与发展的自由自觉的社会主体。就此一点，马克思早就强调人的本质在于一切社会关系的总和。因此，人的自由本性的实现，它不是抽象与虚幻的观念的臆想或猜测，而是融入一切社会关系认知、改造、建构之中，这也是人的解释世界与改造世界的社会实践活动。

所以，从人类认识世界与改造世界的实践活动的视角理解教育对人的意义，使教育成为服务并促进着人建构与世界交往关系的手段，这样，教育的意义就在于促使人正确了解自我、了解世界，实现人与世界相互交往关系的建立，提升人认识世界、理解世界与改造世界的意识与能力。也只有在人与世界的相互关系中，人的认识、情感、道德具有了现实客观性，而不只是人的主观臆断。如此，才能凸现教育的本质是实现人的自由本性，正如马克思在《神圣家族》中对青年黑格尔派观点的批判，认为他们只承认"自我意识"，与自己的臆想与幻影打交道。

二、后现代教育思潮的教育本质观

从20世纪80年代末以来，后现代主义思潮迅速在国内传播，教育理论研究也受到了后现代主义思潮的影响。

后现代主义思潮是20世纪中期在西方出现的哲学和社会思想潮流，目标是反思18世纪欧洲启蒙运动留传下来的思想方式，重点是批判形而上学和理性主义传统。当然，对西方启蒙理性的不同认识，形成了不同的后现代主义思潮与流派。[①]

[①] 王治河概括了后现代主义的三种形态，分别是福柯、德里达、利奥特、费伊阿本德等为代表的激进主义、罗蒂、霍伊、格里芬等为代表的建设性后现代主义以及庸俗后现代主义等。参见王治河：《论后现代主义的三种形态》，《国外社会科学》1995年第1期。

各种后现代主义思潮有着不同的理论主张。当然，不同思潮之间也存在着一定的共识，比如破除对形而上学的迷信，对科学的迷信，它强调变化、差异，消除被本质所决定的思维方式。认为现代性思想中把"本质"看做是一块巨大的支撑性基石，形而上学就是在这块基石上缜密地搭建而成，它布局严谨，结构紧凑，井然有序，俨然是一个等级分明的巨型系统，控制着人的思想与行为，消除了人的主体性。因而，后现代思潮对这样的"本质"论、"本质主义"思想方式进行了激烈批判，"任何一个追求某种事物本质的人，都是在追求一个幻影"。[①] 由此提出要尊重每一个个体，关注每一个体的生存命运与处境，以此阐述反对同一性倡导多元共存、反对普遍性崇尚差异、反对中心与等级、主张开放与平等的后现代观点。

这些后现代立场与思想方式的形成与传播，引起了教育研究者的兴趣。不少教育研究者对西方后现代教育思想基本观点进行介绍与评价，研究重点是介绍后现代教育教育对现代教育的批判要点、西方教育理论后现代转向的基本特征、后现代教育知识观与课程观、后现代教育管理观等。[②③]概括起来说，围绕后现代倡导的差异、多样、开放、对话等基本观点，重点论述了后现代课程观、教育管理观、师生关系观等。[④]

在此基础上，研究者考察西方后现代教育思想基础上，对我国教育改革与发展提出了建议，比如如何重构无权威、对话的师生关系、如何重构课堂与学校课程开发等。[⑤] 也有研究者结合联合国教科文组织在2005年发布的《全纳教育指南》，从后现代教育视角阐述全纳教育思潮的合理性，论证我国实践全纳教育需建构的终身教育、全民教育体系的合理性。[⑥] 的确，研究者提出的教育改革建议，对消除灌输式的教育方式、促进创造性人才的培育、实现教育服务社会的公共职能等都是有帮助的。

---

① [美] 罗蒂：《后哲学文化》，黄勇编译，上海译文出版社1992年版，第141页。
② 孙茂华、董晓波：《西方教育思想"后现代主义转向"的解读》，《黑龙江高教研究》2009年第7期。
③ 蒲倩：《反思与重构后现代主义视野下教育观》，《长春理工大学学报（高教版）》2009年第5期。
④ 赵小段：《后现代教育思潮的超越与挑战——我国学者关于后现代教育研究综述》，《当代教育科学》2004年第11期。
⑤ 项国雄：《后现代主义视野中的教育》，《外国教育研究》2005年第7期。
⑥ 彭正梅：《高贵的幻象：教育理想的历史考察》，《全球教育展望》2009年第7期。

当然，研究者没有专题研究后现代教育本质的论文，① 对后现代教育本质的认识与解释，研究者在分析后现代教育思想基本观点，特别是分析后现代教育目的、后现代教育思维方式时，② 已经涉及对"什么是教育"基本议题的讨论，并提出要解构理解教育的思想方式。③ 而这一点，就与把握教育本质密切相关。就此而言，新世纪以来研究者从后现代思潮的基本理论观点研究教育本质，极有价值的工作是提供了一种如何理解教育的思想方式。

(一) 反本质主义教育本质研究思路

借鉴后现代思想方式，解构理解教育本质的传统立场，就此形成了教育本质的研究思路：研究者认为后现代教育思潮对多样性的认同，对差异平等的追求，反对同一性，也就是反对把事物看做是由某一种共同本质规定的存在，致使事物标准化、普遍化，相反，则强调所有一切都是变化的，而不是统一的、标准的，作为人的教育活动更是如此。教育者与受教育者都是独立的个体存在，他们之间是变化的、是有差异的、是生成的，因此，在教育过程中，要倡导尊重学生个性，关注学生发展的差异性，确立多样化、开放性、多途径的学生成才的教育观。结合这一点反思传统教育本质观，无论是把哪一种因素确定是教育本质，其共同的问题是把"本质"作为决定教育合理性的基础与依据，使生动、丰富、多样的教育僵化成某种固定不变、整齐划一的模式。

(二) 对教育本质多重论观点的新阐述

后现代思潮对教育的理解是多元的，坚持教育是变化的、生成的基本立场，突出个人主观因素在教育过程中的作用，反对把教育本质看做是恒定不变的观点，也就是说，对"教育本质只有一个"的观点的合理性提出质疑④，如此，就能针对教育对象的生动性、个体性的存在，培育人的主体性和创造性，这样，教育的过程，不是教师按照预先规定的要求传递特定知识的认知学习活动，而是师生相互之间的知识、信息、情感、价值观等多种人际因素的互动的过程，对师生来说，教育是双方知识、情感、价值观、经验等多种因素的交流开放、生成、变化的过程。

---

① 查询 2000 年以来的主要教育研究刊物发表的论文，以及中国期刊网输入"后现代教育"关键词查找，未能发现研究后现代教育本质的论文。

② 刘复兴：《后现代教育思维的特征与启示》，《山东师范大学学报（人文社科版）》2001年第 4 期。

③ 包国庆：《后现代思潮中的教育解构》，《高等教育研究》2004 年第 4 期。

④ 罗祖兵：《教育理论与实践：后现代的检视》，《高等教育研究》2006 年第 4 期。

但是，后现代思潮因强调差异、去除中心而否定事物的本质，这是值得警惕的。因为作为人类的教育活动，虽然存在着差异，要因材施教、因人而异，发挥每一个人的积极性与创造性，但是，教育活动中存在着一些共同性、规律性的东西，它需要及时总结与提炼，这不是否定教育本质的理由。只有肯定教育本质，才能支持人类确立从事教育的信仰和信念。①

当然，要辩证分析后现代主义思潮研究教育本质思路所体现的价值。后现代教育思想的核心观点是主张教育是变化的，不能墨守成规，不能把"本质"看做是唯一不变的、永恒存在的因素，但是，倡导教育的多样化，鼓励学生个性发展，促进多元文化共存的学校文化，并不是说可以消失教育的立场，消失教育的客观性而完全成为教育者或受教育者主观意图支配的"精神"、"理念"的"文化"活动，而是要在教育实践中，坚持历史和逻辑的结合，坚持在社会群体中培育创造性个人的思路，② 妥善处理教育的国家需要与个人需要之间的辩证关系，更重要的是在国际化的教育环境中要旗帜鲜明地维护教育的主权，避免使教育成为文化霸权与文化扩张、文化侵略的载体，③ 由此说教育既是人的教育，又是社会与国家的教育，是公共性的，而不是私人的，这是全面、客观、准确建构教育本质观的认识要求。

三、人学理论的教育本质观

改革开放推动着中国经济的快速发展与社会结构的转型，它也引发了对人的问题的重视与思考。在此背景下，理论界提出了开展人学研究的新课题，但是，它的研究对象是人的一般或一般的人，试图揭示整体的人的生存特征及发展规律。④

随着人学理论研究的不断深入，越来越重视人的地位与价值，这一点，教育理论研究工作也自觉或不自觉地受其影响，要求研究教育对人的发展的意义。研究者认为人在传统教育中是"缺席"的，可以说传统的教育是不见人的教育，因此强调教育要以生为本，唤醒人的意识、激发人的生命活力。因而研究者把人学理论作为一条研究教育本质的重要思路。

站在人的立场研究教育问题，寻求教育的发展出路，直接影响着对

---

① 王爱芬：《理解教育本质的不同道路及意义》，《教育理论与实践》2005 年第 9 期。
② 舒志定：《理解个性教育》，《教育理论与实践》2005 年第 7 期。
③ 舒志定：《教育国际化的内涵特征与启示》，《外国教育资料》1998 年第 3 期。
④ 黄楠森：《人学的足迹》，广西人民出版社 1999 年版，"前言"。

教育本质问题的反思与研究。在20世纪90年代初，陈桂生教授就指出教育本质问题的争论中，有不少研究思路只在"社会"视角内寻求这种或那种价值，它表明争论各方都默认自己为"社会本位"论者，并且要在"社会本位"论的框架中寻求一个更为狭窄的视角。进而，陈桂生教授指出教育本质研究另一种思路，即对教育主体的思考，无论是受教育者还是教育者，他们都是实现教育活动的主体，缺一不可。因而研究教育本质必须关注教育主体的存在本质。这一思路尤其是进入21世纪以来，着眼于现实人的生存特征探讨教育本质成为一条重要思路。

比如有研究者提出"教育是贯穿于人类自生命孕育到终生的完善人的本质，是发展人的文化创造能力的实践活动"，[①] 也因为传统教育学研究中对人的轻视或淡忘，没有把教育对象看做是现实社会的生命个体，教育中缺乏对个体生命的关注和精神的关怀，从本质上就忽视了对人的存在的关注，使教育变成了一种技术行为。对此，顾明远教授就作了批评："为什么现在又提出'教育是什么'的问题呢？问题出在我们在教育实践中没有认真地贯彻教育方针，偏离了我们预定的教育目的，或者叫作教育目的的失落"。[②] 也正是基于这样的认识，研究者批评当前教育实践中存在的核心问题是关注教育的知识功能，而遗忘了对学生个体生命需要的关注，在教育活动中出现了学生精神生活的空虚，知识学习压力的不断增大，快乐学习、快乐童年的"消失"。因此，强调研究教育本质必须重视个体生命存在的特殊性，要从人学的视角揭示教育的本质。

重视人的教育，教育是人的教育，也成为20世纪末兴起的基础教育课程改革秉持的基本价值取向。新课程改革的目标是改变课程过于注重知识传授的倾向，强调形成积极主动的学习态度，改变课程结构过于强调学科本位、科目过多和缺乏整合的现状；改变课程内容"难、繁、偏、旧"和过于注重书本知识的现状，改变课程实施过于强调接受学习、死记硬背、机械训练的现状，倡导学生主动参与、乐于探究、勤于动手，培养学生搜集和处理信息的能力、获取新知识的能力、分析和解决问题的能力以及交流与合作的能力。[③]

启动于20世纪末21世纪初的基础教育课程改革，对人（学生）与

[①] 唐兵：《从人学角度论教育本质》，《思茅师范高等专科学校学报》2000年第2期。
[②] 顾明远：《也谈"教育是什么"》，《小学语文教学》2000年第10期。
[③] 钟启泉等主编：《基础教育课程改革纲要（试行）[A]》，《为了中华民族的复兴 为了每位学生的发展〈基础教育课程改革纲要（试行）〉解读》，华东师范大学出版社2001年版。

教育关系的新认识，也引起了新的争论。有研究者认为这一次课程改革受到"轻视知识"教育思潮的影响。认为学校教育目标与任务是传授知识，维护"知识本位"、"知识中心"，"教学中'注重知识传授'，根本、永远不存在'过于'的问题，而是根本、永远不够、要不断加强的问题"，并且强调指出"我国教育特别是基础教育的改革和发展中的根本问题，主要不是追求升学率（所谓'应试教育'）或者'知识本位'（所谓'过于注重知识传授'），而是教育（知识）发展远远不能全面适应现代化建设、满足人民群众需要"。① 如何理解新课程改革目标以及如何理解教育重视知识传授，这成了进入新世纪以来我国教育理论界争论的一项重点课题，也是困惑教育实践工作者的现实课题。争论的实质是涉及对教育本质的理解，即传授知识是教育的本质还是培养人是教育的本质。

　　无疑，与传授知识的教育本质观相对应，有研究者提出教育本质是培养人，教育的目的是培养德、智、体、美、劳全面发展的、具有创新精神和实践能力的人。如果做不到这一点，则在现实的教育实践中表现出人的缺位现象，比如学校教育突出分数、片面追求升学率，而学生的思想、情感、意志、审美需求都未能因材施教，不能给予个性化的重视与关怀。当然，重视人的发展，并不否定知识教育的价值，而是强调教育目标是以人为本，而不是以书本、以知识为本。②

　　围绕新一轮基础教育课程改革，引发人、知识与教育三者关系问题的争论，为了回应这一争论，或者要为争论寻求答案，一些研究者学习、引介西方有影响的社会思潮指导教育研究，探寻隐藏在中国教育问题背后的答案。比如对马克思主义当代价值的解读、对存在主义哲学思潮、现象学及现象学教育思潮的积极引介，试图重视从人的生存视角理解教育本质，认为教育是人的生存方式的表现，教育应时时刻刻关注人的生存状态、生活方式，并重建新的生存方式，"教育作为人的生存方式使得教育产生了非同寻常的意义，打破了教育的'生活世界殖民化'状态，教育的'生活世界的殖民化'表现为学校生活的理性化和生活的体制化，并坚持把'实现教育向生活世界的回归'，转向于'人的现实生活'，指向人的生命意义"。③ 就此，研究者运用马克思主义实践哲学基本立场，

---

① 王策三：《认真对待'轻视知识'的教育思潮——再评由"应试教育"向素质教育转轨提法的讨论》，《北京大学教育评论》2004 年第 3 期。
② 张正江：《素质教育是轻视知识的教育吗?》，《全球教育展望》2004 年第 10 期。
③ 李小鲁：《教育本质新探》，《现代哲学》2007 年第 5 期。

指出教育本质不仅是社会文化传承的活动,而且是一种唤醒人的生命意识,启迪人的精神世界、建构人的生存方式,以实现人的价值生命的特殊活动。① 也有研究者则通过引介西方当代思潮分析教育本质,特别是主体间理论影响更为广泛。比如有研究者运用主体间理论,结合学习化社会的基本特征,提出教育本质是主体间的指导学习。② 应该肯定,这些研究的共同目标与结论是凸现人在教育中的地位,消解人的空场的教育理论研究与教育实践。就这一点而言,其意义是显而易见的。

以上介绍了人学角度分析教育本质的主要观点。其实,改革开放以来,从人与教育关系的视角分析教育本质的思路已被认可,并提出了许多观点。表3-3是研究者对这些观点作了简要概括。

表3-3 改革开放以来从人的视角分析教育本质观点的代表人物及主要内容③

理论名称	主要代表人物	时间	研究视角	主要观点
个性化说	许邦官 王汉澜	1989—1992	个性完善	批评社会化说陷入社会本位圈套,提出教育本质是引导、促进儿童的个性化;或者教育是促进个性社会化、完善化
社会实践活动说	邹光威 陶崇明 贾宋超 段力佩 孙昌瑞 金一鸣 柳海民 王道俊 王汉澜	1979至今	培养人	教育是由教育对象和内容所组成的社会实践活动,是有目的、有意识专门培养人的一种社会实践活动。围绕教育是社会实践活动的基本观点,对教育本质提出以下几种观点:"培养说"、"传递说"、"知识传授说"、"选择能力传递说"等
培养人说	段力佩 孙喜亭	1982—1991	培养人	教育之特殊属性即是培养人的社会活动

---

① 李小鲁:《教育本质新探》,《现代哲学》2007年第5期。
② 郝文武:《教育:主体间的指导学习——学习化社会的教育本质新概念》,《教育研究》2002年第3期。
③ 表格摘自蒙良秋:《改革以来我国关于教育本质问题的研究视角的综述》,《广西大学学报(哲学社会科学版)》2007年第5期。

续表

理论名称	主要代表人物	时间	研究视角	主要观点
传递说	戴景曦 孙昌瑞	1982—1988	传授知识	一是把教育的本质看做是传授知识；二是指出教育是人类选择能力的传递
非产业说	卫兴华 林德飞 郭文安 柯枫	1982—1983	培养人	认为马克思主义经典作家从来没有把教育看做生产部门。产业说在实践上往往误入歧途，把盈利当做教育目标，忽视教育培养人的本质
影响说	魏立言	1994	影响人的精神、意识	认为教育本质是通过影响灵魂造就主体的实践活动，又称灵魂说
再生产说	禹志兰	1996	人类自身再生产	认为教育本质就是人类自身再生产和再创造。因为物质与精神生产的主体都是活生生的个体。而且物质与精神生产的发展，都是人类自身再生产和再创造与社会发生关系的结果
和谐统一论	赵旭东	2000	人与社会和谐统一	教育影响教育对象，教育对象影响社会，这两种影响是和谐统一的，二者共存于教育本质之中，共同构成教育本质的两个方面。教育本质概括为：教育者凭借教育中介影响教育对象（受教育者），并通过教育对象影响社会的活动
人的意义存在说	舒志定	2004	个人完善发展	教育是人的教育，需要从人的存在角度阐释教育本质，世界观不仅仅是"如何观"与"观什么"的问题，而且阐明人的生存是一种建构性的活动，人是在与世界互动中，领悟人的生存意义。因此，使人成为意义的存在者是教育本质的明确规定
文化说	杜晓波	2006	培养文化人	教育是社会文化精神的体现。教育具有了"生成人"与文化传递的双重使命，而教育的文化传递功能又更多地体现为文化的主体化过程。因此，我们可以建立这样一种基本论断：教育即是培养文化人的活动，教育的过程即是促使文化人的生成过程

从表 3-3 中内容可以看出，人学视角阐述教育本质，从改革开放初期到新世纪，对人与教育本质关系的关注焦点是有区别的，早期重点是关注教育与人的成长与发展，即教育要培养人、完善人、发展人，而 20 世纪 90 年代中后期以来，则更显现人学作为理解教育本质的理论基础之功能。

第五节　马克思以实践观阐释教育本质

上述四部分内容简要地介绍了新中国成立以来开展教育本质问题研究的主要特点及基本观点。这些观点体现着研究者解放思想、大胆探索的研究精神，体现着新中国成立以来我国教育学科逐步发展的历史与教育学科理论建设的成就。只是至今，关于教育本质还未形成定论，尚处在不断探索之中。为了更好地梳理教育本质的探索路径，我们有必要检讨教育本质研究的价值定位，以及解读马克思的教育本质观，挖掘它在指导当下教育改革实践中的当代价值，这是教育本质研究工作的重要组成，也是一项刻不容缓的工作。

一、教育本质研究趋向、问题及思路

如果说 1978 年之前的教育本质研究思路较为单一，观点相对集中，但是改革开放以来，对教育本质进行了多元化的探索，观点纷呈，研究思路日益多样，对教育实践产生积极影响，但也存在着急需研究的新课题。

（一）教育本质的研究趋向

结合本章前面几节的分析，可以清晰地发现教育本质研究的主要趋向，呈现着教育本质研究主要思路与理论旨趣。重点概述为下述三方面：

1. 教育本质研究：社会本位与个人本位。教育本质研究的本位问题，是完成教育本质研究目标的出发点，它表明教育本质研究的基本立场。受到社会本位思想的影响，新中国成立以来的教育研究（包括教育本质的研究），从社会需求、社会利益的角度考察教育本质、教育功能等基本问题，并且把教育与社会的关系优于教育与人的关系，人的教育是服从于社会的需要。这样，思考教育便是在两维框架中进行：教育——社会，而"人"这一维度是缺席的，这里的"缺席"是指人变成是实现教育目的的手段，因而人在教育过程中是被动的存在者，即便人处于被动存在的地位，对人的认识依旧是不完整的，即片面地强调人的理性因素的作用，生动的、具有丰富需求的个体成为是受社会意志支配的"可

塑性"动物，教育就这样被赋予了合理合法的地位。

但是，改革开放驱动了社会主义市场经济的兴起与深入发展，"人"渐渐被重视，人的自我意识被唤醒，加之受到当代西方各种思潮的影响，个人（个体）本位论思想对教育研究影响日益显著。重视研究教育中人的问题，或者说从人的角度研究教育，是非常重要的思路。不过，强调教育重视人，不能与教育的社会功能相对立，不能顾此失彼，要正确处理个人、教育、社会三者之间的关系。

2. 教育本质研究：从概念分析到整体把握。改革开放以来的30年，强调厘清教育本质研究相关的基本概念，区分教育的质、教育的属性、教育本质这三个概念的区别与联系，是教育本质研究的一条重要思路。有研究者指出以往讨论教育本质，其实只是讨论教育的质或者是讨论教育的属性[1]，充其量，最多也只是"获得了关于教育质的认识"[2]。因而有研究者批评以往的研究是"将教育的属性、教育的质和教育本质混为一谈"[3]。应该肯定这些意见是值得重视。

教育的质、教育属性与教育本质，教育本质与教育职能、教育性质、教育功能等教育基本理论研究中的基本范畴，是既有联系又与区别的概念。当然，这里不讨论这些概念内涵是什么，这不是本研究的范围。这里只是指出区分概念是揭示教育本质内涵一项十分重要的工作。但是，除了做好这项工作之外，更重要的任务是转换认识教育本质的思路，要从教育、社会、个人三者相互依赖的关系状态中进行思考，着眼于三者相互依存的系统角度分析教育问题，不能就教育论教育。做到了这一点，实质上呈现着教育本质研究思路的重大变迁，即从注重教育本质的概念分析、概念判断的思路，转变成教育与社会整体互动关系考察教育本质思路。

3. 教育本质研究：从抽象解释到现实关怀。对"本质"的认识，总是把"本质"看做是抽象的、思辨的概念分析。因而，研究者都从精神、文化层面确定教育本质范畴。这种理解教育本质的合理之处是明确的，体现教育传承、传播、创新文化的功能，避免教育沦为市场社会经济功利主义的手段或者变为社会政治的奴婢。但是，这一研究思路容易使教育本质理解抽象化，比如强调教育本质是明确"教育应该是什么"，指陈

---

[1] 瞿葆奎：《教育与教育学》，人民教育出版社1993年版，第105页。
[2] 张巽根：《教育本质问题探讨：局限与突破》，《教育研究》1994年第12期。
[3] 程少波：《教育本质研究之批判》，《教育理论与实践》1995年第4期。

教育是一种乌托邦，又如强调教育本质是个人的文化陶冶，关注人的文化精神的体验，培养人的精神生命等。

强调教育的文化功能，关注教育丰富个体精神生活的价值，这是十分重要的思路。但是，必须要正确理解教育改善个体精神生活的社会基础、社会背景，不能抽象地讨论人的精神需要与精神生活。因而，在现代社会，特别是后现代思潮影响下，一批研究者着眼于关注人的现实生活，寻求教育与人的生存之间的关系，因而使教育研究更加凸现关怀现实的立场。

(二) 教育本质研究呈现的问题

上述三点只是简略地梳理了我国教育本质研究的主要思路及其理论旨趣。其实，不论对教育本质研究采用什么样的研究思路，得出什么样的研究结论，有一点必须要思考，即为什么要探讨教育本质？通过归纳整理新中国成立以来对教育本质问题提出的观点与认识思路，发现深入研究教育本质，实质是揭示教育正当性。所谓教育的正当性，是回答社会需要学校教育的原因，考察与判断学校教育观念、内容、行为等是否符合了社会与民众的需要，社会与民众是否给予学校教育肯定的评价。概括地说，它解决了学校教育为什么是合理的基本认识问题。那么现代学校教育的正当性依据是什么？通过对新中国成立以来关于教育本质问题的概述，不论是坚持哪一种理论视角考察教育本质，都在试图给出教育存在正当性的答案，至于采用不同的理论视角与思维方式的重要原因，则与当时研究者秉持的世界观密切相连。因此，更需要从世界观维度阐述教育本质。

古代教育受到古代本体论世界观的影响，追问世界的本源，是人的活动的首要目的。教育则是帮助人去阐明或领会世界的本源，如此才能塑造人性的完善，才是正义的教育，才是使人幸福的教育。就如柏拉图所创立的学园，"缺乏实际鼓励和对数学、思辨的兴趣的要求，就必然使学生的交往较少，年龄也许要大些，教学科目也需要不同的学习方法。学校主要关心的事，不是实践而是理论；不是语言或甚至生活艺术的成就，而是对真理的探索。为此，主要的事情，不是学得要求记忆的一种固定的哲学学说，而是要运用苏格拉底的辩证法，发现那些与人和世界有关的基本观念"。[①] 因为在柏拉图看来，这一基本观念（理念）是异己

---

① [英] 博伊德、金合著：《西方教育史》，任宝祥等译，人民教育出版社1985年版，第25页。

的，是超越人的感性经验而存在的，因而，教育帮助人去发现观念、理念，目的是找到决定人作为存在者的最本质因素，以此塑造人的主体地位。因此，教育就是在教师指导下，学生探索理念、认同理念的过程。而要探索理念，就要给予学生自由的时间与空间，而且通过探索，鼓励及支持学生的独立思考、独立判断，过着一种"审慎"的生活，这就有利于培养自由的公民，如此就很自然就把教育目标演化成是自由的教育、博雅的教育。

近代社会的世界观，认识论思想起着支配地位，目标致力于解决与提升人的认识能力，教育成为扩展认识能力的手段与工具。培根就此论述教育与知识传授的关系。他认为，一切知识目的是赋予人征服自然的力量，而获得知识的有效方法，就是要撇开一切陈见，以归纳的方法研究自然，并且认为这种方法的运用是可靠有效的，因为只要有一定耐心和良好感觉的人，都能依赖感觉去发现新知识。培根对教育与知识发展之间关系所作出的谋划，对教育产生了深刻的影响。

洛克也承认人作为教育对象的重要意义。在他看来，人在出生时，除去期望快乐和接受印象的能力以外，心灵是一块白板，因而说心灵感知事物，是对外界事物的复制过程，变成是一系列的主观因素，如印象、观念。这样，洛克就用主观的概念解释人的主体地位。卢梭也是依据自然主义原则设计教育的代表。他认为教育是消除不利于人的发展的因素，因此，把人的教育按人的生长原理分成几个阶段：第一阶段是婴儿期，由出生到两岁，这一时期自我意识比较弱，第二阶段是儿童时期，从2—12岁，这一时期的儿童已经有了些感情，缺乏真正的理解能力，第三阶段是少年期，从12—15岁，这时体力增长，智力也发展了，但道德意识还没有发展，个人利益是他行为的唯一动机。第四阶段是青年期，从15—25岁左右。真正的社会生活开始了，道德意识支配生活。[①] 洛克、卢梭是从人的生理发展的客观特点来认识教育，要求教育遵循儿童自身发展，这是有积极意义的。但问题是把人的发展本身作为教育出发点，把教育看成是训练人的心智与发展人的技能的手段，夸大教育改变人的本性的作用，忽视人的发展的社会制约因素。

近代教育注重主体的原则，康德的教育思想中达到了一个高峰。康

---

① 卢梭在《爱弥尔》第一卷中着重论述对2岁以前婴儿如何进行体育教育，第二卷为2—12岁儿童感官教育，第三卷为12—15岁少年智育教育，第四卷为15—20岁青年道德教育，第五卷为女子教育及男女青年爱情教育。参见［法］卢梭：《爱弥尔》，李平沤译，商务印书馆1978年版。

德赞成教育对人类发展的积极意义，但他明确强调人不是实现教育目的的手段，相反，人应是教育的目的，因为所有人从小时候起就应该习惯于服从理性的命令，为此他提出了教育的四大功能：训导思想；树立高雅的见解；推动文明的发展；培育道德情操。而且他特别指出当时的教育最缺乏的是第四种功能，这就是教育的道德教化功能，但它不是倡导一些基本的道德定律，而是把人的理性定为最高原则，"一个被创造物的全部自然禀赋都注定了终究是要充分地并且合目的地发展出来的"，"这些自然禀赋的宗旨就在于使用人的理性，它们将在人——作为大地之上唯一有理性的被创造物——的身上充分地发展出来，但却只能是在全物种的身上而不是在各个人的身上"。[①] 由此凸现教育价值，乃是要激励人的理性因素，超越先天的本能因素的局限，但这一过程不是自发的，如果是自然的、自发的过程，则又回到了教育发展人的本能因素的观点，而不是把教育看做是受人的理性力量支配，因此人要有训练、有教导，才能够逐步地从一个认识阶段前进到另一个阶段。

显然，康德从服务人的发展的角度提出"人的教育"构想，目标是要找到决定教育存在合理性的依据，这个依据不是人的本能性因素，而是人的理性能力，教育要培养人的理性，进而超越人的有限性，这使人的思想自由提供可能性。应该看到，康德教育思想中最核心的内容，是否定教育过度信赖实证科学的做法，反对把传授知识作为教育的目的，反对把教育变成是知识传授的手段，提出要重视教育与人的理性自由的关系问题，因而，教育的终极目标是促进的人的自由发展，这是有进步意义的。然而，他对教育自由的假设，是由先验批判的方法完成的，这仍然停留在近代的主体世界观之内。

因而就要对近代主体教育思想进行反思。反思的核心是解决主体与客体分离、对立的格局，其中语言哲学所作的思考是值得重视的思路。在语言哲学研究教育的视野中，不需要关注教育的目的或本质之类定性的话语，而是把教育理解成一个过程，即这一过程是否明确、精确，关注教育者怎样向受教育者澄清和补充一些教育事实。比如：让受教育者了解一个事实、明白一个道理等，在这一过程中，如果教育者的表述不能与受教育者沟通，不能为受教育者构造一种值得关注的情境，说明教育者的语句运用是不合法的。但在他们看来，这种合法性实际上提出了

---

① [德]康德：《世界公民观点之下的普遍历史观念》，《历史理性批判文集》，何兆武译，商务印书馆1990年版，第3—4页。

理解教育的视角，即必须要让受教育者可理解、教与学必须是真实的、真诚的、有助于受教育者获得一定的成功。如果满足了这三方面条件，教育活动就容易取得成效。①

应该说，把教育看做是教育者与受教育者相互理解的过程，这是一条值得关注的思路。但是，他们作此分析的基点是人的理性活动，是教育者与受教育者之间的"精确化"，这种精确化的实质是假设所有人都是有潜在的理性能力，依赖于教育能够培养与获得理智能力，进而逐渐地使人的理智清晰，显然这是一条理性主义的思路。不过形成了理解教育的新的方式，是一种新的意识。②

通过上述简略分析，可以看出，虽然各种教育思想表达不同的观点，但是，存在着研究主题的相近性，即研究教育者与受教育者的行为，人始终是教育活动关注的焦点。离开了人，如果说尚有教育活动，那也只是观念之间、意识之间相互流动，这不是现实人的活动。因为现实人的活动，包含着人内在世界的活动，比如心灵的思考、精神观念的交流等，也包含着人与外部世界交往积累的经验活动，体现着人的某种具体行为，比如认识某件物体、改造某种产品等。由这两方面可知，人的活动，其实是完成了建构人与所处世界交往关系的活动。如果仅仅把教育理解成是人的观念与意识活动，它就无法反映人与世界交往关系是客观存在的事实，这种认识方式是不可能揭示教育的本质。而传统教育中最根本的问题，恰恰是把人抽象化，或者是把人变成纯粹是理性的存在物，或者是被某种异己物所控制的人，不是把人当做现实的社会人，因而人的教育，成为是"意识的活动"，成为训练人们接受各种专家知识的活动，使人成为理性人的过程。就这一点而言，就能够发现以往教育本质研究中存在的认识局限。

其一，人的抽象化理解。

脱离了现实的社会基础讨论人，只能是从思辨的、精神观念的维度

---

① 只要通过阅读詹姆斯·麦克莱伦的《教育哲学》一书，就比较清楚地把握到分析教育哲学对教育的理解。他认为研究教育就应该研究人类理性在教育实践中所采取的独特形式，也就是说是研究人类理性在产生了教—学的特别行动的互动中所采取的独特形式，很自然地，他对教育（教学）看做是一个过程，而对教学研究，就是研究教育过程中教与学的若干条件。很明显，他所提出的研究思路是有意义的，但是对教育仅作理性分析，容易使教育带入一种空幻。参见［美］詹姆斯·麦克莱伦：《教育哲学》，宋少云、陈平译，生活·读书·新知三联书店 1988 年版。

② 英国的阿伦·布洛克称作是现代主义的世界观，现代主义的本质是一种新的意识，是看待人类和世界的新方式，是一种以前没有先例的人类精神的状态。参见［英］阿伦·布洛克：《西方人文主义传统》，董乐山译，生活·读书·新知三联书店 1997 年版，第 203 页。

理解人，把人当做抽象的人，把人的意识形态或思想观念的变化等同于人的发展，这种分析往往陷入在美妙的幻想和空洞的说教之中，从概念的、逻辑的思路理解教育本质，剥离了教育本质形成的现实社会基础，"教育本质"变成是人的意识活动的抽象表述。这些思路，实质上是绕开人去讨论纯粹的教育本质。

其二，片面强化学校的知识教育功能。

学校从事传授科学知识教育活动，但不能把学校的全部教育功能等同是知识传授。如果把学校教育功能等同于知识传授，结果学校的教育本质变成知识教育的本质。近代以来，突出了知识的社会作用，同时又把这一作用简单地归结是生产力功能，因而就产生了教育的生产力功能。这样的认识，有一定的合理性，但是，有知识的人未必成为社会有用之人。因此，生产力的客观性、确定性，不可能是人的活动的本质特征。换言之，人的两种尺度，尤其是内在尺度，难以被确定的、规律性尺度加以评测。

其三，教育本质走向世俗化中被异化了。

近代以来学校教育发生的一项极其重大变革是走向世俗化。所谓世俗化，简单地说社会生活不再受宗教观念的制约与统治，越来越依赖于人理性与科学技术。这里讲学校教育趋向世俗化，同样也指学校教育摆脱宗教的专断与控制，强调教育与人的日常生活的结合，强调教育与近代工业生产的紧密结合，重视实科教育，是学校关注现实社会生活的鲜明特点。重视实科教育，要求学校传授工业化大生产所需的专门知识，按工业生产方式批量化培养专门人才。这样，教育走进了世俗化进程，但是教育陷入了被工具主义思维方式束缚的困境，教育本质被功利目标所异化，淡化了教育中的价值因素。尤其是在近代工业革命的推动下，这种研究思路尤其突出。教育类似于工业社会的产品生产，如夸美纽斯班级授课制的理想是让一切知识教给一切人，而忽视了教育过程内在的、固有的人与人之间的交往关系。纯粹从知识角度讨论教育，使教育活动变得简单化，即教育成为训练人提高劳动技能的一种手段，教育活动变作是批量化的、规格化地"生产"，教育就成为一种专业化、职业化、平面化的重复劳动，缺失了对人的生存意义的关注。

如今应该对教育本质的理解作出反思，但不是去反思教育本质本身的内容，最为关键的工作是揭示理解教育本质的认识前提，这里提出改变已有的研究教育本质的思路，从世界观的角度切入，并且对主导我国教育学科理论建设和教育改革实践活动的马克思教育思想当代价值进行分析。

二、"实践的思维方式"理解教育本质

教育必须结合人的现实生活过程，成为人的日常生活的一部分，不能把教育变成是为了达到某种世俗化目的或者是获得抽象观念的手段。这就要求实现理解教育的认识方式的转变，改变认识教育的思维方式。而这种思维方式的改变，马克思已经为我们打开了理解的视域。

对此，马克思指出"实践思维"是理解人与环境及教育关系的重要思维方式，[①] 马克思作了非常明确的断言："环境的改变和人的活动或自我改变的一致，只能被看做是并合理地理解为革命的实践"。[②] 对马克思标明的"革命的实践"，关涉的主题至少有两点：一是强调"实践"的重要性。在马克思看来，"实践"的价值，标示着人通过实践完成了与对象世界的交往关系的建构，为人在世界中的地位奠基。二是实践之于人的存在的意义的实现，是"革命性"的，它绝不同于传统思想家理解的是人的观念变革或者是意识革命。

由此可见，马克思用简单的、通俗的"革命的实践"阐明了人生存于世的本质。这样，要求确立"实践"的观点，或者说确立"实践的思维方式"，即是"从现实的、有生命的个体"的存在活动去理解人与人之间的各种社会交往现象，从人的历史地生成变化的过程中把握人的现实生活、精神生活的历史限制及其变化、发展的特点。基此，马克思说全面发展的个人，不是自然产物，而是历史发展的产物。"全面发展的个人——他们的社会关系作为他们自己的共同的关系，也是服从于他们自己的共同的控制的——不是自然的产物，而是历史的产物。要使这种个性成为可能，能力的发展就要达到一定的程度和全面性，这正是以建立在交换价值基础上的生产为前提的，这种生产才在产生出个人同自己和同别人相异化的普遍性的同时，也产生出个人关系和个人能力的普遍性和全面性"。[③] 只有当人融入到现实的社会生产过程中，与他人、自然、社会结成相互交往之中，不断地创造社会文明，创造社会生产力，同时也在丰富着自己的知识、能力以及个性。

[①] ［德］马克思：《关于费尔巴哈的提纲》，《马克思恩格斯选集》第 1 卷，人民出版社 1995 年版，第 56 页。

[②] ［德］马克思：《关于费尔巴哈的提纲》，《马克思恩格斯选集》第 1 卷，人民出版社 1995 年版，第 56 页。

[③] ［德］马克思：《1857—1858 年经济学手稿》，《马克思恩格斯全集》第 30 卷，人民出版社 1995 年版，第 112 页。

然而，很长时期未能确立与理解实践的思维，相反形成了"抽象而不切实际的思维"。① 结果不能正确理解教育与社会之间的关系，不能正确把握学校的教育功能，出现了片面夸大学校及教育对人的变革与发展产生作用的现象。

为此，马克思指出把握教育本质的思路，这与把握国家的政治、法、宗教等本质是一致的。首先，马克思批判了政治、法、宗教本质观的认识问题。在《黑格尔法哲学批判》的导言中明确指出："对宗教的批判使人不抱幻想，使人能够作为不抱幻想而具有理智的人来思考，来行动，来建立自己的现实；使他能够围绕着自身和自己现实的太阳转动。"② 其次，马克思提出了寻求理解宗教本质的正确思想路线的迫切性。"人的自我异化的神圣形象被揭穿以后，揭露具有非神圣形象的自我异化，就成了为历史服务的哲学的迫切任务。于是，对天国的批判变成对尘世的批判，对宗教的批判变成对法的批判，对神学的批判变成对政治的批判"。③ 再次，马克思提出了认识宗教本质的新思路："对宗教的批判最后归结为人是人的最高本质这样一个学说，从而也归结为这样的绝对命令：必须推翻那些使人成为被侮辱、被奴役、被遗弃和被蔑视的东西的一切关系"。④

马克思不仅批判了宗教本质观，而且对黑格尔的精神生产理论、资产阶级意识形态等理论观点作出批判，指出费尔巴哈的宗教本质理论、黑格尔的精神生产理论以及其他资产阶级意识形态理论存在的根本不足，即未能触及消除"理论观点"的形而上学本质。为此，马克思论证了从实践角度解读宗教本质、意识形态的基本思路，把"本质问题"还原为"现实的人"的问题。因此，虽然马克思没有直接、明确地谈论教育本质，但是马克思提出从实践观点解读宗教本质、意识形态批判的思想方式，也是解读教育本质的思想方式。

(一) 决定教育本质的基础是现实社会生活

上述引用马克思对宗教本质的批判，指出现实社会生活是宗教形成

---

① [德] 马克思：《〈黑格尔法哲学批判〉导言 [A]》，《马克思恩格斯全集》第 3 卷，人民出版社 2002 年版，第 207 页。
② [德] 马克思：《〈黑格尔法哲学批判〉导言 [A]》，《马克思恩格斯全集》第 3 卷，人民出版社 2002 年版，第 200 页。
③ [德] 马克思：《〈黑格尔法哲学批判〉导言 [A]》，《马克思恩格斯全集》第 3 卷，人民出版社 2002 年版，第 200 页。
④ [德] 马克思：《〈黑格尔法哲学批判〉导言 [A]》，《马克思恩格斯全集》第 3 卷，人民出版社 2002 年版，第 207 页。

的基础。不对现实社会生活进行改革,就无法消除宗教本质。从这一点来说,马克思开展宗教、法及教育等意识形态批判,是批判意识形态形成的社会根源为前提。"这种历史观就在于:从直接生活的物质生产出发阐述现实的生产过程,把同这种生产方式相联系的、它所产生的交往形式即各个不同阶段上的市民社会理解为整个历史的基础,从市民社会作为国家的活动描述市民社会,同时从市民社会出发阐明意识的所有各种不同理论的产物和形式,如宗教、哲学、道德等等……这种历史观和唯心主义历史观不同,它不是在每个时代中寻找某种范畴,而是始终站在现实历史的基础上,不是从观念出发来解释实践,而是从物质实践出发来解释观念的形成"。[①] 无论是否把教育作为意识形态,作为人类实践活动之一的教育,它的本质,是现实的而不能是抽象的思辨、不能是概念的逻辑表述。而要达到这一点要求,需要把学校教育相联系的现实社会生活作为认识前提,从社会生活中寻找决定教育本质的根源。如此对辨析当今教育理论研究中的若干重大问题也是有指导意义的。

比如一线教师"被改革"的问题。所谓"被改革",是对一线教师参与教育改革现状的一种描述与把握。简言之,一线教师对当前教育改革的积极性、主动性并不高,未能充分发挥主人翁状态,有一些老师对自己从事的教育生活处于一种得过且过、维持现状的状态。这种现象的存在,既会影响教育质量的提升,又会影响教师自身的专业成长。因而提出解决它的思路与措施,就要分析问题形成的原因。其中有观点指出,教师个体主观因素是形成"被改革"问题的原因,比如教师的敬业精神、专业水平、工作时间以及经济地位等。

当然,不能否定教师是影响教育改革的重要因素,但是,我们能否跳出"学校教育"单一的视域,从学校教育与社会相互关系中理解教育的作用及功能,从支持当前学校变革的社会基础中寻求原因。批判教育理论、结构主义教育理论就强调外部环境对教师专业发展的意义,而且研究者指出教师专业发展的知识是个体化的,是建立在个体日常生活基础上,即是指个人内在的思想意识,以及外部的社会环境及文化传统。[②] 这就是说,理解学校的教育功能,理解教师专业发展需求,需要了解从

---

① [德]马克思、恩格斯:《德意志意识形态》(节选),《马克思恩格斯选集》第1卷,人民出版社1995年版,第92页。

② Sue Christian Parsons & Pamela U. Brown & Virginia Worley,2004:"A Metaphor Analysis of Preservice Teachers' Reflective Writings About Diversity",*Curriculm and Teaching Dialogue*,1.

普通老百姓到国家政府等不同阶层、不同利益群体对教育的看法以及对教育价值作出的取舍，看看他们是怎样理解教育本质的，怎样理解什么是社会需要的好教育，这应该是解答教育本质问题的关键。

(二) 把握教育本质要坚持历史与逻辑统一原则

人类开展的教育活动历史十分悠久。在不同的社会发展时期，对教育的理解与教育的需求是不一样的。因而，从历史发展的维度研究与分析教育本质，寻求教育本质的共性特征，并总结与揭示特定历史时期教育本质的特殊要求。在这个过程中，要对一些不合时宜的教育本质观进行大胆舍弃，吸收与融合历史上形成的合理观点。

强调历史性，更重要原因是为了满足人认识与改造世界的需要。通过承续历史上积累的知识、技术、道德、信仰等社会文化资源，以便更经济、更有效地解决人认识与改造世界的目标，这是人类教育活动合理性根源的呈现。

从历史的维度理解教育，使教育与人类社会实践活动相融合，人类的教育活动融合在认识世界、改造世界活动之中，体现着教育活动的实践性特性。这就是说，人类发生的每一次教育活动，无论是学校教育还是社会教育，无论是有组织系统化教育，还是不自觉的、分散在日常生活中的教育，它都与人的知、情、意、行相联系，都与人的日常生活相联系，因而，教育便是人的实实在在活动之一种。

既然教育是与人日常生活相关联的活动，就不能把它理解成是抽象的智力活动、智力游戏，就不能把教育活动理解为改善受教育者读、写、算技能的知识学习活动。原因在于这里说教育活动是实在的、客观的活动，既不是古希腊思想家伦理意义上理解"实践"，把实践看做是人的德性、品性，也不是近代启蒙理性实证科学视角理解"实践"，把能否实证的、可否计量等指标作为评价"客观性的"依据，而是把"实践"作为人与世界关系建构的媒介，是培养人认识世界、改造世界、与世界交往的能力与意识，是与人的生存活动、社会历史建构密切相连的现实活动。这种阐释"实践"的思路，伦理学家麦金尔泰（Alasdair maclntyre）的解说更明白与具体。他说实践概念不是职业概念，它比职业概念更具有吸引力和建构性，比如"有技巧地扔一个足球不是实践"，但是足球游戏是实践。砌砖不是实践活动，但是建筑也是实践，种萝卜不是实践，种植是。[1] 麦金尔泰把职业与

---

[1] ［美］特里·L.库珀：《等级制、德性和公共行政的实践：规范伦理学的视角》，《公共行政学中的伦理话语》，罗蔚、周霞编译，中国人民大学出版社 2011 年版，第 56 页。

实践作了区分，体现"实践"的价值，这一点是有意义。不过，麦金尔泰理解实践思路的出发点仍然是德性论的传统，因为他非常明确是指出讨论实践的目的，是使通过实践活动激发人的"内部善"，比如，人只有通过绘画实践的追求，才能培养出最好的色彩、色调、结构、视角、线条、比例感等。激发了人的"内部善"，才能达到善的卓越标准。① 比如处理金钱、荣誉、地位、权力等一系列人在世俗生活中遭遇的"义与利"的课题。

类似麦金尔泰那样关注"实践"问题，并从生存意义、道德价值维度理解人的职业活动与日常的世俗生活，这一点对当前学校教育来说，是富有启示意义的。比如向受教育者传授知识与培养技能，是非常重要的教育项目、教育内容，但是，不能作为评价人的教育的标准，因为它可能导向"非人"的教育，例如应试教育就是把教育促进学生成长的"认知目标"当做教育目的（可能是无意识的、不自觉的）。

所以，研究教育本质，要从历史视野全面系统地分析教育本质的变迁，总结不同历史时期关于教育本质的主要观点，从中建立正确的教育本质理论。比如古代社会的教育，它的重要职能是帮助年轻人获得谋生技能，为阶级分化创造条件，体现教育的政治职能。而文艺复兴以来，教育重要职能是培育人的理性因素，逐渐克服宗教因素对教育的影响，建立世俗化教育体制，使教育变成是人性解放的助推器，人性解放是教育主题与使命。

当然，强调教育本质的历史性，并不否定运用逻辑的手段研究教育本质的合理性。逻辑往往被定义为进行正当推理的科学和过程。② 在教育本质研究过程中，运用逻辑的方法是非常正常与合理的。因为教育本质是从纷繁复杂的教育现象、教育事件中寻求共同性的、普遍性的"本质"，这就需要依赖逻辑的缜密思维过程，把诸多教育事件、教育材料进行排列、分析以及演绎论证，得到材料充分、观点可靠、论证合理的结论。

必须指出，逻辑的方法是与人的思维密切相联系的，它是人的一种特殊的思维方式，如此，就会联系到人的理性与人的主观性。也就是说，因逻辑的方法而突出理性的作用，甚至把理性当做是人的本质特征。这

---

① [美]特里·L.库珀：《等级制、德性和公共行政的实践：规范伦理学的视角》，《公共行政学中的伦理话语》，罗蔚、周霞编译，中国人民大学出版社2011年版，第56—57页。

② [美]伯特·所罗门：《大问题——简明哲学导论》，张卜天译，广西师范大学出版社2004年版，第25页。

样，没有发现逻辑与现实的人、现实的世界之间的关系。

其实，人的任何一项思维活动，包括逻辑推理，它都与人类现实社会历史存在着紧密联系，逻辑、思维能力的发展，本身就是人类现实活动的产物，是人的"感性活动"的产物。马克思以"劳动"这一范畴为例，指出任何抽象活动都是历史产物。"劳动这个例子令人信服地表明，哪怕是最抽象的范畴，虽然正是由于它们的抽象而适用于一切时代，但是就这个抽象的规定性本身来说，同样是历史条件的产物，而且只有对于这些条件并在这些条件之内才具有充分的适用性"。① 可是，以往的"哲学家们"把"思维变成一种独立的力量"，就像古代柏拉图那样先把世界分成感官直接接触的、变动不居的现实的世界，以及作为感性世界摹本的不动不变的理念世界。而逻辑的、思辨的、推理的方法，它是与理念世界沟通的基本方法，是比感官认识更高级的思维能力。这样，把人的逻辑方法神秘化。

因而马克思指出导致逻辑方法神秘化的根源："凡是把理论导致神秘主义的神秘东西，都能在人的实践中以及对这个实践的理解中得到合理的解决"。② 思维问题终究是人的现实生活问题，认识到这一点，就能把握社会生活与人的思维逻辑之间的内在的必然联系，就从根本上克服从理性层面理解逻辑推理的局限。

（三）把握教育本质要坚持人与世界对立统一的辩证立场

与近代其他思想家一样，马克思也是从人与教育相互关系中考察教育的本质与功能，进而得出教育造就人的全面发展的基本结论。但是，马克思思想的卓越之处，是强调人与世界交往共存的对立统一的辩证立场，为理解教育本质建立新的思想与认识前提。

1845 年，马克思和恩格斯在《德意志意识形态》中写下了这样的话，"凡是有某种关系存在的地方，这种关系都是为我而存在的；动物不对什么东西发生'关系'，而且根本没有'关系'；对于动物来说，它对他物的关系不是作为关系而存在的"。③ 仔细体悟这些话，对于我们重新理解人与世界关系的实质，是有积极意义的。

---

① ［德］马克思：《1857—1858 年经济学手稿》，《马克思恩格斯全集》第 30 卷，人民出版社 1995 年版，第 46 页。

② ［德］马克思：《关于费尔巴哈的提纲》，《马克思恩格斯选集》第 1 卷，人民出版社 1995 年版，第 60 页。

③ ［德］马克思、恩格斯：《德意志意识形态》（节选），《马克思恩格斯选集》第 1 卷，人民出版社 1995 年版，第 81 页。

在这里，马克思说出了人与世界关系最基础的内容，即世界并不是作为人的对立面而存在着，不能按物理学科或地理学科的思想方式认识"世界"，因为那样理解世界，只是用一种科学化的语言描述"世界"的客观存在，比如位于何处、面积多大等。相反，世界是"人化"的，人与世界的交往关系是人能动的实践关系。这一点，动物是做不到的。虽然动物也与世界建立了关系，但是，世界对动物而言，只是满足动物最基本的生理需要，"世界"只是满足动物生存需要的对象。这样，世界与动物完全是分离的、对立的存在，世界是作为客体出现在动物面前。然而，世界对人的意义却不是这样的，因为人能够主动地改造世界，在改造世界中，人也受到改造。所以马克思说，人不仅仅要解释世界，更重要的使命是改造世界。

同时要注意，现实世界是指人生活于其中的世界，并不是黑格尔所说是离开人而独立存在的、抽象的精神世界，它是一个观念的世界。对此，马克思说得很清楚："重要的是黑格尔在任何地方都把观念当做主体，而把本来意义上的现实的主体，例如，'政治信念'变成谓语。而发展却总是在谓语方面完成的。"① 马克思批判了黑格尔用"理性"描述人、社会与国家之间关系的基本立场，指出人与社会及国家之间是现实存在的客观关系，比如人是独立存在的，人并不是国家，当然，国家需要人，有人的组合，才谈得上是国家，国家是人的产物。可是，在黑格尔看来，国家与人之间的现实关系都被理解为是"观念的内在想象活动"。② 如果照黑格尔所言，观念成了主体，而现实的人则变成是观念的产物，是非"现实"的存在，这是借助思辨、逻辑与理性的方式完成了"人"的抽象化。

因此，要求坚持人是现实的人的立场。它是指人是现实世界中的人，世界是现实的人活动着的场所，离开人就无法讨论世界的意义，人与世界是交融一体的，世界自然是人感性活动的产物。马克思早就说过，感性"必须是一切科学的基础。科学只有从感性意识和感性需要这两种形式的感性出发，因而，科学只有从自然界出发，才是现实的科学"。③ 在此就表明，"感性意识"与"感性需要"是科学的基础。马克思所说

---

① ［德］马克思：《黑格尔法哲学批判》，《马克思恩格斯全集》第3卷，人民出版社2002年版，第14页。
② ［德］马克思：《黑格尔法哲学批判》，《马克思恩格斯全集》第3卷，人民出版社2002年版，第10页。
③ ［德］马克思：《1844年经济学哲学手稿》，《马克思恩格斯全集》第3卷，人民出版社2002年版，第308页。

"感性"，是着眼于人与世界的关系提出的人的"需要"、人的"观念"，它不是指纯粹的精神世界。所以，马克思说科学、世界是人的感性活动的结果，世界一切活动与成果，都不能离开人的感性活动，现代工业文明，也是现代人的感性活动所生成的。

所以，教育任务不仅是增长人的感性活动的能力，而且是提升人的品质，不能把"教育"简单地归结成是增长人的知识与改善人心智能力。换言之，提高处理人与世界交往关系的能力，这种能力不仅仅是外化为具体处理某件事情的能力，而且是指领悟人与世界关系的能力，是把握人的本质的能力。

在此基础上，马克思又指出，在不同的社会背景下，人与世界的关系变得十分复杂，出现了人被世界控制与奴役的现象，呈现在我们面前的个人不再是生动的、具有个性的人，而是处于一种异化状态之中片面发展的人。而人的异化，恰恰也是在现实人的活动过程中完成的，因此说人的片面发展，不是一个观念的问题，而是受到社会现实生产活动的制约。

但是，人的生产活动，直观而言是人与自然的交往关系，实质上是人与人之间的社会关系，是人的社会关系制约着人的活动，这也是造成人的片面发展的根源。所以，克服人的异化处境，实现人的全面发展理想，必须是在人的现实生活世界中完成，这一过程，不是理论的或观念的抽象智力劳动，也并非依赖人的经验（如杜威所说的人只是经验的生长过程）就能完成。因为，人处于生成之中，并没有先天所具有的本质规定，人的本质不是先天规定的、与生俱来的，它是人的自然属性在社会生活环境中被逐渐地改造、强化或完善所致。

当然，这并不是肯定人的发展的文化决定论观点，也不是像弗洛伊德那样把人的发展看做是内在心理结构的变革。其实，马克思阐述"人的本质"立场的意义，表明人是在社会环境中实现发展目标，不是要寻求决定人的发展"普遍真理"或者说"规范性标准"，企图给所有人的发展规定目标、方向与途径。

事实上，这种思路是缺乏对复杂多样的社会环境的深刻体认。"永远不能通过所谓绝对真理的发现而达到这样一点，在这一点上它再也不能前进一步，除了袖手一旁惊愕地望着这个已经获得的绝对真理，就再也无事可做了"。[1] 世界并不是与人无关的客体，而是人的生活、人的实践

---

[1] ［德］恩格斯：《路德维希·费尔巴哈和德国古典哲学的终结》，《马克思恩格斯选集》第4卷，人民出版社1995年版，第216页。

活动的对象及其人的实践活动结果。同时，人的异化问题也必须在人与世界的交往之中才能找到解决的答案，因此说，教育的目标不是替人去认识、改造客观世界提供服务，如果教育目标仅限于此，则使教育成为奴役人、异化人的工具。

这就是说，从人本身讨论教育本质，而不是就教育讨论教育本质。教育作为一项活动，难以讨论本质，只有与教育活动的主体相联结，才能讨论作为人的实践活动之一的教育本质。所谓从人本身作为认识教育本质的基础视角，就是说要揭示人的生存最本质的特征，这是理解教育本质的内容。人的生存特质，恰恰是人与世界交往关系的建立，因而，认识教育本质，需要回归到人如何构建与世界交往关系的课题，而这种交往关系的实质，是教育本质规定的核心内容。

三、厘清教育本质的当代意义

马克思提供人的发展问题的答案，是理解教育本质的理论前提，这也是理解马克思教育思想当代意义最切近的思路。马克思并展示马克思教育本质观的当代意义。当然，这种"当代意义"并不是偶然生成的，而是历史地形成着的，我们可以在解读马克思对当年若干思想观点的批判中得到阐明。

（一）对教育塑造人的自我意识观点的批判

众所周知，教育是培养人、改造人的活动，对此，往往理解成是对人的意识的改造。马克思并不否定自我意识，而且强调自我意识的地位、作用，强调教育对塑造人的自我意识的重要性。"特殊的个体性是人的个体性，国家的各种职能和活动是人的职能"；"特殊的人格"的"本质不是它的胡子、它的血液，它的抽象的肉体，而是它的社会特质，而国家的职能等等只不过是人的社会特质的存在方式和活动方式"。[①] 一方面，指出人的自我意识是具体个人的自我意识；另一方面，强调个体的特殊本质与社会普遍本质之间的关系。

个人不是孤立的，而是处在一定的社会关系之中，因此，要把自我意识理解成是任何一个"我"与他人、自然、社会以及自身之间的各种交往关系的总和。"我"总是在特定的周围世界、特定的交往关系中创造我与自我、与社会、与自然的关系，由此规定了自我意识的客观性、历

---

① ［德］马克思：《黑格尔法哲学批判》，《马克思恩格斯全集》第 3 卷，人民出版社 2002 年版，第 29 页。

史性的特征。因而，处于不同时代，人的本质规定是不一样的，不同时代的人确立的自我意识也是有区别的。但是，有一点是必然的，也是一致的，那就是自我意识是人与世界的交往过程中得到确立的，这是自我意识具有客观性特征的基本原因。

通过人与社会交往视域，确认人的自我意识的客观性特征，这是马克思对自我意识理论贡献的具体体现，是马克思实现超越近代"人的教育"思想局限性的理论前提。

尽管近代教育思想家都强调教育要面向人，教育是人的教育，尤其是在康德的教育思想里，已经明确了教育的任务不能仅仅是传播科学知识，而且要培养人的自由理性，并由此对科学与人文知识、技能教育与德性教育之间的差异作出区分，并且指出，近代教育的认识基础是把人看做是在意识生活或语言世界中活动的人，而把人的意识、语言之外的世界，要么已被括号悬置（胡塞尔的话）起来，要么只作为人生成、创造的条件。而马克思理解的人，则是在客观世界中实践的人，是日常生活与非日常生活、物质生活与精神生活相统一，以人的全面发展为价值目标。

因此，对教育合理性进行评判，不是讨论教育形式、教育内容是什么，而是要看教育形成的社会、国家的合理性。马克思就说："国家教育"不同于"保育院"，并不是"规模"的大小，即"国家'照管'的范围而大些"，"实际上，国家的真正的'公共教育'就在于国家的合乎理性的公共的存在"，因此，国家教育方法，"使他们成为国家的成员；把个人目的变成普遍的目的，把粗野的本能变成合乎道德的意向，把天然的独立性变成精神的自由；使个人以整体的生活为乐事，整体则以个人的信念为乐事"。①

（二）对人是教育与环境产物的观点的批判

在直观唯物主义看来，人的一切感觉和思想都是周围环境对他发生作用的结果，人及其一切意见是环境的产物。这种观点不是从人本身理解人的活动，而是把理论活动看做是人的活动本身。因此，这种观点忘记了，环境正是由人所改变的，而教育者一定是受教育的。"关于环境和教育起改变作用的唯物主义学说忘记了：环境是由人来改变的，而教育者本人一定是受教育的。因此，这种学说一定把社会分成两部分，其中

---

① ［德］马克思：《〈科伦日报〉第179号的社论》，《马克思恩格斯全集》第1卷，人民出版社1995年版，第217页。

一部分凌驾于社会之上"。① 环境与教育是人类活动的产物，人是改变环境、发展教育的主体。

问题很清楚，坚持环境决定论或教育决定论的观点，缺乏从人与社会互动发展的历史眼光理解教育价值，缺乏对人作为社会主体的信心，由此造成对教育目的的误解，正如有研究者指出："在理论家们这样看待他们的任务时，其特点是没有意识到，他们在如何理解他们自己与如何理解那些作为他们研究对象的人们之间作出了严格的区分。他们用自己的理论去解释那些人的活动经验，将其理解为完全受环境和教育所决定的产物。他们那生物学的和社会的继承物，独立于和优先于他们自己的和理性的意志，造就了他们只能是这种承续的产物。与之相对照的是，这里的理论家们却把他们自己看做理性的代理人，他们有能力、有志于在自然世界和社会世界中体现自己的抱负。他们以一种决定论的眼光去看待别人，而以理性意志原则来看待自己。"② 可见，坚持环境决定论、教育决定论的立场，把人从社会生活中分离出去，教育对人的改造，蜕化为是改造人的理性、理智力。如此，构成的教育活动是理性的教育活动，形成的教育学是"理论教育学"。

为消除这一状况，马克思提出用"实践"的观点作为解决的理论前提。"环境的改变和人的活动或自我改变的一致，只能被看做是并合理地理解为革命的实践"，③ "革命的实践"，是理论与客观生活世界之间关系建构的关系中介，不能把理论理解成是与对象相对立而存在着，而是说实践形成了理论与人对象的完整统一，理性只是人的整体性的一部分，教育活动不能把它从人的整体性中分裂出来。

(三) 对理性教育本质观的批判

上述第二点的讨论，进一步引申出关于教育活动主体的问题。既然教育活动是实践活动，是"客观"的而不是"理论"的活动，因而，从事教育活动的主体也是生活在客观、具体社会之中。马克思说：

"人是一个特殊的个体，并且正是他的特殊性使他成为一个个体，成为一个现实的、单个的社会存在物，同样，他也是总体，观念的总体，被思

---

① [德] 马克思：《关于费尔巴哈的提纲》，《马克思恩格斯选集》第1卷，人民出版社1995年版，第55页。

② [美] A.麦金太尔：《马克思的〈关于费尔巴哈的提纲〉一条未走之路》，乔法容译，《国外社会科学》1995年第6期。

③ [德] 马克思：《关于费尔巴哈的提纲》，《马克思恩格斯选集》第1卷，人民出版社1995年版，第56页。

考和被感知的社会的自为的主体存在，正如他在现实中既作为对社会存在的直观和现实享受而存在，又作为人的生命表现的总体而存在一样。"①

教育活动的内容是知识、精神观念等，这些财富无疑是人的活动的产物，但这些产物显然是人在现实历史过程中完成的，是现实的人的生命力的展示，并不是人的抽象的思辨理性的产物。

而理性教育主导的教育活动，典型特征是把人的理性当做发展对象与目标，为人的发展提供抽象人格模型，如黑格尔建构的人的理想目标，"作为无限的自我相关者的人格和主观性，只有作为人，作为自为地存在的主体，更加无条件地具有真理性（即自己最切近的直接的真理性），而自为的存在也正好就是单一体。国家人格只有作为一个人，作为君主才是现实的"。② 结果，黑格尔以神秘的方式把国家变成主体，而没有看到构成国家的各现实主体。就此马克思批判了黑格尔的观点："主权即国家的理想主义只是作为内在的必然性即作为观念而存在。但是，黑格尔也以此为满足，因为谈的只是观念。"③ 这里说得很清楚，个人是国家职能和权力的承担者，个人本质在于社会性，要重视个人主观的意愿与想象力，但是，这一切都是以人的社会性本质为前提。

（四）对教育实证科学化的批判

启蒙运动以来，对自然科学贡献以及对自然科学作用的认识是史无前例的。学校教育要培养解释世界改造世界的社会主体，处理教育与自然科学之间关系是一项现实课题。提到这个问题的一个重要现实原因，是因为曾经一段时间，把自然科学知识教育当做学校教育代名词，所谓"学好数理化，走遍天下都不怕"。

其实，学校重视自然科学教育是需要的，但是，这要求每一所学校都要确立正确的科学观，要客观、公正地肯定自然科学研究对社会变革产生积极作用，马克思给予了肯定的回答。在《1844年经济学哲学手稿》中，"自然科学却通过工业日益在实践上进入人的生活，改造人的生活，并为人的解放作准备。尽管它不得不直接地使非人化充分发展"。④ 在另

---

① [德] 马克思：《1844年经济学哲学手稿》，《马克思恩格斯全集》第3卷，人民出版社2002年版，第302页。
② [德] 黑格尔：《法哲学原理》，范扬、张企泰译，商务印书馆1961年版，第296页。
③ [德] 马克思：《黑格尔法哲学批判》，《马克思恩格斯全集》第3卷，人民出版社2002年版，第30—31页。
④ [德] 马克思：《1844年经济学哲学手稿》，《马克思恩格斯全集》第3卷，人民出版社2002年版，第307页。

一部经济学手稿中（《1857—1858年经济学手稿》）中，马克思同样提到自然科学的作用。他认为大工业的发展，财富创造越来越取决于科学在生产上的应用，工人不再是生产过程的主要作用者，而是站在生产过程的旁边，"人的手创造出来的人脑的器官；是对象化的知识力量。固定资本的发展表明，一般社会知识，已经在多么大的程度上变成了直接的生产力"。①

尽管自然科学产生的作用是巨大的，但是它对人的自由全面发展的贡献是有限的，换言之，马克思认为单靠自然科学的力量是无法实现人的自由的。因为人的自由既不是一个简单的政治概念，也不是一个法律概念与认识论概念，它以把握人的本质属性为前提。这样，需要建立一门关于人的科学，要求把自然科学和人的科学相融合。当然，这在资本占统治地位、以资本交往关系建构的社会中是不可能实现的，但它非常重要，事关人的全面发展目标的实现，因而需要实现对社会制度的革新，进而完成教育制度的革新。

---

① ［德］马克思：《1857—1858年经济学手稿》，《马克思恩格斯全集》第31卷，人民出版社1998年版，第100—103页。

第四章 基于马克思现代性批判的教育正当性

现代性肇端于西方社会的思想启蒙运动。思想启蒙运动兴起于18世纪，主旨是倡导尊重人的权利、崇尚自由与民主、弘扬理性价值。它的形成与发展，快速地推动社会生产力的提高，促进了人的思想观念与日常生活方式的变革，为当代社会生活揭开了全新的一页，显示着科学与理性的巨大力量。

进入21世纪以来，快速发展的计算机信息网络是现代科技水平的显著表征，它深刻地影响着社会生活方式、工作方式以及社会组织方式。比如人们依靠计算机信息网络完成各种信息查询、处理与储存等工作，极大地方便了现代人的日常生活。然而，当我们通过现代信息网络与世界建立连接关系时，问题是我们应该怎样处理电脑网络构建的虚拟世界与客观生动丰富的现实世界之间的关系？怎样才能自觉地、主动地把握电脑构建的虚拟世界的"现实"与客观世界的"现实"之间的关系？

但是，由于对现代科学技术的信仰，模糊了科学技术建构的虚拟世界与人的日常生活的现实世界之间的异同，甚至不再怀疑科学技术建构的虚拟世界。

事实上，这种对"科学"的态度与立场，已经成为西方社会发展危机的内在根源，它表现在人与人、人与自然、人与社会之间的矛盾、紧张与冲突，而且越来越严重，比如生态危机、人性危机等，这些社会问题被称作是社会的现代性困境，由此提出解构现代性困境的历史使命。

这种解构现代性困境的努力，也波及到对学校教育的批判，并提出了学校教育改革的要求。现代学校出现标准化考试评价机制、整齐划一的班级授课制、人文教育与科学教育对立与分离发展等问题，对学校人才培养质量产生深刻的影响。出现这些问题的主要原因，是与思想启蒙运动密切相关，而启蒙理性又是现代性困境的重要诱因。为此，在反思现代性构成反思社会问题的重要学术话语与焦点性话题的背景下，辩证思考现代性与学校教育发展之间的关系，是一项有意义的课题。

在这一意义上说，反思与批评现代学校的标准化、模式化、应试化等教育问题，事实已经构成对学校教育现代性的批判。这种批判，恰恰也是一项创新教育思想与构建教育制度的重要任务。要完成这一任务，要求辩证地分析现代性给予学校教育的意义，既要认识到现代性带来的消极负面影响，又应该看到现代性也是推进学校教育不断拓展的动力与原因。

为此，阅读与分析马克思批判现代性问题的基本观点，回答现代学校教育正当性的依据，揭露学校教育逐渐受到功利主义魔圈诱导的"秘密"，探求解救学校教育现代性困境的出路。

第一节 现代性的素描

在不同学科、不同学者看来，现代性是一个错综复杂、颇富争议的概念。卡林内斯库（Calinescu Matei）在《现代性的五副面孔》一书中已有表述："现代性这一概念就像其他一些与时间有关的概念一样，我们认为能马上回答这个问题；但一旦我们试图表述自己的想法，就会意识到，作出令人信服的回答需要更多的时间。"[1] 尽管如此，大多数观点同意现代性是指"后封建的欧洲所建立起来的而在20世纪日益成为具有世界历史性影响的行为制度与模式"。[2]

就此来说，现代性是指从欧洲中世纪末期以来，随着封建体制的逐步瓦解、资本主义逐步形成的情况下逐步得到发展，是与文艺复兴、新航路开辟与新大陆发现、资本主义兴起、宗教改革、科学革命、启蒙运动、法国大革命、工业革命等重大社会历史事件紧密结合在一起的"社会现象"。在这一点上说，现代性大略等同于工业化的社会，既指一个具体的历史发展阶段，是不断发现新的科学知识，以此改造世界促进社会进步，实现社会发展的新阶段；又代表着一种"精神"，依托理性，推动社会进步，趋向善的王国。[3]

---

[1] [美] 马泰·卡林内斯库：《现代性的五副面孔：现代主义、先锋派、颓废、媚俗艺术、后现代主义》，顾爱彬、李瑞华译，商务印书馆2002年版，第1页。

[2] [英] 安东尼·吉登斯：《现代性与自我认同》，赵旭东等译，生活·读书·新知三联书店1998年版，第16页。

[3] 佘碧平：《现代性的意义与局限》，上海三联书店2000年版，第2页。

依此断言，现代性是中世纪以来西方社会生活中极其重要的特质、元素，并随着资本的扩张、商品的交换、市场的开拓，逐步地扩大到世界各地，成为影响世界各国社会发展与人的日常社会生活的重要元素。至今，它已经成为全球性的现象，也成为中世纪以来评判社会变革合理性与否的重要关键词。

正因如此，对现代性概念及其价值的辨析，成为一项重要的课题，吸引着不同学科思想家的兴趣。马克斯·韦伯（Max Weber）是较早反思现代性及其历史作用的著名思想家之一。他用"理性化"、"理智化"来描述现代社会与传统社会的对立。因而，对韦伯来说，现代性的发展及对社会的影响，主要表现在社会合理化程度的逐步提高上。社会合理性指遵循某种准则，意味着保持我们的思想或陈述联系的一贯性，在前提和结论之间建立起逻辑秩序，还意味着保持我们行为联系的一贯性，在手段与目的之间建立起效用秩序。① 为此，韦伯认为资本主义企业就是一种"理性的工业组织"，形成这种"理性的工业组织"的关键因素是两个，一是生产与家庭的分离，二是合乎理性的簿记方式。正是这两种因素保证公有财产与私有财产的分离，并且使两种类型的财产都受到法律的保护。② 进而，马克斯·韦伯指出正是这种"理性的资本主义生产方式"，推动着西方资本主义生产力的极大发展，而且还对现代社会各个方面产生重要影响，比如法律与法治、政治民主化与议会、科层管理体制、学校教育系统等都是理性化社会的具体体现。

韦伯开辟的现代性与社会合理性关系课题，成为理解现代性问题的重要思路。德国社会学家齐美尔（G. Simmel）在《货币的哲学》中就通过考察货币经济展示西方社会演变的特征，认为货币成为现代社会合理性的象征，成为构建社会关系合理性内在机制。③

滕尼斯（Tonnies Ferdinand）则从社会组织方式变革探讨理性对社会发展的影响及其作用。认为现代社会已经从礼俗社会转为法治社会，从集体本位的共同体转向个人自由本位的社会，④ 也就是说，近代之前的社

---

① [美]大卫·库尔珀：《纯粹现代性批判——黑格尔、海德格尔及其以后》，臧佩洪译，商务印书馆2004年版，第34页。
② [德]马克斯·韦伯：《新教伦理与资本主义精神》，于晓、陈维纲等译，生活·读书·新知三联书店1987年版，第11—12页。
③ [美]D. P. 约翰逊：《社会学理论》，南开大学社会学系译，国际文化出版公司1988年版，第355页。
④ [德]斐迪南·滕尼斯：《共同体与社会》，林荣远译，商务印书馆1999年版，第53页。

会是以群的状态整体地存在的,而个人——不是肉体意义上的"一个人",而是每个人的自由个性、独立人格与个人权利——只是近代化以后公民社会的产物。① 因此,滕尼斯提出一个"社会"概念,它是由一群有目的的人的组合,是尊重个人自由权利,崇尚个性自由,以个人为本位的"共同体"。显然,它比近代之前的"共同体"包含范围更大,维系更大共同体的机制是对人的自由与权利的尊重。这样,随着共同体向社会的变革,社会从乡村向城市变革、小城市向国际化大都市变革都是社会发展的内在要求。

安东尼·吉登斯(Anthony Giddens)则从"社会制度"变迁与构建的视角提出理解现代性的思路。他说,"现代性是一种后传统的秩序","我们必须从制度层面来理解现代性"。② 为此,他认为现代性首先意指后封建的欧洲所建立起来的而在20世纪日益成为具有世界历史性影响的行为制度与模式,③ 并且,安东尼·吉登斯通过剖析资本主义生产组织及其制度的合理性,从三方面归纳现代性的特征:一是工业主义。这是指蕴含于生产过程中的物质力和机械的广泛应用所体现出的社会关系,它是现代性的一个制度轴。二是资本主义。它是指包含竞争性的产品市场和劳动力的商品化过程中的商品生产体系。三是监控制度。它是指对社会民众的监督性控制,是社会的组织化权力。④ 安东尼·吉登斯对现代性的概述是比较宽泛的认识,但是,从思想观念、社会制度及社会生产三个方面阐述对现代性的理解,这是极其重要的理解现代性的思路。因为它揭示了现代性与人的日常生活相当密切的关系。

无论给予现代性怎样的规定,但是,现代社会发展过程总是和现代性关系密不可分,这是不可否认的事实。比如工业化、城市化、科层化、民族主义、民族国家等现代社会发展特征,便是把文艺复兴及启蒙思想倡导崇尚进步、科学、理性的观念逐步落实在现代工业化社会生活之中,按理性的、科学的、进步的原则建设与管理社会,不断推进现代社会工业化与现代化进程,促进社会文明发展,是现代性的具体体现,就此来

---

① 秦晖:《共同体·社会·大共同体》,《书屋》2002年第2期。
② [英]安东尼·吉登斯:《现代性与自我认同》,赵旭东等译,生活·读书·新知三联书店1998年版,第1—3页。
③ [英]安东尼·吉登斯:《现代性与自我认同》,赵旭东等译,生活·读书·新知三联书店1998年版,第16页。
④ [英]安东尼·吉登斯:《现代性与自我认同》,赵旭东等译,生活·读书·新知三联书店1998年版,第16页。

说，现代性体现着现代社会生成、发展的总体性过程和特征，具体概述成两大维度：在社会时代意识与价值取向上，张扬启蒙时代主张的自由、民主、科学、理性、人权等"时代观念"；在社会发展模式与社会运行机制上，追求民主政治制度、市场经济经济制度、自由开放的文化制度的建设目标。

第二节 多维视域中的现代性批判

从上一节对现代性概念不同观点的介绍看，现代性推崇科学与理性原则，它对社会发展实践产生了积极作用，同时在理论上确立了科学主义、理性主义。正是因为科学主义的盛行，伴随科学和技术的进步以及对经济的增长、社会发展产生的影响，它也给社会现代化造成了种种社会危机。一方面科学与理性给人类带来了巨大的生产力和社会的进步与文明，制造了大量的物质财富，帮助人从自然束缚中解放出来；另一方面，科学与理性又成为现代人陷入生存困境的重要因素，在人的日常生活中，出现科学技术与道德价值的分化，暴露现代性的缺陷与矛盾。

马克斯·韦伯把现代资本主义社会的科层管理体制看做是束缚现代人的"铁牢笼"，西方马克思主义思想家卢卡奇批判资本主义社会造成人的普遍"异化"和"物化"，霍克海默与阿多尔诺认为资本主义社会是"管制社会"，虽然崇尚工具理性，但是造成对人性的压抑，马尔库塞批评现代社会过度重视理性与进步而导致"单向度的人"与"单面社会"的出现。据此，思想家们给予启蒙思想一个结论，认为启蒙思想追求的自由、平等、博爱理想变成是真实的"谎言"。

因而，批判与质疑现代性，探寻解决现代性危机的出路，是19世纪末20世纪以来思想家关注的焦点议题，正如哈贝马斯断定是黑格尔提出了现代性问题。他说"黑格尔开创了现代性的话语。他首先提出了现代性自我批判和自我确证的问题"。[①] 同时，哈贝马斯评述了黑格尔的"现代性"批判思路，认为黑格尔反思了启蒙时期崇尚的"理性观"，但是，黑格尔重点是从思维层面反思了18世纪在欧洲兴起的启蒙运动，出发点是解决知识与信仰对立的问题，试图为现代社会建构一个"理性的偶像"，但是，哈贝马斯认为黑格尔反思现代性的目标是"从主体性哲学内

---

① [德]哈贝马斯：《现代性的哲学话语》，曹卫东等译，译林出版社2004年版，第59页。

部将主体性哲学击破",① 没有揭示事物之间的相互联系和辩证发展,并没有真正理解理性,存在着对理性认识的局限。

黑格尔对"理性"、"现代性"的批判,这是有意义的命题。不过,黑格尔试图引入"客观精神"以达到克服启蒙理性缺陷的目的。即黑格尔反复强调"自我意识"的权威性。认为内存于人的自我意识世界中的"客观精神"是推动社会变化、发展的本质因素,是决定社会发展的根本因素。但是,黑格尔所说的"客观精神",是抽象的、思辨的,这使现代性批判丧失了现实的、客观的社会基础。

不过,黑格尔提出批判现代性的课题,使"批判现代性"成为一个深受关注与争议的焦点话题,对以后思想家的研究工作产生重要影响,并且不同思想家着眼于哲学、文学、史学等不同学科立场,关于现代性批判提出不同观点,深化了对现代性问题的认识。

波德莱尔(Baudelaire Charles)就从美学视角论及现代性,以一种审美体验、感性化色彩来指称现代性。他说"现代性就是过渡、短暂、偶然,就是艺术的一半,另一半是永恒和不变"。② 波德莱尔提出的这个观点是有局限的。现代性与启蒙思想、启蒙运动有关,然而,启蒙运动,它不仅是在思想层面上倡导民主、自由、人权,推动社会的思想解放,而且,启蒙思想是影响与推动社会变革的重要力量,它是社会制度建构与运行的思想资源,挑战了从中世纪以来的王权政治、专制政治,"使民主制度成为新的社会政治权力的产生方式和社会生活的管理方式,而且,民主正日益成为世界各个地区普遍追求的社会理念"。③

因而有思想家围绕启蒙理性、欧洲科学危机、工具理性、技术理性、大众文化等社会发展的"关键词",从社会政治经济制度、社会价值理念、个人内心世界等三个层面开展对现代性的批判。

从制度层面理解现代性,它对人类社会发展产生的重要影响,是为现代社会构建了一系列制度,包括政治制度、经济制度、教育制度等。当然,这些制度的形成,确保了现代社会持续规范地发展。比如科层管理制度在各级各类学校的应用。按科层管理的设计,对不同岗位有职责要求都有明确规定,科层体系内的每一位成员都明白各自职责,能否完成任务,都有

---

① [德]哈贝马斯:《现代性的哲学话语》,曹卫东等译,译林出版社2004年版,第27页。
② [法]波德莱尔:《波德莱尔美学论文选》,郭宏安译,人民文学出版社1987年版,第485页。
③ 哈佛燕京学社编:《启蒙的反思》,江苏教育出版社2005年版,第2页。

明确的奖惩措施，它确保整个系统的有序运行，是典型的管理合理化例子。但是，必须注意这种"合理化"包含的问题，即强调科学、客观、高效，而对人性的关心、对伦理与道德价值的追求，则被边缘化了。

随着社会发展，社会与"制度"之间的矛盾也逐渐凸现出来，逐渐暴露了"制度"隐含的负面价值，因此，就对"制度"的合理性提出质疑，其中对现代性造成社会制度程序化、规范化与标准化现象的批评最为激烈，认为受现代性影响，由于对"效率"的片面追求，使人的生存价值与意义问题边缘化，因而，要反思受启蒙与现代性主导的现代社会制度给予人的生存带来了什么样的后果。

从个人内心世界与社会价值理念层面分析现代性的消极影响，是反思现代性问题的又一重要思路。现代社会倡导的价值理念，影响着现代社会个体内心世界的变化，它已经成为影响现代社会运行的深层文化心理结构。因而，社会价值理念、个体心理结构的变化，是考察与批判现代性的重要视角。

因为，社会价值理念是影响社会变革与发展的重要因素。从某种程度上说，价值取向是影响社会秩序与制度建设的核心要素之一。由此使重估社会价值理念成为反思现代性的极其重要的切入点。德国学者马克斯·韦伯就以社会价值作为考察资本主义社会发展的线索，论述了建构资本主义社会合理性因素。

马克斯·韦伯认为对于什么是资本主义的认识，通常是考察资本主义的经济行为。"资本主义的经济行为是依赖于利用交换机会来谋取利润的行为，亦即是依赖于（在形式上）和平的获利机会的行为"。[①] 从经济行为看资本主义，确实可以把资本主义看做是一家"巨型企业"，依靠持续的、理性的企业经营方式，以获取最大利润为目的，并不断地让利润产生更大更多的利润。其实，这是对资本主义存在与发展合理性因素的直观考察，作为企业，如果不追逐利润，不把谋取利润放在突出位置，企业必定会遭受市场竞争的严峻挑战，甚至面临难以生存的处境。

为此，韦伯指出对利润与物质利益的偏好是推动资本主义社会发展的重要因素，此外，还认为西方社会文化传统是推动资本主义历史进程不可忽略的重要因素，尤其是文化传统中的价值与信仰因素。因而，韦伯指出研究资本主义"应当说明禁欲主义的理性主义对于实际社会伦

---

① ［德］马克斯·韦伯：《新教伦理与资本主义精神》，赵旭东等译，生活·读书·新知三联书店1987年版，第8页。

观点内容所产生的意义,从而对社会组织类型以及上至国家下至群众集会等社会群体的作用意义"。① 并且,韦伯相信人如果受到价值与信仰的影响,就会出现对理性的不同偏好。无论是个体的人,还是社会发展,其产生的行为中包含着对行为目的的思考与行为手段的选择,既要考虑"我怎样完成这项工作",也要考虑"我为什么要完成这项工作",只有两者结合,人的行为才是正当、合理的。对此,韦伯把它规定是人对价值理性与工具理性的不同偏好。而前者,称作是"工具理性",后者称作是"价值理性"。

其实,对"理性"问题的思考,是与人类思想发展史密切相联系的,它体现着人类思想的自觉与社会文明的进步。就此,美国学者威廉·巴雷特(William Barrett)把它看做是古代希腊人的重要成就,是对西方文明发展的重大贡献,他说"把理性思维从无意识的原始深渊中提取出来,是希腊人的成就"。② 而在启蒙运动的信仰中,启蒙思想家相信理性和自由之间有着内在联系,相信理性的增长将会带来自由的增长。③ 事实也如此,理性对人类社会发展产生着积极影响,比如克服了原始蒙昧,走向现代科技文明,丰富了人的物质生活。

肯定"理性"的地位、作用及其意义,也必须看到"理性"的分裂及其"理性"的局限。对此作出"价值理性"与"工具理性"的区分是有意义的。"价值理性"是指伦理、美学、宗教等作为阐释或判断人与社会发展行为,把"意义"等价值问题的思考确定是社会进步与人的发展优先目标,如果履行了价值承诺的行为,则认定是正当的、合理的,相反,则是禁止的、不提倡的。当然,对"价值"的选择,在不同历史时期受到不同社会主导意识形态的制约,比如在宗教意识形态中,宗教价值观是建构人的意义的依据。韦伯说:价值合乎理性是指人"通过有意识地对一个特定的举止的——伦理的、美学的、宗教的或作任何其他阐释的——无条件的固有价值的纯粹信仰",④ 由此行为者"向自己提出的'戒律'或'要求'"。⑤ 韦伯认为这样的行为是基于对义务、尊严、美、

---

① [德]马克斯·韦伯:《新教伦理与资本主义精神》,于晓、陈维纲等译,生活·读书·新知三联书店1987年版,第143页。
② [美]威廉·巴雷特:《非理性的人——存在主义哲学研究》,杨照明、艾平译,商务印书馆1995年版,第81页。
③ [美]斯蒂文·贝斯特、[美]道格拉斯·凯尔纳:《后现代理论——批判性的质疑》,张志斌译,中央编译出版社1999年版,第10页。
④ [德]马克斯·韦伯:《经济与社会》(上卷),林荣远译,商务印书馆1997年版,第56页。
⑤ [德]马克斯·韦伯:《经济与社会》(上卷),林荣远译,商务印书馆1997年版,第57页。

宗教等信念，而这些信念是决定人的行为的依据。

结果，不仅资本创造财富，而且使资本所有者出现了追逐利益的偏好，而货币又使财富变成抽象的存在，这样，人的行为受到追逐利益偏好的影响与约束，在此前提下，对财富的追逐，变成是对货币的嗜好，造成崇拜货币的现象，使人的行为中淡化或消失了信仰、道德价值等因素。这种情形发展到极致的表现之一，是利用自然科学知识计算与检测人的行为，人的行为应该是由知、情、意、行综合因素作用的结果，但在这里，把人的行为当做是流水线生产产品一样可以控制、可以计算的一种"劳动商品"，"计算的结果"作为决定人的行为是否发生的基本依据。

这就是说，人的行为的正当性、合理性的评判依据，归结是可算计的、可测量的、可程序化的某一种标准，它使个人行为越来越趋于"功利"和"可计算的"，甚至简单地归结是"这样做产生的效率是多少，带来了多少利润"，并不重视甚至取消道德、宗教、美学在人的日常生活中的地位。这种现象称作是重视人的行为的"工具理性"。因而，现代社会的问题在于极端重视工具理性、工具价值，致使人追求工具理性而忽略价值理性，潜移默化地造成社会道德价值传播与理想信仰教育的困境。韦伯把这一现象称作是受认知——工具理性统治的现代社会，并且指出，如果人们行为动机受到工具理性的约束，就会关注人的行为工具价值，不关心个体行为是否具有道德的或审美的意义，结果出现韦伯描述"无心肝的纵欲者"的现象，同时，它将影响着社会管理理念，支配社会运行机制和制度的建构，比如把社会当做是一架大的工业生产机器，对社会生活的管理，等同于操作机器那样的技术性工作，采取严格的、科学化的程序管理，以确保社会的运转。无疑，受"工具理性"规范的社会管理，严格、规范、有序，对提高社会管理效率是有帮助的，但是，它强调管理的规范与客观性，未能重视现代人对价值、意义、理想、信仰等方面的需求。

正因如此，不仅社会管理出现技术治理现象，而且它还影响到个体内心世界的变化，这也是检讨个人与现代性关系的重要视角。对此，马克斯·舍勒（Max Scheler）、格奥尔格·西美尔（Georg Simmel）等思想家作了深刻阐述。他们称作是社会文化心理结构的世俗化过程，即现代性对个体心灵秩序或心性结构的影响，形成现代人的精神气质。马克斯·舍勒就此提出要从"心性结构"理解资本主义。因为人更多生活在共同体的经验中，而不是生活在他自己的个体自我中。在我们很小的时候，来支配我们的那些观念和感受最初就是家庭成员的观念和感受。所以，家庭是我们出生于其中的生活共同体的基本形式。① 循此思路,马克斯·舍勒指出"人格"不仅是道德价值的承担者和创造者,而且由不同人格类型的"心灵秩序"建构的"心性结构",是理解人及由人所组成的社会的根本方法。

马克斯·舍勒就用"心性结构"来表达资本主义给予人与社会产生的影响。所谓"心性",其实是指一种意识态度,它是指人在日常生活中,怎样使人与之交往的事物呈现出现,是事物呈现的方式。我们周围的事物如何显现,是人去认识、表达、利用事物,取决于人的特定意识态度。事物总是在某种意识态度中显现出来的。但是,在大多数情况下,我们并没有意识到这一点,没有意识到我们的意识态度,总是想当然地认为,事物呈现出来的样子就是它们的本来面目。②

基于此,马克斯·舍勒指出资本主义最重要影响是造成现代人"心性结构"的迁移。在他看来,随着资本主义生产力的发展,造成财富的不同分配以及社会的不公正,社会成员就会产生"嫉妒和羡慕"等"怨恨"心态,在这种情形下,有的人奋勇当先,有的人沉沦,甚至制造与社会的对抗或报复行为。舍勒就此指出,如果社会主导人格是奋进者、奋斗者,就会把崇尚"竞争"确定为社会主导的价值理念,就会把社会进步当做努力目标。就此而言,社会的变革与发展,与人的道德观念、价值理念密切相连,马克斯·舍勒把它称作是社会的现代型价值选择秩序位移和重构,它是现代性的深层次内容。

但是,这种价值重构,是一种工商精神气质,它注重功利、实用的价值心态,这不同于古代社会或中世纪神学倡导的超越世俗生活的价值取向。也就是说,在主体心态中,实用价值与生命价值的结构性位置发生了根本性转换,实用价值愈来愈成为主体动机结构中的支配性标准和尺度。③"不论我探究个人、历史时代、家庭、民族、国家或任一社会历史群体的内在本质,唯有当我把握其具体的价值评估、价值选取的系统,我才算深入地了解它。我称这一系统为这些主体的精神气质(或性格)。这精神气质的根本乃首先在于爱恨的秩序"。④ 马克斯·舍勒把"爱恨的

---

① [美] 曼弗雷德·S. 弗林斯:《舍勒心灵》,张志平、张任之译,上海三联书店 2006 年版,第 83 页。
② [美] 曼弗雷德·S. 弗林斯:《舍勒心灵》,张志平、张任之译,上海三联书店 2006 年版,第 171 页。
③ 刘小枫:《现代性社会理论绪论》,上海三联书店 1998 年版,第 17 页。
④ [德] 马克斯·舍勒:《爱的秩序》,林克等译,生活·读书·新知三联书店 1995 年版,第 35 页。

秩序"、"精神气质"作为分析社会问题的关键因素,因为"爱恨秩序"是"爱"与"恨"的价值观念的选择,从价值取向上体现着社会建构、运行的特征,同时,不同的价值取向组合成社会的价值"秩序",反映社会对价值理念系统的不同偏好与选择。正是因为对不同价值理念的偏好,形成指导社会变革的核心理念。比如为促进工业快速发展,人们把寻求物质财富当做首选的价值偏好,受此影响,妥善处理人与自然的关系成为一项难题。对此已经得到了世界各国工业化发展实践的证实。

正如马克斯·舍勒研究所表明,现代性改变了人的精神气质,这种变化并不是个人的,而且是一种社会的普遍现象,已经受到社会成员的认同,并且建构成为现代性文化心理结构,它影响着现代人对"美好生活"的理解,比如现代人注重感官刺激,追求物质享受,缺乏对生活意义的反思与人的价值的追问的自觉性、主动性。正如哈贝马斯在评述《启蒙辩证法》一书中作出的概括:"彻底合理化的现代世界只是在表面上实现了神秘化;恶魔般的物化和沉闷的孤立等诅咒还是萦绕不去。这种解放是空洞的,是麻木不仁的现象,但它表现出了源始力量对必须解放却又没有得到解脱的人的复仇,合理克服外在自然力量的压力把主体引上了教化的过程,而教化过程为了强烈的自我持存把生产力提升到绝对的高度,却使超越了纯粹自我持存的和解力量急剧萎缩。启蒙的永恒标志是对客观化的外在自然和遭到压抑的内在自然的统治。"[①] 这就是说,启蒙与现代性,对社会制度的建构与深层次的文化心理结构的形成都产生了深刻影响,逐渐形成系统化、标准化、规范化的社会管理系统,并侵占了个人行动的领域,个人受社会系统的制约,只是社会系统运行中的一分子,其行动与思想越来越缺乏自主权,个体的存在似乎只是社会整体的一个化身。在这个问题上,卢卡奇分析得更为明确:理性化过程意味着内在和外在生命都被对象化,这个世界不仅是一个具有抽象同一性的系统世界,也是一个主观世界。通俗地说,社会发展使个体越来越个体化,这些个体缺失的不是理性与理智能力,而是没有可供共享的道德感和价值感。[②]

可见,批判当代社会面临的种种危机和困境,反思现代性,是为了求证社会持续发展的前提与机制,寻求维护人的主体命运的出路。从这

[①] [德] 于尔根·哈贝马斯:《现代性的哲学话语》,曹卫东等译,译林出版社2004年版,第127页。

[②] 渠敬东:《现代社会中的人性及教育——以涂尔干社会理论为视角》,上海三联书店2006年版,第181页。

个角度说，质疑与解救现代性问题，是对现代社会存在合理性的追问，是为了解决现代社会发展正当性，它关涉着社会发展的前提问题。为此，思想家们阐述了解救现代社会的各种方案。

第三节 解救现代性危机中凸现正当性课题

除了描述与批判现代性造成的社会危机，更重要使命是寻求解决社会危机的出路，这是思想家的思考重点。然而，要探寻解决现代性危机的出路，并不容易。正如美国学者威廉·巴雷特（William Barrett）称它是"与虚无遭遇"。他说：

"我们所拥有的关于外部世界事实的记录，已经绰绰有余，多得使那些松鼠般的学者们再也不能把它们拾掇起来拼凑成一个单一的整体，足够让那些忙忙碌碌的宣传家们以自我陶醉的广闻博识夸夸其谈地讲一辈子；但是，对于内心世界事实——即在我们命运的诸力量最初显示其自身的那个中心发生着什么——我们仍然几乎一无所知。"[1]

尼采（Friedrich Wilhelm Nietzsche）、海德格尔（Martin Heidegger）是从社会存在本体因素探索现代性问题解决出路的重要代表。他们认为现代性问题的成因，源于古希腊柏拉图思想的影响。柏拉图建构超越现实世界的理念世界，指出它是决定人的现实生活世界的本质性因素，是决定人的思想、规范人的行为的基本依据与前提，以此确立人与社会存在的正当性。这样，在柏拉图看来，人生活的现实世界与理念世界是对立的两个世界，它们是决定与被决定关系，要求人崇尚超越现实世界的理念世界，使生活在现实世界中的人，不是为人而生活，而是被巨大的虚无（理念世界）所引领与规范着。

为此，尼采批判柏拉图对生命价值的误解，原因是柏拉图坚信超感性世界的价值，埋下了价值虚无主义的种子。"在柏拉图那里，我们是作为可悟的善的世界的昔日居民才占有那个时代的遗志的"，因而，基本思想方式是要求人们相信"善的上帝"，只有"上帝的真实性才会给我们的感官判断提供保证。可是，除了宗教为我们的感性和理性提供和担保之

---

[1] [美] 威廉·巴雷特：《非理性的人——存在主义哲学研究》，杨照明、艾平译，商务印书馆 1995 年版，第 23 页。

外，叫我们到哪里去获得信仰生命的权力呢！"① 而事实上，生命不是上帝、不是抽象的道德，生命恰恰正是人本身。如果不能从人本身就把握生命，相反，只是用抽象的上帝或道德观念理解生命，是对人的生命的真实性、客观性的否定，是对生命的颠覆，进而也会颠覆对生命价值的认识。因此，尼采说："存在——除'生命'而外，我们没有别的关于存在的观念。也就是说，某些死亡的东西怎么能'存在'呢？"②

海德格尔采纳了尼采的批判思路，更进一步指出现代人的问题在于被"形而上学"所统治，导致对"存在"的遗忘，因而，任务是要建立"基础存在论"，揭示形而上学形成的基础，进而颠覆传统形而上学的控制。

对于"基础存在论"，海德格尔有一个说法：认为它"是指对有限的人类本质所作的那样一种存在论分析，它应当为'属于人的自然本性'的形而上学准备基础"。③ 据此明确海德格尔对存在论课题的规定。在他看来，是把形而上学与人的自然本性相联系，存在论的目标是分析人是什么、在何种意义上谈论人的存在，这就是存在论的基本课题，"将此在的这一特别标明的存在论分析作为必然要求来阐明，并由此而说明，在何种意图和方式之中，在何种界限之内和哪些条件之下，它提出'什么是人？'这个具体的问题"。④ 这就是说，对"什么是人"这个问题的认识，肯定"人"是大前提，理解人的不同思想方式，则是造成关于人的问题的根源。简言之，形而上学总是与人有关的，即使是在崇拜上帝的"神学形而上学"视域中，它也是与人有关的。

如此就使问题变成如何理解人的问题。这在海德格尔看来，人是什么，也就是说，用流传下来的形而上学的语言来说人的"本质"，这就是人的生存。⑤ 美国海德格尔研究专家约瑟夫·科克尔曼斯（Joseph J. Kockelmans）就此解释说海德格尔认为人的存在就是人的生活，人类此在的生活样式就是事实性。事实性就是生活事实上生活于其中的世界的存在。事实性

---

① ［德］弗里德里希·尼采：《权力意志——重估一切价值的尝试》，张念东、凌素心译，商务印书馆1991年版，第206—207页。
② ［德］弗里德里希·尼采：《权力意志——重估一切价值的尝试》，张念东、凌素心译，商务印书馆1991年版，第186页。
③ ［德］海德格尔：《康德和形而上学问题》，《海德格尔选集》（上卷），邓晓芒译，上海三联书店1996年版，第82页。
④ ［德］海德格尔：《康德和形而上学问题》，《海德格尔选集》（上卷），邓晓芒译，上海三联书店1996年版，第82页。
⑤ ［德］海德格尔：《关于人道主义的书信》，《海德格尔选集》（上卷），熊伟译，上海三联书店1996年版，第369页。

既不是世界，也不是生活，而是生活与世界之间的关系。① 可是，很长时期，我们总是被"事实性"所误导成这是生活本身，是世界本身。引起误导的原因，是用认识论的观点去理解人的生活、理解人与世界的关系。受这种认识思路影响，把客观世界作为人认识的对象，人自身是认识主体，问题在于人能否认识世界，如果对世界有所认识，得到了一些关于世界的知识，这是人的认识能力的增长。如此思路，人与世界是分离的、是对立的，构成认识与被认识、解释与被解释的关系。

这样，强化了个体自我意识的地位与作用，因为凡是客体世界都能够被主体的"我"所认知，只有被"我"认知的客体才是有意义的，结果是把主观意识的此岸"自我""本体化"，即把主观的自我意识变成类似一种具体物质一般的某种"客观实体"，认为这种"实体"支配着人的行动，成为是个体行为合理性的依据，是世界上其他事物存在合理性的决定因素。就此，在海德格尔看来，这是近代以来主体形而上学的困境。要摆脱主体形而上学的束缚，提出重回希腊早期思想，从中寻求"思"的资源，完成对存在本源意义的确认。

但是，对这一条拯救道路，海德格尔提出了构想，但又感到非常茫然。"哲学将不能引起世界现状的任何直接变化。不仅哲学不能，而且所有一切只要是人的思索和图谋都不能做到。只还有一个上帝能救渡我们。留给我们的唯一可以是，在思想与诗歌中为上帝之出现准备或者为在没落中上帝之不出现作准备；我们瞻望着不出现的上帝而没落"。② 在海德格尔的矛盾思想中，很清楚地发现，这些思想家们期待通过对"存在"本源意义的追问，对"存在"之根源的"思"，希冀重建现代人的精神生活世界，使人的精神生活始终保持在对崇高的信仰或纯洁的审美对象的体验之中，从而分享着"精神"的高贵，避免使人成为金钱、物欲的"奴隶"，并以此作为发展科学与技术文明的前提，期待科学与技术不再造成人性的分裂。

尽管对现代性原因及造成困境的批判是各不相同的，对现代性的反思也是震耳欲聋的，但是，提出的解决方案，难以在主权独立的世界各国中得到实施。不过，对现代性的反思，以及把现代性问题解决焦点确

---

① [美]约瑟夫·科克尔曼斯：《海德格尔的〈存在与时间〉》，陈小文等译，商务印书馆1996年版，第34页。

② [德]海德格尔：《"只还有一个上帝能救渡我们"》，《海德格尔选集》（下卷），熊伟译，上海三联书店1996年版，第1306页。

定是维护社会存在的合理性、正当性，这一点是需要重视的。因为决定社会存在合理性与正当性的前提，最终归结是对人的重新发现，基本议题是如何协调人与社会、人类社会与自然界之间的关系，以确保人能够有意义、有尊严地生活。

基于这一点，英国社会学家安东尼·吉登斯批评说在"现代性背景下，个人的无意义感，即那样觉得生活没有提供任何有价值东西的感受，成为根本性的心理问题"。[①] 吉登斯的这一句话，提及了现代社会发展正当性与现代人生存意义相互关切的问题，是现代性问题的实质和焦点，这也是研究者探询解决现代性问题出路的重要依据。也是基于这样的认识，有研究者认为现代性是一项未完成的事业，充分、积极地挖掘这些"合理性"，能够重建现代性，实现启蒙的理想。哈贝马斯就此阐述了重建现代性的构想。

哈贝马斯认为现代性是一个尚未全面完成的构想，需要通过克服其缺陷的基础上开辟新路，以继续现代性这项未竟的事业。他认为现代性问题是构建社会运行的"官僚体系"，造成独立自主的公共领域的逐步消失或瓦解。因此，他反对对现代性的全面否定，倡导"交往理性"，充分利用理性的合理性，以促进主体间的交往与"共识"的达成，克服传统理性的局限。这一思想体现在他1980年获得"阿多诺奖"时的答谢辞《现代性：一项未完成的规划》以及第二年完成并在德国出版的两卷本《交往行动理论》一书中。在这些著作中，哈贝马斯系统、完整地阐述了"交往理性"拯救现代性的必要性与可能性。

类似哈贝马斯对现代性合理性的确信，罗尔斯（John Rawls）也从政治哲学角度提出了解决方案。他试图通过"公共理性"弥补传统现代性崇尚"启蒙理性"的局限。他认为现代社会存在多样化的个体，个体之间是不同质的、是有区别的，而通过公共理性，倡导现代个体能够自觉地以社会的"善与正义"作为行为出发点，从而能够倾听他人意见的态度，对别人的观点作出理性回应时保持公平心。[②] 由此达到维护社会秩序正常运转，使个体过着有道德感、责任感、有尊严的生活。这说明与肯定现代性对现代社会与人的发展的积极作用，是讨论现代性对教育发展意义的基本缘由与依据。

---

① [英]安东尼·吉登斯：《现代性与自我认同》，赵旭东等译，生活·读书·新知三联书店1998年版，第9页。

② [美]罗尔斯：《政治自由主义》，万俊人译，译林出版社2000年版，第230页。

上面简略地介绍了不同研究者对"现代性"问题的思考，虽然观点不一，但是，批判现代性的重要路标是寻求社会"正当性"、"合理性"，对此，达成了共识。同时，我们也能够发现，虽然自黑格尔提出现代性批判的命题之后，现代性问题受到研究者的广泛关注，并提出众多观点。如果对这些观点进行归纳、梳理，集中到一点上，要求不断谋划进一步改善现代人的生存处境、维护现代人的尊严、提高生活质量的策略。这样，反思现代性问题可以被转换成同一问题的另一表述方式，即寻求解救现代性的方案，实质是要求阐明社会存在发展正当性确立的依据，以此明确社会存在与发展的合理性问题。对照现代性的批判性思考，这个问题便转换成这样的提问方法：我们能否依赖"理性"完成社会运行的合理程序和方式的建构目标，比如科层制管理是否完善？法治是否确保能够使人的生活幸福？怎样兼顾效率与公平正义之间的关系？按照什么样的思想观念、价值目标，确定社会发展模式与道路选择，从而推进社会物质文化建设、制度文化建设以及精神文化建设等。

所谓探讨社会存在的正当性，其实这是一个自明的命题。任何人都不愿意生活在没有法纪、没有秩序、没有安全感、个人权利得不到维护的社会环境中。如果出现这样的社会生活环境，给它界定是丧失了存在正当性的社会。[①] 然而，问题在于这样理解社会存在正当性，如何保证"正当性"概念的揭示？

这需要解释"正当性"概念。在不同的学科研究语境中，"正当性"可以用不同语词进行表达，如合法性（legitimacy）、规范性（normality）、证成性（justification）、有效性（validity）等。尽管如此，无论是哪一门学科，对"正当性"概念的理解，有着相同或相近的解释意图，以及阐释它的思想路线。即是把阐明一事物存在之理由称作是"正当性"。如法

---

① 从文艺复兴时期起，个人被当做衡量一切事物的标准，启蒙运动的核心是为个人争取地位，摆脱一切社会和政治关系的束缚，无论是霍布斯、洛克、卢梭等思想家的观点中，这一点是非常明确的。因而，马克斯·韦伯的研究主题之一是确定质疑社会正当性问题。韦伯指出，构成近代资本主义精神乃至整个近代文化精神的诸基本要素之中，以职业概念为基础的理性行为这一要素，正是从基督教禁欲主义中产生出来的。这样，在资本主义社会，不仅要求个人行为的服从，而且要求个人把内心世界都要交给非个人的、合法建立的社会经济秩序和政治秩序。而且，这种秩序越来越多地组建成行政的、官僚主义的形式。结果，社会官僚主义形式的合法性，成了社会合法性的代名词，程序合法性等同于社会的合法。结果，资本主义文化发展到最后出现"专家没有灵魂，纵欲者没有心肝"的现象也是"合理"的存在。参见［德］马克斯·韦伯：《新教伦理与资本主义精神》，于晓、陈维刚等译，生活·读书·新知三联书店1987年版，第141—144页。

学中提及的"正当性",它是指一个人的行为是否符合法律规定的要求,如果遵照法律规定发生的各种行为,都具有合法依据,都具有正当性。

当然,"法学"学科对"正当性"的解释,有更深层的含义。它主要是指法律之为法律的存在理由、存在合理性,也就是说,它是对法律本身的反思,甚至是对国家立法行为的反思,换一种说法,是对一个国家立法行为的价值评判。

"法学"学科对正当性的理解,尽管只是一门学科的解释,但是,它说明了一个问题,为理解正当性概念提供一条重要思路,这就要求对行为主体,包括国家、民族或者个体行为本身合理性的反思与评判。就这一角度说,讨论与辨析现代性问题,对社会发展观念、模式、进程等问题作出评判,以决定我们应该确立怎样的理想社会以及实现理想社会的有效措施。

第四节 马克思批判现代性的理路与实质

现代性问题引发讨论的热点。它既是一个理论问题,又是一项社会发展急需解决的现实课题。它不仅关系着现代社会中人的生存处境与生存命运,而且关涉到一个国家、社会及政党的生存大计。正是由于现代性诱发的社会问题,解决社会发展困境与改善人的生存处境的紧迫性,世界各国研究者倾力开展这项研究工作,形成众多的理论观点。要进一步明确与辨析现代性方案合理与否,有必要探讨马克思的现代性批判思想,以便坚持用马克思的立场、观点分析社会问题,探寻现代性之于中国教育的问题及解决思路,建构具有中国特色的教育学理论体系。

尽管马克思没有明确提出"现代性"的概念,但是,马克思对现代性批判的思想是极其丰富的。一方面是因为马克思生活在现代性迅速扩张并对社会发展产生极其重要影响的时代,对现代资本主义社会的批判,是马克思的主要工作。另一方面是因为马克思批判性继承了西方现代性传统与思想观念。这一点也体现在马克思的思想之中,即他对现代性、资本主义社会采取肯定与否定相结合的立场,肯定现代性及其资本主义社会产生的历史贡献,特别强调生产力的发展与人的潜能激发、人的自由解放目标实现之间的内在关系。同时,马克思批判了资本主义生产方式与生产力之间的固有矛盾,以及解决矛盾的局限性。

这就是说,马克思对现代性的批判,是基于对社会历史发展的深入考察的基础上，提出解决社会矛盾、消除现代性危机的方案，这与其他思想家批判现代性的立场是截然不同的，形成了马克思阐发现代性理论的独特思路，对现代性做出了新的实质性理解①。正如研究者指出，虽然马克思继承了现代社会思潮关于人及社会发展的思想观点，但是，他对此有所批判和修正。马克思认为乌托邦社会主义的哲学基础是物质论，因此，他们深刻剖析了私有财产、家庭、雇佣劳动、国家之间的关系以及形成原因、存在的问题，提出了从改革社会环境来改善人的品质的基本思路。但是，他们的历史观却是观念论的，因而把知识、理性或人性作为历史发展的基础，②这就无法揭示各种社会问题产生的实质。这样评述马克思的现代性批判立场，是加深对马克思现代性批判思想理解的重要理路，也是研究马克思批判现代性问题的基本立场。为此，从历史维度、前提、实质等方面阐析马克思现代性批判思想的当代价值。

一、历史维度评析现代性的价值

确立认识现代性问题的正确立场，是全面深刻评析现代性问题的关键。马克思以唯物史观评析现代性问题，创建了认识现代性问题的历史维度，为分析现代性在推动社会进步中的价值及其厘清现代性困境形成的社会原因提供思路。

在马克思生活的19世纪，西方世界呈现着快速发展的繁荣与进步的景象。现代科学技术成果不断发明并被广泛应用到社会生活中，使社会物质财富快速增长，人们似乎看到理想中的"乌托邦社会"将很快变成现实，这是这一时期人们生存的总背景。

应该肯定人的理性的价值，它是人类积聚与创新科学知识不可或缺的因素，成为推动社会进步的重要动力。在这一意义上说，人们有理由相信"知识就是力量"，相信通过唤醒人的理性因素，使人能够以积极主动的姿态去认识自己以及认识周围世界，进而有助于人免受原始蒙昧观念的约束或宗教神学理念的统治，由此确证人是社会主体的信念。这些观念，构成了启蒙运动以来所坚守的现代性理念，受此种观念的支配，它既给社会创造丰富的物质财富，又激励人提高运用理性力量的自觉性，实现抵御宗教、自然、社会、政治等权威束缚、获得自由解放的目的。

无疑，应该肯定启蒙理性在促进社会历史发展中的积极作用。但是，

---

① 丰子义：《马克思现代性思想的当代解读》，《中国社会科学》2005年第4期。
② 黄瑞祺：《马学与现代性》，台北，允晨文化实业股份有限公司2001年版，第123页。

以怎样的理论态度与立场评析启蒙理性的作用及历史地位，这是评析启蒙现代性问题的认识前提。而马克思则运用创立唯物史观作为评析启蒙现代性价值问题的基本观点与立场，建立了认识启蒙现代性的历史观，由此改变了认识论角度理解理性与科学价值的思路，也对单纯从道德论维度评价尊重人性、尊重人权的启蒙思想思路提出了批评。

早在博士论文研究中，马克思比较了德谟克利特（希腊语 Δημ κριτο）和伊壁鸠鲁（希腊语 πκουρο）关于原子运动的理论观点，肯定伊壁鸠鲁论证自我意识和自由问题的立场，支持伊壁鸠鲁关于自由的观点——人的意识可以改变自己的环境，因而积极评价伊壁鸠鲁是最伟大的希腊启蒙思想家，并引用卢克莱修（Lucretius）对伊壁鸠鲁的称颂：

"人们眼看尘世的生灵含垢忍辱，在宗教的重压下备受煎熬，而宗教却在天际昂然露出头来，凶相毕露地威逼着人类，这时，有一个希腊人敢于率先抬起凡人的目光，面对强暴，奋力抗争，无论是神的传说，还是天上的闪电和滚滚雷鸣……"①

"抬起凡人的目光"，对抗神权及其一切权威力量，彰显人的地位、人的价值。这一点与启蒙运动倡导的价值取向是一致的，是肯定启蒙运动地位与价值的具体体现。但是，马克思是确定了一种历史观而肯定它的价值，即把人的问题追溯到人类历史的早期，追溯到人类文明的源头，使历史维度构成问题分析的重要背景与前提，这体现着马克思研究人的问题、反思现代性问题的方法论创新，受此方法论指导，马克思辩证分析了现代性价值。

对现代性价值的认可，马克思特别指出要重视发挥现代性在推动开拓世界市场进程中产生的"革命性"作用。这种"革命性"作用，不仅是指它在创造社会物质财富、促进社会物质文明中的贡献，而且强调它推动着世界市场的形成，扩大人的交往关系，使市民社会的作用得到凸现，成为社会制度建构、演化的决定性因素。

（一）马克思考察工业发展历史，阐述现代性对发展社会生产力的贡献

马克思肯定现代性的作用，特别提出要重视现代性在推动世界市场开拓中发挥的"革命性"作用。马克思说现代性推动下产生的现代工业，它不断地开拓产品市场，使一切国家的生产和消费都成为世界性。同时，伴随着商品具有不断扩张、不断流通的特点，现代性似乎使城市带上了无限

---

① ［德］马克思：《德谟克利特的自然哲学和伊壁鸠鲁的自然哲学的差别》，《马克思恩格斯全集》第 1 卷，人民出版社 1995 年版，第 63 页。

的"魔力",不断地冲击、改造着落后的地区、改造着农村,加快了社会城市化与现代化的进程。马克思说"资产阶级在它不到一百年的阶级统治中所创造的生产力,比过去一切世代创造的全部生产力还要多,还要大"。①

毋庸置疑,社会生产力的快速发展,以及由此导致农业社会向工业社会的转型,是现代科学与技术广泛应用于生产领域的直接结果。这一点从马克思所列举的一些事实中就能看出。他说对自然力的征服、机器的采用、化学在工业和农业中的应用,轮船的行驶,铁路的通行,电报的使用,整个整个大陆的开垦,河川的通航等,都与现代科学技术的进步与应用密不可分。对于这种力量,马克思和恩格斯形容它是"仿佛用法术从地下呼唤出来的大量人口"。②马克思既肯定了现代科学技术对提高社会生产力产生的关键性作用,又指出了产生科学技术力量的本质是人的力量,是人的力量的一种外化与体现。当然,人的力量,主要是指人的理性力量,正是它推动着现代社会生产力的快速发展。

对这股由人的理性所产生的力量,马克思认为它不仅有助于促进社会生产力发展,为社会创造着物质产品、物质财富,而且它是一股解放的力量,用现代文明改造、同化了传统社会、农村以及偏远落后的地区,改变了这些偏远地区的经济运行方式、人的日常生活方式。此外,社会生产力的大发展,促进了社会制度与体制的变革,使新兴资产阶级摧毁了封建阶级统治,建立了新的社会制度。"起而代之的是自由竞争以及与自由竞争相适应的社会制度和政治制度、资产阶级的经济统治和政治统治"。③

(二)马克思指出现代性的价值,不仅促进社会生产力的发展,而且推动世界交往关系的形成

马克思强调,正是因为生产力发展,产生变革社会的巨大力量,它是不依人的意志为转移的,反而"支配着人们的意志和行为的发展阶段"。④并且借助航海和跨国贸易等手段,推动着社会市场化的变革进程。对此,马克思作过生动的描述。他说这种情形到了17世纪中叶,商业和

---

① [德] 马克思、恩格斯:《共产党宣言》,《马克思恩格斯选集》第1卷,人民出版社1995年版,第277页。

② [德] 马克思、恩格斯:《共产党宣言》,《马克思恩格斯选集》第1卷,人民出版社1995年版,第277页。

③ [德] 马克思、恩格斯:《共产党宣言》,《马克思恩格斯选集》第1卷,人民出版社1995年版,第277页。

④ [德] 马克思、恩格斯:《德意志意识形态》(节选),《马克思恩格斯选集》第1卷,人民出版社1995年版,第86页。

航运比起那种起次要作用的工场手工业发展得更快，先行发展起来的国家尽力争夺已经开辟出来的世界市场，最有代表性的一点是纷纷抢占殖民地，各殖民地变成了巨大的消费者。① 就此，马克思肯定这是现代性发挥了促进世界交往方面的积极作用。

世界交往关系的建立与扩大，是对以区域、民族为交往单位建立的交往关系的突破，而推动这种"突破"的力量，来自于生产力的巨大增长和高度发展。社会生产力的极大提高，为社会创造越来越丰富的物质财富，同时，通过建立社会生产的分工体系，实现人与人之间的交往与合作，增强不同商品生产者之间的竞争关系，改变了传统农业社会形成的自给自足的小生产模式。

对此，马克思指出，"大工业到处造成了社会各阶级间相同的关系，从而消灭了各民族的特殊性"，"它（大工业）首次开创了世界历史，因为它使每个文明国家以及这些国家中的每一个人的需要的满足都依赖于整个世界"。② 因此，要适应生产力发展的需要，必然会进一步密切与世界各地之间的交往与联系。

所以，世界各国相互交往关系的形成，以及交往领域与交往方式的不断创新，其意义是重大的。不仅提供了人们更宽广的交往空间与交往可能性，而且，越来越宽广的交往，促进了人的能力与品质的发展。马克思和恩格斯就此概括了两点：一是普遍交往关系的建立，使狭隘的地域性的个人成为"世界历史性的"、经验上普遍的个人。③ 这为实现个人自由创造了条件。二是普遍交往关系的建立，揭示了市民社会与国家之间的秘密，提出了"政治解放"到"人的解放"的历史使命。

（三）马克思指出生产力推动世界交往关系的扩大，必然要求消除制约交往关系的障碍，提出实现人的解放的历史使命

正是因为生产力发展，促进交往与合作关系的建立。但是，在现实社会文化、制度环境中，发展生产力、建立交往与合作关系，会遭遇制约生产力发展的各种因素。因此，马克思指出世界市场的不断开拓，"世界交往"的不断拓展，必定要提出改变制约"世界市场"的交往形式。

---

① ［德］马克思、恩格斯：《德意志意识形态》（节选），《马克思恩格斯选集》第1卷，人民出版社1995年版，第111—112页。
② ［德］马克思、恩格斯：《德意志意识形态》（节选），《马克思恩格斯选集》第1卷，人民出版社1995年版，第114页。
③ ［德］马克思、恩格斯：《德意志意识形态》（节选），《马克思恩格斯选集》第1卷，人民出版社1995年版，第86页。

而在制约生产力发展的因素之中，关键是取决于作为生产力主体的人的能力能否得到解放，这就迫切要求改革阻碍或影响生产力持续发展的各种因素，包括社会制度。

如何突破制约生产力发展、交往关系建立的各种制约因素，这是生产力的革命。但是，这种革命是建立在现实社会实践基础上，是客观、现实的生产力解放运动。"历史向世界历史的转变，不是'自我意识'宇宙精神或者某个形而上学怪影的某种纯粹的抽象行动，而是完全物质的、可以通过经验的证明的行动，每一个过着实际生活的、需要吃、喝、穿的个人都可以证明这种行动"。[①]

可见，马克思肯定现代性与启蒙理性的积极作用，是基于历史发展作出的一种论断。一方面指出现代性的价值已经成为历史事实。人类社会由文艺复兴进入启蒙运动，科学技术的迅猛发展，推动社会生产力的发展，为新兴资本主义成长奠定基础，最终推翻封建统治建立资本主义市场社会，使人类社会进入新的发展阶段。另一方面肯定这种进步是有代价的进步，是以牺牲一部分人的利益而得到的"进步"，结果是使社会从一座牢笼陷入到另一座牢笼的控制之中。启蒙理性倡导追求人的自由与平等，可事实是以多数人失去自由平等权利的代价让少数人享受了自由与平等，也就是说，依赖理性力量而构筑的现代工业生产体系，它并没有因为技术日益改进而使工人身心获得解放；现代生产分工体系的进步，也没有因为分工而使工人能够支配更多的休闲时间，以使自己能够自主安排生活，或休息或阅读或旅游等，能使自己生活变得丰富的活动。相反，科学与技术的进步，并被运用到工业生产中，机器取代了工人的劳动，这使社会中大多数人恰恰失去了自由。马克思把它称作是异化现象，"对对象的占有竟如此表现为异化，以致工人生产的对象越多，他能够占有的对象就越少，而且越受自己的产品即资本的统治"。[②]

二、解构资本主义经济运行本质为现代性批判的切入点

阐明现代性问题的解决方案，取决于批判现代性问题的思想方式。黑格尔希望通过变革"伦理理念"建立"国家"[③]，进而解决个人与他

---

① [德]马克思、恩格斯：《德意志意识形态》（节选），《马克思恩格斯选集》第1卷，人民出版社1995年版，第89页。

② [德]马克思：《1844年经济学哲学手稿》，《马克思恩格斯全集》第3卷，人民出版社2002年版，第268页。

③ [德]黑格尔：《法哲学原理》，范扬、张企泰译，商务印书馆1982年版，第254页。

人、个人与社会的冲突，从而解决现代性问题。马克思批判了黑格尔思想方式，指出黑格尔的现代性批判立场存在的核心问题，始终没有把抽象的思维活动通向现实的社会生活，批判工作是在纯粹的思想领域中发生的。

马克思就此指出："黑格尔并不把社会团体、家庭等等，总之，不把法人理解为现实的经验的人的实现，而是理解为现实的人，而现实的人所包含的仅仅是在它本身中是抽象的人格环节。正因为这样，在黑格尔那里，并不是现实的人成为国家，倒是国家必须先成为现实的人。因此，黑格尔不是把国家推崇为人的最高现实，推崇为人的最高的社会现实，而是把单一的经验的人，把经验的人推崇为国家的最高现实。"①

对黑格尔这样的思路，马克思认为它必然导致"神秘和深奥"。② 而克服"神秘和深奥"思路的唯一路径，是回归到现实社会生活中寻找"此岸世界的真理"：

"真理的彼岸世界消逝以后，历史的任务就是确立此岸世界的真理。人的自我异化的神圣形象被揭穿以后，揭露具有非神圣形象的自我异化，就成了为历史服务的哲学的迫切任务。于是，对天国的批判变成对尘世的批判，对宗教的批判变成对法的批判，对神学的批判变成对政治的批判。"③

在此，马克思指出"批判"与"真理获取"的现实道路，只有立足在现实经济运行之中才能探求问题解决的思路。马克思提出以现实社会商品经济运行规则的分析为基础，揭示商品运行的资本逻辑，解构了"资本秘密"，显露现代性问题的实质，并为形成现代性问题的解决方案奠定现实基础，这是马克思开展现代性批判的思路，是一种独特的"商品"视角、"资本"维度。

尽管商品是极为普通的、最让人熟知的，但是，马克思正是通过对"商品"的分析，发现了资本主义经济运行的秘密，揭示了商品的实质是

---

① ［德］马克思：《黑格尔法哲学批判》，《马克思恩格斯全集》第3卷，人民出版社2002年版，第50—51页。
② 马克思批判黑格尔把主观的东西颠倒为客观的东西，把客观的东西颠倒为主观的东西的做法，结果论证国家观念是直接"生"出来的，这种观念是通过君王的出生而生出自己并且成为经验的存在，这种说法就颇为深奥。参见［德］马克思：《黑格尔法哲学批判》，《马克思恩格斯全集》第3卷，人民出版社2002年版，第51页。
③ ［德］马克思：《〈黑格尔法哲学批判〉导言》，《马克思恩格斯全集》第3卷，人民出版社2002年版，第200页。

隐藏着资本逻辑,即"资本"与人受支配、受奴役处境之间的本质联系。

的确,在马克思生活的年代,以爱尔维修(Claude Adrien Helvetius)、霍尔巴赫(Paul Henri Thiry Holbach)为代表的法国经验论唯物主义者重视理性与感觉经验,主张用健全的理智直面社会生活,对社会政治、经济、教育等发表了一系列看法与观点,描绘了人类社会发展的理想蓝图。这些观点的问题,是缺乏对现实社会本质、人类社会历史发展规律的客观分析,对未来社会理想的设计,变成是与现实活动无涉的纯"理论"的构想。马克思作了评述:

"既然人是从感性世界和感性世界的经验中汲取自己的一切知识、感觉等等,那就必须这样安排周围的世界,使人在其中能认识和领会真正合乎人性的东西,使他能认识到自己是人……既然人的性格是由环境造成的,那就必须使环境成为合乎人性的环境……诸如此类的说法,甚至在最古老的法国唯物主义者的著作中也可以几乎一字不差地找到"。[①]

"必须使环境成为合乎人性的环境",这是旧唯物主义片面夸大人的力量的体现。一方面,的确如旧唯物主义所主张要尊重人,要相信人的力量。另一方面,不能不顾及人与环境之间的相互关系,只有在人与环境的互动中,才能体现人的力量、体现人的主体性。所以,人的问题,不是某一个人能力的大小或者素质高低的问题,而必须着眼于人生活的现实社会中寻找形成人的问题的根本原因。马克思指出,在资本主义社会,通过"资本"是考察人的问题的重要线索。对此,马克思有一段话说得非常清楚:"不要受自由这个抽象字眼的蒙蔽!这是谁的自由呢?这不是普遍的个人在对待另一个人的关系上的自由。这是资本压榨劳动者的自由"。[②] 这里,马克思指出工业化社会资本扩张是导致人受奴役和压迫处境的原因。

基于此认识,马克思吸收旧唯物主义理论观点与思想方式中的合理之处,并对它进行积极的改造,要求在理论与实践、思想信仰与社会现实之间搭建沟通的桥梁,从而对人与环境、人与资本等关系问题的研究思路实现革命性的变革和提升。要完成这项工作,马克思通过对于市民社会的政治经济学批判,实现了现代性批判的转向。

---

① [德]马克思、恩格斯:《神圣家族》,《马克思恩格斯全集》第2卷,人民出版社1957年版,第166页。

② [德]马克思:《关于自由贸易问题的演说》,《马克思恩格斯选集》第1卷,人民出版社1995年版,第227页。

马克思认为诊断与批判现代性，不能把它归结成是理性的运用不当，不是科学与技术发展的必然结果，也不是像马克斯·韦伯把它归结成是对价值理性与工具理性的不同选择偏好，而是需要通过对劳动、商品、货币、资本、市场等分析，破解现实经济运行逻辑及其秘密，阐明人受奴役的根本原因。

马克思说:"在现在的社会条件下，到底什么是自由贸易呢？这就是资本的自由。排除一些仍然阻碍着资本前进的民族障碍，只不过是让资本能充分地自由活动罢了。不管商品相互交换的条件如何有利，只要雇佣劳动和资本的关系继续存在，就永远会有剥削阶级和被剥削阶级存在。"[1]

在此马克思明确表明雇佣劳动与资本关系是形成人的问题的根源，是形成社会现代性弊端的根源。

马克思作了如下描述:"工人生产的财富越多，他的产品的力量和数量越大，他就越贫穷。工人创造的商品越多，他就越变成廉价的商品。物的世界的增值同人的世界的贬值成正比。劳动生产的不仅是商品，它生产作为商品的劳动自身和工人，而且是按它一般生产商品的比例生产的。"[2]

人的劳动产品是人劳动的结果，在劳动产品中，凝结着人付出的智力与体力因素。这就是说我们可能透过劳动产品看到一个人的知识、技术能力等属于人的理性因素，也能看到人的情感、意志、审美等非理性因素。就此意义上说，人通过劳动完成了劳动产品，它体现着人的自主、自由支配劳动的过程。可是，在资本与雇佣劳动关系存在前提下，人的劳动并非出于人的自由自主，而是通过劳动以满足维持人的最基本生存需要，处于这种情况之中，人一旦失去劳动机会或者劳动产品不合格，人就会威胁到自身生存的安全。在这一意义上说，人同自己的劳动、同劳动产品是分离，人是为了劳动产品所活，人被劳动产品所控制。这样，劳动产品变成一种与工人相对立的异己力量。"劳动对它的产品的直接联系，是工人对他的生产的对象的关系"。[3] 工人不能支配劳动，是"生产对象"，劳动产品也不能受自己支配，相反，人却受其支配，人不劳动无法维持自身生命的存在。

---

[1] [德]马克思:《关于自由贸易问题的演说》，《马克思恩格斯选集》第1卷，人民出版社1995年版，第227页。

[2] [德]马克思:《1844年经济学哲学手稿》，《马克思恩格斯全集》第3卷，人民出版社2002年版，第267页。

[3] [德]马克思:《1844年经济学哲学手稿》，《马克思恩格斯全集》第3卷，人民出版社2002年版，第270页。

在这种情形下，劳动与劳动产品，以及交换劳动产品的货币，变成一种支配人的强大力量，人们对其顶礼膜拜，逐渐演变成商品拜物教。"货币对个人的关系，表现为一种纯粹偶然的关系，而这种对于同个人个性毫无联系的物品的关系，却由于这种物品的性质同时又赋予个人对于社会，对于整个享乐和劳动等等世界的普遍支配权"。[①] 商品、货币支配着人的致富欲望，它不仅是人致富欲望的对象，也是人激发致富欲望的源泉，人的需要、致富欲望，等同于对货币与商品的追求，这样，人在社会生活中表现出的鲜活的需要、欲望，经过货币、商品的抽象化，变成了一种"符号"的存在，人与人、人与社会之间的交往关系是扭曲的。所以，马克思说：

"全面发展的个人——他们的社会关系作为他们自己的共同的关系，也是服从于他们自己的共同的控制的——不是自然的产物，而是历史的产物。要使这种个性成为可能，能力的发展就要达到一定的程度和全面性，这正是以建立在交换价值基础上的生产为前提的，这种生产才在产生出个人同自己和同别人相异化的普遍性的同时，也产生出个人关系和个人能力的普遍性和全面性。"[②]

这样，通过对"商品"的分析，总结了形成人的异化处境的真实原因，区分了现代性问题呈现的表面现象和现代性问题本身的差异，提供了一条基于现实社会批判现代性的思想路径。据此可知，马克思批判现代性，是从社会现实经济活动的全过程解剖现代性问题的实质，这就不同于黑格尔"抽象的逻辑"的批判现代性思想方式，也不同于马克斯·韦伯、尼采、海德格尔等思想家抓住现实社会问题进行现代性批判的思想路径。这是造成对现代性问题不同认识路径的关键之处。

三、现代性批判实质是实现人的自由与解放

马克思通过对商品的分析，揭开了资本的秘密。认为现代资本主义社会人的异化处境的形成，是与资本密切相联连的，因而改变资本与劳动的关系，摧毁导致异化劳动的一切因素，这是解决现代性问题的实质，也是提出从政治解放到人的解放目标的重要背景与前提。所以，马克思

---

① [德] 马克思：《1857—1858年经济学手稿》，《马克思恩格斯全集》第30卷，人民出版社1995年版，第174页。

② [德] 马克思：《1857—1858年经济学手稿》，《马克思恩格斯全集》第30卷，人民出版社1995年版，第112页。

明确提出现代性批判的使命是立足现实社会生活基础上,论证社会正当性的构成要素,进而明确共产主义及其实现道路的合理性,这体现着马克思解决现代性问题与其他思想家的不同之处。

其实,对人的关注,争取人的自由与解放,是马克思毕生努力的理想。在马克思看来,人的自由发展,不可能凭空产生,也不可能依赖上帝,"救世主"只能是人自身。人如何才能实现这一理想?这是马克思求索的课题。

追求人的自由与解放,启蒙思想家重视理性、科学的作用。同样,马克思也认可科学是人类追求自由活动的一项最基本、最重要的实践活动,在人类社会发展产生着重要贡献。"自然科学却通过工业日益在实践上进入人的生活,改造人的生活,并为人的解放作准备"。① 但是,马克思进一步指出,要发挥科学与技术的作用,取决于人的因素,人与科学之间是现实的历史关系,"工业的历史和工业的已经产生的对象性的存在,是一本打开了的关于人的本质力量的书","全部人的活动迄今都是劳动,也就是工业,就是自身异化的活动"。②

马克思用简洁的语言阐述技术、工业与人之间构成的现实的、历史的关系,并指明人是决定因素。社会历史发展事实表明,是人发明与创造了技术,工业生产也是人的活动的产物,同时,人在发明新技术并应用过程中,增强人的能力,拓展人的活动范围,这是技术与工业影响人的发展的积极作用。"工艺学揭示出人对自然的能动关系,人的生活的直接生产过程,从而人的社会生活关系和由此产生的精神观念的直接生产过程"。③ 从技术(工艺学)革新与进步,体现着人在改善自身知识、增强能力、改进社会生活等方面的主动性,表明人具有能动性特点,但是,这种能动性是逐步形成与发展的,这说明人的自由获得将呈现出历史的、阶段性的特征,因而,要把人的自由设定为努力目标,而有助于实现人的自由发展目标的社会是理想的社会。

当然,实现人的自由发展目标,并不是通过改善人的理性能力、提高人的技能就能完成。科学与技术成果的发明与应用,它是客观的,但

---

① [德] 马克思:《1844 年经济学哲学手稿》,《马克思恩格斯全集》第 3 卷,人民出版社 2002 年版,第 307 页。

② [德] 马克思:《1844 年经济学哲学手稿》,《马克思恩格斯全集》第 3 卷,人民出版社 2002 年版,第 306—307 页。

③ [德] 马克思:《资本论》,《马克思恩格斯全集》第 44 卷,人民出版社 2001 年版,第 429 页。

是，科学技术的本质是人，它的发展与应用是与"人"密切相联系的，是人的创造、继续、传播的产物，要受到人的社会关系的制约。所以，人从事技术发明与应用工作，是人的劳动，它应出于人的自觉自愿，"我在劳动中肯定了自己的个人生命，从而也就肯定了我的个性特点"。① 可是，在特定的社会条件下，从事科学与技术发明、应用劳动的人，并没有从中感受到快乐，体会到个人价值的实现，相反，变成是被迫的"劳动"，"劳动在这里也仅仅是一种被迫的活动，它加在我自身上仅仅是由于外在的、偶然的需要，而不是由于内在的必然的需要"，② 这样，对个人来说，并没有因为科学与技术发明而使个人劳动条件得到改进，个人生活质量得到改善，反而受到技术统治，人为技术服务，技术是第一目的，人只是成为发明创新技术的手段与工具，人对技术处于依赖状态。马克思说："我的劳动是自由的生命表现，因此是生活的乐趣。在私有制的前提下，它是生命的外化，因为我劳动是为了生存，为了得到生活资料。我的劳动不是我的生命"。③ 因而，解放人，避免人成为科学与技术发展的手段，根本出路在于改变治理技术的制度，而不是技术本身。

就此，马克思把它对概括为是历史发展的趋向，指出"人的依赖关系（起初完全是自然发生的），是最初的社会形式，在这种形式下，人的生产能力只是在狭小的范围内和孤立的地点上发展着。以物的依赖性为基础的人的独立性，是第二大形式，在这种形式下，才形成普遍的社会物质变换，全面的关系、多方面的需要以及全面的能力的体系。建立在个人全面发展和他们共同的、社会的生产能力成为从属于他们的社会财富这一基础上的自由个性，是第三个阶段。第二个阶段为第三个阶段创造条件"。④ 这便是马克思设定的人的发展目标，也是批判知识、技术、理性、现代性、资本主义制度的最终目的，即建立"每个人的自由发展是一切人的自由发展的条件"。⑤ 在这种社会条件中，技术与知识为个人

---

① ［德］马克思：《詹姆斯·穆勒〈政治经济学原理〉一书摘要》，《马克思恩格斯全集》第42卷，人民出版社1979年版，第38页。

② ［德］马克思：《詹姆斯·穆勒〈政治经济学原理〉一书摘要》，《马克思恩格斯全集》第42卷，人民出版社1979年版，第38页。

③ ［德］马克思：《詹姆斯·穆勒〈政治经济学原理〉一书摘要》，《马克思恩格斯全集》第42卷，人民出版社1979年版，第38页。

④ ［德］马克思：《1857—1858年经济学手稿》，《马克思恩格斯全集》第30卷，人民出版社1995年版，第107—108页。

⑤ ［德］马克思、恩格斯：《共产党宣言》，《马克思恩格斯选集》第1卷，人民出版社1995年版，第294页。

自由发展创造条件，比如节省劳动时间，让人有更多闲暇去分享更多的物质与精神财富，同时，人的自由发展又为技术进步创造条件。因此，未来社会为科学、知识、技术发展扫清障碍，科学知识将直接转变成生产力，推动社会进步。

显然，马克思通过考察现实社会生活，提出人的自由与解放的使命。也就是说，实现人的自由与解放，它继承了文艺复兴以来确立的人的发展理想，为社会变革确定一个崇高的道德目标，但是，马克思并没有停留在对人的目标的道德批判，而是利用科学知识的成就，客观分析社会生产力变革的进步意义，提出人的发展的社会基础以及人的发展的三个阶段理论，这就有别于科学理性视域中把人的发展等同于改善人的认知能力，也有别于从人的情感、意志、欲望需要的满足理解人的发展的人本主义观点。可见，马克思批判现代性，确立认识与分析现代性问题的历史立场，辩证分析科学知识的价值，并以历史原则克服了从道德维度理解人的发展目标的局限，人的发展理想不再只是一个空幻的道德概念，由此呈现了认识现代性及其人的发展问题的正确理路。

第五节　马克思诊断社会正当性的视阈

从上述简要介绍马克思批判现代性基本思路中看出，马克思批判现代性，并不满足于对某种"观念"的批判，也不是对崇拜理性、崇拜科技思潮的批判，而是深入到现代性与社会制度及其人的日常生活之中，立足于人的日常现实生活为基础展开现代性的批判。这一批判现代性的路径是全面的、系统的、现实的。因而问题就转换成：怎样建构有助于发挥现代性积极价值的社会制度，使社会公民过上幸福的、自由的生活，这样的社会具有存在的合理性、正当性。如此就要研究构成社会正当性的基础及其实质，分析现代性对社会正当性构成的积极作用。马克思以新的历史观阐释正当性，指出生产力与生产关系的矛盾运动是决定社会运行的前提，促进人的自由而全面发展是社会运行的理想目标，充分发挥教育促进社会和谐运行的作用，如此构成社会正当性建构的基本内容。

一、生产力与生产关系的辩证运动是社会正当性的决定因素

上文的分析已经清楚表明，马克思以研究"商品"为突破口，剖析劳动的秘密，指出社会历史发展根源是生产力与生产关系的矛盾运动，

它是社会存在、变革、发展的决定因素。马克思指出奴隶社会向封建社会变迁、封建社会向资本主义社会过渡，这已经是历史发展的事实，而推动社会形态变化决定因素则是生产力与生产关系的矛盾运动。比如生产力发展促进工厂纺织机的发明与运用，逐步发展成为现代化工业大生产，产生了与工业大生产相匹配的生产经营管理制度，而传统工匠行会、手工业者的生产方式，不适应现代工业化大生产，因而要调整工业化大生产的组织方式、社会生产管理体制与机制，这是社会生产力发展引发变革生产关系的现实要求。正是因为生产组织方式、生产管理体系、社会经济制度的变革，它也会给法律、政治意识形态等"上层建筑"构成冲击与挑战，要求建立有利于生产力发展要求的社会意识形态，为生产力发展开辟道路。然而，掌握社会意识形态的统治集团，居于统治地位，总想竭力维护既得利益，这样，就会构成冲突，甚至是战争。对此，马克思在《资本论》中就说资本原始积累的残酷性、无人道性。

这是马克思对社会发展本质因素的解释，这注定马克思理解与评判社会正当性的思路是现实的、历史的立场，与孔德（Auguste Comte）、涂尔干（Durkheim，又译迪尔凯姆）等思想家的观点是截然不同的。

出生于1798年的法国社会学家奥古斯特·孔德，生活在法国大革命之后的巴黎，拿破仑的统治以及接踵而来的君主制、革命和共和时期，这使当时的法国政治和社会局势动荡不安的。在这样的社会和政治环境中生活并受其影响，孔德极力强调要建立有秩序的社会，要依据实证主义原则发现社会的正当性，以此恢复社会的秩序。

为此，孔德通过历史研究揭示人类不断发展的规律。他提出社会发展经历原始的神学思维方式、形而上学的解释、实证的科学规律等三个不同阶段，并用这三阶段的规律解释人类从原始时代到高度发达的十九世纪文明所经历的演变和发展。孔德认为第一阶段，虽然从各方面来看都是不可缺失的，但纯粹是临时性的和预备的阶段；第二阶段实际上只是解体性的变化阶段，仅仅包含单纯的过渡目标，由此便逐步通向第三阶段，最后这一阶段才是唯一完全正常的阶段，人类理性的定型体制的各个方面均寓于此阶段之中。[①] "近五百年来，形而上学精神通过逐渐瓦解神学体系，消极地促进了近代文明的根本发展"，"这一阶段的漫长开端最后把我们逐渐获得解放的智慧引导到最终的理性实证状态"。[②] 这样

---

① [法] 奥古斯特·孔德：《论实证精神》，黄建华译，商务印书馆2001年版，第2页。
② [法] 奥古斯特·孔德：《论实证精神》，黄建华译，商务印书馆2001年版，第9页。

的"理性实证状态",孔德说是人类智慧放弃追求绝对知识,而把力量放在"真实观察领域",这是真正能被接受且切合实际需要的各门学识的唯一可能的基础。

进而,孔德指出这些不同思想方式的影响,已经扩展到社会制度模式建构和社会组织日常运行之中。所以,社会结构的特征取决于它的认识论的类型或世界观,或者说取决于认识和解释现象的主要方式。① 这样,孔德对社会合理性、正当性的评判依据归结成是"认识论的类型或世界观",而且孔德指出这种世界观或认识论是培养"真正的实证精神","根据自然规律不变的普遍信条,研究现状以便推断未来"。② 当然,孔德的思想又走向另一极端,即把自然规律当做像中世纪的神权般被笼罩着像一股原始的幽灵。③

与孔德一样,探寻建立社会秩序的任务,也是涂尔干的研究目标。作为一位重要的法国社会学家,生于1858年,1917年离世。涂尔干重视与关注社会秩序的构建问题,在继承与吸收孔德社会学思想基础上,提出要把公民道德作为社会秩序建构的基础。他认为法兰西第三共和国有着强烈的反宗教思想,大部分天主教的教育制度已被世俗的教育制度所代替。这就需要发展一种不同于传统宗教道德培养的新道德,通过加强对未来公民的道德教育,以达到加强社会基础、推进社会整合和团结的目的,对此,他认为这是一项道德的任务。"人类的秩序状态与和平状态,不可能依靠纯粹的物质根源或盲目的机械论而自发地形成,即便这种机械论是科学意义上的机械论。总之,这就是道德的任务"。④ 所以,社会生活中要建立道德标准,即便是经济生活、经济活动,如果没有道德标准,这也是"公共危险","倘若没有相应的道德纪律,任何社会活动形式都不会存在"。⑤

涂尔干重视以道德为社会秩序建构的核心要素,并不是说涂尔干不重视经济、不重视国家的作用。事实上,涂尔干指出正是经济的发展,

---

① [美] D. P. 约翰逊:《社会学理论》,南开大学社会学系译,国际文化出版公司1988年版,第101页。
② [法] 奥古斯特·孔德:《论实证精神》,黄建华译,商务印书馆2001年版,第12页。
③ 石计生:《马克思学:经济先行的社会典范论》,台北,唐山出版社2009年版,第28页。
④ [法] 爱弥尔·涂尔干:《职业伦理与公民道德》,渠东、付德银译,上海人民出版社2001年版,第15页。
⑤ [法] 爱弥尔·涂尔干:《职业伦理与公民道德》,渠东、付德银译,上海人民出版社2001年版,第16页。

从传统手工业、工场手业发展到现代机器大工业，大工业的发展，已经突破了拘泥于某一个城镇的局限，它甚至可以建立在远离人烟的地区，同时，大工业的市场与顾客更加多样与广泛，它来自四面八方。大工业的这种活动方式，必然会对国家职能与社会组织形式提出要求。在传统手工业阶段，贸易是局限于某一城镇，国家直接参与工业。皇权既允许工厂享有某些特权，同时又反过来控制这些厂商。而在现代大工业阶段，工业范围越来越大，经济生活过于庞大，过于复杂，分支过多，国家很难有效地监视和规定经济生活的运作要求。这就需要强调通过职业确立"群体"，"一旦群体得以形成，开始存在，就会按照自身的方式发展起来，任何人都无法预见这种演化进程究竟到哪里为止"。这样，群体会形成一股为"集体力"，① 用这种"集体力"把个体纳入"集体"轨道之中，如此为个体在社会存在奠定基础。这种形成集体力的因素，便是涂尔干推崇的职业道德，它是调节职业成员的"共有的规范和价值观"。

无疑，涂尔干是在考察社会经济发展与社会分工变革的基础上，提出职业道德和正义的规则，像其他规则一样是绝对必要的。它们迫使个人的行动，要做让步，要同意妥协，要考虑比他个人利益更高的利益。② 倘若做不到这一点，作为一个群体，它依然处于模糊不清、粗陋不堪的伦理状态，这表明群体还没有凝聚起来，它仍然缺乏整合的力量。因此，他主张"在公民中反复灌输一种强烈的公民道德意识和国家作为一个整体的团结感"。③ 只有这样，即便社会经济更加发达、社会分工体系更加多样，不会使社会变成混乱无序，相反，社会成员被更深更远的纽带团结在一起。④

上面简要概述两位法国著名社会学家孔德和涂尔干对建设有序社会、确保社会合理正当运行的基本观点。虽然思路有异，但是，着眼于社会变革历史的角度，试图探索影响社会存在与发展的规律性因素。这些努力是值得肯定的。只是，孔德看到了科学主义精神对现代社会发展的积

---

① [法] 爱弥尔·涂尔干：《职业伦理与公民道德》，渠东、付德银译，上海人民出版社 2001 年版，第 44 页。
② [美] D. P. 约翰逊：《社会学理论》，南开大学社会学系译，国际文化出版公司 1988 年版，第 232 页。
③ [美] D. P. 约翰逊：《社会学理论》，南开大学社会学系译，国际文化出版公司 1988 年版，第 212 页。
④ [美] D. P. 约翰逊：《社会学理论》，南开大学社会学系译，国际文化出版公司 1988 年版，第 232 页。

极贡献，涂尔干指出了道德共识与道德规范对社会稳定与发展的意义。如果把这些认识跟马克思从生产力与生产关系辩证运动的观点相比，就能清楚地看到马克思理解社会正当性问题的重要价值。

马克思通过总结与梳理人类社会发展历史，提出生产力与生产关系的矛盾运动是决定社会变革与发展的根本力量，是社会存在正当性的决定因素。而马克思提出生产力与生产关系矛盾运动的观点，并不是单纯谈论生产力与生产关系两个概念之间的关系，而是通过生产力与生产关系这一对概念，展示人类社会变革与发展是一项系统工程，是历史的、现实的运动过程，恩格斯对此作了非常明确的论断，他说："历史是这样创造的：最终的结果总是从许多单个的意志的相互冲突中产生出来的，而其中每一个意志，又是由于许多特殊的生活条件，才成为它所成为的那样。这样就有无数互相交错的力量，有无数个力的平行四边形，由此就产生出一个合力，即历史结果，而这个结果又可以看做一个作为整体的、不自觉地和不自主地起着作用的力量的产物"。[①] 恩格斯在这段论述中，说明我们不能机械地理解生产力与生产关系的矛盾运动在推动社会变革中的作用，指出生产力和生产关系之间的矛盾运动是推进社会变革的关键力量、是核心，但是，它同时要融合社会多种因素，包括孔德的科学技术、涂尔干的道德等。所以，恩格斯对不正确理解这个观点的做法提出了批评："根据唯物史观，历史过程中的决定性因素归根到底是现实生活的生产和再生产。无论是马克思或我都从来没有肯定过比这更多的东西。如果有人在这里加以歪曲，说经济因素是唯一决定性的因素，那么他就是把这个命题变成毫无内容的、抽象的、荒诞无稽的空话"。[②]

通过简要回顾恩格斯对唯物史观的阐释以及对唯物史观错误观点的批判，使我们明确了社会变革与发展是一个系统的概念，影响社会发展的因素是复杂的、多元的，其中核心因素是生产力与生产关系的矛盾运动。基此认识，要求从社会系统的角度理解社会正当性，它也是一个系统性概念。

强调社会正当性是一个系统性概念，是指从系统的角度理解社会正当性，考察社会系统中多种要素是否建构了相互影响、相互制约的辩证

---

① ［德］恩格斯：《恩格斯致约·布洛赫》，《马克思恩格斯选集》第 4 卷，人民出版社 1995 年版，第 697 页。
② ［德］恩格斯：《恩格斯致约·布洛赫》，《马克思恩格斯选集》第 4 卷，人民出版社 1995 年版，第 695—696 页。

关系。如果，社会大系统各要素之间不能协调有序运作，就会使社会失去平衡，造成社会发展的危机与代价。就此而言，社会正当性不是指构成社会的某一项具体因素，也不是几项因素，实际上是社会大系统内部多种因素相互矛盾运动的结果。

诚然，在日常生活中，对普通公民来说，直接感受与体会社会正当性，是人在日常生活中遭遇到处理各种事件的规则、方式。其实，社会生活中存在的处事规则、各种生活规范，它不可能脱离社会系统而独立存在，都是社会系统运作的有机组成部分，反映着社会系统运作的特征与要求，这是认识与理解社会正当性概念的基本要求。

因此，研究社会正当性，在研究现实社会经济基础合理性的前提下，加强社会系统建设是维持社会正当性的必要之举。这里所说社会系统建设，包括社会的政治建设、思想文化建设、制度建设、经济建设、生态建设。只有从社会系统的角度反思社会各方面建设取得绩效与存在的问题，采取切实举措，促进社会各个层面、各个领域协调有序发展，社会才会呈现生机与活力，从而全面推进社会的持续发展。如此，讨论社会正当性问题，它不是一个纯粹观念的任务，它要受到现实社会政治、经济、文化、历史等要素的制约。

二、人的自由而全面发展是社会正当性的内在规定

以马克思生产力与生产关系的辩证运动思路考察社会正当性，就要研究生产力发展取决于什么的基本问题。早于马克思之前的重商学派认为金银货币是财富的来源，是生产力发展的决定因素，重农学派认为土地是财富的来源，是生产力发展的决定因素，而英国古典政治经济学从劳动出发，认为劳动是创造财富的源泉，是生产力发展决定因素。与此不同，马克思肯定人是创造社会财富、推动社会历史发展的主体，促进人的自由而全面发展是社会发展的理想目标，因而，能否让每一个人的能力尽可能得到充分发挥，能否让每一个各尽所能，这是社会正当性的内在要求。

这样，把人的发展问题作为考察社会正当性的重要指标，是因为马克思肯定人类历史产生的前提是现实的个人，它否定黑格尔抽象精神和自我意识创造人类历史的观点，也否定宗教宣扬上帝创造人类社会的观点，"全部人类历史的第一个前提无疑是有生命的个人的存在"。[①] "有生

---

① [德] 马克思、恩格斯：《德意志意识形态》（节选），《马克思恩格斯选集》第 1 卷，人民出版社 1995 年版，第 67 页。

命的个人"创造了社会历史,而且创造、推动社会历史发展的过程,也是人类不断改善自身生存处境的劳动进程。但是,在私有制社会,使社会生产力表现为一种完全不依赖于各个个人并与他们相分离的东西,表现为统治人的异己力量。这种异化的现象,使大多数人不能占有社会生产力,反而为资本家所占有,社会生产力不能用于大多数个人及其个性的发展,反而作为异己力量阻遏他们的全面发展。① 只有克服与消除这种异化现象,才能使现实个人的个性得到充实,就能实现个人的自主活动、才能得到充分发挥的目标。因此,人类是否能够从事自主自由的劳动,使人的能力得到充分的发挥,避免出现人的劳动异化,是理解社会正当性的正确思路,是具有正当性社会的内在规定。

把人的发展问题作为考察社会正当性的基本维度,这就要求确立衡量人的发展的基本尺度,如此才能合理判断社会的正当性。就此,马克思指出"全面发展的个人——他们的社会关系作为他们自己的共同的关系,也是服从于他们自己的共同的控制的——不是自然的产物,而是历史的产物"。② 马克思从社会生产力考察人的发展,这是从历史坐标轴上审视人的发展问题,历史性成了人的存在的现实基础,展示对人的问题研究的历史维度。正是把握历史发展规律的前提下,马克思得出了人的自由发展是社会发展最高目标的基本结论,阐明了人的发展与社会发展辩证统一的基本原理,展示了社会正当性的内涵。

然而,过去并没有从这样思路理解人类的历史以及人类活动的本质。"从施特劳斯到施蒂纳的整个德国哲学批判都局限于对宗教观念的批判。他们的出发点是现实的宗教和真正的神学"。③ 因此,摆脱从"观念"的角度理解人、人类社会,这是一条"现实的"道路。同时,依据这条"现实的道路",为解决人的发展面临的困境与矛盾找到出路。马克思通过分析现实的社会经济活动与社会关系之间的辩证关系,揭示现实社会运动规律与特点,认为这两者之间发生矛盾,就要影响社会的正常运行。解决这两者的矛盾,就需要发生变革,它包括政治变革、经济变革以及人自身的变革。

由此提及的任务是重视人与制度之间的关系问题。研究制度合理性,

---

① 韩庆祥:《马克思人的理论及其实质》,赵剑英、庞元正主编,《马克思哲学与中国现代性建构》,社会科学文献出版社2006年版,第226—237页。

② [德]马克思:《1857—1858年经济学手稿》,《马克思恩格斯全集》第30卷,人民出版社1995年版,第112页。

③ [德]马克思、恩格斯:《德意志意识形态》(节选),《马克思恩格斯选集》第1卷,人民出版社1995年版,第64页。

建设适合人的自由发展的社会制度,这既是一项思想任务,也是一个实实在在的社会建设目标。因此,反思依照启蒙理性原则建构的社会制度,是马克思批判现代性极富有价值的一个方面。

当然,马克思肯定了启蒙理性在促进社会有序、稳定发展中的积极意义。认为启蒙运用开启了社会建设的新理念,倡导以民主、公正、正义的理论建设社会制度,建立现代社会制度,促进社会规范、有序的发展。但是,对民主的追捧,出现另一种结果,"民主"被一部分人当做达到自身或小群体利益的手段,"民主"成为一种代表利益的"抽象"的"符号",是少数人统治多数人的"符号",使人陷入抽象的民主符号的统治之中。这一现象的出现,原因并不是民主本身而是社会制度,是"生产关系"。

因而,问题已经变得清晰起来。要解决人的问题,核心是制度的变革,唯一途径是"革命",仅靠观念层面的理论批判,这是不能达到彻底解决问题的目的。马克思非常明确地提出,"全部问题都在于使现存世界革命化","批判的武器当然不能代替武器的批判,物质力量只能用物质力量来摧毁;但是理论一经掌握群众,也会变成物质力量"。[①] 当然,这里的"革命的手段",包括生产力的革命、政治革命以及人的革命。生产力革命主要通过科学技术的广泛应用,促进生产力的极大发展,政治革命是对社会制度的变革,重新组织、建构与生产力发展相适应的生产关系。而革命的终极目标是消除人的异化状态,实现人的自由发展,这是人的革命目标的实现。

要实现"革命"的目标,在社会发展的特定时期,依靠科学与技术发明成果,能够推动生产力的发展,改进与提高社会物质生产方式与水平,促进社会的变革。但是,决定能否使生产力持续发展的根本原因,不是科学与技术,恰恰是生产关系。因此,实施社会政治革命,其意义就在于通过构建新的社会生产关系,达到解放生产力的目的。所以,马克思相信"共产主义和所有过去的运动不同的地方在于:它推翻一切旧的生产关系和交往关系的基础,并且第一次自觉地把一切自发形成的前提看做是前人的创造,消除这些前提的自发性,使它们受联合起来的个人的支配"。[②] 马克思提出创建共产主义社会,这不是一个特定社会形态,它是彻底消除社会关系的物化和人的异化处境的社会发展阶段,通过这

---

① [德] 马克思:《〈黑格尔法哲学批判〉导言》,《马克思恩格斯全集》第3卷,人民出版社2002年版,第207页。

② [德] 马克思、恩格斯:《德意志意识形态》(节选),《马克思恩格斯选集》第1卷,人民出版社1995年版,第122页。

样一个社会阶段，实现人的自由全面发展。因而，对现代性的批判，不能仅就现代性谈现代性，必须要反思社会制度。

由此反思批判现代性的思想家，他们未能系统地考察现代性问题，结果把解决社会危机出路寄托在道德与政治的联盟上，或者说希望改善社会的道德状况以达到社会治理的目的。对这些观点，马克思已经作了很好的评价，认为这些思想家把摆脱现代性困境的最终出路寄希望于"政治的改良"或"社会的改良"，希望市民达到道德的觉悟实现社会的解救目的。对此，针对费尔巴哈、鲍威尔所作批判中说得很清楚。"我们认为，鲍威尔的错误在于：他批判的只是'基督教国家'，而不是'国家本身'，他没有探讨政治解放对人的解放的关系，因此，他提供的条件只能表明他毫无批判地把政治解放和普遍的人的解放混为一谈"。[①] 应该肯定，费尔巴哈、鲍威尔都试图为人的生存、发展寻找出路，并着力构建适合并有利于人的发展的理想社会，问题在于把理想社会的实现寄托在"意识形态"的"政治解放"。

概括上面所论，得出马克思对社会正当性的理解，以唯物史观考察现实的人，指出人的异化现象出现的社会根源，提出实现人的自由全面发展目的，是未来社会发展的方向。据此，可以明确人的自由发展是正当性社会的内在规定与社会持续发展的前提。换言之，只有为人的自由发展创造条件的社会，使社会才有可能获得发展的正当性。

三、发挥教育对社会正当性构建的作用

上文指出马克思从生产力与生产关系辩证关系理解社会正当性，提出人的自由发展是社会正当性的内在规定，而教育对人的发展影响显著。因而，马克思十分重视发挥教育在构建社会正当性中的作用，进而明确只有有助于社会进步的教育，教育才能获得存在的价值，这样也要求社会要为具有正当性的学校教育创造存在与发展的基础。

（一）大力发展教育是实现社会发展目标的必然要求

在马克思生活的19世纪，是工业化发展极其迅速的时期。启蒙运动推动着科学与技术的发展，带动着现代工业的形成与发展，对此，马克思给予积极评价。"在机器生产中，这个主观的分工原则消失了。在这里，整个过程是客观地按其本身的性质分解为各个组成阶段，每个

---

① [德]马克思：《论犹太人问题》，《马克思恩格斯全集》第3卷，人民出版社2002年版，第167—168页。

局部过程如何结合的问题,由力学、化学等等在技术上的应用来解决"。① 工业社会呈现的"繁荣"景象,并不能掩盖社会发展面临的矛盾和危机。

一方面,现代大工业生产的特点决定着培养"新人"的要求。马克思比较了机器生产时代与手工业时代的区别,认为后者是与工人的技能联系在一起。比如从事家具生产,只要找到掌握了从事家具生产技能的木工师傅就能开展生产。在这种传统的手工业生产作坊中,有家具生产技能的师傅是关键,它是家具生产能否顺利进行的决定性因素。

相比而言,在机器生产时代,机器成为是否顺利开展生产的决定性因素。工厂只要添置机器,就可以开展生产。在此情形下,机器的重要性是不言而喻的,而工人则受机器"统治",处于服从机器的从属地位。对此,马克思作了总结:"在工场手工业和手工业中,是工人利用工具,在工厂中,是工人服侍机器。在前一种场合,劳动资料的运动从工人出发,在后一种场合,则是工人跟随劳动资料的运动。在工场手工业中,工人是一个活机构的肢体。在工厂中,死机构独立于工人而存在,工人被当做活的附属物并入死机构。"② 尤其是妇女、儿童,在现代工业生产体系中遭受"精神摧残"。"把未成年人变成单纯制造剩余价值的机器,就人为地造成了智力的荒废"。③ 这种智力荒废造成的"无知",不仅使人的智力闲置起来,而且损坏了人的发展能力。

正因为这个状况,如英国等国制定教育法,要求让儿童接受教育,工厂主在用工时,必须要聘用具有上学证明书的儿童。这样,才能使工人不断地适应工厂生产技术条件的变化,同时也助于为工人更换劳动工种、变更工作部门以及工人频繁流动创造条件。这是现代工业生产的特点。

"现代工业通过机器、化学过程和其他方法,使工人的职能和劳动过程的社会结合不断地随着生产的技术基础发生变革。这样,它也同样不断地使社会内部的分工发生革命,不断地把大量资本和大批工人从一个生产部门投到另一个生产部门。因此,大工业的本性决定了劳动的变换、

---

① [德] 马克思:《资本论》,《马克思恩格斯全集》第44卷,人民出版社2001年版,第437页。
② [德] 马克思:《资本论》,《马克思恩格斯全集》第44卷,人民出版社2001年版,第486页。
③ [德] 马克思:《资本论》,《马克思恩格斯全集》第44卷,人民出版社2001年版,第460页。

职能的更动和工人的全面流动性"。①

从现代工业生产的特点看，它提出了什么样的人才能适应现代工业生产要求的问题，也就是提出了培养"新人"的要求。

事实上，儿童受教育的状况是非常糟糕的，对儿童开展的教育并未是真正重视儿童的教育。马克思说在一切受工厂法约束的生产工厂中，受初等教育是在"生产上"使用14岁以下儿童的法定条件。可是，工厂法关于所谓教育的条款措辞草率，缺少有执行能力的执行机构，工厂主又反对这个教育法令，使用种种阴谋诡计回避这个法令，结果，变成是徒有其名的"义务教育"。对此，马克思引用一位苏格兰工厂视察员的报告。

"在许多有合格师资的学校，由于某种原因各种年龄（从3岁起）的儿童乱哄哄地混杂在一起，教师也几乎是白费力气。教师的收入在最好的情况下也少得可怜，这些收入完全靠儿童交纳的便士，因此他尽可能把大量学生塞进一个教室里。此外，学校设备简陋，缺乏书籍和其他教具，沉闷难闻的空气对贫苦的儿童产生有害的影响。我到过很多这样的学校，看见一排一排的儿童无所事事，但这就被证明是上学了，在官方的统计中，这些儿童算是受过教育的"。②

面向儿童的义务教育出现了推进的困难，社会又急需受过高质量教育的受教育者，这构成了一对矛盾。马克思指出产生这对"矛盾"的原因是"制度"问题，教育是"资产阶级的生产关系和所有制关系的产物"，因此，消灭"教育"，必须要消灭"制度"。③ 这是解决这对矛盾的决定性因素。

由此，马克思提出加强教育与生产劳动的结合，确保劳动者素质的全面发展，进而完成从"政治解放"到"人的解放"的社会变革目标。通过解决教育矛盾、教育问题，以适应机器工业时代教育发展的需要，本质上是维护机器工业时代的存在基础与合理性。

（二）发展教育是满足民众（工人阶级）提高思想觉悟的需要

实现人的自由而全面发展，主体是人，只有人才能解放自己。但是，要使人成为实现自由而全面发展的主体，要提高人的思想意识，提高人的能力。

---

① ［德］马克思：《资本论》，《马克思恩格斯全集》第44卷，人民出版社2001年版，第560页。
② ［德］马克思：《资本论》，《马克思恩格斯全集》第44卷，人民出版社2001年版，第462页。
③ ［德］马克思、恩格斯：《共产党宣言》，《马克思恩格斯选集》第1卷，人民出版社1972年版，第268页。

马克思指出，在现代工业大生产处境中，现代产业工人已经采用破坏机器等举措以抵制受机器统治的处境，达到改善工人生活、生产条件的目标。

"生产过程的智力同体力劳动相分离，智力转化为资本支配劳动的权力，是在以机器为基础的大工业中完成的。变得空虚了的单个机器工人的局部技巧，在科学面前，在巨大的自然力面前，在社会的群众性劳动面前，作为微不足道的附属品而消失了；科学、巨大的自然力、社会的群众性劳动都体现在机器体系中，并同机器体系一道构成'主人'的权力"。① 因而，工人不断地起来反抗"机器"，和"机器"之间展开斗争，早在17世纪，这种情况几乎席卷了整个欧洲。②

工人与机器的斗争，也取得了一定效果，比如为现代工业迅速发展的背景下，普遍推行工厂立法，广泛建立综合技术学校、职业学校，都是从"资本那里争取来的最初的微小的让步"。但是，仅仅采用反抗"机器"的办法是远远不够的。尽管有些地方也因机器斗争而转变成起义，并取得了局部的胜利，但是，这往往是暂时的胜利。而要取得工人斗争的长久胜利，要使"工厂法"确实发挥维护工人权益的作用，这需要寻求彻底解决工人处境的斗争方式，甚至要运用暴力的手段推翻资产阶级统治，实现人的政治解放。

这是现代产业工人的历史使命。而唤醒他们使命意识并自觉承担历史使命，则要充分依靠"教育"这一手段，切实使职业学校成为造就理论与实践相结合的人才培养机构，使他们在复杂的社会政治斗争与经济环境中自觉掌握"革命理论"，清楚地意识到自身与社会关系的实质，分清各种社会问题的表面现象与形成的根本原因。"哲学把无产阶级当做自己的物质武器，同样，无产阶级也把哲学当做自己的精神武器；思想的闪电一旦彻底击中这块素朴的人民园地，德国人就会解放成为人"。③

（三）在教育斗争中确保教育方向，增强教育效果

教育受到特定社会历史条件的制约，这不仅是因为教育需要一定的物质条件，而且是由于教育受到代表不同阶级、阶层的思想观念的影响与干扰，尤其是受到占统治地位利益集团的制约，因为它有强大的国家

---

① ［德］马克思：《资本论》，《马克思恩格斯全集》第44卷，人民出版社2001年版，第487页。

② ［德］马克思：《资本论》，《马克思恩格斯全集》第44卷，人民出版社2001年版，第492页。

③ ［德］马克思：《〈黑格尔法哲学批判〉导言》，《马克思恩格斯全集》第3卷，人民出版社2002年版，第214页。

机器作支柱，在教育中占有优势地位。因此，"教育"是各个利益集团、不同思想流派纷纷抢占的阵地。这就需要创新教育内容，拓展适合受教育者接受教育途径、手段，以确保教育的正确方向，提高教育效果。

1. 教育要传播科学的思想与正确的学说。针对当时社会流传的各种不同的理论、思想观点，避免让工人阶级、妇女、儿童受到错误思想观念的蒙蔽，马克思指出选择科学的思想与正确的学说是教育工作的前提。早在创建共产主义同盟时期，马克思就对魏特林主义和"真正共产主义"思想展开斗争，认为这些思想的实质是空想社会主义，他们不了解工人阶级与机器生产相互关系的真实面目，宣扬超"阶级"的人性和爱，企图建立由"爱"构成的共同体，这只能是无法实现的幻想。但是，这些思想观念，容易被工人阶级吸收。

因此，马克思认为要用科学的思想和正确的学说清除这些非无产阶级思想的影响。对此，马克思和恩格斯坚持同这些思想流派进行斗争，先后同蒲鲁东主义、工联主义、拉萨尔主义、杜林主义、巴枯宁主义等各种主义、流派开展斗争，确保使正确的思想观念与科学理论传播给工人阶级，提高他们的思想觉悟。

2. 教育要适合儿童发展的需要。针对当时工厂生产的实际情况，马克思提出教育与生产劳动相结合，使教育适合儿童发展的需要，是教育避免成为训练一批服务"资本"的"机器"人的基本要求。不过，马克思提出"教育与生产劳动结合"，是基于特定年龄、针对已经在工厂劳动的儿童而提出的教育要求。马克思引用了一段工厂视察员对这个问题的评述："那些在学校里只呆半天的人总是精力充沛，几乎随时都适于并愿意学功课。半工半读的制度使得两种活动互为休息和调剂，因此，对儿童来说，这种制度比不间断地从事其中一种活动要合适得多。一个从清晨就坐在学校里的儿童，特别在暑天，不可能同一个从劳动中来的活泼愉快的儿童相比"。[①] 这段论述说明儿童参加劳动、采用半工半读有助于学习，有助于调剂儿童的学校学习生活。而且，马克思还指出劳动与教育结合的意义，"把有报酬的生产劳动、智育、体育和综合技术培训结合起来，就会把工人阶级提高到比贵族和资产阶级高得多的水平"。[②]

---

① [德] 马克思：《资本论》，《马克思恩格斯全集》第 44 卷，人民出版社 2001 年版，第 556 页。

② [德] 马克思：《给临时中央委员会代表的关于若干问题的指示》，《马克思恩格斯全集》第 21 卷，人民出版社 2001 年版，第 557 页。

基于对教育与生产劳动结合的价值的判断，反思现代工业发展对人才的需求特征，马克思从人的自由、全面发展的本质特征入手，论证适合儿童发展需要的教育是什么。"未来教育对所有已满一定年龄的儿童来说，就是生产劳动同智育和体育相结合，它不仅是提高社会生产的一种方法，而且是造就全面发展的人的唯一方法"。① 在这个意义上，马克思肯定当时工厂法的教育条款有一点是极有意义的，这就是"条款"把初等教育宣布为劳动的强制性条件，第一次证明了智育和体育同体力劳动相结合的可能性，也证明了体力劳动同智育和体育相结合的可能性。② 因此，马克思提出未来合理的社会制度中，一定年龄的儿童都应成为"生产工作者"，"教育必须与物质生产结合起来"，他们都必须劳动，不仅用脑劳动，而且用双手劳动。

3. 多种形式拓展教育途径，提高教育效果。为了让工人能够接受科学的思想与正确的学说，要求选择受教育者能够接受的教育形式与类型。马克思非常重视通过举办报刊、集会发表演说、与友人通信等方式，开展面向工人的教育，收到教育效果，实现教育的目的。恩格斯在《卡尔·马克思》一文中对马克思利用各种途径开展教育活动的历程作了概括。文章说，马克思是给现代整个工人运动提供科学基础的人，在1842年，因对莱茵省议会辩论的批评，而被《莱茵报》聘为主笔，此后又和阿·卢格一起创办《德法年鉴》，写了《黑格尔法哲学批判》等一系列关于社会主义的文章，影响深远。以后又组织共产主义者同盟、国际工人协会，参与《德意志—布鲁塞尔报》（1847年）、《新莱茵报》（1848—1849）等，对团结工人阶级、传播社会主义思想，发挥了极其重要的作用。

（四）国家与政府承担发展教育的职责

教育是国家的责任，国家要废除使用童工的制度，要"对一切儿童实行公共的和免费的教育"，"法律应当严格禁止雇佣9—17岁（包括17岁在内）的人在夜间和在一切有害健康的行业里劳动"。③ 但是，强调国家的教育责任，并不是说国家控制教育，使学校教育受国家集权主义思想的支配，必须重视教育对受教育者个体身心自由全面发展产生的积极

---

① ［德］马克思：《资本论》，《马克思恩格斯全集》第44卷，人民出版社2001年版，第557页。

② ［德］马克思：《资本论》，《马克思恩格斯全集》第44卷，人民出版社2001年版，第555页。

③ ［德］马克思：《给临时中央委员会代表的关于若干问题的指示》，《马克思恩格斯全集》第21卷，人民出版社2003年版，第271页。

作用。"一切学校对人民免费开放，完全不受教会和国家的干涉。这样，不但人人都能受教育，而且科学也摆脱了阶级偏见和政府权力的桎梏"。① 这一观点中，马克思强调教育不受国家、教会干涉，是指"学校教育"不能成为"国家"精神压迫的工具，并不是要否定国家应承担的教育责任。

对这个问题的理解，关键是正确认识"国家"的本质，才能认清国家的教育使命。马克思在《哥达纲领批判》中就对德国工人党提出的"通过国家来实施普遍的和平等的国民教育"的主张进行批判，原因在于德国工人党把国家当做一种离开现实人的社会生活，脱离现实社会物质经济、文化传统的独立存在，认为国家是超越了现实人的存在而具有精神的、道德的、自由的独立本质。

对此，马克思指出只有正确把握国家的本质，才能够辨清国家承担的教育使命是真实的还是虚假的。正是这样，马克思毫不妥协地反击了关于国家教育观的种种质疑："而你们的教育不也是由社会决定吗？由你们进行教育时所处的那种社会关系决定的吗？不也是由社会通过学校等等进行的直接的或间接的干涉决定的吗？共产党人并没有发明社会对教育的作用；他们仅仅是要改变这种作用的性质，要使教育摆脱统治阶级的影响"。② 由此可见，强调国家与教育关系，目的是阐明教育的社会性本质，它不是"私人产品"而属于"公共产品"。

当然，强调教育的公共产品性质，并不否定教育与人的个性发展的关系。这一点在当代教育研究中受到关注，并形成了两种对立的观点。一是强调教育要关注人的差异性，反对实施统一的、标准的人才培养模式，反对教育被国家、政党所控制；另一观点则强调教育要受国家支持，正是国家的支持，促进现代教育体制的完善与发展。③

---

① [德] 马克思：《法兰西内战》，《马克思恩格斯选集》第 3 卷, 人民出版社 1995 年版, 第 56 页。

② [德] 马克思、恩格斯：《共产党宣言》，《马克思恩格斯选集》第 1 卷, 人民出版社 1995 年版, 第 290 页。

③ 形成了右派与左派观点之争。前者强调教育中的国家主义立场，强调意识形态统治教育。这一观点在考察教育发展历史中，特别是强调国家在现代教育制度形成中的作用。后者强调教育实施过程中要尊重个性、重视个体差异，坚持"差异"是实现教育公正与学生个性发展的基本途径，因而主张教育公正必须着眼于各个个体，它没有普遍性、统一的原则，而是通过实施教育的多样性发展，支持开展适应每一个受教育者个性发展的教育，这样，才能实现教育公正，才能克服与消除教育压抑个性发展的现象。Claudia Rozas, 2007: The Possibility of Justice: The Work of Paulo Freire and Difference, Study Philosophy Education, 26。

要解决这些争论，马克思提出的思路是富有启示的。教育年轻一代是社会的责任。在资产阶级与无产阶级对立的社会，无产阶级要充分意识到教育年轻一代的重要性，这是年轻一代的利益，也是人类持续发展的基本条件。所以，对年轻一代的教育来说，首先是要他们免受"现存制度之害"，做到这一点，需要通过共同的行动，做到依靠众多分散的个人努力所无法做到的事情。在此，可以看出，教育促进每一个人的发展，必须以整体、群体发展为基础。其次，马克思强调通过实施教育法令，要求儿童到学校接受教育，而学校必须实施有利于人的全面发展的教育，马克思说："父母或雇主令未成年人劳动而不同时使其受教育，是决不能允许的。我们把教育理解为以下三件事：第一，智育。第二，体育，即体育学校和军事训练所教的内容。第三，技术培训，这种培训要以生产各个过程的一般原理为内容，并同时使儿童和少年学会各种行业基本工具的实际运用与操作。"①

这样既体现了教育中的国家作用，又兼顾到受教育者个体的教育需求与利益。

结上所述，作为现代国家的教育，是面向所有的人的教育，教育的方向、教育的内容是与国家、社会发展的需要紧密结合在一起，是服从国家、社会、人的发展需要的教育，但是，这个国家是代表人民利益的国家，只有这样，国家的教育使命是科学的、是符合历史发展规律的。当然，这并不否定实现教育目的的形式与途径是多样的，它散布在社会的各个方面，包括各种传播媒体、社团组织等。如此，才能体现符合人的发展与社会发展基本规律的教育，这是现实的、具有正当性的教育。

第六节　现代性视域中的学校教育正当性

分析现代性影响学校教育的突出特征，揭示现代性与学校教育正当性之间的内在关系，阐明现代学校教育正当性确立依据，为当前学校的持续发展提供认识前提。解决这个问题，就要辨析如何从现代性视域理解学校教育正当性。

---

① ［德］马克思：《给临时中央委员会代表的关于若干问题的指示》，《马克思恩格斯全集》第21卷，人民出版社2003年版，第270页。

本章前三节介绍了质疑与批判现代性问题的缘由。现代性的发展及其问题的存在，主要原因是片面夸大科学、技术、理性产生的力量，没有辩证看待科学、理性对社会发展产生的积极与消极作用。受这种观点影响，有观点认为只有与现代科学知识、技术知识及培育人的理性自觉意识相结合，学校教育才能完成社会主体的塑造任务。按照这样的思路理解教育正当性，它设计的学校教育，主张通过人的理性去接受普遍的、客观存在的科学知识、科学真理，从而改进人的理性思维能力，把握事物变化规律，提升人认识世界、主导世界变革的能力。

当然，不能否定"理性"与"科学"的价值与作用。如果把"理性"与"科学"看做是影响人的成长发展的决定因素或本质因素，这是对现代性的误解，它必定要导致现代性走向极端。有如研究者描述的景象：

"沙漠得到了灌溉（但是它们变成了盐碱沼泽）；沼泽干涸（但是它们变成了沙漠）；无数的天然气管道纵横交织在大地上，在分配资源时纠正自然的随意性（但是它们的爆炸带来了昔日自然灾难无法匹敌的力量）；无数人不再过着'白痴般的农村生活'（但是，他们即使没有先倒在前往城市的道路上，也遭到了理性设计的工业所释放的臭气的毒害）"。[1]

这是片面张扬"理性"带来的负面影响。如果照此为依据去规划学校教育，则使它与古代教育、宗教教育对教育正当性的认识发生了断裂。

为了进一步明晰现代性之于学校教育正当性的积极或消极意义，需要简单地回顾教育正当性问题的演变，为把握学校教育正当性提供思路。

一、学校教育的正当性

所谓学校教育的正当性，它解决学校教育为什么是合理的基本认识问题。具体而言，要回答社会需要学校教育的原因，考察与判断学校教育观念、内容、行为等是否符合了社会与民众的需要，社会与民众是否给予学校教育肯定的评价。

对这个问题的回答，从两方面进行讨论：

一是从学校教育内在性看正当性。所谓学校教育内在性，是指揭示学校教育活动的逻辑思路，以及进一步阐释决定这种逻辑思路的理论假设是什么。

---

[1] ［英］斯图亚特·西姆：《后马克思主义思想史》，吕增奎、陈红译，江苏人民出版社2011年版，第193页。

回顾学校教育发展历程，有三种逻辑形态影响着学校组建思路的形成。第一，按照知识发展规律组织学校教育的知识逻辑；第二，遵循人及人性需求组建学校教育的人的发展逻辑；第三，履行社会职能组建学校教育的社会本位逻辑。与这三种思路相对应，就形成了相应的学校教育：以解决人的认知能力为目标的理性为前提的学校教育，以寻求人的超越性为目标的神学思维为前提的学校教育，以塑造人的德性为目标的伦理为前提的学校教育等。这些对教育正当性的不同认识思路及其教育实践，实质是回答学校教育存在最根本问题，即学校教育是为了什么的问题，因而看做是解决学校教育的本体论问题。

二是从学校教育外部性看正当性。外部性是指学校教育怎样有效处理与社会的交往关系。启蒙运动以来，出现了教育自由主义与教育保守主义两种比较典型的教育思潮，它们对教育与社会关系作出了截然不同的解释立场。

教育自由主义的基本观点是强调教育的市场化、商品化，鼓励教育开放，使教育在市场规则、市场竞争的考验中得到生存与发展。比如择校问题。自由主义认为要支持家长择校，孩子入哪一所学校，不能由政府决定，也不能由孩子居住地决定，这种择校权利要交给孩子及其监护人。

西方保守主义是作为社会政治思潮起源于18世纪末。第二次世界大战结束后，针对西方社会出现的种种"社会病"，保守主义思想再度兴起，只是研究范围、研究主题涉及的学科领域已不再局限于政治思潮，它波及到人文社会领域的各个学科。在教育方面，主张教育的文化使命，指出教育应承担国家发展与民族进步的事务，确保教育完成传承民族文化、保证民族认同的历史使命。比如对学校功能的认识，保守主义主张学校是传递文化、保存文化的场所，强调教育具有保存社会文化的功能。同时，学校还应承担为社会统治集团遴选精英、服务社会政治、维护既定社会秩序的职责。

其实，无论是内在性考察教育正当性，还是外在性评析教育正当性，只是认识学校教育正当性的一种视角，要把握学校教育正当性，需要整合这两种思路。要整合这两方面思路，就要遵照马克思提出的历史与逻辑相结合的历史唯物主义思想方式，通过对处于现代性侵袭中的学校教育的考察，分析面临的困惑与挑战，着眼于从"人——社会——教育"三维互动关系中揭示学校教育的合理性。而解释这三者关系，关键是正确理解人的本质以及处置人与社会历史之间的辩证关系，本章第四部分马克思对现代性批判的理路分析与第五部分马克思诊断社会正当性的视阈中作了论述。

二、学校教育正当性的问题

公元前五世纪古希腊出现一批以教授辩论技艺为业的"智者",他们的目标是"武装学生以备应付社会生活中可能发生的一切思想或行动上的斗争,因此他们的方法主要就是'矛盾法'或是辩论,就是以某些可能的论点,与某些适当地加以界说与分类的论点或假设对立起来;就是要教人怎样进行批评和辩论,怎样组织一种以理由对理由的角斗"。① 教育目标是训练受教育者的文法与修辞术,提高学生演说能力,这些能力与技艺是参与城邦政治、管理他人和管理自己所必需的能力,只有拥有了这样的技艺,才能在城邦公民大会中赢得更多的选票,才能有效地参与实际的城邦政治活动,这就是教育培养学生德性的全部内容。② "道德的德性首先不是被理解为按照某些普遍的道德规则生活,而是理解为符合作为一个人类的目的,也就是说,找到一个人在社会中的位置"。③ 教育是为了帮助人在社会中找到合适位置,参与社会管理,教育成为城邦政治的有机组成部分,是城邦政治当中最重要的一环,④ 它成为教育正当性的理由。

这样,如何使人找到自己在社会中的位置,获得"德性",培养一批具有参与城邦政治活动能力与素质的受教育者,构成了教育的目标。但是,不同人群以及掌握政治权力的不同,对从事政治生活的道德要求作出不同的理解。在智者们看来,不承认普遍性的道德规范与伦理标准,因而,承担教学任务的智者们,主要是教授有助于参与政治生活必需的科目,在传授知识过程中,喜欢传授辩论的诡计和骗术,以增强受教育者个体的辩论技艺。

这种现象的出现,事实上脱离了人的现实社会生活,在对道德与教育正当性的解释中,出现相对主义,甚至是虚无主义的理解,"一些智者

---

① [法]莱昂·罗斑:《希腊思想和科学精神的起源》,陈修斋译,广西师范大学出版社2003年版,第142页。
② [法]莱昂·罗斑:《希腊思想和科学精神的起源》,陈修斋译,广西师范大学出版社2003年版,第140页。
③ [挪] G.希尔贝克、N.伊耶:《西方哲学史:从古希腊到二十世纪》,童世骏等译,上海译文出版社2004年版,第2页。
④ 林玉体:《西方教育思想史》,九州出版社2006年版,第78页。

派成员还认为，我们所说的好的道德也只是隐约表达了人们的喜好。既然不同人喜欢不同的东西，那么也可以用不同的方式来定义道德。不存在真正普遍有效的道德，有的只是不同个人的爱憎感情"。① 也是因为这样，苏格拉底规定教育最高目标是培养人的理智德性，追求无穷的最高知识。柏拉图把"理念"作为形成道德普遍性的基础，把握理念才是智慧与德性的体现。同样，亚里士多德坚持"知识就是美德"的信念，在《尼各马可伦理学》中提出人对无限的"理论知识"的反思与追问是获得德性与幸福的途径。

这样，以抽象的理念以及由抽象理念而形成的普遍性原则作为学校教育价值取向与行动准则，教育目标是追寻经验世界之外的超验目标，脱离了现实人的生活实际，使教育正当性导向了形而上的方向。

其实，古代中国思想家也有类似的看法。比如孔子以及《学记》的教育思想中，关注教育完善人性的问题。如果说有所区别的话，古代儒家主流教育观是从伦理文化结构中理解教育的意义，要求教育通过传播主流文化以完成人格培养的目标，而主流文化观念则广泛渗透及体现在文学、艺术、科学、哲学、宗教、政治、经济、法律、家庭等各个领域。因而，主张在日常生活之中感受与感悟"德"，这被看做是教育的方法与载体，正如孔子所说"三年无改父之道是为孝"，教育是潜移默化的，是融入到人的日常生活的过程之中，目标是使人明德、亲民、止善。

明确这一点，就能够理解中国传统儒家倡导"仁"与"德"教育的基本内涵。儒家是把"仁"与"德"看做是立人的根本。要实施"仁""德"教育，就要理解"仁""德"教育。可是，"仁"是什么，"德"是什么？怎样理解"仁"教与"德"教？是否可以用明确的概念加以表述呢？其实不能。牟宗三将"仁"讲成是康德意义的"无限的智心"：

"是则仁与天俱代表无限的理性，无限的智心。若能通过道德的实践而体仁，则仁体挺立，天道亦随之而挺立；主观地说是仁体，客观地说是道体，结果只是一个无限的智心，无限的理性，即一个使'一切存在为真实的存在，为有价值意义的存在'之奥体——存有论的原理"。②

由此牟宗三指出，如果把"仁"理解成是一种普遍的德行，一种精神品性，这是用概念阐述"仁"的思路，"还处于康德的或主体形而上学

---

① [挪] G.希尔贝克、N.伊耶:《西方哲学史：从古希腊到二十世纪》，童世骏等译，上海译文出版社2004年版，第35页。

② 牟宗三:《圆善论》，台北，台湾学生书局1985年版，第309页。

的藩篱之内"。①

进而，牟宗三提出理解"仁"的要求。认为应该与人的日常生活结构相联结，"仁绝非可以用普遍化方法把握、用'概括'和直言的方式一口说尽的观念原则。它是多个维度构成的一种独特的生存结构，有其自身的人生情状、言语方式和'气象'"。② 牟宗三提供理解"仁"的思路，实质是对"仁"作出了一种现象学解释，强调"仁"的实践理性特征，即要求使"仁"回复到"爱人"的关系之中才能体验"仁"，或者说"爱人"是"仁"的本质旨意。因此，问题的关键是为何爱人及怎样爱人，其原则需要从个体与社会、国家、政治层面上去解释，正因为如此，学而优则仕变得是合理的选择。

从这个意义上说，虽然古代中国主流儒家教育思想强调开展与人的日常生活结合的教育，但是，这种结合的前提，不是着眼于对人的感性及经验重要性的重视，并不关注教育促进人的个性的全面自由发展，并没有真正意义上实践孔子所说"为己之学"，③ 相反，用政治理想及社会制度去约束与规范个体的内在世界，以社会主流政治观、道德观充实人的内心世界，逐步压制了个体本性固有的好奇心与独立思考能力的激发与培养，构成了对独立自主人格的培养的障碍。其实，这仍然是一条脱离人的现实社会生活的主观主义道路。

从这一点上说，古代西方教育与古代中国教育有共通之处，是把服务社会政治作为教育正当性的依据。当然，西方教育是通过培养具有言说与辩论才能的人才能达到服务社会政治的目标，而古代中国教育理想富于道德实践理性，强调在日常生活中完善个体，从"扫一家之屋"走向对社会与国家的治理（"扫天下"），坚守"穷则独善其身，达则兼济天下"的做人原则。

在宗教教育中，教育正当性的形而上特征更为显著。教育的神本价值是至高无上的目标，它不是存在于现世的世界中，而是致力于在超验世界寻求"超验价值"。"当日的道院教育，虽颇能注重学问和智识方面的发展，然其主要目的，全在对于身体方面，加以严重的训练和压迫钳

---

① 张祥龙:《思想避难：全球化中的中国古代哲学》，北京大学出版社2007年版，第152页。
② 张祥龙:《思想避难：全球化中的中国古代哲学》，北京大学出版社2007年版，第155页。
③ 孔子主张学习是为己而非"为人"的事情。古往今来的哲人都强调，学习是为了发展个人内在的精神能力，从而在外部现实面前获得自由。当然，这只是一种内在自由，但是，正是凭借这种内在自由，这种独立人格和独立思考能力，那些优秀的灵魂和头脑对于改变人类社会的现实发生了伟大的作用。周国平:《周国平论教育》，华东师范大学出版社2009年版，第5页。

束。自其各方面而观，这种教育，初不过要造成一般修行者而已。其路线所经，完全是一种避世生活的程序"。[①] 满足于修行，实现"灵魂解脱"的教育获得了正当性，这种教育正当性是奠基于人寻找救赎的合理性，把神圣的超验目标作为教育价值的实现。

综上所述，古代解释教育正当性思路的重要特征，是对教育正当性的抽象规定，体现着教育正当性认识的形而上特征：其一，教育价值是探寻现实人的社会生活之外的本质性因素，关注最高的"理智德性"，通过理智到达德性，使教育淡忘了对现实社会生活中的人的关注；其二，教育与概念、逻辑、"辩证法"画等号，使教育变成是"修辞学"，是概念推演，逐渐失去对现实社会的关怀。因此，对教育正当性认识中存在的形而上特征，受到近代启蒙理性的挑战。

三、现代性给予学校教育正当性的规定

从上述讨论可以看出，发生在任何时期、任何区域的教育活动，都会思考为什么要发生这样的教育活动，它有何价值、有何意义等基本问题。其实，这些问题就是批判与反思现代性所提出并要求着力解决的课题，目标是要求在价值理性与工具理性相互约束之下推动社会的变革与发展，避免使工具理性成为调节社会发展理念、规范社会发展行为的认识前提。当然，也要避免把价值理性设定为某一种抽象的、脱离现实社会生活实际的超越性目标，比如把"上帝"当做决定价值理性的本质因素，如此就导向了形而上特性。而在现实的学校教育中，这种形而上特性，不仅是把自己让渡给超验的、万能的神灵或上帝，而且任何导向对学校教育僵化理解、墨守成规的思维方式，都是需要颠覆的形而上学思维方式，这是现代性视域奠定学校教育正当性必须要解决的重要使命，是重构教育现代性的任务。无疑，从现代性考察教育正当性，现代性给予教育正当性的意义，在于变革了教育正当性存在的依据，从超越性的目标转化到对现实的人与现实社会生活的关注。

（一）确认人是教育的目的而不是教育的手段

现代学校教育确认人是教育目的而不是教育手段。一是明确人是教育对象。学校克服与消除对外在力量的信仰，返回到对人的关注，人真正成为受到学校教育者关注的对象。二是明确人是教育目的。教育是实现人的发展目标的手段，而人本身就是教育目的。如此，就能辨析教育

[①] ［美］格莱夫斯：《中世教育史》，吴康译，华东师范大学出版社2005年版，第17页。

传授知识是否重要、教育涵养德性是否重要等教育实践中的困惑。因为，这些问题都是要服务于、服从于人的发展这一目的。

但是，对人是教育目的的认识，经历了一个发展过程。从文艺复兴到启蒙运动，人是思想界的重要议题，也是教育的议题。英国阿伦·布洛克（Bullock Alan）在《西方人文主义传统》中概括教育价值目标是解放人的潜能："人文主义的中心主题是人的潜在能力和创造能力。但是这种能力，包括塑造自己的能力，是潜伏的，需要唤醒，需要让它们表现出来，加以发展，而要达到这个目的的手段就是教育。人文主义者认为教育是把人从自然的状态中脱离出来发现他自己的人性（humanitas）的过程"。[1] 教育与人性的改善相关联，而达到人性改善的目标则使人意识到"他自己"，但是，"意识到他自己"的自然属性，这不是"意识他自己"的含义，"意识到他自己"是要挖掘、激发、培育人的"塑造自己"的能力，展示人是社会生活中主动的存在者。因此，确认人是教育目的，要正确理解关于人的三个问题。

1. 人是具有自我意识的存在者。重视人的自我意识、培育人的自我意识，是现代性视野中对"教育"达成的一种共识。英国哲学家洛克针对当时欧洲社会对儿童地位的不重视、不尊重现象，提出要重视儿童，要训练儿童的身体、陶冶品德，使儿童成为一个独立的个体。他在《教育漫话》开篇就说："健康之精神寓于健康之身体……凡是身体精神都健康的人就不必再有什么别的奢望了。身体精神有一方面不健康的人，即使得到了别的种种，也是徒然。"[2] 洛克重视儿童身体健康，要求大人们不要对儿童过于溺爱、过分"保护"儿童，否则，儿童是不可能独立自由发展的。所以，儿童的解放，当从儿童身体开始，只有让儿童享有更多的户外活动时间、让儿童与大自然接触，比如鼓励儿童洗冷水浴、不要让女孩穿紧身衣等，都是促进儿童身体健康的有效举措。

在重视儿童身体健康的基础上，洛克指出品德的陶冶更加重要。身体锻炼要求儿童忍受痛苦，品德陶冶则要求儿童克制欲望。洛克说："我们人类在各种年龄阶段有各种不同的欲望，这不是我们的错处。我们的错处是在不能使得我们的欲望接受理智的规范与约束。这中间的区别不在有没有欲望，而在有没有管束欲望的能力与不为欲所惑的功夫"。[3] 顺

---

[1] [英] 阿伦·布洛克：《西方人文主义传统》，董乐山译，生活·读书·新知三联书店1997年版，第45页。

[2] [英] 约翰·洛克：《教育漫话》，傅任敢译，教育科学出版社1999年版，第1页。

[3] [英] 约翰·洛克：《教育漫话》，傅任敢译，教育科学出版社1999年版，第21页。

此，洛克说如果小时候没有养成服从理智的习惯，成人之后，也是很少会服从自己的理智。

洛克之后的卢梭更明确提出实施"消极教育（negative education）"的自然教育。他说能够让儿童非常自然地去过他的生活，本身就具有无比的教育价值。"教育的第一步，应该是纯粹消极。消极的意思，是说不要教孩子真理或品德，却要儿童的身心免于罪恶及错误。假如你一无所教，也不让别人来教导小孩；假如你让学童到12岁时都能健康又雄壮，即使他分辨不出左手也无妨"。①

对受教育者的重视，19世纪新教育的倡导者之一、德国教育学家福禄培尔（Friedrich Wilhelm August Frobei）更明确强调现代学校教育教学活动的起点是关注每一个人的内部世界，"要求每一个人按照永恒的法则，自由地、自决地和通过自己的选择从自己内部发展起来。这就是全部教育、训练和教学的任务和目的，而且应当和必须是这样的"。② 福禄培尔构想的学校教育正当性，就是以受教育者内部的、最本质的东西做为根据。而要以内部、最本质的东西做为根据，教育就要帮助人了解自己、认识自己，激发和教导人的自我觉醒。所以福禄培尔认为"教学的一条必然的、一般的公式是：去做你的事情，看看你的行动在这一特定关系中会得出什么结果，并使你获得什么样的认识"。③

要培育人的自我意识，而自我意识的核心是人的理性。现代启蒙理性的核心意义在于"照亮"（康德语），以达成消除愚昧、走向文明的目标。因而，激发人的理性能力是实现教育目标的重要环节，即学校教育是"引导心灵离开感觉"，使之上升到理性思维的能力。斯宾诺莎也强调理性是人的一种高级认识能力，是确立自我意识的关键。黑格尔对此作了概括。他以展示一种意识到自我意识到理性的精神现象学的方式，证明理性是所有人类精神意识的最高表现与成就，进而他又把这种理性精神发展历史阐述成历史与逻辑的统一，"凡是合乎理性的东西都是现实的；凡是现实的东西都是合乎理性的"。④ 强调理性与自我意识之间的联系，反对古典教育把抽象的观念或神灵放在教育的核心地位，对促进人的发展的教育目标做出了更加切近、更加实际的把握。

---

① 林玉体：《西方教育思想史》，九州出版社2006年版，第302页。
② ［德］福禄培尔：《人的教育》，孙祖复译，人民教育出版社1991年版，第8页。
③ ［德］福禄培尔：《人的教育》，孙祖复译，人民教育出版社1991年版，第10页。
④ ［德］黑格尔：《法哲学原理》，范扬、张企泰译，商务印书馆1961年版，第11页。

虽然教育思想家肯定了教育在人的自我意识发展中产生的意义，但是，自然主义、浪漫主义、甚至像尼采那样理解人与教育关系，只是把自然、理性甚至是把人内在的"上帝精神（如福禄培尔关于人的教育的依据①）"作为现代教育正当性的依据，结果，对教育的理解，陷入新的困惑与矛盾，这是需要专题研讨的另一个主题。尽管如此，我们认为现代性确立了人的教育的基本理念，解决了理解教育的基础性课题，这是现代教育进步与发展的重要体现。

2. 人是价值的存在者。人是价值的存在者。直白地说，每一个人（只要是常态的人）都要思考怎样生活，怎样能够处理好各种人际关系，让自己活得有意义，所谓中国人常说要求学会"做人"。当然，对这个问题的思考，有的人为自己确立了崇高的人生理想与终极目标，也有的人确信坚守生活中的道德、法律的底线，认定这便是过了有价值的人生。不过，也有人会做一些违反道德、违反法律的事情，这些人把追求负面价值当做了人生目标。凡此种种，皆可说"人是价值的存在者"，关键问题是怎样通过教育引导人确立有价值的人生目标，以及学会采取正当合理的举措实现人的价值。

但是，怎样使人意识到是价值的存在者，面对人的价值实现的需要，怎样有效领导与改革学校教育。形成这些认识思路，受到启蒙理性的影响，一方面，让人自觉意识到自身的价值，强调每一个人都是独一无二、不可替代的存在者，都有存在的价值，组织学校教育，是增强人实现价值能力的重要手段。另一方面，为了实现人的价值，让人过着有尊严的生活，受启蒙理性重视自然科学知识的影响，使学校教育偏重知识传授与学习，对人的全面、整体素质发展构成负面的、消极的影响，出现了人文教育与科学教育未能协调发展的现象。因此，实施通识教育的计划与方案成为世界各国推行教育改革的重要议题。

因此，学校教育要坚守育人为基本职责，帮助受教育者确立健康向上的人生价值目标，这是学校教育工作的基本任务。同时，又要强调学校是一个社会性场所，它代表着社会、政府、民族等公共的而非私人的立场，因此，学校教育活动的开展，既要受到特定社会意识形态制约，

---

① 福禄培尔说一切事物都来自上帝的精神，来自上帝，并唯独取决于上帝的精神，取决于上帝；一切事物的唯一本源在于上帝。这就是说，人身上所具有的上帝精神，即他的本质，应当和必须通过教育在他身上得到发展和表现，成为觉悟，而人本身则应当和必须被提高到自由地和自觉地按照在他身上起作用的上帝的精神生活，自由地表现上帝的精神。参见［德］福禄培尔：《人的教育》，孙祖复译，人民教育出版社1991年版，第1—3页。

体现教育价值取向的民族立场、社会文化立场,又要鼓励与支持学校开展促进受教育者个性发展的教育活动,使受教育者确立人生信仰,为受教育者终身幸福生活奠基。

3. 人是自由的存在者。启蒙理性倡导人的自由,认定它是人的特征,是人之为人不可剥夺的权利。至于自由为何是人不可剥夺的先天权利,不同的思想家有不同的表述。法国思想家卢梭看到社会文化对个人生存的压抑而倡导尊重人的自由,德国哲学家费希特(Johann Gottlieb Fichte)把自我看做是一种固有的实体,人的成长与发展,是实体的冲动,德国哲学家谢林(Friedrich Wilhelm Joseph von Schelling)认为自由并不是空洞的称谓,而是涉及人的存在根据。也即是所有实存都需要条件,对这个条件的考察,能够区分人与上帝的不同。上帝的条件是它自身而不是存在于自身之外,而人永远不能将条件置于自己的掌控之中,但是人的意志则可唤醒人的生命,"人的意志囊括了这个被激活的自性及其爱,并使之人属于作为公意的光明,这样才能从中产生出现实的、通过在它之中经历的磨砺而变得可感的善心",[①]因而,强调人是内在出发构造自身的存在者成为人是自由存在的基本理由。

对人的自由的思考,在古代中国儒家思想中有深刻的阐述。如孟子曾说:"大而化之之谓圣"。由大至圣,这是一种精神的超越,表达一种境界。对孟子由大至圣的"化",钱穆作了评议:"所谓化,不论内部与外部,因其光彩烛照,可以随意所之,发生种种的变化。这是中国人的理想人生到达了最高的境界,那便是圣人了。……因此孟子又说:'化而不可知之谓神'。此所谓神,并不是超出了人生界,到另一世界去。其实则仍只是一个人,仍在此人世界,只是人到了圣的境界,而不可前知了,我们便说他是神。这是人而神,所以中国常爱说神圣"。[②] 人能够化而为圣、为神,依赖人自身对德的修养,达至"神圣",本身便是德,便是对人生最大意义与价值的追求。可见,古代中国的"自由观"是讨论人能否"超越自我的理想","自觉其理性之圆满实现与超越",是"自我精神自我之完成"。[③]

当然,自由是人权利,并不是说人可以不受任何制度、观念、法律

---

① [德]谢林:《对人类自由的本质及其相关对象的哲学研究》,邓安庆译,商务印书馆2008年版,第116页。
② 钱穆:《中国思想通俗讲话》,生活·读书·新知三联书店2002年版,第50页。
③ 唐君毅:《文化意识与道德理性》(一),广西师范大学出版社2005年版,第14页。

等社会性因素的制约，关键是这些社会性因素是否是合理的，是否有助于确保人的自由权利的维护与实现。

由此设计学校教育，提倡平等的、民主的教育，而平等的、民主的教育的实质是教会学生自觉运用理性、理智，摆脱不利于个人自由发展的世俗权威、邪恶观念的约束，消除影响人的发展的一切障碍，消除人的异化状态。比如16世纪法国人文主义思想家蒙田（Michel de Montaigne）主张一切教育的"真目的"，"是在造就我们的品性，使得我们有魄力有作用。学问于人的利益在使他变得更良善更聪明，教员的责任在感化学生使他爱道德的生活，使他知道真德的高贵，真德的价值，在能使人习之而觉便利，行之而能有用，处之而生快乐"。[1] 因此之故，尊重人的自由权利，实现人的自由发展目标，不是依赖"死读书"或"读死书"的方式就能实现，而是创造适合个人自由参与社会活动的条件，进而能够让受教育者依凭"理性"主动、积极参与广泛的社会活动、社会实践，在与社会交往中，锻炼人的能力，实现人的自主、自由发展目标。

（二）现代学校是培育和养成公民公共理性品质的公共空间

不论东西方文化传统有怎样的差异，对"公"与"私"概念有不同的理解，但是，"公"与"私"受到东西方社会的关注，这是事实。单就近现代来说，有如梁启超在《新民说》中反复申述新的国民必须具备自由思想与权利观念等"公德"。自由思想与权利，这样的概念与语词表述，则为欧洲启蒙思想的主题。梁启超吸收了西方启蒙思想，但是他对新国民应具备"公德"的论证时，则是利用国人所熟悉的观点加以阐述，"人人独善其身者谓之私德。人人相善其群者谓之公德"。进而，梁启超又指出中国道德之发达，不可谓不早。虽然，偏于私德，而公德殆阙。即便论语孟子子之诸书，其中所教，属私德居十之有九，而公德不及其一。[2]

不论对梁启超新国民理想作怎样的评论，但是，他提出重视私德与公德教育的观点是值得重视的，尤其是他认为中国传统偏重私德而缺失公德的观点更值得我们反思。对当前中国学校来说，作为培养人的专门机构，"公与私"问题是学校开展教育活动必须面对的一项课题。概言之，学校应重视培育人的公共理性品质，努力把学校塑造成开放、民主、自由的公共空间，就是要使学校"实现不同种族、阶级和性别的文化交

---

[1] ［美］格莱夫斯：《中世教育史》，吴康译，华东师范大学出版社2005年版，第263页。
[2] 梁启超：《新民说》（节选），王德峰编选，《国性与民德——梁启超文选》，上海远东出版社1995年版，第47—48页。

融的学习；意味着在学校里构筑相互学习的亲和，以便为民主主义社会的建立作好准备"。① 要使现代学校成为公共空间，务必思考两个问题：一是在什么样的条件下使学校具有公共性？二是学校公共性是如何得到展现，对学生成长目标、成长道路作了怎样的规定。

  对于前一个问题，无论是黑格尔还是马克思都谈到了市民社会与个人的关系，尤其是马克思市民社会理论的思想深处，展示了一条教育研究者值得关注的思路，理解人必须要从群体与社会的视角进行把握，人具有社会性，社会关系是人的本质属性。评定人的变化与发展指标，取决于人的社会性的发展。这些观点引起了思想家们的重视。比如涂尔干从社会学角度提出法团对个体发展的意义。他认为现代社会与传统社会比较，最大进步是社会组织化程度的提升，社会不仅关注个体的人，而且关注集体的角色。启蒙理性的积极意义，不仅使人意识到个体的尊严，而且要求个体成为道德的个体，能够公开运用个体理性，成为具有公共精神的"社会人"。

  确定学校教育与个体发展之间关系，但是，学校教育规定什么样的个体，对此的认识是不清楚的、甚至存在着缺陷。就此，涂尔干早已指出，现代社会为"社会人"提供了可能，比如现代社会分工，它不仅是经济生产的组织方式之一，而且分工是集体构成的道德实体，它变成了一种集体价值取向与规范。② 所以，涂尔干说现代性正是通过构建学校教育群体保证教育的正当性。在他看来，现代学校其实是一种集体性的组织，即法团，在这个集体性组织中，强调用某些特定的知识内容和行为模式灌输给受教育者，从而呼唤潜伏于受教育者内心深处的理性与人性力量，使他们向着卓越的目标发展。这样，现代学校为个体形成公共性提供了组织基础。

  对此，涂尔干分析指出，现代性的各种意识与观念通过教育才能得以传播，这是中等教育对社会变革产生的贡献。"由于法国的某些特点使然，在我们历史上的大部分时间里，中等教育都是我们整个学术生涯的核心。高等教育在孕育出中等教育之后，很快就销声匿迹了，直到普法战争后才重获新生。在我们的历史上，初等教育也只是到了非常晚近的

---

  ① [日]佐藤学：《学习的快乐：走向对话》，钟启泉译，教育科学出版社2004年版，第97页。
  ② 渠敬东：《现代社会中的人性及教育——以涂尔干社会理论为视角》，上海三联书店2006年版，第208页。

时候才出现,只是到了大革命之后才真正站稳了脚跟。因此,在我们国家存在的大部分时期内,整个教育舞台都是中等教育在唱主角"。① 在涂尔干看来,学校是一种典型的社会组织,现代教育的核心是引导学生运用自己的理性,学会反思与独立思考,从而寻求自己的自主性。实际上,作为教育的最终目标,比如心智的塑造,如果借助于形式性的操练,空对空地训练它,是达不到效果的。相反,它需要通过法团这样的现代职业群体和组织,以及发生在这种群体和组织内的知识生活,让学生的心智养成最基本的习惯和态度,使其能够直接面对最终注定要应对的方方面面的现实,并面对这些现实做出正确的判断。②

其实,这里展示了现代学校教育培养人的正确道路,回答了第二个问题,即现代学校怎样培养人的问题。如果按照涂尔干的理解,现代教育要达到造就社会人的目标,仅仅依靠知识灌输是不能解决问题的,而是要求支持与鼓励社会群体组织(学校)加强社会公共伦理的教育与实践,面对社会生活,鼓励学生参与社会生活,教育才能真正完成其应承担的社会使命。从这个意义上说,教育是一种道德教育,意在按照理性精神塑造具有社会公共理性品质的现代人。

对这个问题,不只是涂尔干谈到了,尚有许多研究者对这个问题表示关注。马克斯·韦伯在论述文化精神对社会变革的价值时指出,文化精神是推动资本主义经济发展、使经济活动持续发展的条件之一。在他看来,这便是宗教改革产生的世俗化和理性化的经济伦理,即新教伦理。"这种世俗的新教禁欲主义与自发的财产享受强烈地对抗着;它束缚着消费,尤其是奢侈品的消费。而另一方面它又有着把获取财产从传统伦理的禁锢中解脱出来的心理效果。它不仅使获利冲动合法化,而且把它看做上帝的直接意愿"。③ 这段论述中,新教伦理为行动合理性提供了辩护,具备或遵照新教伦理的行为才是合乎规范,这样,"新教伦理"具备社会属性的规范准则,是从社会角度对个人的经济活动行为提出的理性要求,如果遵照它的要求,就使个体行为体现着社会属性。

当然,哈贝马斯对这个问题说得更加清楚,并且赋予一个明确概念:公共领域与公共理性。社会发展需要每一个个体都愿意成为社会主体,

---

① [法]涂尔干:《教育思想演进》,李康译,上海人民出版社2003年版,第一章。
② 渠敬东:《现代社会中的人性及教育——以涂尔干社会理论为视角》,上海三联书店2006年版,第214页。
③ [德]马克斯·韦伯:《新教伦理与资本主义精神》,于晓等译,生活·读书·新知三联书店1987年版,第134页。

必定要求建构平等交往的公共活动空间,既能够为表达个体需求提供条件,又能够使个体独立自主地表达意见,避免出现"两耳不闻窗外事"的现象,从而使公民自觉地切实履行职责创造条件。所以,哈贝马斯说:"资产阶级公共领域首先可以理解为一个由私人集合而成的公众的领域;但私人随即就要求这一受上层控制的公共领域反对公共权力机关自身,以便就基本上已经属于私人,但仍然具有公共性质的商品交换和社会劳动领域中的一般交换规则等问题同公共权力机关展开讨论"。① 在哈贝马斯看来,公共领域是抗衡国家权力官僚化与形式化的重要途径,社会提供了"公共领域",公民们便可以运用理性对社会发表意见,监督政府权力的运用,确保民主、自由社会的建设。

但是,随着资本主义的发展,不仅没有健全公共领域,反而逐步消失,而且难以发挥公共领域的作用。要解决这个问题,任务是双重的。一方面像学校这样的公共机构,应该积极鼓励学生参与公共领域活动,培养学生的公共理性品质。没有良好的公共理性修养的社会公民,谈不上是一名合格的社会公民,更谈不上具有社会主体意识的公民,因而也就无法使其获得独立的主体地位。可以说,公共理性是社会主体性确证的本质要求。另一方面,培育公共理性品质,需要公共空间的保障。如果缺失了健全、民主、自由的公共空间的存在,就无法实现公共性的普及化。因此,建设良好的公共空间,是培育公民公共性的前提。也是在这个意义上,我们有必要正确认识现代学校被看成是一种权力机构、承担规训角色的合理性。对这个问题,我已经在《"教育权力"作用的双重性及其消解》一文中作了讨论。②

四、由现代性反思学校教育正当性的启示

通过对现代性给予学校教育正当性的两部分内容的叙述,学校开展教育活动,要重视吸收现代性的积极价值,明确现代学校承担的社会职能,推动学校科学化、规范化发展。

(一) 确定学校的现实社会基础,实现学校的世俗化教育目标

马克思批判现代性的思想方式给予我们的启示,要求从现实人的日常社会生活作为理解教育的前提与基础,以此消解对教育的形而上构想,"物

---

① [德]于尔根·哈贝马斯:《公共领域的结构转型》,于晓等译,译林出版社1999年版,第32页。
② 舒志定:《"教育权力"作用的双重性及其消解》,《教育科学》2008年第2期。

质决定意识而不是意识决定物质"。在这一点上，必须肯定启蒙理性曾对教育发展作出的贡献，这便是反对任何形式的权威，肯定教育是世俗的活动，重视科学知识的地位与作用，培育人的理性能力，改善人的认知水平。

恩格斯分析法国启蒙思想家时代的理性启蒙作用时指出："他们不承认任何外界的权威，不管这种权威是什么样的。宗教、自然观、社会、国家制度，一切都受到了最无情的批判；一切都必须在理性的法庭面前为自己的存在作辩护或者放弃存在的权利。思维着的知性成了衡量一切的唯一尺度。那时，如黑格尔所说，是世界用头立地的时代。"[1] 恩格斯对启蒙理性的批评是双重性的，一方面指出理性的积极意义，它推进了教育的平等化、民主化进程，促进学校教育活动的科学化、规范化发展；另一方面也要清醒地看到启蒙理性的局限性，不能只强调学校传授科学知识的知识教育职责，甚至把教育任务归结成是"最有价值的知识传授给受教育者"，而是要求从人的社会本质、人的社会关系的角度理解人的教育，为学校的教育活动找到现实的社会基础，这是教育世俗化的基本要求与本质特征。

（二）使现代学校成为培育受教育者公共理性品质的场所，确立理解教育价值的思路

把握现代学校教育价值的思路，出现个人本位、社会本位、知识本位等不同观点，它影响着学校的价值取向和价值行动。尤其是在全球化背景下，一方面存在着文化多元化、价值多元化的现象，另一方面强调以人为本，尊重个体的选择，注重人的自由全面发展，它影响着现代学校教育价值目标的选择。

在此背景下，尤其要倡导学校成为培育受教育者公共理性品质的场所，要求学校把培育受教育者以职业伦理和公民道德为基础的实践理性作为教育价值取向。正如有研究者评论指出，"教师的职责是为学生提供'对待生活的各种可能的终极态度'，他必须同他的学生一样坚守纪律精神和知性精神，在学校的环境中将有限而又可能的生活诉诸实践。所以说，现代教育是一种建构道德个人主义的重要方式，教育不是对自由的辖制，而是自由的开展"。[2] 的确，具有公共精神、恪守公共道德品质是

---

[1] ［德］恩格斯：《社会主义从空想到科学的发展》，《马克思恩格斯选集》第 3 卷，人民出版社 1995 年版，第 719 页。
[2] 渠敬东：《现代社会中的人性及教育——以涂尔干社会理论为视角》，上海三联书店 2006 年版，第 216 页。

现代公民的基本品德，它展现着现代公民具有自律、爱国、为实现共同体利益的目标而超越自身利益的良好品质。因此，为社会培养富有道德责任感又具有独立自主人格的个体应该成为当代学校的教育价值目标。

　　当然，这并不是要以社会利益目标压制个体自由发展，事实上，社会的活力来自个人的活力，社会发展最终取决于个人发展，个人自由全面发展是社会发展首要的也是最终的目的，但这并不是说个人是在脱离社会的背景中获得发展，恰恰相反，是在遵循社会发展整体目标之下倡导构建适合个人生动活泼发展的格局。

第五章　马克思生产劳动理论赋予教育的当代价值

　　教育与生产劳动相结合理论是马克思教育思想的重要观点。对它的理解，存在着被误读、被实用化的倾向：一是实证主义思路的解读。从生产、制造物质财富的角度理解生产劳动，认为教育与生产劳动结合的意图，是为了消除学校纯粹注重传授书本知识、理论知识学习的片面性，希冀在实际情境中，训练学生掌握从事生产劳动的职业技能；二是用机械的、僵化的方法论理解两者的结合。认为开展生产劳动（知识与技能）的教育是学校重要的教育内容，并把它看做是补充课堂教学、理论知识学习的不足，与课堂教学、理论知识学习相比较，显著的差别在于"生产劳动"的"课程"目标是解决学生技能问题。其实，这两种认识思路都没有很好地把握马克思教育与生产劳动相结合理论的本质。

　　因为，马克思通过研究"生产劳动"，不是要证明人类是怎样劳动这样一个"技术性"、"生产性"的问题，而是从社会历史发展与"生产劳动"关联中阐明"生产劳动"的本质，解答"人是对象性存在"的"秘密"，论证人是生动的、活动着的现实个体的基本内涵。正如马克思在《资本论》中所说："劳动首先是人和自然之间的过程。人自身作为一种自然力与自然物质相对立。为了在对自身生活有用的形式上占有自然物质，人就使他身上的自然力——臂和腿、头和手运动起来，当他通过这种运动作用于他身体之外的自然并改变自然时，也就同时改变他自身的自然"。[①]

　　因而，生产劳动给予人的意义，不只是"物质的变换"，为人的日常生活提供物质生活资料，更重要的意义在于，人在生产劳动过程中，改变了自然，也改变了自身的自然（人的自然属性），完成了人与世界交往

---

① ［德］马克思：《资本论》（第一卷），《马克思恩格斯全集》第44卷，人民出版社2001年版，第207—208页。

关系的建立，这是需要强调的立场。正是因为如此，人的生产劳动不仅是为了满足与解决人的"生存"问题，而且它构成了人与社会历史发展的基础与前提。由此凸现生产劳动的意义是敞开世界与人的关系的实质，这是理解教育与生产劳动相结合思想的认识前提和诠释框架。

第一节 生产劳动及其秘密

理解教育与生产劳动相结合思想，就会涉及这两者为什么要结合的问题。回答这个问题，与理解教育目的有关。马克思研究资本主义与共产主义的基本思路，是通过对资本的批判而揭示社会发展基本规律，阐述自由发展是人的本质特征，指出要通过政治解放实现人的解放的最终目标，由此构成马克思理解人的发展的基本线索。这也是理解生产劳动问题的思想路径。

要明确这一点，我们通过重读马克思关于"生产劳动"的表述，能够清晰地意识到马克思强调两者结合的目的，以及展示马克思强调两者结合所隐含的理解教育的思想方式。

这里引用马克思和恩格斯合写的《德意志意识形态》一文中对"生产劳动"的表述：

"生命的生产，无论是通过劳动而达到的自己生命的生产，或是通过生育而达到的他人生命的生产，就立即表现为双重关系：一方面是自然关系，另一方面是社会关系；社会关系的含义在这里指许多个人的共同活动，至于这种活动在什么条件下、用什么方式和为了什么目的而进行，则是无关紧要的。由此可见，一定的生产方式或一定的工业阶段始终是与一定的共同活动方式或一定的社会阶段联系着的，而这种共同活动方式本身就是'生产力'；由此可见，人们所达到的生产力的总和决定着社会状况，因而，始终必须把'人类的历史'同工业和交换的历史联系起来研究和探讨"。[①]

这一段关于生产劳动的论述中，马克思指出了"双重属性"是"生产劳动"的重要特征。所谓"双重属性，一是指生产劳动是物质财富创造的源泉，人在创造物质财富过程中，建构了人与生产对象的自然关系，

---

① [德]马克思、恩格斯：《德意志意识形态》(节选)，《马克思恩格斯选集》第1卷，人民出版社1995年版，第80页。

这反映着生产劳动的"生产属性"、"劳动属性"、"自然属性"。二是指人在生产劳动过程中，是"许多个人的共同活动"，形成了人与人的交往关系，逐步构建社会关系，这可看做是生产劳动的"社会属性"。重读马克思对生产劳动"双重属性"的规定，它让我们重思生产劳动的必要性，这就是不能把"生产劳动创造社会物质财富"作为研究重点，而是要揭示生产劳动蕴含的更深层次的作用与价值。

诚然，认识"生产劳动"更深层次的作用与价值，不能不谈对生产劳动意义的直观认识。如果从人的社会生活经验看，通过生产劳动创造社会物质财富，以满足人的日常生活需要，为人的生存与发展提供了前提条件。但是，生产劳动对人的存在的意义，绝非如此。这就是马克思透过生产劳动创造物质产品这一直观现象，研究人在生产劳动中发生了什么。至少凸现两方面的研究要求：

既要研究人从事某一种生产劳动的技能或知识，又要分析人在生产劳动过程中，作为生产劳动的主体与劳动对象建立相互交往的关系，这种"交往关系"不是单向的，而是彼此交流、相互影响的。按马克思的说法，生产劳动增强了人认识自然与改造自然的能力，同时，人也在改造着自身、建立了丰富的社会关系。正是这一点，才能说是切准了研究生产劳动的实质，显示生产劳动的意义。

由此说，生产劳动赋予人存在与发展的意义，它使人不断改善与提高生产、创造物质财富的技能与能力，为人的持续生存提供生活条件，而且进一步说，人在生产劳动中收获的价值，既能改进人与自然、人与社会以及人与自身的关系，又能激励人对争取更美好生活、扩大与世界交往的兴趣与想象力。这就会鼓励人超越现实生产劳动的限制，对未来生活、未来社会发展与人的幸福生活提供理想，谋求人的超越性的理想与目标，只有这样，人才会不断地寻求知识与技术的突破，创新知识、生产工艺与开发新产品的技术，也只有这样，在创造和享受丰富的物质产品过程中，体现着人的精神力量，丰富着人的精神生活，展示着人对意义与价值的追求意向。正如马克思所说："动物只是按照它所属的那个种的尺度和需要来构造，而人懂得按照任何一个种的尺度来进行生产，并且懂得处处都把内在的尺度运用于对象；因此，人也按照美的规律来构造。"[①] 这段话的意思很清楚，生产劳动的顺利开展，需要人的知识与技能，通过生产劳动，也

---

① [德] 马克思：《1844年经济学哲学手稿》，《马克思恩格斯全集》第3卷，人民出版社2002年版，第274页。

体现着人的知识与技能，实现了人的意志、愿望与自由。所以，马克思说"生产劳动"是人"有意识的生命活动"的呈现。

当然，这种"有意识的生命活动"的表现形式是多样的。直接参与物质资料的生产劳动，是人与对象物直接建立交往关系，这是人使用一定的生产资料或技术手段（如机器设备等），按照一定的工作流程，把一定的原料加工为一定产品的过程。任何一项客观发生的、具体存在的生产劳动，影响生产劳动的发生、发展及其劳动质量的关键因素是人，不同人的素质、技能，直接影响生产劳动的质量。在实际的生产劳动中，除了受到人本身的因素影响外，还要受到人与人之间构成的各种关系的制约，它既包括人际互动关系，也包括已经把人际关系凝固成制度、规程的"制度文本"，比如生产劳动的组织方式、生产劳动的管理体制等"社会制度"，它对人的生产劳动发挥着规范、约束、引导、激励等作用。此外，人是有意识的生命活动，还表现在人参与的现实社会政治活动、意识形态活动等。尤其是意识形态活动，不仅是指人参与的政治意识形态，而且还包括人在日常生活中参与的宗教、伦理、法律或艺术等活动，这些活动调节着人的精神生活，丰富或调整着个人的自我意识。类似这样的生命活动，并不局限于某一阶层，如知识分子，其实全社会所有成员都面临着、参与着这样的意识形态的生产，只是他们对意识形态的需求内容、目标、价值是有着差异的。正是因为这种差异，现实社会存在着人格差异，不同的人设定了不同的人生境界等现象。正是因为社会上存在这些现象是合理的，这就需要在全社会开展具有高尚内容与先进价值理念引导的意识形态教育，着力加强每一位社会成员的人生理想、人生信仰的教育，加强人生修养的锻炼，提升人生境界。

同时，马克思指出不同形式的生产劳动，它表现了人的日常生活的丰富性与复杂性，也意味着使人的发展走向负面状态是可能的，甚至使人背弃做人原则与立场都可能的。对人的发展的负面现象，马克思把它称作是人的劳动异化，并且，马克思在肯定生产劳动积极意义的同时，揭示了劳动异化形成的秘密以及克服劳动异化的思路，这是马克思研究生产劳动的理论贡献之一。

批判异化问题，在马克思生活的德国社会，已经是一个深受关注的议题。当时，重点是讨论宗教问题，对宗教的本质及社会功能开展争论。比如费尔巴哈（Ludwig Andreas Feuerbach）在《基督教的本质》中强调人们对宗教以及围绕宗教提出的各种问题，实质是人的问题，因为人是有意识、能产生意识的"动物"，人的"意识"是人区别于动物的本质特征，它"不仅是宗教的基础，而且也是宗教的对象"。① 宗教的意识是人的意识中的一部分，它仅仅"是对无限的东西的意识"。然而，每一个体的存在都是有限的存在，作为有限的人又是如何能够产生"无限"的意识，这是费尔巴哈认定的人的本质观。

基此，费尔巴哈肯定人的本质是形成宗教的决定性因素，"一个完善的人，必定具备思维力、意志力和心力。思维力是认识之光，意志力是品性之能量，心力是爱。理性、爱、意志力，这就是完善性，这就是最高的力，这就是作为人的绝对本质，就是人生存的目的"。② 由此，费尔巴哈断定宗教的本质是人的本质，上帝是人创造的而不是上帝创造了人。"人在宗教中将他自己的隐秘的本质对象化。这样就必然证明，上帝跟人的这种对立、分裂——这是宗教的起点——乃是人跟他自己的本质的分裂"。③ 费尔巴哈进一步证明，如果说宗教本质不是人，只有在宗教另有本质的前提下才是可能的，"如果属神的本质——宗教之对象——确实不同于人之本质，那么，就不可能发生分裂了"。④

发现了上帝的秘密在于人本身，是人创造了上帝，这是费尔巴哈观点的进步之处。不过，问题是费尔巴哈没有正确阐述人的本质，他是把"意识"作为人异于动物的本质特征，把人的本质归结成是人的"知性"，即"理性或理智"。费尔巴哈说人的本质"不是别的，正就是知性——理性或理智。上帝，作为人之对极，作为非属人的、非人格型地属人的存在者来看，则就是对象化了的理智本质。纯粹的、完善的、无缺陷的属神的本质，是理智之自我意识，是理智对自己的完善性的意识"。⑤ 正是这种"理智"，它具有无限的能力，使人能够摆脱自身的局限，去构想无限的、普遍的事物，由此他断言人的理智创造了上帝，并得出上帝是人创造的基本结论。"理智是类所原有的能力；心代表特殊的事情，代表个体，而理智则代表普遍的事情；理智是超乎人的，就是说，是寓于人之中的超人格的和非人格的力量或本质性。只有通过理智并且只有在理智之中，人才具备力量摆脱自己，摆脱自己的主观的、个人的本质，将自己提升到普遍的概念和关系"，⑥ 这也解答了形成如下景象的原因：人创

---

① ［德］费尔巴哈：《基督教的本质》，荣震华译，商务印书馆1984年版，第30页。
② ［德］费尔巴哈：《基督教的本质》，荣震华译，商务印书馆1984年版，第31页。
③ ［德］费尔巴哈：《基督教的本质》，荣震华译，商务印书馆1984年版，第67页。
④ ［德］费尔巴哈：《基督教的本质》，荣震华译，商务印书馆1984年版，第67页。
⑤ ［德］费尔巴哈：《基督教的本质》，荣震华译，商务印书馆1984年版，第68页。
⑥ ［德］费尔巴哈：《基督教的本质》，荣震华译，商务印书馆1984年版，第69页。

造了上帝反而被上帝主宰，人把上帝变成是一种偶像，对它顶礼膜拜。由此费尔巴哈得出结论，神学的本质即是人类学，但是，他对"人类学"的理解，从分离人与现实世界之间关系的角度理解"人性"，提出人内心中的"爱"的情愫当做是"人类学"本质，费尔巴哈说得很清楚：

"人本学是跟思辨哲学截然不同的。人本学并不像被神秘的假象所眩惑的思辨那样把人化看做是某种特殊的、奇突的神秘……人本学批判了教条，将它还原为其自然的、人生来就有的要素，还原为其内在的发源和中心点——爱。"①

把人的本质以及社会本质归结到人的"爱"，"爱"构成是推进社会发展与人的成长的原动力，这既体现着费尔巴哈人本思想的"创新之处"，又暴露了费尔巴哈人本思想的局限。

马克思批判了费尔巴哈人本思想的局限性，指出导致费尔巴哈人本思想局限性的原因。马克思认为把问题归结到人自身某种"要素"是不够的，这种人身上所具有的要素，类似费尔巴哈所说的理性、理智、爱等，它们只是一个完整的人身上的某些特殊构成要素。说人是完整的、整体的存在者，是指人是在社会日常生活中进行客观的、现实的活动的存在者。正是基于这样认识，马克思就把人与社会关系作为考察人的本质问题的切入点，以此为前提，他作出人的本质是社会关系的总和的结论。也就是说，只有在人与社会联系中才能考察人的知、情、意、行。由此要求回归到现实的社会生活，在复杂的社会关系中考察人的问题。如果只是主观的臆测或抽象化的概念分析，是难以把握人的问题的实质。

对此，马克思在《〈黑格尔法哲学批判〉导言》中指出研究的思路与研究方法：

"真理的彼岸世界消逝以后，历史的任务就是确立此岸世界的真理。人的自我异化的神圣形象被揭穿以后，揭露具有非神圣形象的自我异化，就成了为历史服务的哲学的迫切任务。于是，对天国的批判变成对尘世的批判，对宗教的批判变成对法的批判，对神学的批判变成对政治的批判"。②

在现实日常生活视域中找到问题根源及解决策略，这是问题解决的思想方式及方法论要求。在这种思想方式引领下，马克思通过商品这一

---

① [德] 费尔巴哈：《基督教的本质》，荣震华译，商务印书馆1984年版，第89页。
② [德] 马克思：《〈黑格尔法哲学批判〉导言》，《马克思恩格斯全集》第3卷，人民出版社2002年版，第200页。

资本主义生产方式中最基本的现象，揭示商品与资本的秘密在于劳动。

商品的价值与交换价值是与凝结在商品中的"劳动"直接相关，而"劳动"是劳动者提供与创造的，劳动者应该拥有劳动的权利，然而，受资本主义私有制支配，作为劳动主体的劳动者（工人）为了维持生存，必须要与资本发生着直接的联系。所以，这种联系的建立，完全是基于劳动者维持生存的需要，而不是以劳动者满足个人发展、享受等多方面需要为依据。这样，劳动者就把"劳动"作为与资本交换的手段与媒介，并且，因为社会生产的分工，造成了劳动者承担不同的职业、从事不同的工作，结果造成从事不同职业和工作的劳动者，只能靠出卖与这些职业、工作相类似的"劳动力"，换一种职业或工作，劳动者就难以胜任，就难以出卖劳动与资本建立交换关系。马克思指出这是资本主义私有制条件下的劳动异化，它使劳动者与劳动构成对立关系，劳动之于劳动者的意义，仅仅是维系劳动者基本的生存需要，以便有体力与能力继续从事劳动。

不过，马克思认为出现这种情况是与物质生产的历史变革紧密联系着的。马克思说在未开化的野蛮状态下，满足人自身的需要，这是人从事生产的尺度，"人在这种状态下生产的东西不多于他直接的需要。他需要的界限也就是他生产的界限"，[①] 就这个意义上说，人对生产具有占有权、支配权，生产是人满足自己需要的产物，是人的生命力的体现，"我的劳动是自由的生命表现"。[②] 但是，随着私有制的确立，"我的劳动不是自由的生命表现"。在"私有制前提下，它是生命的外化，因为我劳动是为了生存，为了得到生活资料。我的劳动不是我的生命"。[③] "我的劳动不是我的生命"，并不是说劳动与人的生命力呈现无关，而是劳动者为了生存，不得不出卖自身的劳动，不能在劳动中感受尊严、收获快乐与对劳动的自主、自由支配，只是自身劳动力的出卖者、提供者，结果劳动者把自己的劳动能力当做了商品参与资本主义的市场交换之中。

马克思作了这样的描述：

"在私有制的前提下，我的个性同我自己疏远到这种程度，以致这种

[①] ［德］马克思：《詹姆斯·穆勒〈政治经济学原理〉一书摘要》，《马克思恩格斯全集》第42卷，人民出版社1979年版，第33页。

[②] ［德］马克思：《詹姆斯·穆勒〈政治经济学原理〉一书摘要》，《马克思恩格斯全集》第42卷，人民出版社1979年版，第38页。

[③] ［德］马克思：《詹姆斯·穆勒〈政治经济学原理〉一书摘要》，《马克思恩格斯全集》第42卷，人民出版社1979年版，第38页。

活动为我所痛恨，它对我来说是一种痛苦，更正确地说，只是活动的假象。因此，劳动在这里仅仅是一种被迫的活动，它加在我身上仅仅是由于外在的、偶然的需要，而不是由于内在的必然的需要。"①

人的"内在的必然的需要"，是指人追求个性发展、实现人的自由本质的需要。当劳动者不能自主、自由地支配自身的劳动时，人就不可能处于自由、自主的状态之中，劳动者的所作所为，必定是被迫的，处于服从与被支配的状态。马克思指出这是人的异化，是劳动的异化。并在《1844年经济学哲学手稿》中分析了"异化"的四种表现形式：劳动产品与劳动者的异化、劳动过程与劳动者异化、人与人之间关系的异化、人与自己类本质关系的异化。

并且，马克思强调"工资是异化劳动的直接结果，而异化劳动是私有财产的直接原因"，②在这里，劳动与我们日常生活中的劳动概念发生了重大变革，这种变革不仅是"劳动"功能的变化，而且是劳动在人与社会发展中地位发生变化，同时，通过对劳动与私有制产生关系的考察，转变了我们理解社会的思想方式，即确立了劳动与人的生命存在、社会存在之间所具有的内在联系。

关于这一点，马克思在《詹姆斯·穆勒〈政治经济学原理〉一书摘要》中分析得更加清晰。

马克思提出："人们——不是抽象概念，而是作为现实的、活生生的、特殊的个人——就是这种存在物。这些个人是怎样的，这种社会联系本身就是怎样的。因此，以下论点是相同的：人自身异化了以及这个异化的人的社会是一幅描绘他的现实的社会联系，描绘他的真正的类生活的讽刺画；他的活动由此而表现为苦难，他个人的创造物表现为异己的力量，他的财富表现为他的贫穷，把他同别人结合起来的本质的联系表现为非本质的联系，相反，他同别人的分离表现为他的真正的存在；他的生命表现为他的生命的牺牲，他的本质的现实化表现为他的生命的失去现实性，他的生产表现为他的非存在的生产，他支配物的权力表现为物支配他的权力，而他本身，即他的创造物的主人，则表现为这个创造物的奴隶。"③

---

① [德] 马克思：《詹姆斯·穆勒〈政治经济学原理〉一书摘要》，《马克思恩格斯全集》第42卷，人民出版社1979年版，第38页。

② [德] 马克思：《1844年经济学哲学手稿》，《马克思恩格斯全集》第3卷，人民出版社2002年版，第279页。

③ [德] 马克思：《詹姆斯·穆勒〈政治经济学原理〉一书摘要》，《马克思恩格斯全集》第42卷，人民出版社1979年版，第25页。

马克思对异化处境中的人的存在境遇的描述，意图是阐明人已经被变成是"非人"的存在。造成这种"非人"的生存状态的缘由，不是人的主观意志、个人情感，相反，起决定性力量则是现实的社会制度。

马克思正是通过分析"生产劳动"及"劳动异化"，揭示了人的存在与社会历史发展的秘密，提出了一条证实人是现实的社会存在的思路。马克思断言"我们的生产同样是反映我们本质的镜子"。①

从现实的人的生产活动解析人的本质特征，这是马克思之前思想家未能涉及的论题。此前的思想家，有如费尔巴哈，虽然拒绝以思辨的方式把人看做是一种抽象的观念的产物，或者是上帝的造物，但是，依然用"爱"等抽象的"美文学"词句概述人的本质，因而他的问题是仅仅把"理论的活动看做是真正人的活动"，"他不了解'革命的'、'实践批判的'活动的意义"。② 而马克思正是因为抓住被人所熟知而又容易被忽略的"生产劳动"，从四个方面论述理解人的本质的基本思路。不妨看一下马克思对此的分析：

"（1）我在我的生产中物化了我的个性和我的个性的特点，因此我既在活动时享受了个人的生命表现，又在对产品的直观中由于认识到我的个性是物质的、可以直观地感知的因而是毫无疑问的权力而感受到个人的乐趣。（2）在你享受或使用我的产品时，我直接享受到的是：既意识到我的劳动满足了人的需要，从而物化了人的本质，又创造了与另一个人的本质的需要相符合的物品。（3）对你来说，我是你与类之间的中介人，你自己意识到和感觉到我是你自己本质的补充，是你自己不可分割的一部分，从而我认识到我自己被你的思想和你的爱所证实。（4）在我个人的生命表现中，我直接创造了你的生命表现，因而在我个人的活动中，我直接证实和实现了我的真正的本质，即我的人的本质，我的社会的本质。"③

这段论述中，马克思肯定个体的生命力量是内在于个体之中，它不是上帝赋予或先天形成的，而是借助一定的渠道、载体，个体生命力才能得到展示。事实上，日常活动、生产劳动正是人的生命力量的具体体

---

① ［德］马克思：《詹姆斯·穆勒〈政治经济学原理〉一书摘要》，《马克思恩格斯全集》第42卷，人民出版社1979年版，第37页。
② ［德］马克思：《关于费尔巴哈的提纲》，《马克思恩格斯选集》第1卷，人民出版社1995年版，第54页。
③ ［德］马克思：《詹姆斯·穆勒〈政治经济学原理〉一书摘要》，《马克思恩格斯全集》第42卷，人民出版社1979年版，第37页。

现。因为，任何一次劳动过程的发生，要具备"有目的的活动或劳动本身"、"劳动对象"和"劳动资料"等三要素。"有目的的活动或劳动本身"是指消耗了劳动者的脑、肌肉、神经、手等体力和脑力，劳动资料是劳动者把自己作用于劳动对象的物或物的综合体，是劳动者与劳动对象相互交往关系建立的媒介。从劳动过程的三要素看，任何一项劳动过程的完成，是三要素相互影响、相互作用的结果，这种"相互依存性"是"劳动社会性"特征的体现，也是"劳动社会性特征"的必然要求。

就此而言，马克思强调教育与生产劳动的结合，是因为马克思肯定"劳动"是人的生命力的体现途径与方式。人与劳动融合的意义，人改变着劳动的对象，也改变着自身。这种改变，是人对外部世界的关系和人与人自身内部世界关系的重构，马克思把它称作是人的内在本质力量的体现。所以，马克思批判费尔巴哈只知道"感性的直观"，不知道人的"感性活动"。结果，费尔巴哈脱离了现实社会生活去理解人，用抽象的"爱"、"意志"等字眼阐释人的发展目标与实现人的发展目标的路径。要消除费尔巴哈思想的局限，一项重要使命是对于人的全面发展条件给予新的规定。马克思转换了解决问题的思路，即怎样让人真正成为劳动的主人，这样，人的生命力的体现才是正当与合理的。

如此，一方面要求培养能够从事劳动的主体，而不是从事"异化劳动"的"主体"，以此展示人的生命力量；另一方面培养人成为"主体"的教育目标，只有在"劳动"过程中才能得到实现。所以，要使教育成为造就人的自由、全面发展的途径，必须是在现实的人的劳动、日常生活中展开的，它不是观念的抽象与概念的逻辑思辨活动，无疑，这是理解学校教育需要坚持的思想方式。

对这样的思想方式，海德格尔称之为是把握了"历史事物的本质性"。他在《关于人道主义的书信》中谈到了这一点：

"马克思在体会到异化的时候深入到历史的本质性的一度中去了，所以马克思主义关于历史的观点比其余的历史学优越。但因为胡塞尔没有，据我看来萨特也没有在存在中认识到历史事物的本质性，所以现象学没有、存在主义也没有达到这样的一度中，在此一度中才有可能有资格和马克思主义交谈"。[①]

可见，研究"异化劳动"的意义，在于提供一种从历史的、社会的、

---

① ［德］海德格尔：《关于人道主义的书信》，孙周兴选编，《海德格尔选集》（上），熊伟译，上海三联书店1996年版，第383页。

人的存在的角度研究问题的思想方式。只有这样，才能把教育看做是人有意识生命活动的一部分，如此理解学校教育，就不会脱离现实社会和现实人的生存处境，不会把教育理解成"纯粹意识的活动"或者是"抽象的精神观念"的变化过程，相反，要求从"人是对象性存在"的角度理解学校教育的本质，进而使学校确立教育目的是培养从事生产劳动的社会主体，培养能够主动、自觉地参与、融入社会生活的社会公民。

第二节 生产劳动阐释学校存在之根由

上面讨论得到这样的结论：通过对马克思"生产劳动"概念的辨析，为我们敞开了一幅人与世界相互关系建构的"机理图"，通过对它的阐释，标示出人的对象性关系建构是人的生存活动的基本方式，人是不可能脱离世界而存在的，只有与世界的交往中，为实现人的价值提供了可能性。也正是因为人与世界交往的发生，证实了人是活生生的存在者。

无疑，培养受教育者具有与世界交往的意识与能力，这是十分关键与重要的课题。在哲学视野中，人获得这种交往关系的意识与能力，是人的主体性的体现，它是人成为人的核心与关键。因而，如何把一个人培养成为社会主体，意义重大，这也是现代学校极其重要的教育使命，然而问题的关键是怎样培养社会主体。由此就能够阐释为什么需要学校教育的原因，同时也为怎样举办学校提供认识准备，明确学校存在的理由。对这个问题，思想家们已经展开了持久的讨论与探究，提出了不同的观点。

古代思想家认识教育存在问题，主要是源自对世界存在合法性的认识，这是一条古代本体论认识思路。本体论，是关于一切事物最后根源、本质的学说。古希腊思想家从本体论角度理解教育的合法性，把寻求世界本源、世界普遍规律作为教育合法性存在的决定因素，比如用抽象的数、理念等因素规定是教育目的，这样，教育就是教会人运用理性思辨与逻辑能力去把握抽象的数、理念等决定世界存在的"本体元素"，以获得对人的存在意义的领悟，进而完成人的职责。显然，决定人的意义、人的价值的因素，不是在日常生活世界中，而是在虚幻的"超验世界"。

可以说，古希腊思想家构想的教育合法性，是理性的逻辑分析与抽象的超越精神的统一。继而被神学教育思想转变成具有更大威力的神或上帝，这便是用普适性的价值观、绝对精神统率个体的精神生活、"精神世界",教育的意义不是承认个体作为社会主体的独立地位,而是张扬超越现实世俗生活的"神圣的精神世界"。

文艺复兴以来,重视人的理性能力,教育被当做是挖掘人的潜能的手段。在启蒙运动崇尚科学的思想影响下,把人看做是理性的机器,认为人是可教的,关键是寻求最好的知识。比如赫尔巴特提出教育的心理学问题,用心理学知识论证人的教育是可能的。但是,赫尔巴特的教育理论仍然不能解答一个基础性命题,即如何阐明"人是教育对象"命题的实质意义。

不过,需要辩证反思这些思想家关于学校教育合理性的追问。他们倡导教育的人文关怀,力主教育促进人性的改善,培育受教育者融入世界的意识,这是有价值的教育思想与教育实践。但是,离开了人的现实生活世界理解教育的价值,把教育人文价值归结成是人之外的某种本体性因素,体现着教育理解的形而上学思路。①

其实,形而上学是西方思想传统之一。它的特点在于:(1)把寻求终极实在、最高本体和世界的"最后本质"作为人的思维和生存的最高宗旨和目标;(2)把寻求单极的、同一性的"一元化原则"当做解决思维和生存问题的基本原则;(3)把寻求非时间、非语境的"非历史"的"永恒在场"的"本真存在"作为思维和生存的基础和前提。结合这三方面,所谓形而上学思维就是指一种试图从一元化的、非历史的终极本体来把握人与世界的思维范式,是一种迷恋于最终主宰、"第一原理"和最高统一性的思维范式。②

无疑,现代学校教育活动的开展以及教育学科的形成与发展,受到了形而上学思想方式的制约与影响,至今,并没有完全消除它对当前学校教育活动产生的影响。比如我们要求学校对学生提出无限的期望,经常听到以"对牛弹琴"批评老师的教育教学活动的死板、僵化、不切实际。出现这种现象原因,就是因为我们赋予"牛"(我们的教育对象)以一种普遍性的、远大的、崇高的成才目标,而淡忘了受教育者个体是千差万别的事实。用一种标准化的、统一的、普遍性的目标去引领所有受教育者,使他们步调一致朝着共同的、崇高的目标发展,这是不切合实际的"思辨哲学"的产物。

---

① 舒志定:《古希腊教育观的形而上特性》,《宁波大学学报(教科版)》2006 年第 2 期。
② 贺来:《超越"现实"的"现实关怀"——马克思哲学如何理解和关注现实?》,《哲学研究》2008 年第 10 期。

形而上学对学校教育的影响，不仅对学校具体的教育活动与教育环节产生影响，而且它还深刻地影响着教育学科的构建、教育理论的发展。吴俊升、王西征就指出"在近代以前，不论中国或外国关于教育活动，也未尝没有理论未尝没有经验的方法。可是这些理论多系从宗教或形而上学演绎而生的，往往缺乏科学的基础"，他们认为卢梭是科学教育的开山大师，因为卢梭的教育思想主要是建立在对儿童的观察之上，但是卢梭《爱弥尔》中仍然有不少"空论和幻想"。因而，与卢梭自然教育思想不同，比如赫尔巴特教育学，虽然依据心理学和道德学为教育学发展基础，但是他的教育学"还没有脱离形而上学的窠臼"。[①] 孟宪承和陈学恂也同意这一观点，在《教育通论》讲到教育科学发展时指出，"他（赫尔巴特）想从心理学与伦理学的基础，建造一个教育科学的体系出来"，但是"他的教学法虽风靡一时，他的教育理论，依然没有脱掉思辨哲学的窠臼"。[②]

近代之后的学校教育活动和教育学科建设，受到形而上学思想方式的影响。重要原因是启蒙运动以来，倡导人生而自由平等的观念，重视人的自我意识，重视人的权利与自由，甚至是把"自我意识"等同于人的发展，等同于人的主体性的全部内容。正如卢梭所坚信的立场例是典型代表之一。卢梭说：他最为关注、真正关注的是"人的地位"。所以，教育是人的教育，"从我的门下出去，我承认，他既不是文官，也不是武人，也不僧侣；他首先是人：一个人应该怎样做人，他就知道怎样做人"。[③] 把教育与人联系起来，反对脱离人讨论教育，这是卢梭教育思想的重要价值。然而，问题也已经包含其中，即人成为人、教育使人知道"做人"，而要达成这一教育目标，理清人的本质的认识思路是前提。

因而，批判与清除教育理解的形而上学思路，是马克思教育思想的重要贡献。为解决这一问题，马克思是从探讨解决问题的前提与基础着眼，认为它是问题解决的理论基础。因为，不同的前提假设，就会出现解决问题的不同思路。而具体采用什么样的解决问题思路，一方面取决于理论基础与前提，另一方面它又是技术性、操作性的"问题"，可以根据问题的变化与环境的改变，随时作出调整。

在马克思这里，把环境的改变与人的活动的一致的"实践"视为根

---

① 吴俊升、王西征：《教育通论》，福建教育出版社 2006 年版，第 265 页。
② 孟宪承、陈学恂：《教育通论》，福建教育出版社 2006 年版，第 173 页。
③ ［法］卢梭：《爱弥尔》，李平沤译，商务印书馆 1978 年版，第 13 页。

本前提，人的实践展示着人的生存方式，也是人的思想观念、社会意识形态形成的基础与前提，"如果在全部意识形态中，人们和他们的关系就像在照相机中一样是倒立成像的，那么这种现象也是从人们生活的历史过程中产生的，正如物体在视网膜上的倒影是直接从人们生活的生理过程中产生的，正如物体在视网膜上的倒影是直接从人们生活的生理过程中产生的一样"①。只有把现实人的现实实践当做教育基础，这就为谈论教育现实性确立前提，因而把人的现实实践作为评判"是否是现实的教育"的尺度，这样，传统教育确立的前提与基础被摧毁了。哈贝马斯在概述形而上学历史时提到了这一点："撇开亚里士多德这条线不论，我把一直可以追溯到柏拉图的哲学唯心论思想看做是'形而上学思想'，它途径普罗提诺和新柏拉图主义、奥古斯丁和托马斯、皮科·德·米兰德拉、库萨的尼古拉、笛卡尔、斯宾诺莎和莱布尼茨，一直延续到康德、费希特、谢林和黑格尔。古代唯物论和怀疑论，中世纪后期的唯名论和近代经验论，无疑都是反形而上学的逆流。但它们并没有走出形而上学思想的视野。"② 这就是说，克服形而上学思想方式对教育的消极影响，消除对教育虚无的、"神性化"的理解，把教育变成是现实社会现实人的现实活动，是马克思实现了教育思想方式的创新。

对此，马克思通过对资本、劳动的批判性分析，揭示隐藏于人的生产劳动之中的秘密，科学地回答了人的问题，提出了极富启示的教育论点。

马克思承认人是自然的存在，具有与动物界相类似的自然属性，但有别于动物界，动物只是凭本能生存，而人能够凭借本能与理智开辟生存空间，不仅认识世界，而且改造世界。顺此就可以明确人生活在现实社会中的基本特征：既不过着纯粹满足于本能需求的生活，也不过着纯粹的理性生活，更不是靠抽象的观念或神的启示而生活，而是通过生产劳动与自然、世界"打交道"的过程，通过与外在世界、对象物"打交道"的过程中，逐步获得生存的空间与生存的能力，成为自然与社会的主人。

在此意义上能够理解马克思提出劳动创造人、创造世界论题的内涵。所谓创造，其实是指人通过生产劳动，建立人与世界的交往关系，这种

---

① ［德］马克思、恩格斯：《德意志意识形态》（节选），《马克思恩格斯选集》第 1 卷，人民出版社 1995 年版，第 72 页。
② ［德］于尔根·哈贝马斯：《后形而上学思想》，曹卫东等译，译林出版社 2001 年版，第 28 页。

交往关系是人给予世界的一种影响，它体现着人的因素，无论是人抱着积极的、善意的意向，还是抱着恶意的、占有世界的功利取向，世界是客观存在着，它不会主动地与人建立关系，为人"服务"。就此来说，人与世界交往关系的建立，取决于人对世界的态度、立场。换言之，在人与世界交往关系建立中，人的各种想法、价值理念、道德立场，原本以观念形态存在于人的内心世界之中，但是，在通过与世界不断交往的前提下，这些"观念"得到了现实化，它体现在日常生活中，变成可以被认识、被判断的一种客观事物、客观存在。"思辨终止的地方，在现实生活面前，正是描述人们实践活动和实际发展过程的真正的实证科学开始的地方"。① 所以，人的存在与发展，不是自然进化过程的自然史，而是人类自身认识世界与改造世界的历史。"意识在任何时候都只能是被意识到了的存在，而人们的存在就是他们的现实生活过程"。② "我们就必然要仔细研究一下：11世纪的人们是怎样的，18世纪的人们是怎样的，他们各自的需要、他们的生产力、生产方式以及生产中使用的原料是怎样的；最后，由这一切生存条件所产生的人与人之间的关系是怎样的"。③ 人是现实的社会存在者，增强参与社会生活的能力，成为一名社会主体，是实现人的发展的基本目标。

同时，人与世界的交往，也是一个受到世界影响而改造自身的过程。因为人本身是自然界的一个有机组成部分，马克思说："就它自身不是人的身体而言，是人的无机的身体。人靠自然界生活。这就是说，自然界是人为了不致死亡而必须与之处于持续不断的交互作用过程的、人的身体。所谓人的肉体生活和精神生活同自然界相联系，不外是说自然界同自身相联系，因为人是自然界的一部分。"④

人的现实生活，是人与自然、人与世界关系的建构，通过这种"交往关系"的建构，人获得了现实生活。然而，问题的关键之处是理解人的"交往关系"是如何建构起来的。马克思肯定是"生产劳动"使人完

---

① ［德］马克思、恩格斯：《费尔巴哈》，《马克思恩格斯选集》第1卷，人民出版社1995年版，第73页。

② ［德］马克思、恩格斯：《费尔巴哈》，《马克思恩格斯选集》第1卷，人民出版社1995年版，第72页。

③ ［德］马克思：《哲学的贫困》，《马克思恩格斯选集》第1卷，人民出版社1995年版，第146—147页。

④ ［德］马克思：《1844年经济学哲学手稿》，《马克思恩格斯全集》第3卷，人民出版社2002年版，第272页。

成了人与自然和世界的"交往关系"的建构,并且,这种"交往关系"的建构,是人的"生命活动"的必然要求,也是人的"生命活动"的具体体现,即不只是为了满足个人延续生命需要的活动,相反,每一个个人按照自己的需要、力量、方式和方法,自主地选择对象,设定活动的目的,并通过活动实现自己的目的,在遵照自己的意志、需求、遵循外部世界规律的前提下,改造了外部世界,同时也改造了自身。

马克思以"建构"的视角阐释"生产劳动",这样,理解"生产劳动"的意义并不困难了。马克思就说劳动是"个人本身对他所加工的物和对他自己的劳动才能的一定关系。劳动是积极的、创造性的活动"。[①] 具有"创造性"特点的"劳动",它不是个人自我意识的"创造",不是脱离实际的"脑力劳动",而是一种对象性活动的建构。作为对象性活动建构的角度认识"劳动",实质上显现着人的存在特征,这便是人把自身之外的世界作为劳动、交往的对象物,当做是自身认识、改造的客体。与此同时,也受到"世界"这个对象物的制约、调节、影响,人自身也处于被改造的过程中,即把"对象物"包含的内容、存在形式、属性被人吸收,内化成人的生命活动的重要资源,构成或充实人的本质力量,这是人被自然、世界改造的基本内容。

如此认识人受世界的影响而改造自身的过程,不同于存在主义、实用主义、结构主义等教育思潮的基本主张。虽然这些教育思潮,注意到人与环境的相互关系,对当代西方学校教育产生了不同程度的影响。但是,这些教育思潮着眼点往往是文化、理性、思维方式,是以抽象的个人为前提,谈论外部环境对人的认知或情绪等主观因素产生的影响,这样,人与环境关系只是一种认知反映关系。结果,世界对人产生的影响,人与世界发生交往活动之后产生的变化,归结是人的主观意识的变化,或者理解成是人的情感与需求的变化,否认了人是在现实社会生活中现实的存在者。比如伽达默尔(Hans-Georg Gadamer)解释学的实践,尽管提出了实践主体的能动性与创造性,但是,这种能动性与创造性主要局限于对文本意义的创造过程,即鼓励"读者"对文本的开放性阅读,在阅读中确立"主体性"。这种想法是有意义的,它对培养人的独立思考能力,养成人的发散性思维方式是富有意义的。然而,人对"文本"的阅读,不可能脱离人的生活经历、生活经验、社会背景。因此,如果对

[①] [德]马克思:《1857—1858年经济学手稿》,《马克思恩格斯全集》第30卷,人民出版社1995年版,第618页。

伽达默尔这一观点作进一步分析，便能揭示这一观点隐含的问题，主要是把"读者"（人）的变化范围限制在个体的主观领域①。

正是通过研究生产劳动，发现了人的存在与社会发展史的秘密，提出了实现人的解放目标的现实途径与历史使命。由此明确教育与生产劳动结合的目的，是为学校教育合法性问题提出了一个答案，规定学校教育的性质与目的。这就要求学校教育完成传授系统的、理论化科学知识的任务，切实履行继承知识、传播知识与创新知识的文化职能。

诚然，实现学校的教育职能与教育使命，它不是一个"理论"的话题，而是需要要落实在具有脚踏实地改革精神和创造能力的社会公民身上，通过他们实现学校使命。因而，学校组织传授知识的教育活动，帮助年轻学生理解、接受科学知识，实现学校的知识教育目标，但它不是学校的唯一教育目的，不是学校教育的根本目标，也不是学校追求的教育理想、教育信念的体现。事实上，学校给予学生的意义与价值，是培育学生理解自然、参与社会的态度、品质与能力，最终成为主动参与、关怀公共事务、具有公共理性品质的自由的人。

一、确立"自然"在学校教育中的地位

学校是在社会中被不断建构起来的，它是社会的、历史的，不是纯粹的自然存在物。因此，学校的教育目标、任务、内容与方法是"人为的"、"人造的"，是改造完成了的"自然"。如此，学校的教育工作渗透着社会的意志、意愿。其中科学发展、可持续发展、低碳发展关涉着人类未来。这些观念、意识理应纳入学校教育的范畴，比如培养年轻一代"对自然的态度"，养成学生的"自然观"，构成当代学校教育的一项重要任务。

在这层意义上，马克思提出劳动与教育关系问题，原因在于劳动是面向"自然的"，是"劳动"帮助人完成了自然观的建构。当然，马克思提出的"自然观"，既不是在人与自然处于对立的状态下理解自然，"自然"只是满足人的需要的客观存在物，也不是把"自然"看做是独立人之外的"客观存在"，不是把"自然"当做被认识、被改造的"客体"，而是把人与自然的关系看做是两者"共生共荣"的"共在"关系，所谓人的自然化与自然的人化的统一。

形成这种"自然观"的关键，是转变理解"人与自然"关系的思想

---

① 舒志定：《文本的敞开性与教师权威的瓦解》，《教育理论与实践》2003 年第 2 期。

方式。也就是说，我们无法从纯粹的认识论或知识论的维度理解自然人化与人化自然，自然是客观存在的，不可能具有与人相同、相近的思维能力、逻辑推理能力，但是，我们可以从生存论意义上理解人与自然这一对关系，它的重点是强调人的生存自觉的重要意义，也就是体现人在处理与自然关系时的自觉性、能动性。

当人具备生存自觉时，就不会把"自然"看做只是在人之外客观存在"物"，它还包含着人对自然的一种价值取向，是人与自然建立认识、价值、道德、情感等多重有关系。这符合马克思提出对待自然既要保持科学的态度又要保持价值的态度。科学的态度，是认真严肃地按照自然规律办理，遵循自然规律；价值的态度，是指人要爱自然，就像爱自己一样，破坏了自然，没有了自然，也就是在破坏人类生存未来。正如恩格斯所说："我们不要过分陶醉于我们人类对自然界的胜利。对于每一次这样的胜利，自然界都对我们进行报复。"①

可见，培育自然观显得是十分重要与必要的课题。如何让学校正确处理学生与自然的关系，从小培育正确的自然观，这就有必要看看马克思提出的改善人与自然关系的基本策略："仅仅有认识还是不够的。为此需要对我们的直到目前为止的生产方式以及同这种生产方式一起对我们的现今的整个社会制度实行完全的变革"。② 也是在此前提下，马克思提出要了解、认识劳动，并通过劳动确立正确的自然观。

在此意义上，要求学校帮助学生学会劳动，其意义不仅是为了掌握、了解生产劳动的过程与能力，而是尽可能地使学生既能通过读书掌握"科学知识"，又要求学生能够尽早确立正确的"自然观"。

二、学校应以"生存"教育为使命

马克思通过劳动建构"自然观"，它展示了一条生存论意义上谈及人的劳动态度与价值的思路。所谓"生存论意义上"是指人是生存着的，生存着的人是丰富的多面体，既有认知客观世界的需要，又要展示自身的情感、意志、欲望等非理性需求，这就使人对自然的关系，不只是认知关系（认识自然），还包含着人对自然的理解、感受与欣赏，体现着人

---

① [德] 恩格斯：《自然辩证法》，《马克思恩格斯选集》第 4 卷，人民出版社 1995 年版，第 383 页。
② [德] 恩格斯：《自然辩证法》，《马克思恩格斯选集》第 4 卷，人民出版社 1995 年版，第 385 页。

与自然之间构成的认知关系、道德关系、审美关系。

同时，强调"生存论"，是因为生存的人与生活的人的有着重要差异。前者强调人是一个创造性的存在者，能够自我创造、自我发现、自我实现。后者只是强调人是生活着的人，机械、重复、满足动物一样的生理性需要为首要目的的生活。这两种不同生活观的本质差异在于是否体现人的主动性、创新性，以及是否把精神向度还是物质向度作为满足人的需求的目标。

但是，在特定社会历史文化条件下，人不是"生存的人"而是"生活的人"。因为人的创造性潜力、潜能未能被激发出来，反而被压抑、压制了。这种处境，马克思称作是"人的异化"。异化的人，压制人的创造力，这并不是说人的创造力完全消失，或者说人是不可能具有创造力的。因为，"压抑"不等于"不存在"。正如中国古语所说"官逼民反"，"民反"说明"民"具有"反"的能力，这种"能力"在特定情形下是隐匿的，在另一情形下则被重新提及、重新焕发。

然而，问题在于，人要意识到这一点并且能够做到这一点，不是一件容易的事。因而，使人要使自己从"生活的人"转到"生存的人"，并不容易，也并不快乐。无疑，这成了使人成为人的教育任务，也就是怎样使人成为自觉、自主、自为的人，这应该成为学校开展人的教育、开展生命教育的核心要旨。

对此，尽管传统教育观提及了这一点，即主张学校要帮助学生渡过幸福人生、增进学生福祉为目标，这并没有错。但是，必须补充一点，幸福生活是通过艰难与痛苦的拼搏而获得，尤其让学生幻想幸福，还不如尽早教会学生如何克服痛苦的煎熬。其实这一点马克思早就提及，只是很容易就被我们遗忘了。

马克思在论述劳动时，看到了劳动对人类历史产生的意义与价值，也指出劳动并不是一件十分快乐的事。可我们容易记住"我有可能随自己的兴趣今天干这事，明天干那事，上午打猎，下午捕鱼，傍晚从事畜牧，晚饭后从事批判"，[①] 由此以为马克思对未来社会生产劳动的描述是一幅"陶渊明版"的"自由"的、"充满阳光"的生活。的确，马克思指出，在未来社会，人与生产劳动之间的关系将会发生变革，逐渐消除劳动异化的处境，人成为支配自己劳动的主体，从事劳动的人是自主、

---

① [德]马克思、恩格斯：《德意志意识形态》（节选），《马克思恩格斯选集》第1卷，人民出版社1995年版，第85页。

自由、快乐的。但是，这种变革是以社会所有制关系的革新或革命为前提。随着所有制的变革，引发人的劳动态度变化、对劳动取舍的变化，这种变革如何理解？这是问题关键。如果我们认为人是可以随心所欲无所限制，这似乎又回到了没有制度、没有法律、没有道德的时代，可见，这些问题的提出及解答，关键取决于"理解的思路"。

马克思描述了所有制变革引发人的劳动的变化，表明所有制变革给人的生存方式及生存价值带来的革命性变化。变化之前的人的生存方式，人的一生或人生活的很长一段时间，就如同一个机器人，只学会一种生产技能，只从事一种工作（工种）。如果在这样的环境中工作、劳动与生活，人往往学会了无原则地认同现状，过着"做一天和尚撞一天钟"那样单调、乏味的生活。而所有制变革之后，人们不再为谋生而生存，也不再屈从于某种工厂制度的安排，走自己的路，独立思考，寻求自身对生活的感悟与意义。

这是两种不同的生存理念及日常活动方式，它们的区别，正如海德格尔所描述的："我们面临着一个双重的要求：一方面，我们要根据栖居之本质来思人们所谓的人之生存；另一方面，我们又要把作诗的本质思为让栖居，一种筑造，甚至也许是这种突出的筑造。如果我们按这里所指出的角度来寻求诗的本质，我们便可达到栖居之本质。"[①] "达到栖居之本质"，使人能够"诗意地居住"，就要解决现代社会中人的无家可归的无根状态。无家可归，是指人受到日常生活的名与利、科学技术等影响，遮蔽了人在日常生活中应该追求的东西，比如人对生活意义的思考、对人生价值目标的追求等。因而，帮助人寻找消失或迷失了的"精神家园"，是时代赋予现代人的使命。

但是，这条道路，海德格尔并没有彻底揭示，而马克思早就做到了。马克思寻求社会变革，改变社会所有制，使人实现自主支配自己，充分展示自身，包括个人的意志、欲望、情感及才能。这样的人，才称得是真正生存的人，而不只是为了谋生。如此给现代学校提出十分明确的目标：帮助学生确立"生存意识"，培养"生存能力"。

三、揭示学校科学教育观的实质

传授科学知识是学校教育的基本任务。长期以来，传授科学文化知

[①] [德] 海德格尔：《"……人诗意地栖居……"》，孙周兴选编：《海德格尔选集》（上），孙周兴译，上海三联书店1996年版，第465页。

识、追求真理,被确立是学校教育的基本职责。由此,学校把科学知识划分成不同的学科类别,根据不同学科,设置相应的课程,并选择教学内容。应该说,学校在传递、继承、传播科学知识、培养科技工作者等方面工作卓有成效。

在肯定取得成就的同时,不能不强调学校科学教育中存在的问题:比如科学知识传播与科学道德的培养、科学知识的传承与科学知识的创新、自然科学知识教育与人文素养培养等问题不少,要解决这些问题,涉及学校科学教育观调整与更新的问题。要求学校教育要形成正确的科学教育观,核心是两方面内容:一是把握科学及科学教育的本质;二是实现自然科学教育与人文社会科学教育的协调发展。

正确把握科学的本质,是确保科学教育工作取得成功的认识前提。马克思十分重视科学的价值,指出通过科学技术的进步,能够推动与创新社会生产力。马克思在《1857—1858年经济学手稿》中论证了科学技术对提升生产能力的贡献。"探索整个自然界,以便发现物的新的有用属性……采用新的方式(人工的)加工自然物,以便赋予它们以新的使用价值。要从一切方面去探索地球,以便发现新的有用物体和原有物体的新的使用属性如原有物体作为原料等等的新的属性;因此,要把自然科学发展到它的最高点"。① 肯定科学技术对生产力发展产生的积极作用,要大力发展科学技术,以推进社会生产力的发展,这一点是不容置疑的。

但是,重视科学技术的贡献,前提是要确立正确的科学观。科学观是对科学产生、发展、功能、价值等基本问题的看法,核心是把握科学本质。马克思在《1844年经济学哲学手稿》中对科学本质作了规定。"自然科学往后将包括关于人的科学,正像关于人的科学包括自然科学一样:这将是一门科学"。② 这就是说,科学、技术与人是密切相关的,是人的力量的具体体现。用马克思的话说是人是科学发展的基础。"感性(见费尔巴哈)必须是一切科学的基础。科学只有从感性意识和感性需要这两种形式的感性出发,因而,科学只有从自然界出发,才是现实的科学"。③ 因此,讨论科学问题,不能丢掉"人"这个现实的基础。

---

① [德]马克思:《1857—1858年经济学手稿》,《马克思恩格斯全集》第30卷,人民出版社1995年版,第389页。

② [德]马克思:《1844年经济学哲学手稿》,《马克思恩格斯全集》第3卷,人民出版社2002年版,第308页。

③ [德]马克思:《1844年经济学哲学手稿》,《马克思恩格斯全集》第3卷,人民出版社2002年版,第308页。

把科学与人联系起来讨论，不是想说明科学是人研究与发明的成果，而是重点表明人通过科学展示人的本质力量，这是处理人与科学关系的正确立场。马克思又以现代工业为例，现代工业深受现代科学影响，是科学与技术发展水平的一种具体体现与反映。无论现代工业发展到何种程度，它都是人自己的本质力量的体现。

马克思说："如果把工业看成人的本质力量的公开的展示，那么自然界的人的本质，或者人的自然的本质，也就可以理解了；因此，自然科学将失去它的抽象物质的方向或者不如说是唯心主义的方向，并且将成为人的科学的基础，正像它现在已经——尽管以异化的形式——成了真正人的生活的基础一样；说生活还有别的什么基础，科学还有别的什么基础——这根本就是谎言。"①

在这段话中，马克思认为对待科学的态度，是不能把它变成纯粹是"科学知识"的集结，变成是教科书中的科学，科学是生动的、实践的，是与人密切相联系的。既要看到"科学"知识及科学发展历史所展示的人的智慧与人的力量，使学生通过学习"科学"，掌握科学知识、概念、规律，更要通过学习"科学"感受到人的力量、人的尊严、人的价值。"自然科学却通过工业日益在实践上进入人的生活，改造人的生活，并为人的解放作准备，尽管它不得不直接地使非人化充分发展。工业是自然界对人，因而也是自然科学对人的现实的历史关系"，② 在此，马克思通过还原到对现实的人的把握，以独特的思路统一了科学与人文，无论是自然科学还是人文社会科学，都是人的创造，是人的本质力量的体现。

具体地说，马克思认为自然科学与人文科学是统一的，是一个问题的两个方面。如果着眼于科学与人的关系来说，不存在自然科学与人文科学的分离，两者都是人的科学。对此，马克思和恩格斯在合写的《德意志意识形态》中专题讨论人类社会历史发展问题，就此指出"我们仅仅知道一门唯一的科学，即历史科学"。因为，"历史可以从两方面来考察，可以把它划分为自然史和人类史"，这样，研究自然史是自然科学，研究人类史是人文科学，两者都与历史相关，马克思把它们看做是一门科学，即"历史科学"。

---

① ［德］马克思：《1844年经济学哲学手稿》，《马克思恩格斯全集》第3卷，人民出版社2002年版，第307页。
② ［德］马克思：《1844年经济学哲学手稿》，《马克思恩格斯全集》第3卷，人民出版社2002年版，第307页。

当然，马克思把历史科学、自然科学与人文科学归为一门科学，绝不能等同于现代科学语境中的"自然科学与人文科学是一门科学"。马克思是从认识自然、改造自然进程中不断创造人类社会历史的意义上谈及的，意图是阐明科学是人类活动的产物，是人与自然交往过程中体现的人的本质力量。正如马克思讲到"工业"的本质时谈到的："工业的历史和工业的已经生成的对象性的存在，是一本打开了的关于人的本质力量的书，是感性地摆在我们面前的人的心理学"。[1] 在此马克思提及"心理学"，是指与人的本质相联系的人的对象性活动的全部展示，正如马克思提到的"感觉"、"激情"，不同于当代心理科学关于"感觉"、"激情"的概念解释。马克思借助"心理学"这个词语，表明人的本质力量展示的历史基础，比如"工业的历史"，它不是人类技术的代名词，不是指现代工业使用了多少先进技术设备等之类的科技词汇，这样的叙述"现代工业"，只是关于工业、科学、技术的知识与概念的陈述。为此，马克思提出"心理学"理解"工业历史"，是要表明工业是人的本质力量的发展历史。

可是，对"心理学"的认识，总是把它当做一门实用科学，分析它的"有用性"，没有从人的本质力量的角度进行理解。这样理解"心理学"，如果心理学不能在社会生活中产生应有的作用，原因不是人们缺乏心理学的知识或者是缺少运用心理学知识的能力，而是把心理学仅仅当做一种工具，按"有用性"判断心理学的价值，而以"有用性"作为心理学运用的依据，其局限性是显而易见的，比如"有用性"是极易受到人的主观意志的左右等，失去了判断的客观性。由此提出要求学校处理自然科学教育与人文科学教育的协调发展，这既是完全可能的，也是十分必要的。

上述简要介绍了马克思的科学观，它为我们提供了一条理解学校自然科学知识教育与人文科学教育的思路，这就要求从科学、技术的本质理解科学教育，科学教育是着眼于人的社会存在的视角，解决人的生命存在与发展的需要，它必然要求学校关注社会，从生产劳动与人的现实社会存在的思想语境中增强教育的历史意识，在人类认识自然、社会的历史进程中理解教育的合法性，增强学校教育工作的历史责任感，研究学校的教育特点与规律，明确实现人的培养目标的有效措施。如此就能

---

[1] ［德］马克思：《1844年经济学哲学手稿》，《马克思恩格斯全集》第3卷，人民出版社2002年版，第306页。

避免从知识论角度理解科学教育,把科学教育等同于传授系统的科学知识,让学生熟背与牢记一些概念。

上面讨论可知,马克思强调教育与生产劳动相结合,其理解的出发点,不是指某种具体的生产劳动形态,也是指某一内容的生产劳动,比如是种田还是生产服装等,而是对具体生产劳动的抽象,是强调"一般的生产劳动",它不是以劳动的经济价值或者劳动者创造多少物质财富为终极目标,而是重在突出生产劳动的哲学意义。与此比照,传统教育思想倡导教育与劳动、教育与生产生活的结合,缘由是受教育者掌握社会文化知识不能完全依赖外部灌输,必须由受教育者自己的努力以获得社会文化知识,并把它吸收与内化成自身的知识、观念与精神,这就需要以受教育者"自我活动"为基础。因而,"劳动"是受教育者体验社会文化的手段。对此,研究者把它与"游戏"进行了比较,以作进一步的论证。"在游戏中,没有目的的自觉,仅是为活动而活动,在活动本身之中,感到活动的愉快。反之,在劳作之中,则目的的自觉,极为明确,而与之相伴而来的喜悦,乃是目的达到的的愉快。不过凡在目的完成的过程中,必定有障碍存在着,而要打破这种障碍,则非靠自己的努力不可。能由自己的努力把障碍打破,结果就可获得能力的发展,同时培养了文化创造之力"。[①] 受教育者参与游戏是没有目的的,而参与劳动(劳作)则是有目的,这就是使自己通过劳动(劳作)的方式理解与接受社会文化,从而实现学校教育与社会教育的结合,完成人格教育的目标。因为促进人格完善的教育,既不能等同于人格教育学所倡导的仅限于个人"天赋能力"、"理智能力"的发展,也不能等同于把学生弃之于社会之中的"社会教育",仅满足于社会文化的习得,而是要把两者结合起来,达到人格完善的目标。[②]

这种理解教育与生产劳动结合的思路,实质是把生活劳动理解为一种"实体",是与受教育者密切联系的、能让受教育者看得到、把握得到一种具体形态或类型的生产劳动。学校教育要与劳动结合,要开展劳动教育,目标是自觉感受、接受社会文化,促进人格的陶冶,完善受教育者的人格品质,养成符合社会规范的生活方式。

比如近代瑞士著名的民主主义教育思想家裴斯泰洛齐(Johan Heinrich Pestalozzi),其教育思想以标举人文教育为特色。他强调教育要遵循

[①] 张安国:《劳作教育思想之系统的研究》,正中书局1942年版,第199页。
[②] 张安国:《劳作教育思想之系统的研究》,正中书局1942年版,第198页。

个人自己决定自己的自发性原理，推崇直观教学，倡导完善人性、养成理想人格的教育目标。因而，他把"劳动"看做是有助于增进人的感官与四肢的重要手段，并且，逐渐发达的感官与四肢又会促进理智力、想象力的形成。就此看来，裴斯泰洛齐虽然重视"劳动"，但是，"劳动"在教育中的作用也只限于身体感官与技能的训练，劳动只是作为学校重要的教育手段之一。这一点裴斯泰洛齐在斯坦兹乌尔苏林修道院开展的教育实验中得到反映。他提出教育要进行"心的教育——手的教育——头的教育"，即教育必须教给儿童知识、发展儿童的智力，同时，教育也是发展儿童手艺、活动技巧的过程，最终促进儿童善良人性的充分发展。为此提出教育内容是：除了加强读写算的教学之外，还要加强儿童的工艺、农艺训练的教育，使儿童的道德、知识和劳动活动能力都能得到发展。[1]

又如对现代教育作出重大贡献的德国哲学家赫尔巴特，也是一位关注教育与现实社会劳动、人的日常生产生活相结合的教育思想家。赫尔巴特通过分析"活动"、"劳动"在学校教育中的地位，阐述学校组织实施"活动"教育的建议。

首先，他肯定"活动"在教育中处于次要的地位。"它把表象看做比意志更为本源的东西，从这种独断的心理学的假说出发，遂以思想界的陶冶为教育的中心点，而视劳动不过为认识之应用，仅有副次的价值"。[2] 可见，虽然提及活动、劳动的教育作用，但是，只是把劳动教育看做是学校知识教育的补充，是教育的一种辅助手段。因此，赫尔巴特并不主张要把"手工劳作"设置为单独的学校教育科目或教育方式，"不论在什么情况下，儿童必须有事做，因为懒惰会导致捣乱与不可约束。如果活动是有益的工作，例如手工劳动或田间劳动，那当然好。而假如通过活动能够学习有利于将来教养的东西，那就更好。但并非一切活动都是教学，在儿童管理困难的地方，学习并不始终是最适宜的活动"。[3]

其次，赫尔巴特区分了活动是否有益，是否具有教育性。基于把儿童活动区分成有益与无益，赫尔巴特认为有一些教学活动也并不能达到"教育"的目的，比如为了生计或出于业余爱好而学习，这种学习与教学，并不会考虑其结果是否会对个人人性的变化产生影响。因而，赫尔

---

[1] [瑞士]裴斯泰洛齐：《天鹅之歌》，《裴斯泰洛齐教育论著选》，夏之莲等译，人民教育出版社2001年版，第423—478页。

[2] [日]小林澄兄：《劳作教育思想史》，周心安译，世界书局1935年版，第145页。

[3] [德]赫尔巴特：《普通教育学——教育学讲授纲要》，李其龙译，浙江教育出版社2002年版，第237页。

巴特强调对儿童应该实施有"教育意义"的教学。[①]

上述只是简略介绍近现代两位西方教育思想家关于劳动教育的观点，据此与马克思的观点相比较，就能发现马克思阐述的教育与生产劳动相结合观点的创新之处，是对传统的劳动与教育相结合观点实现重大的思想转向。

第三节 教育与生产劳动结合的可能性

理解教育与生产劳动相结合，必须追问教育与生产劳动相结合为什么是可能的。

其实，教育与生产劳动相结合，是传统教育思想关注的重要内容。考察教育思想史就能发现，强调学校教育与生产劳动结合（被称作为是劳作教育）的观点，不是源自马克思。早在马克思之前，教育思想家都会自觉或自觉地把思考重点聚焦于此。但是，与马克思阐述生产劳动与教育结合的理论立场相对照，存在着截然不同的观点。形成这种差别的原因在于认识生产劳动的思想方式的差异。

上面分析已经说明，生产劳动是人类社会历史发展基础与前提，这使生产劳动具有工具性与交往性的双重属性。工具性是指生产劳动成为制造物质产品、物质财富的手段；交往性是指生产劳动完成了人与世界关系的建构，实现了人的社会存在。结合生产劳动的双重性，我们要进一步分析教育与生产劳动相结合为什么是可能的。

一、教育与生产劳动相结合的可能性，源自对
学校的教育使命的正确把握

实现人的全面发展是学校的教育使命。各国都在关注如何培养人的问题。从20世纪70年代围绕"学会生存"的大讨论，到20世纪90年代提出教育的"四根支柱"，[②] 非常清楚的事实是，各国既要把教育融入社

[①] [德]赫尔巴特：《普通教育学 教育学讲授纲要》，李其龙译，浙江教育出版社2002年版，第237页。

[②] 由雅克·德洛尔任主席的国际21世纪教育委员会向联合国教科文组织提交的报告《教育——财富蕴藏其中》中指出：为应对知识社会、信息社会对学校教育的挑战，教育应围绕四种基本学习加以安排，这四种学习是每个人一生中的知识支柱：学会认知、学会做事、学会共同生活及学会生存。联合国教科文组织：《教育——财富蕴藏其中》，联合国教科文组织总部中文科译，教育科学出版社1996年版，第75页。

会之中，为社会培养合格人才，又要抵御教育受"资本主义逻辑"、"市场逻辑"的制约，避免受到市场社会功利主义价值观的消极影响，还原学校应该履行传承文化、恪守人文关怀的历史使命。

因而，实现教育使命是教育理论与实际工作者面临的现实课题。马克思教育与生产劳动相结合思想，是从理论与实践角度提出实现教育使命的基本命题以及现实道路。

人的全面发展，按马克思的观点，这是人的本质力量的现实化，也就是说，这是唤醒人的内在潜力及其现实化的过程。但是，人的力量的外化或现实化，只有与对象物建立交往关系的前提才能实现，缺乏或尚未发生交往关系的个人，是孤立的、"原子式"的个体。因为"交往"完成了人与对象物的对象性关系的建构，这种对象性关系的实质是人与对象物之间具有丰富的、全面的联系与沟通，不仅包含着人认识对象物的认知关系，而且人还受到对象物的影响，改变了人的情感、态度、价值立场等，使人与对象物的交往关系包含着道德关系、审美关系、价值关系等多重关系。就此，通俗地说，人是在现实社会中生活，具有丰富的理性、感性的需求，既要寻求知识与技能的发展，享受物质生活，又要追求艺术、审美、道德、宗教等精神生活。所以，人与对象物的交往活动，是丰富的，是双向的彼此影响与改造的活动。

正如马克思说人与动物的区别，是人需要对象性活动来表现、实现和确证自己作为人的价值，使人变成人自己。我们需要认真地思考马克思说过的一段话："劳动这种生产活动、这种生产生活本身对人来说不过是满足一种需要即维持肉体生存的需要的一种手段。而生产生活就是类生活。这是产生生命的生活。一个种的整体特性、种的类特性就在于生命活动的性质，而自由的有意识的活动恰恰就是人的类特性。生活本身仅仅表现为生活的手段"。[①] 人是有意识的、有精神生活的存在物，在生产劳动过程中，人通过劳动，把人所隐含着意愿，得到了展示，因此，"劳动"是人展示自己的知识、能力、态度、情感与价值关怀的过程，概括地说劳动是"人有意识的生命活动"。

这样，学校面对生活在现实社会之中的人，切实增强人的社会交往能力，促进人的社会关系的建构，是学校教育使命的核心命题。因此，就能避免把教育使命规定为一种抽象的幻想，避免把教育变成是一种传

---

① ［德］马克思：《1844年经济学哲学手稿》，《马克思恩格斯全集》第3卷，人民出版社2002年版，第273页。

授精神与信仰的"乌托邦";也不会使教育完全受功利主义消极思想的制约,变成是没有原则、没有理想的"现实主义"。

同时,进一步明确实现学校传承文化的历史使命的正确道路。人是通过自己的行为、自己的活动来表征自己的存在、自己的本质。因此,实现学校的教育使命,必须关注现实社会的人的生存处境,不能脱离人的社会生活经验,不能抽象地讨论人的知识、技能、品性,要尽力地把人的社会经验融入到学校教育之中,把它作为学校的重要教育资源,根据人的发展阶段性特点,分层次、分阶段、分目标地实现学校与社会的有机融合,培养积极融入现实社会的现代公民。

二、教育与生产劳动相结合的可能性,源自对学校教育历史性特征的正确把握

学校教育是有价值的活动,如何实现教育价值,提出了不同观点。夸美纽斯用朴素的神学立场阐明"泛爱"教育理想,崇尚教育的人文关怀,要求教育遵循人的自然成长规律。洛克、卢梭等启蒙思想家高扬自然主义原则,反对社会文化对人的压抑与压制,试图建构自由教育的理想。赫尔巴特则以心理科学为理论依据,试图实现教育的科学化,此后,科学主义、实证主义思想主导着学校教育,把教育的科学性、实证化、程序化推向新的高度。斯宾塞(Herbert Spencer)就从进化论角度提出教育的任务是传授最有价值的知识。对斯宾塞这一观点,有研究评述指出,斯宾塞的教育议题的实质是"在有限的时间内要选择有价值的知识,这才是问题之所在"。[①]

对于学校教育与科学知识传授之间的关系,我们无须怀疑,更不必质疑学校承担传授科学知识教育使命的合理性。但是,我们必须指出学校教育是师生相互交往的活动,师生思想境界以及社会本质决定着学校教育的复杂性、多元性与开放性,因而,社会历史文化条件、政治与政策环境是影响学校教育价值实现的重要因素,这一切说明现代学校教育具有历史性的特征。

正确认识与把握现代学校教育的历史性特征,有助于从社会与教育相互关系中理解教育功能与使命。马克思早已指出:"全面发展的个人……不是自然的产物,而是历史的产物。要使这种个性成为可能,能力的发展就要达到一定的程度和全面性,这正是以建立在交换价值基础上的生产

---

① 林玉体:《西方教育思想史》,九州出版社 2006 年版,第 542 页。

为前提的，这种生产才在产出个人同自己和同别人相异化的普遍性的同时，也产生出个人关系和个人能力的普遍性和全面性。"[1] 人不是抽象的理性存在，现实的社会生活，包括经济生活、政治生活、宗教生活等，构成了人是现实生活的存在者，因而，只有从现实的社会生活中理解人，这样的人才是具体的、生动的、真实的。

也是基于这样的认识，马克思指出法国唯物论者强调人是环境和教育的产物的同时，把改变环境和教育的希望寄托在个别杰出人物身上。因此，这种学说必然把社会分成两部分，其中一部分凌驾于社会之上[2]。

强调教育历史性，指出教育发展受到社会制约的基本特征，反对用抽象的、概念演绎的方式理解教育，避免把教育理解成是一种纯粹的精神或观念的"活动"。因而，开展教育工作，从社会政治、经济、科技、文化等维度研究学校教育，设计学校教育内容，组织行之有效的教育活动。由此要求学校教育尽可能联系师生的日常生活，重视、关注师生在日常生活中积累的经验与文化知识，否则会使学校教育变成是抽象的精神活动。对此，马克思用"人的对象化"这一哲学语言概述教育的特征："一方面为了使人的感觉成为人的，另一方面为了创造同人的本质和自然界的本质的全部丰富性相适应的人的感觉，无论从理论方面还是从实践方面来说，人的本质的对象化都是必要的"。[3] 人在依靠对象物交往中展示和确证人的生命、需要、内在本质、关系和个性，离开对象性交往关系，人只是独立的存在物，就无法表达人的生命活动的全部力量，人也无法生存下去，所以，对象性存在，既确证人是作为人存在的事实，又使人逐步发展社会性特质，使人在对象性交往活动中，使人成为人。

三、教育与生产劳动相结合的可能性，源自对学校教育承载的社会价值的正确把握

现代学校教育与社会联系越来越密切，对社会进步与发展产生越来越大的影响力，这就要求现代学校教育的任何一项活动，任何一种教育方式都要体现社会性特性，体现社会价值。

---

[1] ［德］马克思：《1857—1858 年经济学手稿》，《马克思恩格斯全集》第 30 卷，人民出版社 1995 年版，第 112 页。

[2] ［德］马克思：《论费尔巴哈》，《马克思恩格斯选集》第 1 卷，人民出版社 1995 年版，第 59 页。

[3] ［德］马克思：《1844 年经济学哲学手稿》，《马克思恩格斯全集》第 3 卷，人民出版社 2002 年版，第 306 页。

正如马克思反复强调人是一切生产力中最活跃的因素,但人的"活跃",人对认识社会与改造社会的主动性,都要受到生产劳动基本规律的制约,要以现实的社会生活为前提,才能切实发挥人的主动、能动的作用。换句话说,思想的变革是不可能脱离现实的生产劳动,如何在生产劳动过程中形成思想,这是一项重要的产生思想、传播思想的任务,同时,又要把思想应用于现实社会,改造社会、变革社会、促进社会,这是一项重要的社会实践课题。所以,无论是思想生产与传播的任务,还是思想实践的任务,这两大任务都不可偏废。

当然,任何一所学校培养毕业生数量的多少,是这所学校为社会服务、实现社会价值的具体反映,是评价学校的社会价值的重要内容。不过,这只是形式上的社会价值,如果培养的毕业生只会纸上谈兵,或者是眼高手低,不能成为服务现实社会的劳动者,甚至成为社会的"罪人",那么,现代学校的社会价值也无从谈起。

因而,强调教育与生产劳动相结合是每一所学校为确保教育目标实现而采取的有效措施与策略。比如深入到生产劳动过程中,了解社会生产对学校教育的需求,以生产劳动发展和社会进步为目标,设计学校教育内容与人才培养模式等等,都是为确保学校教育与生产劳动相结合取得实效的积极举措。

第四节 重申教育与生产劳动结合的实质

坚持教育与生产劳动相结合的实质目标,最终归结到一个现实的命题:培养社会主体。

教育是使人成为人的活动。使人成为人,实质是要成为社会主体,实现人的"社会存在"。但是,该如何理解教育是培养社会主体的活动,存在着不同的观点,出现了认识的误区。其中,两种看法较有代表性:一是宗教神圣观念对人的控制,二是经济领域的异化理论。前者强调人的主体性塑造,它取决于个体的内心世界的变革,教育作用在于促进个体主观意识领域的革命,这样,教育是一种与个人主观有关的活动;后者强调培养人的主体性是在人的现实生活完成的。由于现代工业社会的快速发展,市场经济所创造了极其丰富的社会物质财富,似乎给人造成"市场经济是万能的"的错觉,在这种错觉的误导下,把"市场"理解成为能够决定和解决所有问题的唯一力量,这样,容易使人的价值观念、世界观发生迷惑,失去了追求人生意义、人生价值的正确方向。

因此,实现人的社会存在,既要避免用抽象的精神或神圣观念去改造人,又要避免使人沦落为创造物质财富的工具。马克思强调,"活动和享受,无论就其内容或就其存在方式来说,都是社会的活动和社会的享受。自然界的人的本质只有对社会的人来说才是存在的;因为只有在社会中,自然界对人来说才是人与人联系的纽带,才是他为别人的存在和别人为他的存在,只有在社会中,自然界才是人自己的人的存在的基础,才是人的现实的生活要素。只有在社会中,人的自然的存在对他来说才是自己的人的存在,并且自然界对他来说才成为人"。① 这是马克思从人存在的客观事实描述从自然人成为社会人的基本路径及其基本规律,"全面发展的个人——他们的社会关系作为他们自己的共同的关系,也是服从于他们自己的共同的控制的——不是自然的产物,而是历史的产物"。② 所以,要使个人从自然人的状态发展到社会人,表面看来是个人的生成变化的过程,实质上它是"历史的产物"。所谓人的发展是"历史的产物",是指人必须生活在特定的社会历史文化环境之中,并且,通过依靠特定的社会现实生活条件,不断地扩大交往的范围与领域,丰富自身的社会关系,这既是个人增长自身能力、知识的过程,也是为社会创造财富、促进社会变革与发展的过程。正是因为社会历史决定着人的日常生活,使人成为在现实社会中生活的人,这种生活,包括吃、穿、住、行等维持生命存在的基本需要的生活,也包括追求内心愉悦的精神生活,还有超越现实物质生活、崇尚抽象的宗教生活、艺术生活等,所有这一切都称之为是"人的生活",而且指明人的生活是不可能脱离现实的社会历史环境,不可能脱离现实的社会政治经济文化条件,因而说人是"现实的人"。

可见,这样阐述"人的现实性"、人是"现实存在的"等观点,不是把"现实性"当做一种标签,用以替代古代的"德性的人"、"理念的人"及近代的"自然的人"、"理性的人"、"精神观念的人"、"非理性的人"等对人的本质作出的种种判断,在此,只是通过"现实性"这一中介,把考察人的思路奠基在社会历史前提与基础之上,而不是寻求一个

---

① [德]马克思:《1844年经济学哲学手稿》,《马克思恩格斯全集》第3卷,人民出版社2002年版,第301页。
② [德]马克思:《1857—1858年经济学手稿》,《马克思恩格斯全集》第30卷,人民出版社1995年版,第112页。

关于人的新的概念、新的语词,以替代传统对人的认识的各种概念,因而,其重要意义在于提供一种方法论,旨在对"人"赋予现实的或具体的涵义,可把它比喻为开启现实的人、具体的人这把锁的钥匙,① 这把钥匙是指马克思把社会历史确立为分析人的本质问题的现实基础与认识前提,由此,马克思阐述了人的全面发展的基本观点:人是在现实的社会生活中造就自身关系和自身能力的全面性和普遍性,体现着人的发展的历史过程。他提出了人的发展的三个历史阶段。

"人的依赖关系(起初完全是自然发生的),是最初的社会形式,在这种形式下,人的生产能力只是在狭小的范围内和孤立的地点上发展着。以物的依赖性为基础的人的独立性,是第二大形式,在这种形式下,才形成普遍的社会物质交换、全面的关系、多方面的需要以及全面的能力的体系。建立在个人全面发展和他们共同的、社会的生产能力成为从属于他们的社会财富这一基础上的自由个性,是第三个阶段"。②

这段论述表明马克思把人的发展划分三个历史阶段的基本观点。一是人的依赖关系阶段。它反映了人类早期自然生活阶段的基本状况。由于生产力的落后,群居、聚居(所谓原始公社)的共同体生活是当时人类活动的主要特征,在此情形下,人只有归属于群体(共同体),而没有真正的自我,如果按自我生存,反而失去了共同体的依靠,会遭遇生存的困难。随着生产力的发展,社会经济生活、组织方式发生重大变革,出现了人与物的依赖关系,这是人类发展的第二阶段。这一阶段因对物的崇拜,隐匿了个人的主体地位,貌似在追求人的主体性,实则是被社会功利目的、社会权力体系、社会制度规范所统治,出现了"人不是为自己而活"的状态。第三阶段则是对第二阶段的批判与救赎,被马克思规定是人的自由自觉的存在状态。人的发展进入到这一阶段,它是以生产力的高度发展和人的交往普遍化为社会条件,在此基础上,以独立的个体为原则建构社会共同体,在这种共同体中,每一个人都作为独立的社会主体而存在,同时,与共同体的其他成员保持着真正的人的关系,实现了个人与群体的和谐共存。

人的发展三个阶段理论的提出,是马克思确定个人是物质实践或生产、交往的载体与主体,通过对人与历史相互依赖、相互发展过程的考

---

① 谢龙:《马克思哲学中的现代人文观念》,《学术研究(广州)》2004 年第 3 期。
② [德]马克思:《1857—1858 年经济学手稿》,《马克思恩格斯全集》第 30 卷,人民出版社 1995 年版,第 107—108 页。

察而得到的结论，这就有力地阐释了人是社会历史发展主体的基本立场，"有生命的个人的存在"、活生生的个体是研究人类社会历史发展规律的出发点与立足点，任何脱离现实的人谈论人类社会发展历史规律、谈论人类社会历史发展真理，势必会自觉或不自觉地回归到黑格尔的"抽象的精神运动"的历史观之中。

不过，必须强调，马克思提出人的发展三个阶段理论，与自然科学研究得出的人的进化或发展的结论并不矛盾，也不否定人的进化理论包含的合理性，而是指出，马克思阐述人的发展阶段理论与进化论的观点是有区别的，这种区别，体现在人是受到现实的社会历史文化背景制约与规范的基本认识上，这一点，只有马克思提出并坚守不脱离历史观谈论人的发展问题。

历史是人的历史，人是历史中进行创造性活动的人。人的发展问题，实质是人通过自身的实践，在社会历史文化环境中不断完善、不断生成的过程，这个过程，不仅创造着人自身，也创造着历史。所以，谈论的人的发展，不能脱离马克思关于人的发展与历史发展是辩证统一的基本立场。

如此，在特定社会历史环境中从事实践活动是人的发展的途径。因而，促进人的发展，把人塑造成社会合格主体，基本策略就是在特定社会历史背景下为人的实践活动提供条件。这样，对培养社会主体为目标的学校教育来说，必定要求遵循马克思的基本立场，并把它升华为教育理念，落实在具体的教育过程中。

首先，社会主体培育是以现实社会生活为基础。

社会主体的塑造，是在现实社会生活中完成的。脱离现实社会生活去理解社会主体，使培育社会主体的活动缺少现实基础，成为是精神观念变革的抽象"活动"，培养的人是掌握了某种抽象观念的"观念人"，或者变成纯粹自然科学知识的教与学的活动，这样培养的人是掌握自然科学知识的"知识人"。

对社会主体培育道路的不同观点与立场，反映着对培育社会主体所坚持的不同历史观。与其他思想家的历史观不同，马克思是有"人"的历史观，历史是从"有生命的个人"解决生存矛盾开始的，"有生命的个人的存在"是人类历史的第一个前提。人类为了生存，需要从事生产劳动，通过生产劳动解决人的生存问题。在此基础上，人又会提出新的需要，又会努力寻求解决之道，如此持续发展就产生了人类历史。由此说人是在一定的物质条件上获得发展，人的发展，不能缺少物质前提，它是制约人的发展的客观基础，而道德的、宗教的、形而上学和其他意识形态，则成为"与物质前提相联系的物质生活过程的必然升华物"。① 人在现实社会中从事的物质生产，解决了人持续生存的物质产品，又促使人在物质生产过程中调整或改变着自己思维方式，这是有生命的个人与自然界其他生物的区别之处，也正是因为这一点，有生命的个人是以现实的社会生产、生活、社会历史为基础的。

同时，随着社会生产的极大丰富和发展，"民族历史"向"世界历史"的转变，"各个相互影响的活动范围在这个发展进程中越是扩大，各民族的原始封闭状态由于日益完善的生产方式、交往以及因交往而自然形成的不同民族之间的分工消灭得越是彻底，历史也就越是成为世界历史"。② 因而，人是世界历史中的人，世界历史成为考察人的发展问题的出发点。"各个人的世界历史性的存在，也就是与世界历史直接相联系的各个人的存在"。③ 因此，世界历史如何发展、发展到什么程度，都将影响着人的发展目标的实现。"每一个单个人的解放的程度是与历史完全转变为世界历史的程度一致的"。④

而且，向世界历史的发展，是不依人的意志为转移的客观过程。《共产党宣言》分析了世界历史形成的原因及特点。由于资产阶级开拓世界市场，使一切国家的生产和消费都成为世界性，而且不断地排挤、消灭古老的民族工业，不仅物质生产如此，而且各民族的精神产品也成了公共财产。这样，各民族在自觉或不自觉、自愿或强迫中被拉进到资本主义体系之中，从民族的历史向世界历史的转向，"它使未开化和半开化的国家从属于文明的国家，使农民的民族从属于资产阶级的民族，使东方从属于西方"。⑤ 这种由民族历史转向世界的历史发展中出现的"从属"，无论怎样评价"从属"，它的意义在于使世界各国、各民族、地区紧密地联系在一起，相互依存，共荣共衰，实现"地球村"的梦想。

所以，考察人的发展，世界历史是重要的视域。人生活在世界历史之

---

① [德] 马克思、恩格斯：《德意志意识形态》（节选），《马克思恩格斯选集》第 1 卷，人民出版社 1995 年版，第 73 页。
② [德] 马克思、恩格斯：《德意志意识形态》（节选），《马克思恩格斯选集》第 1 卷，人民出版社 1995 年版，第 88 页。
③ [德] 马克思、恩格斯：《德意志意识形态》（节选），《马克思恩格斯选集》第 1 卷，人民出版社 1995 年版，第 87 页。
④ [德] 马克思、恩格斯：《德意志意识形态》（节选），《马克思恩格斯选集》第 1 卷，人民出版社 1995 年版，第 89 页。
⑤ [德] 马克思、恩格斯：《共产党宣言》，《马克思恩格斯选集》第 1 卷，人民出版社 1995 年版，第 277 页。

中，不断地参与推进世界历史发展的活动之中，同时，人的日常生活受着世界历史发展的影响，包括日常生活所需的物质产品，也包括人的精神生活需要的文学、电影、宗教、艺术等。这就是说，要最终实现人的自由发展的目标，要与世界历史发展进程密切相连。其实，这个问题，马克思和恩格斯在《德意志意识形态》中作了清楚论述。认为社会生产的进步推进着世界历史的发展，这是实现个人全面发展目标的重要现实基础。因而，要求人的发展必须融合到人类社会生产之中，融合到世界历史发展之中。

其次，社会主体培养的条件是真实的"共同体"。

社会主体的基本特征是人具有正确认识社会与改造社会的意识、责任与能力，能够自觉地与社会建立和谐共处的关系。在这一意义上说，学校教育不仅要采用理论灌输方式，而且更要支持与鼓励学生积极参与社会、关注社会、理解社会。因此，学校教育的重要任务是把培养学生的工作融入到日常社会生活之中，不能将学校与社会分离与隔绝开来，避免学校变成"象牙塔"。由此必须强调社会主体的培养，是通过塑造真实的、充满活力的共同体才能完成培养任务。

马克思指出在人的发展第一阶段，人也是生活在共同体之中。只是，对个体来说，这种共同体的价值在于提高共同对付自然界的能力，"共同体"成为维护人的生存目的的"工具"。由于"共同体"的目标一致，在这种共同体中生活，人与人的交往关系是淳朴、简单的，目的是为了对付自然界，共同获取生活资料、实现人的生存的目的。而人的发展第二阶段的共同体，则是虚假的共同体，因为一部分人把权利让给另一部分人，人与人的交往关系被社会经济、政治权力等因素制约，结果使共同体或他人成为实现自己目的的工具与手段。由此提出了一个历史性的任务，即创造适合个体自主发展的共同体，这对个体健康发展来说，是十分重要和必要的。正如马克思所说："人对自然的关系直接就是人对人的关系，正像人对人的关系直接就是人对自然的关系，就是他自己的自然的规定。因此，这种关系通过感性的形式，作为一种显而易见的事实，表现出人的本质在何种程度上对人来说成为自然，或者自然在何种程度上成为人具有的人的本质。因此，从这种关系就可以判断人的整个文化教养程度。从这种关系的性质就可以看出，人在何种程度上对自己来说成为并把自身理解为类存在物、人。"①

---

① [德]马克思：《1844年经济学哲学手稿》，《马克思恩格斯全集》第3卷，人民出版社2002年版，第296页。

这样，建构"真实的共同体"，不是抽象的、虚构的，而是让每一个个体充满活力，与现实社会生活的联结通道是畅通的、交往是有效的。在这个意义上说，马克思强调教育与生产劳动相结合命题的意蕴，不是让教育变成生产劳动的附属，而是强调教育的一个基本品质，即强调教育要关注现实人的生存活动，教育不能脱离人的现实社会活动，使教育避免陷入理想化、知识化、抽象化的误区。从这个角度分析古代或近代思想家的教育思想，可以看到他们的局限。比如中国儒家教育思想强调为己之学，强调人的道德"自觉"与精神"自得"，这是非常清晰的个体主义教育立场。

又如启蒙思想家洛克，固然强调教育遵循人的发展基本规律，但论及教育为何能够促进人的思想变革的基本理由时，洛克把它看做是人的观念反省、组合、抽象、比较的活动，是简单观念与复杂观念的转换活动。休谟也把人的内心活动看做是一堆依习惯而结合的印象观念，这被看做了联想主义心理学思想的源起。笛卡尔看到了人的自我、自我意识的重要意义，但是，奠基在"我思"前提下的"自我意识"，把"心灵"的本质看做是思维活动，这使主体研究退回到主观主义的道路。同样，康德教育思想核心是改造人的理性能力，培养人的道德自由。立论基点仍旧局限于"人的理性"视域之内。教育要置于人性的法则之下，"要使某些东西靠自身发展出来"。[①]

凡此种种，一个共同的特点是强调观念、思想变革的价值，主张人的内心世界或精神观念的变革当做是人的思想与行为变革决定因素，反对社会对个体的主体地位的蚕食与统治。以这种思路建构的人的"交往共同体"，不可能是真实的、适合每一个个体个性发展的共同体。

对此，马克思坚持认为培养人的主体性任务是在参与社会活动中才能实现。通过分析人的现实社会生活处境，指出人的发展的现实道路，它不是纯粹的"观念"、"精神"的变革。尽管人的现实生活中出现的商品拜物教、货币拜物教、资本拜物教等现象，看起来是人的观念问题，实质是生产劳动的异化，这是需要探究与反思这些现象形成的根源，"平等地剥削劳动力，是资本的首要的人权"。[②] 要改变这种情况，仅仅通过

[①] [德] 康德：《论教育学》，赵鹏译，上海世纪出版集团、上海人民出版社2005年版，第4—5页。

[②] [德] 马克思：《资本论》，《马克思恩格斯全集》第44卷，人民出版社2001年版，第338页。

思想教育、灌输高尚道德理念，是难以达到解决问题的目的。为此，要通过社会制度建设，为学校教育发展提供宽松、民主、自由的环境，便于个体能够展现其独特的思想、观念与知识修养。当然，还应该强调让学校与社会生活的紧密结合，学校与社会建立密切的合作关系，让师生融合于社会之中获得发展，克服个体发展与社会之间的分离状态。正是在这一意义上说，马克思强调教育与生产劳动相结合，是实现社会主体的培养目标。

第五节　教育与生产劳动结合的当代价值

上述的讨论已经敞开了马克思给予教育的本体诉求。从古至今，教育被作为是传递文化、塑造社会统治精英或工业社会谋生求职的工具。不能否定，这样认识教育功能是有一定的合理性。然而，我们务必强调这样一点，通过教育，让每一个人获致幸福，更是具有民主意识、民主立场的思想家追求的目标。尽管关于幸福内涵与条件的理解是不同的，但是，这并不妨碍由此而开展探讨教育丰富内涵的可能性与必要性，至少要排除或摒弃对教育所作的种种功利主义的解释，使受教育者在教育过程中焕发人的生命活力、获得人的尊严。

就这一点而言，马克思强调教育与生产劳动相结合，促进人的自由全面发展，实质是期待教育帮助人去领悟人之为人的存在本质，使人学会面对社会、面对生活感悟自身生命的意义与价值，这一点依旧是当今学校教育追求的价值目标。

一、揭示学校的价值愿景

马克思和恩格斯在《德意志意识形态》中说："凡是有某种关系存在的地方，这种关系都是为我而存在的；动物不对什么东西发生'关系'，而且根本没有'关系'；对于动物来说，它对他物的关系不是作为关系而存在的。"[①] 人与世界交往关系的建立，"世界"构成人的交往对象，但是，这个"世界"，不仅是物理形态存在的客观世界，而且是价值形态的意义世界。而"价值"作为客体属性满足主体需要的现实效应，就是

---

① ［德］马克思、恩格斯：《德意志意识形态》（节选），《马克思恩格斯选集》第1卷，人民出版社1995年版，第81页。

"为我而存在的关系",而这里所谈及的"为我",不是指与外部世界分离的"我",不是"客观"的"外部世界"必须服从于"主观的我",不能把对象世界当做是被动的、与主体的我处于对立之中的客观存在物,而是强调世界在与人的建构中,人的知识、能力、意志、欲望等理性、非理性因素都会影响着"世界",如此,被人建构关系之后的"世界",是"人的世界",它已经受到人的力量的影响,这种"影响",用马克思的话表示,即是体现着"人的本质力量"。

所以,人建构与世界的交往关系,体现着人的主动性、能动性与创造性,体现着人对世界及其与之建立交往关系的意义的认识,并对这种交往关系产生的结果进行价值评判。就此来说,人与世界的交往,不同的人对世界寄予不同的期望,体现着人的价值愿景,这种价值愿景,又会影响与制约着人的思想与行为。

因此,要建构能够确保人与世界持续发展的交往关系,要求人确立相应的价值观。这一点十分重要。而学校教育是为社会的未来培养人才,是以培养新一代社会公民为职责,要求学校在培养人的过程中,不仅要培养受教育者的知识与能力,而且要帮助受教育者确立理想的价值目标,接受合乎社会进步要求的主流价值观,这要求学校不断省思该如何向年轻学生传授社会核心价值观。对此,提及马克思关于人的发展的价值观是十分必要的,它有助于廓清学校价值观教育的迷误。

在马克思看来,人在实践中是自然和社会的双重存在。自然界只有与人、与人类的发展历史相联结时才是现实的和有意义的,正是人从事的社会生产劳动,把自然史和人的历史连结在一起,人也是在生产劳动中促进人的变化。然而,在社会发展的低级阶段和私有制条件下,人与社会、人与自然、主体与客体建立了"平等"关系,人被各种自然的、非自然的力量统治,即便是人创造的产品,也成为支配人、奴役人的力量,人不可能真正成为社会的主人。因而,马克思主张消除约束人的发展因素,实现人的全面、自由的发展。马克思说共产主义是人的自我异化的积极扬弃,是通过人并为了人而对人的本质的真正占有,是向社会人即合乎本性的人的复归。这种发展,解决了人的存在中面临的诸如主体与客体、自然与社会、个体与类、自由与必然之间的矛盾。因而,消除影响人的自由本性实现的各种因素,是实现人的解放目标不可避免的选择,是马克思设计的人的发展理想,进而马克思阐述了实现人的自由发展目标的道路。

对此,马克思的立场十分明确,实现人的解放的目标必由之路,是克服与消除人的异化处境。而消除异化与自我异化是同一条道路。对这条道路,马克思通过对黑格尔、青年黑格尔派的批判,指出不是"观念决定生活",不能因哲学的思辨而掩盖生活中实实在在存在的各种问题,不能把人的思想、观念、概念变成是"某种独立的东西",变成是"人们的真实的枷锁"。可是,无论是黑格尔还是青年黑格尔派,并没有意识到哲学思辨与现实生活之间的主次关系,结果只能把理想王国奠定在抽象的精神想象之中。马克思已经说得很清楚:"青年黑格尔派玄想家们尽管满口讲的都是所谓'震撼世界的'词句,却是最大的保守派。如果说他们之中最年轻的人宣称只为反对'词句'而斗争,那就确切地表达了他们的活动。不过他们忘记了:他们只是用词句来反对这些词句;既然他们仅仅反对这个世界的词句,那么他们就绝对不是反对现实的现存世界。"[①] 青年黑格尔只重视理论筹划、理论的批判,缺乏对现实社会的关注与思考,因而就缺乏制定能够有效地解决实际问题的策略,如此反而成为社会革新的阻碍力量。

当然,解决实际问题,不能没有理论思考。但是,理论探索、理论思考,务必结合实际,不能不着边际,造成理论的"假、大、空"。所以,寻求人的问题的解决措施,消除人的异化处境,只能在人的现实社会生活中寻找解决思路,通过分析形成人的异化的原因,才能找到克服人的异化的钥匙。

然而,接受并实践这一立场并不容易,比如海德格尔就提出消除人的生存困境的出路在于避免"思"的缺乏,要让"我们自己开始思"。这个"思","它超出了理性与非理性的分别之外,它比科学技术更要清醒些,更清醒些因而也能作清醒的旁观,它没有什么效果,却依然有自身的必然性。当我们追问这种思想的任务时,首先要置疑的不仅是这种思想,而且还有对这种思想的追问"。[②] 这是海德格尔给我们布置的"作业",要求我们学会"思",要比科学思想、理性主义者更深刻去思想,而不能仅满足得到某种思想的结果。

对海德格尔提出的"思"任务,巴雷特(Barrett William)的评述是有道理的:"海德格尔不是一个理性主义者,因为理性是通过概念和精神

[①] [德] 马克思、恩格斯:《德意志意识形态》(节选),《马克思恩格斯选集》第 1 卷,人民出版社 1995 年版,第 66 页。

[②] [德] 海德格尔:《哲学的终结和思的任务》,孙周兴选编:《海德格尔选集》(下),孙周兴译,上海三联书店 1996 年版,第 1260 页。

表现的方式活动的……他也不是非理性主义者。非理性主义认为感觉或者意志，或者本能，比理性更宝贵，甚至比理性更实在。事实上从生活本身看，也的确如此。但是，非理性主义把思的地盘拱手让给理性主义，从而在暗中接受了敌人的假设。所需要的是某种能够超越这对立的两者之上的更为基本的思。"① 要在理性与非理性主义之外找到"思"的"地盘"、"思"的根基。马克思完成了这一任务。

马克思提出要把事物、现实、感性当做人的感性活动，当做实践并且从主观方面去理解，但是，这里所表述的"感性"、"实践"以及"主观方面"，它指出了"思"的根源与本质，即"思"是在人不断认识世界与改造世界的过程中完成的，人是在实践活动中改变着对象也改变着自身。只有与人的实践相结合，避免把"思"看做是人完成认识活动的感觉器官的"功能"，也不会把它看做是人的主观活动，变成纯粹观念的"思"。

在这个意义上说，人的解放、获得自由的程度和满足需要的程度是有限度的，这种"限度"体现在它是一个社会历史发展的客观进程。只有当社会生产力获得极大发展，社会生产关系发展到比较高的阶段，建立了公正、正义的社会制度，人才能真正得到全面发展。这也同时证明，人的解放与全面发展是一个实实在在的进步过程，与社会生产力发展、社会进步文明紧紧联系在一起，脱离了社会生产劳动的实际，脱离了现代的、文明的社会建设事业实际，人的解放只能流于空谈和空想。

因此，以人的解放为价值取向考察教育与生产劳动相结合，其目的是以批判的立场审视人的生存处境，改善人的价值实现的社会环境。受此种观念影响，学校教育的功能，除了传授科学知识培育人的生产劳动技能，以便快速促进和适应社会生产力的变革外，还应该为现代人构建道德、审美的世界，活跃人的审美活动，丰富人的精神生活，在现实社会生产力制约的背景下尽可能改进人的生活方式、满足人的知识、情感、道德与审美的需求，提升人的日常生活的幸福指数，使教育成为个体摆脱受自然、社会奴役获得解放的一条通道。就此观照当前学校教育问题，妥善处理知识教育与人的发展之间的关系，展示教育与生产劳动结合的当代价值。

首先，教育与生产劳动相结合，有助于消除片面重视知识教育的局限，充分发挥师生日常生活经验的教育价值。

---

① [美] 威廉·巴雷特：《非理性的人——存在主义哲学研究》，杨照明、艾平译，商务印书馆1995年版，第203页。

教育本应鼓励学生自主学习,培养创造精神与创造能力,实现主动发展的目标。然而,在当前的学校教育实践中,教师与学生的关系,演变成"我(师)"教"你(生)"学,即教师讲什么,学生考试考什么。实际上,教师替代了学生,学生所学习的内容,也依赖于教师的讲解,以教师的标准为标准,学生的职能只需要被动接受知识,这其实是教师教育主导作用的负面现象。

一个人参与学校教育,如果只是接受课堂知识的传授,所学内容都被归纳成定理、定律、概念、推理等,这样的教育能够教会受教育者掌握知识,使其成为一个有知识的人,但是,这样的教育是僵化的、冷冰冰的,没有有效地调动受教育者的激情,不能有效地激发受教育者个体情感、欲望等非理性因素,不一定会重视受教育者身上积累起来的个体的、鲜活的生活经验,使受教育者得到是"to know that"(了解是什么)、"to know how"(了解怎么做),但未能足够关注"to know why"(了解为什么做)。因而,被研究者称作是教育终结时代的到来。[1]

把重视科学知识传授等同于教育的观点及做法,在片面强调教育与市场联姻的背景下,更加剧了"教育终结"时代的到来。其实,作为教育者必须要思考我们教给学生什么是最有效的就业竞争力?难道仅仅是学科知识吗?那种劳动力市场所标示的就业需要的技术等级证书,可以通过参加职业技能证书考试的途径获得"职业证书",并且,它可以用分数给予明确的计量与表达。可是,市场需要的劳动者,社会需要能够参与社会生活与社会建设、服务社会发展的公民,需要他们掌握知识、技能,拥有社会认同的价值观,这不是通过组织"考试"就能解决这些问题,用考试的分数也难以准确表达一个人的基本素质与修养。[2] 因而,既要思考我们要教会学生是什么,怎样合理地满足学生发展的需要,又要研究教育方法、教学方法以及学生学习方法的改革,尤其是要重视学生的自我感受、生活体验、各种经历的教育价值,这是教育中的"非系统化科学知识"的教育资源,是使学生学会批判性思考能力的重要方面。[3]

---

[1] Alasdair Macintyre,2006,"The End of Education:The Fragmentation of the American University",Commonweal,20.

[2] Judith Semeijn & Rolf Vander Velden & Hans Heijke & Ceesvan der Vleuten & Henny Boshuizen,2005,"The role of Education in Selection and Allocation in the Labour Market:An Empirical Study in the Medical Field",Education Economics,4.

[3] Jamesd Marshall,2001,"Acritical Theory of the Self:Wittgenstein,Netzsche,Foucault",Studies in Philosophy and Education,20.

由此要求学校教育重视受教育者在日常生活中积累的经验，它是受教育者经历过的或观察到的"个体经验"，它反映着个体的身心、智力、智慧、情感等因素，是个人成长发展的重要资源，有如古人称它是"体知"，是人获得知识与促进发展的重要途径。所以，强调教育过程要关注现实的人和现实人的生活世界，要关注人在日常生活中的亲身经验。

重视发挥教育者和受教育者日常生活的教育价值，把日常生活作为重要的教育资源加以开发，在日常教育活动中，注意研究受教育者的生活背景，充分利用受教育者的兴趣、爱好、特长，把教育者、受教育者的日常生活变成是教育的有效资源。"这种主张追求的是，教师摆脱单纯地消化学校所规定之课程责任的状态，使学校转型为帮助每一个儿童的学习与发展的负有责任的自律性机构"。[①] 事实上，现代学校教育中存在着被物性或某种权力（如知识权力）遮蔽的现象。

其次，教育与生产劳动相结合，为学校解决"符号世界"交往中出现的人格障碍提供思路。

现代学校已被各种信息与传播信息的技术所包围，远距离的信息、知识、技术、观念，借助先进的网络传播技术，处于不同地理位置的学生能够同时获得信息，并进行相互的交流。这种现象的出现，是教育与学习方法的一场革新，但是，它对传统学校教育观念与模式提出了挑战。

在网络构建的"符号世界"中进行网络学习，受教育者掌握现代网络交流与使用技能，在狭窄的校园空间甚至是利用一台计算机，依赖某些"符号"就能完成学习目标。与传统学校教育相比，在网络学习环境中，人与人之间面对面的交流并不充分，学生的活动空间非常有限，甚至是"足不出户"，依赖鼠标的点击完成学习任务。这样，容易发生个人心理、情感及行为的变形。

对此已有不少专家进行了研究。结果显示目前中小学生出现学习障碍，原因与学生生活环境直接相关。如现代都市家庭居住在森林般的高楼里，孩子参与户外活动越来越少，独生子女们没有日夜相守的兄弟姐妹可以一起玩。过去弹玻璃球的土地变成了草坪和水泥地，以往踢毽子的场所变成了自行车棚和停车场。户外活动不多的孩子，待在家里看动画片、玩汽车模型、变形金刚、玩电脑游戏，它对孩子全面发展是有影响的，比如就看电视来说，它训练孩子主要是听的能力，而不是视觉。[②]

---

① ［日］佐藤学：《课程与教师》，钟启泉译，教育科学出版社 2003 年版，第 41 页。
② 刘翔平：《孩子作业马虎与都市小家庭生活方式》，《中国教育报》2005 年 1 月 24 日。

所以，针对中小学生生活在"符号世界"的问题，解决的出路是让他们走出"虚拟空间"、"网络环境"，多与现实社会世界交往，增加对现实社会、现实生活的感性认知，积累生活经验，以养成对生活的依恋之情，确立从人与世界关系的角度看待问题的意识、态度，增强解决实际生活问题的能力。

二、确立学校的真理性依据

现实社会生活中的人类活动是十分多样的。其中，人类的真理性活动，是指人的认识活动，它以探索真理为目标，不断加深认识自然界的深度与广度，创新与增进科学知识，从而更好地服务人的生存需要，提升生存质量。为社会培养建设者的学校教育，确保学校的教育工作是真理性活动，这是对学校教育活动提出的基本要求，这一点是正确的，是毋庸置疑的。也就是说，学校教育工作尊重教育发展基本规律，通过科学知识的传授与德性的灌输，培养受教育者探索真理的兴趣、发现真理的能力，使受教育者成为解释世界、改造世界的社会主体。

看起来确保学校教育是真理性活动是一项简单工作，事实上，却存在着认识的迷误与实践的差错。

造成认识迷误的根源是不能正确理解教育对象的社会本质。人是教育的对象，这一点是明确的。但是，在认识过程中，把教育对象的人看做是抽象的、主观的，或者纯粹是经验的人。古希腊教育，集中在借助于抽象的观念或逻辑改造人的德性，教育是纯粹思辨的、观念的活动。近代启蒙理性影响下的现代学校教育，教育是激发人的理性、改造心智的活动。其实，提出这些教育思想的认识前提是抽象人性论，即把人理解成是超社会、超文化、超越现实生活的抽象存在，要么使教育成为训练人变成是某种抽象观念的奴隶，要么使教育成为培养个人主义的温床，这是教育实践出现差错的主要原因。这一点在当前教育研究中有所表现，比如强调对人的关怀，以生命最珍贵为由强调"以人为本"的教育，但是，对个人缺乏正确理解，学生中出现的自我为中心、社会交往能力的缺乏等，是与个人主义思想密切相关的，是诱发教育中的个人主义思想的重要因素。

所以，要使教育成为真理性活动，前提是要正确理解教育的真理性活动。如果只是从科学知识的产生与发展的角度理解它，以传授知识、传授方法是否科学作为辨析依据，这是不够深刻与完善的，因为它依赖于人的主观意识，把科学知识变成人的认知能力的改造，追问人对外部知识如何能够获取的问题,① 这是人的"概念的天真"。

事实上,必须着眼于人的本质,人与知识及真理性活动,它不是人的大脑中的意识活动、意识产物。因而需要把教育活动还原到现实人的现实生活中。人的现实社会生活是影响、制约科学知识产生的社会基础,这是制约与影响教育真理性活动的现实基础。这就是说,判断教育是否是真理性活动,不仅要考察学校传授了多少科学知识,改善了受教育者的心智,而且要求考察学校教育是否满足了受教育者从事现实社会生活的需要,提高了受教育者参与社会生活的能力,使之顺利成为现实的社会主体。

正因如此,马克思认为学校推进教育与生产劳动的结合,有助于学校建构理解教育真理性的模式。教育传递真理,培养人追求真理、实现真理。这首先就要养成追求真理的意识。

然而,培养人形成追求真理的意识,必须要了解关于真理的意识的内涵。按马克思的观点,真理的意识以及真理的检验,都不是纯粹抽象的意识或某种观念活动,而是要求人在现实的实践活动中证明自己思维的真理性,证明自身的现实性和力量,离开现实世界、离开客观的实践活动,人的意识与思维活动,是无法保证其真理性、真实性,变成纯粹是一个经院哲学的论题,这是对教育活动现实性的基本规定。

马克思在批判青年黑格尔派的教条化思辨方式时就指出了这一点,并强调只有现实社会生活是产生知识与思想的重要源泉。"英法两国工人对科学的向往、对知识的渴求、他们的道德力量和他们对自己发展的不倦的要求"。② 马克思把科学知识的真理性检验标准归结为社会实践,只有植根于现实人的生活世界,满足人的现实社会生活需要的意愿,才能确证人的活动与理论的真理性。正是在此意义上说,要确保学校教育是真理性活动,只有通过与现实社会生活建立联系才能得到实现。因为,生产劳动使劳动者与劳动对象、主观世界与外部客观世界建立相互影响的关系,教育融合到现实而不是虚构的社会生活之中,适应现实社会生活的变化发展,不断推进学校教育的改革与创新。也就是说,现实社会生活是决定教育创新的客观依据。

对此,我们可以进一步分析马克思关于生产劳动的基本观点。从本质上着眼,生产劳动不是指某种技术性的工作或活动,不能把它等同于

---

① [德] 伽达默尔:《哲学解释学》,夏镇平、宋建平译,上海译文出版社1994年版,第119页。
② [德] 马克思、恩格斯:《神圣家族》,人民出版社1981年版,第107页。

工人、农民从事的某一项具体劳动，比如生产某种机器、种了一棵青菜等。事实上，马克思用"生产劳动"阐明人与世界的本质联系，即离开人独立存在的自然世界，我们对它是无知的，依赖生产劳动，它进入我们的视线，形成对客观世界、客观对象的认识，并逐步形成对客观事物的科学认识。所以，生产劳动使外在事物成为人认识、改造的对象，人在认识与改造外在事物的过程中改造自身，使自我意识发生变化，这是人与世界交往关系建立的意义。因此，人是客观的存在，又是处于"不能完成的敞开状态"，正是通过生产劳动，在生产劳动中，一方面使人认识与感知对象世界的活动不是主观的概念判断、逻辑推理，而是客观的、实在的活动。另一方面，通过生产劳动，人是在改造外部世界中完成了对人自身的改造，比如增长了见识，提高了能力，扩大了活动的范围等。

这样，教育与生产劳动相结合，为教育真理性活动确立现实基础。即：与生产劳动相结合的教育，目的不是让教育活动变成生产劳动本身，不是培养受教育者从事某一种生产劳动的技能，而是确立受教育者建构社会关往关系的意识与能力，形成正确的自我意识，成为合格的社会主体。这样，与生产劳动结合的学校教育，所培养的自我意识，它具有现实的社会基础，是主观与客观的统一，因而有助于克服西方思想家理解自我意识的局限。尽管这些思想家看到了人的理性、精神对现实社会历史发展的价值与意义。但是，脱离现实社会基础，讨论人的理性与精神观念的价值，把人的本性、生活和历史交给了超人的绝对精神、抽象观念、纯粹的科学知识来主宰。

因此，教育与生产劳动相结合，确证教育是真理性活动。主要是基于下面三方面：

一是确立教育真理性的现实基础。教育与生产劳动的结合，旨意是使受教育者意识到个人与社会生活世界的现实性，它不是虚无的，不是用一堆概念或某种超越的精神理念包装起来的，而是真实的、客观的存在。在此基础上，用科学知识揭示客观世界存在发展的规律与特征，掌握认识世界、解释世界的科学知识与技术手段。"经验的观察在任何情况下都应当根据经验来揭示社会结构和政治结构同生产的联系，而不应当带有任何神秘和思辨的色彩。社会结构和国家总是从一定的个人的生活过程中产生的"。① 现实人的生产劳动制约着整个社会生活、政治生活及精神生活，这就为教育活动设定了现实基础，"不是意识决定生活，而是

---

① ［德］马克思、恩格斯：《德意志意识形态》（节选），《马克思恩格斯选集》第1卷，人民出版社1995年版，第71页。

生活决定意识",① 相反是人的社会存在决定着人的意识与观念。这也为解决科学知识的普遍性与受教育者个体需求的特殊性之间的矛盾提供了思想方式。

二是规定教育的真理性的性质。要明确教育的真理性，就要明确学校教什么的问题。学校传授自然科学知识，它是人类知识体系中的一部分，也是学校教育内容之一。如果只重视自然科学知识教育，这对学校教育来说，是不完整的。因而倡导实施科学教育与人文教育，促进两者的协调发展。"在一个国家的教育系统中须有三种主要的方式，即文科课程，科学课程和技术课程。但其中的每一种课程都应该包括其他两种课程的内容。我的意思是，每种形式的教育都应该向学生传授技术、科学、各种一般的知识概念以及审美鉴赏力；学生在每一方面所受的训练，都应该由其他两方面的训练补充而相得益彰"。② 不能否认，这的确为学校教育开出了一张处方，提出学校教育重视科学教育与人文教育，实施"博雅教育"、"通识教育"。但是，要切实提高学校"博雅"、"通识"教育的效果，核心问题是从知识教育（不论是科学知识、技术知识还人文知识）转变为发展人的能力、改善人的品德的人的教育。这是解决学校知识教育面临困境的基本思路。

三是明确教育真理性活动的具体规范形式。作为教育真理性活动，除了要理解什么是教育真理性活动含义之外，还要明确怎样确保具体的教育实践活动是真理性的活动。简言之，要明确学校教育怎么教、怎么做的问题，即要提出学校教育实践活动的规范要求。

其实，这是"教育真理性"极为关键的问题，即衡量教育活动真理性的检验标准。与生产劳动相结合的教育，意图是使人的理论思维活动与人所面对的现实生活建立互动关系。评价教育，关键是在现实的社会生活中考察受教育者的知识、能力与品行。马克思断言人是能动性存在，这种能动性，不仅是指人能够认识与解释世界，而且强调人能够主动地改造世界。所以，检验人的思维、知识、能力与品行的真理性的依据只能是现实社会生活。通俗地说，受教育者通过教育获得的知识与能力，变成参与、改造现实社会活动的现实能力，在现实社会生活中涵养受教育者的个性、健全人格，实现教育目的，由此可说，教育对人的意义，

---

① [德] 马克思、恩格斯：《德意志意识形态》（节选），《马克思恩格斯选集》第1卷，人民出版社 1995 年版，第 73 页。

② [英] 怀特海：《教育的目的》，徐汝舟译，生活·读书·新知三联书店 2002 年版，第 85 页。

是增强与提升人认识世界与改造世界的能力，使教育培养的人是真正的人。这必然要把人的生活状况、人的生产劳动过程作为研究教育的起点与切入点，从现实生活中说明教育活动的合理依据。

因此，只有时刻关注社会生活、与社会生活密切联系的教育活动，是真实的、有效的教育活动，同样，教育活动的真理性也只能还原到现实的社会生活中才能得到说明与检验。

由此要求学校教育必须要关注受教育者个体的特殊性，以及教育受到特定社会生活条件与环境制约的客观事实，使学校的知识教育与人的生活实际联结起来，从人的生活需要、生存需要为理解教育的出发点，研究组织各项教育活动，这才能体现学校教育真理性的客观性特征。以此的理解，能够凸现马克思提出教育与生产劳动相结合，不是笼统地、简单地对科学知识普遍性特点的否定，只是指出要使普遍性科学知识产生作用，前提是每一个现实个体对它的灵活掌握与运用，只有与现实个体需求相结合，普遍性才有意义。

三、阐释人的教育的理论旨趣

上述讨论可知，教育与生产劳动相结合思想的实质是人的教育问题。看起来，人的教育是一个自明的命题。其实，并不清楚这一命题的真实意蕴。尤其是思辨哲学、宗教神学的论点中，人的理性，或者是"信仰的倾听和理解"作为人的教育依据，如此使教育成为抽象的"智力游戏"。当然，抽象性不仅是指教育内容具有抽象与思辨的特点，而且是指教育越来越疏远人的现实社会生活，培养人的教育活动，变成是培养人的抽象的、思辨的、观念的"自我意识"。因此，揭示导致人的教育的抽象性的根源，是开展教育工作的前提，也是理解人的教育的理论旨趣。

对此，马克思在批判黑格尔《精神现象学》中质疑了抽象的自我意识的合理性，指出了正确理解自我意识的理论要求。

马克思指出："在《现象学》中出现的异化的各种不同形式，不过是意识和自我意识的不同形式。正像抽象的意识本身——对象就被看成这样的意识——仅仅是自我意识的一个差别环节一样，这一运动的结果表现为自我意识和意识的同一，绝对知识，那种已经不是向外部而是仅仅在自身内部进行的抽象思维运动，就是说，纯思想的辩证法是结果"。①

---

① ［德］马克思：《1844年经济学哲学手稿》，《马克思恩格斯全集》第3卷，人民出版社2002年版，第319页。

问题在于缺乏关注人与社会生活之间的关系，缺乏把社会生活作为考察人的问题的事实依据与客观基础。对这一现象，马克思用一句很生动的语言给予了概括：德国人（德国学说）"它的思维的抽象和自大总是同它的现实的片面和低下保持同步"。① 因而，一项十分重要的任务是破解对人的抽象、思辨认识造成的形而上学困境。

马克思确立从现实社会生活出发研究人的问题的思想方式，论证了人的自我意识、政治组织形式、价值观念以及国家产生的现实基础，以此消除形而上的认识思路。马克思有一段表达被广泛引用：

"批判的武器当然不能代替武器的批判，物质力量只能用物质力量来摧毁；但是理论一经掌握群众，也会变成物质力量。理论只要说服人［ad hominem］，就能掌握群众；而理论只要彻底，就能说服人［ad hominem］。所谓彻底，就是抓住事物的根本。但是，人的根本就是人本身"。②

一切变革只能以人为出发点，这个"人"，是在现实社会中生活着的，这是人的"根本"，抓住这个"根本"，对人的认识必定是具体的、生动的。这样说并不是否定理论、观念变革的重要性，而是强调理论的重要性是以"抓住人的根本"为前提。

在这点上，海德格尔认为马克思完成了革命性的任务。"纵观整个哲学史，柏拉图的思想以有所变化的形态始终起着决定性的作用。形而上学就是柏拉图主义。尼采把他自己的哲学标示为颠倒了的柏拉图主义。随着这一已经由卡尔·马克思完成了对形而上学的颠倒，哲学达到了最极端的可能性。哲学进入其终结阶段了"。③ 确实，要强调人的主体性，必须要强调自我意识。一方面强调自我意识的完整性，这是讨论"人是主体"观念的核心内容。连自我意识都没有确立的人，就根本谈不上是主体的人。另一方面指出把握自我意识的正确道路。"自我意识"，尽管不是由马克思最早提出，但马克思认为，从康德到费希特的自我意识观点，是在"思辨"观念领域中讨论"自我意识"，把"自我意识"等同于"观念"，没有提出把握"自我意识"形成现实基础的任务。马克思坚

---

① ［德］马克思：《〈黑格尔法哲学批判〉导言》，《马克思恩格斯全集》第 3 卷，人民出版社 2002 年版，第 207 页。
② ［德］马克思：《〈黑格尔法哲学批判〉导言》，《马克思恩格斯全集》第 3 卷，人民出版社 2002 年版，第 207 页。
③ ［德］海德格尔：《哲学的终结和思的任务》，《面向思的事情》，陈小文译，商务印书馆 1999 年版，第 70 页。

信，自我意识是在社会生活中形成的，是"社会劳动"，而不是"符号的联系"。马克思认为"人的类特性恰恰就是自由的自觉的活动"。这样，劳动赋予了人的存在的双重意义：对个体的人来说，劳动满足人的生存的自然需要；对人的类本质而言，劳动展现着人类战胜自然的主体力量。无论是对个体还是对人的类本质来说，劳动具有决定人的存在与发展的本体性意义。通俗地说，劳动对人的意义，不仅满足人维持生存的需要，而且激发人的主体力量，比如开垦土地，起初是人为了维持生存的活动，但人完成一次土地开垦的任务是不够的，必须不断地耕种、劳作，确保人能够长期地生存下去，因而，也可以说，人的生存能力是在劳动中得到锻炼和培养的，劳动使人的主体地位得到了体现。

对此，哈贝马斯有过评述："不是先验意识的成果，不是绝对自我的设定，更不是绝对精神的活动，而是历史地自我产生的类主体的既是经验的，又是先验的成果。"[①] 法国著名的马克思研究专家埃蒂安·巴利巴尔（Balibar Etienne）更加明确地断言马克思肯定的"主体"即是"实践"，"因为他胸有成竹地指出唯一真正的主体是实践主体或实践的主体，或者更确切地说，主体不可能是实践以外的别的什么，它已经开始并且将永远进行下去"。[②]

教育是人的实践活动一种类型，通过教育塑造人的自我意识，培养认识世界与改造世界的能力，使外在于人的"自在世界"，通过实践能力转变成人能够理解、解释、认知并体现人的意志、理想和价值追求的"感性世界"，它不可能是抽象的、观念的自我意识。

进而，培养社会主体的学校教育，坚持在人与社会建立交往关系前提下增强社会实践能力，最终使人成为自由自觉的存在者，这是关于"人的教育"内涵的理论自觉。马克思说："任何历史记载都应当从这些自然基础以及它们在历史进程中由于人们的活动而发生的变更出发。"[③] 劳动使人的存在具备现实基础，在劳动中，人不断地增强自主能力、自觉意识。如果人不参加劳动或者不能自主地从事劳动，人就无法获得自主能力，无法成为创造者。从这一点说，人的教育目标是造就具有主体

---

① ［德］于尔根·哈贝马斯：《认识与兴趣》，郭官义、李黎译，学林出版社1999年版，第26页。

② ［法］埃蒂安·巴利巴尔：《马克思的哲学》，王吉会译，中国人民大学出版社2007年版，第43页。

③ ［德］马克思、恩格斯：《德意志意识形态》（节选），《马克思恩格斯选集》第1卷，人民出版社1995年版，第67页。

意识人，逐步使人成为自主自觉的存在者。因而，学校教育任务是帮助受教育者了解与掌握社会历史发展客观规律，成为全面发展的人。在《共产党宣言》中，马克思、恩格斯描述了人的发展前景："代替那存在着阶级和阶级对立的资产阶级旧社会的，将是这样一个联合体，在那里，每个人的自由发展是一切人的自由发展的条件"。① 马克思阐明了每一个人自由发展与一切人的自由发展关系与理想，揭示了每一个人自由发展的现实性。实现人的自由全面发展的教育，传授多少知识或技能，解决多少知识难题不是教育的根本任务，关键是让受教育者获得并发展建构与世界关系的意识、能力与行为。

应该肯定，这样理解教育活动，不是功利的。所谓功利的教育活动，是指教育目的局限于某一方面，比如解决人的谋生技能。相反，为了长远利益，人们必须对眼前利益作出调整，在满足谋生需要的基础上，增加新的内容，即对生产劳动意义的追问，这是人类具有超越物质需求之上的精神向往的必然要求，既要解决个体生存问题，又要促进个体及整个人类的持续发展。因此，教育既要向受教育者传授知识与技能，更要培养人成为具有德性与智慧的人，积极主动地超越现实生活世界，赋予现实生活世界一种终极理想，倡导对未来社会与未来生活的向往与渴求，进而不断地改造现实世界，使理想变成现实。如果这一切，不能建立在现实的人的活动基础上，那只能变成是纯粹思辨的概念活动，或者变成是空想，就要受到世俗功利主义思想的影响与制约，缺乏超越世俗事务的胆识与勇气。

对照这种人的教育立场，霍斯金带有嘲讽式地指出教育学不是一门学科，因为教育就了"纯知识"的活动，只要通过"书写、考试、评分"这三项最基本的、最常见的教育实践方式，就能清楚教育是"纯知识"的活动。"在书写中心主义下，一切事物都正在或倾向以书写为中心。每个人不仅需要学习阅读，并且要书写。每个人都要学习不同的学科，以接受纪律规训。结果，无论学生、上班族、军人乃至家庭，都变成知识专家的研究对象，出现在各种计划、图表、会计数据、评估报告、应用手册、指南等，全由各门学科的专家来鉴定。多种不同媒体也在这个世界中增生，其中一些，例如电子媒体，好像是推动着一种'辅助性的口述传统'。不过，无论是经由新媒体借以扩散的种种科技硬体上的联系，

---

① ［德］马克思、恩格斯：《共产党宣言》，《马克思恩格斯选集》第 1 卷，人民出版社 1995 年版，第 294 页。

还是组织方式上的软体的联系，最终都有赖书写的权力。书写中心主义统治着这个世界"。①

霍斯金的批评是对现代教育变成技术性活动而淡化人文关怀现象提出的质疑。所以，在高科技与信息网络时代，人的知识与技能需要不断地求得进步，但是，据此不能把传授知识、传播科学文化作为教育的首要使命，因为"科学教育主要是一种训练观察自然现象的艺术，以及训练知识和训练对涉及一系列自然现象的法则进行演绎推理"。② 规避科学教育对人的全面发展的侵蚀，并不是不要科学教育或者说排斥、反抗科学教育，只是需要为科学教育寻找基础、出发点，事实上，应该明确现实的人的成长需求即是教育基础。所以，教育目标是确立人的主体地位，除了传授知识与培养技能工作外，关键是赋予人对自身、自然、社会的高度责任感与终极关怀。这一点十分重要。

---

① ［美］霍斯金:《教育与学科规训制度的缘起》；［美］华勒斯坦等:《学科·知识·权力》，李金凤译，生活·读书·新知三联书店1999年版，第77页。
② ［英］怀特海:《教育的目的》，徐汝舟译，生活·读书·新知三联书店2002年版，第87页。

第六章 马克思"感性活动"为教育面向生活世界奠基

在人类生活的远古时代,现代意义的学校还没有形成。但不能据此否定当时已经存在人类的教育活动。只是教育活动与人的日常生活、生产劳动结合在一起,主要是以满足生存需要为目标,教会年轻一代掌握生存技能。随着社会文化的积累、生产力的发展,教育活动逐步从日常生活、生产劳动中脱离出来,成为相对独立的人类活动内容之一。因而,早期人类教育活动的目的及教育职能相对单一,主要是把教育当做维系人类生存的工具之一。而现在人们赋予教育的目的是多样的,教育职能也更加丰富与完善。除了依然存在的传递生存知识、训练生存技能的目的之外,更加重视学校教育承担培养受教育者成为一名合格的社会公民的职责,要求学校具有传承与宣传社会文化、创新社会文化的使命。

无论学校在发展过程中发生怎样变化,学校教育目标作怎样调整,教育活动的发生与实现离不开它的主体,学校是由教师和学生完成教育活动的场所,没有教师或学生,也就谈不上是学校教育,这一点是不会改变的。当然,这并不否定社会为学校顺利开展教育活动提供的各种条件,比如办学场所、资金、设备等。这一切最终也要通过人才能产生价值,这一点是无可置疑的。就此而言,建构合适的人与教育关系,是顺利开展教育活动、确保教育质量的要件之一。

正因如此,人与教育的关系,是教育研究的基本议题。不同的思想家、不同的教育思潮,比如在教育史上的自然主义教育思想、要素主义教育思想、永恒主义教育思想、存在主义教育思想等等教育思潮与流派,对人与教育关系有着不同的解释,虽然,这些教育思潮的学术观点不同,但是,试图从不同立场给予一个普遍性的结论,或者说可以回归原点的问题，即人与教育的关系问题。① 正是通过对这个问题的不断探索与思考，不断地重构着理解教育的新思路、新视界，它也促使着教育理论的更新，实现理解教育的视界的变革。其中，基于生活世界理论维度研究教育，理顺教育与生活世界之间的关系，受到教育的理论研究与实践探索的兴趣。

诚然，教育对生活世界的关注，还有一个重要因素是源于反思教育实践的需要。20世纪80年代末以来的中国基础教育，在"应试教育"指挥棒下，把争取高分的考试成绩确定是学校、学生、家长追求的教育目标，这有违学校的办学主旨，长此下去，影响学生身心的健康成长，如"高分低能"学生的出现，是例证之一。②

为杜绝出现类似的教育问题，提出教育面向生活世界、回归生活世界的论点，意图是要求学校既重视科学知识教育，又能够重视学生情感、价值观的培育，满足学生多方面发展的需要，造就身心健康、素质全面的社会公民。由此提出转向生活世界的学校教育，为避免科学教育与人文教育的分离，促进理论知识学习与丰富复杂多样的社会生活实践的结合，是有合理之处。但是，只是从理论与实践结合的角度理解教育转向生活世界的基本内涵与意义，这样的认识是不够完整与全面的，它只是把生活世界理解成是现实日常生活本身。因而认为面向生活世界的教育，是为了让学生将学到的知识与日常生活结合，培养学生获得求知的能力、生活的能力。如果这样理解教育面向生活世界，只是论及教育方法的改变，或者说是改变了组织教育活动的技术，没有揭示教育面向生活世界的本质，反而造成对学校的不当认识，认为知识教育是不正确的，或者认为知识教育方法是不妥当的，需要变革教育教学艺术，寻求教师

---

① 人与教育是教育研究的基本问题。在教育研究与教育实践的发展过程中，对这个问题有不同的回答，集中表现在教育与知识、教育与社会等关系问题的思考，把人作为实现教育的知识传授与学习目的、教育服务社会目的的一种手段。也有研究者坚持人是教育目的，但是把人当做纯粹是理智的或感觉的综合体，未能把握人的本质特征，因而需要人——社会——教育三者互动中研究人与教育的关系问题，完整揭示人的教育的实质与基本要求。参见舒志定：《教育哲学引论》，中国社会出版社2007年版。

② 其实，在20世纪60年代美国开展了这个问题的研究。美国社会学家詹姆斯·科尔曼发表的《教育机会均等》（后被称作是"科尔曼报告"）的报告，报告指出以往教育评价关注重点是师生关系、学校图书室、实验室等硬件设施与条件，因此，报告提出教育评价要确信"学校能够向来自不同背景的儿童提供相同的生活机会，各级学校与整个教育系统能够提供重要的手段去鼓励优秀和发展平等"。参见［美］埃伦·康德利夫·拉格曼：《一门捉摸不定的科学：困扰不断的教育研究的历史》，花海燕等译，教育科学出版社2006年版，第196页。

教育行为的科学化。① 这样，要完整把握教育的内涵也就变得隐晦不露了。因此，一项重要任务是通过辨析关于生活世界理论的不同观点，指出教育回归生活世界的意义在于敞开了一种理解学校教育的思想方式。进而，引述马克思的实践观阐述生活世界的理论立场，阐明解读教育转向生活世界的理论旨趣。

第一节 吊诡的学校教育观

提出教育转向生活世界的议题，也就意味着对"教育"的重新拷问。对此，分析学校教育观隐含的矛盾，阐释学校教育面临的挑战以及解救思路，这是解答学校教育回归生活世界问题的准备性分析。

学校教育观是涉及学校教育目的、教育功能、教育本质等基本问题的看法。教育观的形成，受到社会政治、经济、文化传统的制约。与古代重视自由教育的教育观、当代学校倡导人文与科学教育并举的素质教育观相比较，当前学校教育观问题不少，对变革中的教育问题与教育现象，尚未作出科学的解答。比如学校具有知识传授与训练技术人才的知识功能，但是，片面强调学校应该是科学知识传授与学习的"求真"活动，而淡化教育塑造学生心灵、丰富完善学生思想境界的功能，缺乏切实可行的举措引导学生关注自身与周围世界的意义，有如后现代理论的重要代表、法国哲学家利奥塔（Jean-Francois Lyotard）批评学校变成了"知识的传真机"、"复印机"，隐含着人才培养工作中的诸多矛盾。

---

① 教育科学化维度研究教师教育行为，旨在寻求标准化的教师教育行为，规范教师教育行为。尤其是心理科学的发展，它深刻地影响着教育研究。19世纪末到20世纪70年代期间，受到行为主义心理学研究成果的影响，把教育行为效能确定为教师教育行为的研究重点，即重点研究教育教学行为与教学效果之间的关系，试图揭示两者之间的变化规律，进而能够建构一整套程序化、标准化的教师教育教学行为规范体系或准则，既能为培训教师教育教学行为提供依据，又能规范、评判教师教育行为，提高教学效果。这一思路的特点是嫁接和移植自然科学和心理科学研究范式，结合教育统计学的各种检验手段，揭示出一大批与教学行为有关的知性规律，从而深化了人们对教师、教学和教学行为的认识。参考文献如：盖立春、郑长龙：《美国教学行为研究的发展历史与范式更迭》，《外国教育研究》2009年第5期。[美] 唐纳德·E·兰露易斯、夏洛特·拉普·扎莱斯：《有效教师的教学艺术》，李皖生译，《比较教育研究》1994年第2期。Shulman, L. S. 1986: "Those who understand: Knowledge growth in teaching", Educational Researcher, 2.

一、学校教育价值观：一元化与多元化的矛盾

分析与确认教育价值观是开展教育活动的首要事项。所谓教育价值观，是对教育产生怎样的价值以及以何种路径实现教育价值等基本问题的认识，它是对教育应是什么的构想与描述。对教育价值作出的各种规定、判断，不论是系统的认识，形成概念化的教育思想，还是对教育价值作出经验的体悟，形成零散的看法，都是关于教育价值的各种看法、观点，是教育价值观形成的认识准备，也是教育价值观念包含的具体内容。在组织实施教育活动中，确立教育价值观，意义非凡，它明确了学校教育工作发展方向，明确了学校教育质量评价的依据。

当然，教育价值观的产生和发展，受到社会价值观念的制约。它是在社会政治、经济条件以及社会成员理论创新能力增强等多种主、客观条件综合作用下形成的，是社会价值观念的有机组成部分，也是社会价值观念在教育领域的具体体现。

正因如此，我国学校始终坚守与实践社会主义核心价值体系，它的内涵和基本内容在党的十六届六中全会关于《中共中央关于构建社会主义和谐社会若干重大问题的决定》中得到深刻阐述，主要包括坚持马克思主义指导思想、坚持中国特色社会主义共同理想、坚持以爱国主义为核心的民族精神和以改革创新为核心的时代精神、坚持社会主义荣辱观。社会主义核心价值观是学校开展价值观教育的主旨，它决定着学校办学的正确方向，并从深层次影响师生的思想认识与行为方式。因此，各级各类学校组织教育活动，必须坚守与实践社会主义核心价值体系，确立以马克思主义指导思想为灵魂、以中国特色社会主义共同理想为主题、以民族精神和时代精神为精髓、以社会主义荣辱观为基础的学校教育价值观，确保学校办学方向正确、办学行为规范、办学管理制度健全，促进学校的科学持续发展。

然而，学校要坚守与实践社会主义核心价值体系，以它引领多样化社会价值观和各种思潮，统一全校师生的思想认识，在当前全球化的教育时代，并不容易。

一般而言，全球化被定义为世界快速、广泛、深度的相互联结与交流，包括政治、经济与文化活动以及人员的流动，它已经成为影响学校教育改革与发展的社会因素。比如建立海外学校、姐妹学校、招收外籍教师和学生等。这种情形自20世纪90年代以来，成为学校教育改革的重要趋势，呈现出"相互依存、共同发展"的格局。

虽然有研究者指出当前全球化主要是经济全球化,"还远远没有达到谈论政治全球化、文化全球化的时候。因此,我们还看不到那令人神往的成为一种现实的社会存在的'人类共同体'和'地球村'"。① 但是,世界各国应对全球化对当前学校教育的挑战,实施富有各国特色与立场的人才争夺战略,这已经是基本事实。如俄罗斯总统梅德韦杰夫在 2010 年强调吸引海外科技人才是实现俄罗斯社会现代化的重要内容,计划用 5—7 年时间在莫斯科附近建设 370 公顷的科技城。加拿大设立"加拿大讲席教授项目",吸引和挽留一流科学家,提高国际人才竞争力。日本计划将外国留学生人数从目前的 12 万人扩大至 30 万人。欧盟 27 个成员国通过"蓝卡"计划,发放有效期为 1—4 年的工作和居留许可证,以吸引外国高技术人才。②

其实,回应全球化对当前学校教育的影响,重点与难点则是多元化的价值观念影响学校价值观的确立,对学校价值观教育造成冲突与矛盾。20 世纪初出现的"新"、"旧"教育的冲突与斗争,便是一例。当时的一批思想界、文化界、教育界的"先进分子",受到欧洲启蒙思想倡导的民主、科学、法治理念的影响,一方面要学习西方建立社会的民主政治制度,推行新式教育,开展文学革命等,另一方面却受制于传统价值观念的约束,与传统旧教育势力、旧观念进行针锋相对的斗争,致使 20 世纪初的"新式教育"举步维艰。田正平、陈胜对此作过专题研究,称作是"新教育的社会不适应",并指出了这一问题产生的主要原因。认为新教育是西方近代工商业文明的产物,是与工商业生产和生活相适应的,不仅其教学内容与中国乡村生产和生活的实际差距很大,教育制度、教学方法、教学节奏等方面,也与建立在小农生产基础上的中国乡村社会格格不入。新旧教育的冲突,支持与举办教育价值观的不同,则是解决冲突、避免冲突的原因。③ 正如舒新城的评述:"我国现行之教育制度与方法,完全是工商业社会生活的产物。在国内的生产制度,仍以小农为本位,社会生产制度未变,即欲绝尘而奔,完全采用工商业社会之教育制度,捍格不入,自系应有的结果"。④

---

① 刘奔:《经济全球化时代的文化问题》,《哲学研究》2007 年第 5 期。
② 郝平:《推进教育对外开放提高教育国际化水平》,2011 年 3 月 14 日,源自 http://www.chinadaily.com.cn。
③ 田正平、陈胜:《清末及民国时期乡村教育的困境及其调适》,《华中师范大学学报(人文社科版)》2008 年第 5 期。
④ 吕达、刘立德:《舒新城教育论著选》,人民教育出版社 2004 年版,第 437 页。

所以，不承认或否定当前学校教育面临的全球化影响是没有意义的。只是指出学校教育的全球化背景是客观存在的，这也不是目的本身。因为全球化具有意识形态性，它试图根据一种比任何东西都更有效地服务于一些利益的新的全球想象来重新建构世界，[1] 这使全球化具有极强的渗透性和影响力。[2] 它不仅促进全球各地人员的往来，物质与技术的交往，而且，促进异质文化之间的开放与交流，造成本土文化与异域文化的交流、冲突，面临着多元价值观交融与文化认同的议题。如此使多元文化与全球化需要应对吊诡的境遇：一方面，全球化逐渐消除传统社会的"同构型"与"未分化性"特征，[3] 使社会走向开放与互动，另一方面，全球化引发了文化认同的新课题，避免"自身认同危机"的困难，成为全球化时代的一个核心问题。而规避"认同危机"，关键是正确理解、认同与接受文化价值观。[4]

就此而言，全球化对学校教育产生的影响是多方面的。特别是它挑战了以国家为边界的学校体系，挑战的议题并不是讨论哪一个国家的学校体系最为完善，而是如何使各国学校传播世界主义、普世主义、民族主义等价值观念，培育学生成为超越民族与国家立场的"世界公民"。[5] 这需要慎思全球化时代的重要文化立场。即要求各种文明实体及其文化理念都有自己的生存权利，形成多元文化主义（multiculturalism）的文明格局。[6] 因而，推动或融入全球化发展进程，既要寻求不同文化与价值观的对话与交流，求同存异；又要避免因多元文化与价值观的交流造成传统文化价值观的混乱与失落，尤其是对经济、政治、社会发展处于劣势的国家或民族而言，多元文化主义的立场则面临着争取自身生存权、传承自身价值系统的困难。[7]

受全球化驱动，一方面要强调不同文化与价值观的对话与交流，求同存异；另一方面又面临着因多元文化与价值观交流造成的混乱与失落，面临着重建新价值观的困难。特别是青少年学生思想开放，接受新鲜事

---

[1] 王宁、薛晓源编：《全球化与后殖民批判》，中央编译出版社1998年版，第3页。
[2] [英]尼克·史蒂文森：《文化与公民身份》，陈志杰译，吉林出版集团有限责任公司2007年版，第119页。
[3] 贺来：《"道德共识"与现代社会的命运》，《哲学研究》2001年第5期。
[4] 赵汀阳：《认同与文化自身认同》，《哲学研究》2003年第7期。
[5] [美]迈克尔.W.阿普尔：《被压迫者的声音》，罗燕、钟南等译，华东师范大学出版社2008年版，第271页。
[6] 黄力之：《多元文化主义的悖论》，《哲学研究》2003年第9期。
[7] 黄力之：《多元文化主义的悖论》，《哲学研究》2003年第9期。

物比较快，也愿意接受各种价值观，但是，由于他们年轻，缺少社会阅历，缺少社会生活经验，这样，在全球价值观开放与选择之间、在接受与拒绝之间陷入矛盾的处境，甚至出现焦虑、抑郁等心理问题，结果当学生走上社会时，面临着价值观冲突与抉择的困难。

面对这些现象，归结一点是要求学校教育倡导社会发展核心价值观，因为在当前主权国家尚存、国家与民族利益对立的格局下，把学校建设成为超越民族意识、国家观念的局限、追求普适价值目标的对话与沟通平台，承担培养"世界公民（康德语）"的使命，这是不现实的。它只能要求学校坚持传播与实践社会主义核心价值观，自觉维护自身民族利益、弘扬与创新民族文化传统传播，在坚持国家意识形态与社会主义核心价值观的前提下，以开放的姿态积极利用国际社会思想文化资源，创新地解决国际教育交往中的价值认同危机，避免使学校教育变成"像速食店提供知识给学生，在IBM和全球影印公司的厨房推出煮得过熟的汉堡特餐"。[1] 这是学校面对全球化挑战面临的价值观教育的挑战以及坚持的态度与立场。

二、知识教育价值观：科学教育与人文教育的矛盾

知识传授是学校中心工作之一。而"客观性"、"价值无涉"是知识主要是自然科学知识的重要特征。针对这一特点，学校开展知识教育，就不能坚持"价值无涉"，而是坚守知识的道德立场、伦理立场，简言之，知识教育与知识的道德教育、伦理教育、价值教育密切相连，不可能进行纯粹是"知识"的知识教育。这就要求学校开展知识教育，一方面要求使自然科学知识教育与人文社会科学知识教育协调发展，两者不可偏于某一方面。另一方面即便是传授自然科学知识，也要明确坚持正确的道德立场与价值观。但是，从启蒙运动以来，由于学校教育受到科学主义思潮的负面影响，学校知识教育问题不少。

科学主义思潮，主要是指随着近现代科学发展与社会进步而逐步发展起来的社会思潮。科学主义相信自然科学知识是一切知识的典范，相信科学知识对社会进步的推动力量，相信社会发展是直线进步的。主要代表性学术思潮如实证主义、马赫主义、逻辑实证主义、批判理性主义、历史主义等。这些学术流派虽然观点有别，但都以研究科学为使命，拒

---

[1] ［美］彼得·麦克拉伦：《校园生活——批判教育学导论》，萧昭君、陈巨擘译，台北，巨流图书公司2004年版，第347页。

斥形而上学思想方式，强调知识源自实证主义的原则，对超越经验之外的一切都不予理睬。正如冯·赖特（Gerog Henrik Von Wright）所说，科学主义是指科学与技术本身能够解决下述问题，即科学进步在多大程度上应对人类历史上新时代的生活方式负责，并且如何使我们去适应这种生活方式，使人成为万物之灵的人的理性能力，最终将使人成为其命运的主义。①

科学主义思潮对社会各个领域产生深刻影响，也不能否定科学主义思潮产生的积极意义。比如随着科学主义思潮的兴起与传播，对科学的态度，相信科学的力量，反对任何形式与类型的"迷信"与"权威"，培养人的实事求是的态度与科学精神，鼓励人的独立与自主，这对人类社会的发展产生深远的影响。

当然，针对学校教育而言，如果过度受到科学主义思潮约束与规范，就会把科学知识传授、学生科技能力的培育当做是学校的教育目标，从而弱化人文教育，造成人文知识教育价值观与科学知识教育价值观的冲突。其实，按照人才培养要求，学校教育要重视科学知识与人文知识的传授，确保两者均衡发展，不可偏向某一方面。然而，现代科学技术、科学知识、科技成果在全球经济互动、市场竞争力、消费品生产中的作用是不可替代的，一批世界首富如美国微软的比尔·盖茨（William Henry Gates）、美国苹果公司的乔布斯（Steve Paul Jobs）等都与高科技密切相连。因而，在社会、家长、学生思想中容易受到科学主义价值观的影响。

相信科学对人类社会发展产生进步作用，这并没有错。如果把科学价值只限于工具价值，那么，对科学的信心就会变成"危机"，就会是"一个严重的幻觉"。② 马克斯·韦伯就认为现代社会是用一种"新型的控制"代替了"先前的"（宗教）"权威"的控制，"倡导一种对于私人生活和公共生活各个领域的一切行为都加以管理的控制方式"，是为个人设置"理性的牢笼"。③ 也就是说，它是依据一种标准训练人的思想与行为方式，把人放置在规则和规定之下，人只能根据既有规则，在已有规定范围活动，社会就像一张合理化的大网，人的情绪、情感等感性的需求

---

① [芬兰] 冯·赖特：《知识之树》，陈波等译，生活·读书·新知三联书店 2003 年版，第 18 页。

② [芬兰] 冯·赖特：《知识之树》，陈波等译，生活·读书·新知三联书店 2003 年版，第 18 页。

③ [德] 马克斯·韦伯：《新教伦理与资本主义精神》，于晓、陈维纲译，生活·读书·新知三联书店 1987 年版，第 24 页。

被压制了，甚至是被否定了，到了最后，"专家没有灵魂，纵欲者没有心肝；这个废物幻想着它自己已达到了前所未有的文明程度"。①

就此，马瑞坦（Jacques Maritain 又译马利坦）提出了批评："纯粹的科学人类观即是将测量与观察的资料结合在一起，它不需要考虑本质的问题，也毋须解释'是否有灵魂？是精神，抑或物质？人是自由的，还是被命定的？宇宙是有意向的目的，还是变幻莫测？价值与事实，孰轻孰重？'等与科学领域无关的问题。总之，纯粹的科学人类理论是现象观而非考虑其终极实体（ultimate reality）"②

为此，马瑞坦认为教育要达到解放人的目的，"吾人曾经一直强调教育必须集中于每一个人的发展和解放"，③它的目标是要摧毁标准化、均质化、规范化的僵化机制，消除人受约束、受压制的处境，实现人的解放和发展，这种解放和发展，尤其体现在教育对人的道德和内心世界的完善，即教育致力于人的心智的培养，发展学生批判性思维能力。

对纯粹以科学知识学习为取向的学校教育提出批评，并不限于马瑞坦。事实上，这种批评声音，已经成为20世纪以来各国推进教育改革的焦点议题。只是改革的效果并不尽如人意。"在每次的教育改革提案中，教学几乎等同'执行'事先设计好的方法和'传授'事先组装好的课程。这种作法最荒谬的是，他们发展出的教学设计，竟然还让有些学校董事会沾沾自喜的夸耀是'不需老师'就可以进行。教学变成老师不需作任何决定、思考，包括从道德的角度分析、补救既存的社会和制度的现状那里出了差错。老师的角色，也被降到亨利·吉诺斯（Henry Giroux）所说的'帝国的小职员'，他们的梦想、欲望、和声音往往遭到压抑、消音……可怕的是，这种对老师角色的期待，竟然跟教育学院所倡导的不谋而合。在教育学院中，它们一再强调将老师训练成是对预定教学内容的'管理者'和'执行者'，在方法的课程上，绝少提供学生机会分析既有教学方法中存在的意识形态预设和既得的利益为何"。④

---

① ［德］马克斯·韦伯：《新教伦理与资本主义精神》，于晓、陈维纲译，生活·读书·新知三联书店1987年版，第143页。
② ［法］马瑞坦：《十字路口的教育——通识教育的理论基础》，简成熙译，台北，五南图书出版有限公司1996年版，第7页。
③ ［法］马瑞坦（马利坦）：《十字路口的教育——通识教育的理论基础》，简成熙译，台北，五南图书出版有限公司1996年版，第43页。
④ ［美］彼得·麦克拉伦：《校园生活——批判教育学导论》，萧昭君、陈巨擘译，台北，巨流图书公司2004年版，第3页。

不能否定传授科学知识是学校教育的重要任务。但是，近代以来的学校教育深受科学主义思潮的影响，在学校教育内容选择上重视自然科学知识，淡化了学习人文与社会科学知识的兴趣。

因此，教育者必须明确肩负的双重职责："一方面他们必须维护基本的人文教育，另一方面，他们必须使自己适应现今公益的需要。"①"适应公益的需要"，为认清教育本质与教育目的下了明确的论断，是开展学校教育活动要坚持的准则与信念。它要求学校适应社会环境的变革，确立促进人的自由全面发展、塑造健全的人格为教育理想，并赋予实践，这不是一件容易的事情。

三、学校教育功能观：工具性与价值性的矛盾

学校要追求属于自身独特的教育价值目标，这是指学校实施的教育活动，要满足受教育者个体成长与社会进步发展的需要，通常称作是学校的育人功能，并且把它称作是学校教育的价值性，即学校是以塑造学生的心灵、培养具有"教养"的人作为努力的目标，通过组织实施学校教育，完善人的品性，完成培养高尚的人的目标。有如学者提出学校教育"处理有关人格塑造及人类内在解放的事务"。②如果对此不予重视，就会出现学校教育的工具性现象。学校教育的工具性是指把教育当做一种满足于人的某种世俗化目标的工具，并追求这种工具的最大功效，比如教育被等同于考试取得好分数，而且为了考试分数，不顾学生身心需求，加班加点、题海战术，等等。

其实，这两者是能够统一的。严格地说，人接受教育的途径是多方面的，学校是组织实施教育活动的重要机构，并且是系统化的、制度化的、有组织的实施教育活动的机构。在基础教育阶段，是强制社会成员到学校接受教育。此外，家庭、传播媒介、企业等机构也是对人进行教育的机构。与这些教育机构相比，学校教育对人的发展产生的独特意义与价值，体现着社会对学校教育目的的特殊规定。这一点正如雅斯贝尔斯在《什么是教育》中提出的设想：

"所谓教育，不过是人对人的主体间灵肉交流活动（尤其是老一代对

---

① ［法］马瑞坦：《十字路口的教育——通识教育的理论基础》，简成熙译，台北，五南图书出版公司1996年版，第114页。
② ［法］马瑞坦：《十字路口的教育——通识教育的理论基础》，简成熙译，台北，五南图书出版公司1996年版，第114页。

年轻一代），包括知识内容的传授、生命内涵的领悟、意志行为的规范、并通过文化传递功能，将文化遗产教给年轻一代，使他们自由地生成，并启迪其自由天性。"①

据此，雅斯贝尔斯提出应当对学校教育进行反思与批判，反思与批判的重点则是"如何使教育的文化功能和对灵魂的铸造功能融合起来，成为人们对人的教育反思的本源所在"。②

从雅斯贝尔斯的论述可知，学校的功能是整体的，既要重视学校传递科学知识的知识教育功能，以造就一批能够适应现代化工业生产需要的有知识、有技能的社会公民，又要重视改造受教育者的精神、思想观念的育人功能，使受教育者通过接受学校教育，寻找到确保自身安身立命的精神家园。然而，在现实学校教育活动中，学校实现完整的教育功能存在着不少困难，其中，社会环境的变化是极其重要的影响因素。

就当前推进中国特色社会主义实践来说，改革开放强化了市场经济建设的地位，凸现了市场经济的利益导向，它要求每一个个体凭着真实的才能、凭着一技之长，在市场社会中找到合适的工作岗位，获得合理的报酬，这有助于社会个体确立并增强主体意识、责任意识与能力意识。但是，我国开展市场经济建设的时间不长，与市场经济建设相适应的制度、法治尚不完善，使这些观念可能具有的负面效应被无限地放大，出现了急功近利的做法，甚至为了个体的利益或小团体利益而走向违法犯罪的道路。这种现象，被研究者称作是重视工具性功能而淡化价值性功能。比如有些人把接受教育当做是获取名利的工具、手段，正因如此，有些受教育者到学校参加学习的意图非常明确，为了得到好的分数，考上理想的大学，找到理想的工作。因而上学目的变成是为了获得有助于升学考试的知识、考试技巧，与考试无关的教学科目被看做是"副课"。

这种情况在高等教育阶段仍然存在，例如大学生流行上课记笔记、考试考笔记的"应试学习"现象，目标是为了取得考试合格成绩，拿到毕业文凭，大学教育变成是"文凭教育"，这是追求教育工具价值的典型现象。结果，"有用性"被当做是评判教育功能的重要尺度，通过教育传递的文化产品、创造的精神产品，也被纳入到市场环境中进行评判，而

---

① ［德］雅斯贝尔斯：《什么是教育》，邹进译，生活·读书·新知三联书店1991年版，第3页。
② ［德］雅斯贝尔斯：《什么是教育》，邹进译，生活·读书·新知三联书店1991年版，第1页。

评判的原则是由市场社会的世俗需要所决定,比如用"卖座率"、"印刷数"等数字表达教育创造的精神产品的价值与意义,"审美判断就是经济判断。说服我们相信一个作品(艺术性的)是出色的,与使艺术市场(art – world)(例如艺术品商人和买主)相信它是有价值的,是对同一行为的两种不同描述。艺术批判的真理性,与在艺术市场中的人们的观点有关……只有存在着足够多的人相信它,这一理论才算是真实的"。① 在此情形之下,原先追求教育的"阳春白雪"、知识分子恪守的"君子谋道不谋食"的信念,被讥讽成是不谙世事,是迂腐的代名词,成为遭受嘲讽的对象。

由此提出要关注学校教育功能的价值性,它是指重视学校教育对社会和个体精神生活建构中发挥的作用,强调教育以人为本,培养人的德性,以此作为实现学校教育其他目标的前提与基础,坚持这一点,才能保证教育活动的正确性、合理性。这样说,并不是说学校不谈教育的工具性目标。其实,对学校组织实施教育工作来说,合理关注教育的工具性目标是十分重要的内容。比如它要求学校研究投入与产出的效益,要求不断提高人才培养的数量与质量,尤其在民主化的社会,既要培养精英人才,又要全面提高全民受教育年限,提高他们的整体素养。简言之,要求学校教育遵循"成人"与"成才"统一的原则,整合教育功能的工具性与价值性两种取向,兼取各自优势,服务社会人才培养的需要,这也是保持学校教育功能完整性的必然要求。

因此,有研究者提出,学校及教师应当树立一个正确的知识观、教育观,确保学校实现知识传授、知识教育的功能。"老师应当从两种角度检视知识,一是它如何的曲解或将世界的特定观点加以边缘化,一是它提供深入了解学生的基础,了解学生的世界究竟如何建构的。学生在学校获得的知识,应当协助学生参与影响他们日常生活的重要议题,而不是只是叫他们去崇拜企业实用主义的价值而已。学校教导的知识应该更具备解放性的目标,而不只是大量制造工人(人力资本)以及让学校成为企业意识形态的要塞。学校教导的知识应当协助创造一种环境,让学生可以在大社会下更有自决能力"。② 可见,重视学校的知识教育功能,

---

① [英]齐格蒙・鲍曼:《立法者与阐释者:论现代性、后现代性与知识分子》,洪涛译,上海人民出版社2000年版,第165页。
② [美]彼得・麦克拉伦:《校园生活——批判教育学导论》,萧昭君、陈巨擘译,台北,巨流图书公司2004年版,第303页。

并没有错,关键是要受到价值观的约束与规范,培养学生确立知识学习的明确价值取向,即知识教育成为学生服务社会、贡献才能的载体与媒介。这样,使学校教育行为的工具性取向与价值性取向得到了统一。

四、学校教育人才观:职业目标与信仰目标的矛盾

学校教育是培养人的活动。确立正确的人才观是实现学校培养人的教育任务的前提。对此,要解决两个问题:

(一)学校教育要培养怎样的人才

学校教育是培养人的活动,首要任务是通过学校教育改善社会人力资源状况,其次,在此基础上造就社会建设需要的各级各类专门人才。对于人才,一般是指具有一定的专业知识或专门技能,进行创造性劳动并对社会作出贡献的人,是人力资源中能力和素质较高的劳动者。[①] 按此定义,社会需要的人才是多方面的,涉及社会各个领域。比如党政管理人才、企业经营管理人才、专业技术人才、高技能人才、农村实用人才和社会工作人才等各个层次各种类型的人才。

应该说,现代学校教育在丰富与改善社会人力资源方面发挥了很好的作用,也比较容易达到这一目标。以我国为例,通过实行教育优先发展战略,建成了比较完善的现代国民教育体系,快速推进教育事业的发展。到 2011 年,全国幼儿园比 2002 年增加 5.42 万所,在园人数增加了 1388 万人,学前教育"短板"状况大为改善。全国 31 个省(区、市)和新疆生产建设兵团全部实现基本普及九年义务教育、基本扫除青壮年文盲的"两基"目标。职业教育取得突破性进展,中等职业和高等职业教育分别占到高中阶段教育和高等教育总规模的半壁江山。高等教育大众化水平进一步提高,毛入学率从 2002 年的 15% 提到 2011 年 26.9%。至 2010 年,我国具有大学(指大专以上)文化程度的人口为 1.19 亿人,每 10 万人中具有大学文化程度的由 2000 年的 3611 人上升为 2010 年的 8930 人,从业人员中有高等教育学历的人数已位居世界前列。[②]

教育事业的快速发展,使就业人员的受教育水平显著提高。截至 2009 年年底,全国 15 岁以上人口平均受教育年限接近 8.9 年;主要劳动年龄人口平均受教育年限为 9.5 年,其中受过高等教育的比例为 9.9%;

[①] 中华人民共和国国务院新闻办公室:中国的人力资源状况,中国网(www.china.com.cn),2010 年 9 月 10 日。

[②] 袁贵仁:《坚定不移走中国特色社会主义教育发展道路》,《求是》2012 年第 12 期。

新增劳动力平均受教育年限达到 12.4 年。这使我国人力资源规模不断扩大，使我国从人口大国转变成人力资源大国，正向人力资源强国迈进。截至 2009 年底，中国总人口达到 133474 万人（不含香港、澳门特别行政区和台湾省），其中，劳动力资源 106969 万人，比 2000 年增加 11267 万人；就业人员 77995 万人，其中，城镇就业人员 31120 万人，分别比 2000 年增加 5910 万人和 7969 万人。下图 6-1 是 2000—2009 年劳动力资源变化趋势图。①

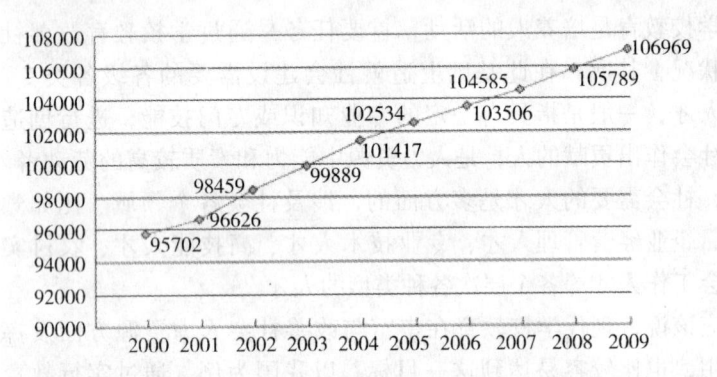

图 6-1　2000—2009 年劳动力资源变化趋势图（单位：万人）

从上图可以发现，近几年，我国人才资源总量不断增加。这说明学校教育在提高全民文化素质、扩大人力资源规模方面发挥着积极作用。

（二）学校教育怎样培养人才，即处理好知识、技能与品德、理想、信仰之间关系问题

除了从社会各个领域需要进行人才类型划分之外，学校确立的人才观，还要明确学校对培养什么样的人的基本定位。不同社会的学校教育都会设定人才观，以及寻求相应的教育内容与教育方式，完成人才培养任务。

自 20 世纪以来，社会进入后工业化时代，这并没有改变追求利润、保护个人利益的观念与立场，而且，随着民主观念在社会中普及，强化了社会个体对自我利益、自我权益的认同。在此背景下，关于人的成才观、人才观也发生着相应的改变。

---

① 这一段引述的人力资源基本统计数据以及图 6-1 均引自中华人民共和国国务院新闻办公室发布《中国的人力资源状况》白皮书。中华人民共和国国务院新闻办公室：《中国的人力资源状况》，中国网（www.china.com.cn），2010 年 9 月 10 日。

以中国社会为例,"学而优则仕"的传统价值观念反映着个体与社会群体之间的关系,只有当个体融入到社会政治秩序之中,个人才是有价值的,人生才是有意义的。同时,这种观念又在"先天下之忧而忧,后天下之乐而乐"的知识分子社会使命感、责任感的感召下,作为承担人的培养、教育使命的学校,坚守着传统的儒道信仰,对民族、社会承担无限的责任。所谓"达则兼济天下,穷则独善其身"。如曾子所言:"士不可以不弘毅,任重而道远。仁以为己任,不亦重乎?死而后已,不亦远乎"?这就是古代中国文化与学校设定的人才教育目标,即培养具有关怀民族与社会发展志向、具有自我牺牲精神的知识人(士),尽管这种人才理想,有时会被批判是对传统帝王将相的愚忠。但是,必须肯定,这种人才观闪耀着道德的光芒,它支持与鼓励为社会发展与民族进步而担当职责,并且成为人生的信仰目标。这一点,至今仍需强调与肯定。

肯定中国传统教育人才观蕴含积极意义的基础上,必须反思当前学校教育人才观存在的问题。对于人才观存在的问题的认识,结合上面列举的人力资源调查资料看,学校人才观的焦点并不在于教育是否能够解决我国人力资源规模问题,而是要关注教育如何培养未能社会公民的理想与信仰问题,使社会主义核心价值体系深入人心,树立对中国文化的高度自觉,保持对中国文化的自信。

但是,在当前社会环境中,进一步加强社会主义核心价值体系教育,用社会主义价值体系引领社会思潮、凝聚社会共识,困难不少。比如在一些社会生活领域中存在道德失范、诚信缺失现象,学校开展人生理想与信仰教育缺乏有效举措等。这些问题的存在,与当前处于知识经济社会密切相连。一方面知识构成了经济增长的关键性因素,比如经济合作与开发组织(OECD)国家用于研究与开发、教育、计算机软件等旨在构建知识基础的无形资产投资,正在达到甚至超过固定资产投资。[①]另一方面,社会经济发展与就业压力增强同时并存。社会失业率、就业的市场配置方式、新科技带动的就业岗位的不断变革等,对社会成员提出了就业与谋生的挑战。以我国为例,从20世纪80年代中期以来,逐步改革计划经济体制下"统包统配"的用工制度,落实单位用工自主权和劳动者自主择业权,以双向选择、自主协商、订立劳动合同作为确立劳动关系的基本方式,既增强了人力资源市场的活力和效率,又给个人增加了参

---

① 世界银行报告:《构建知识社会——第三级教育面临的新挑战》,国家教育发展研究中心译,高等教育出版社2007年版,第9页。

与就业市场竞争的压力。只有具备市场需要的知识与能力的劳动者、人才,才能真正在人力资源市场中显示活力与效率。

在此背景下,以职业为导向,培养学生就业知识与技能的职业目标是不少学校理解的人才观的最重要内容,特别是对职业学校来说,更是如此。所谓学校教育的职业目标,是指培养学生掌握从事某一职业需要的技能与知识,使学生走出校门能够顺利就业,确立这样的职业目标并没有错。但是,要正确理解学校的职业目标,不能把职业看做是一种不需要思想、不需要理想的"简单劳动",就像机器生产产品一样,是简单的机械重复。

其实,学校通过教育活动,让受教育者过上美好生活,培养德性高尚的受教育者,进而使受教育者能够从职业活动中感受幸福,借助职业活动推动社会理想的实现,概述地说,培养学生掌握职业技能,又能坚守崇高理想与信仰,这是学校必须坚持的教育理想与教育信仰。

不过,学校出现职业目标与理想目标的冲突。比如坚守崇高理想与信念的受教育者,会被认为是书呆子、不识时务,被看做是社会适应能力不强,甚至看做是教育的次等品。

受这类观点影响,能否就业以及就业的待遇、社会地位等功利性目标作为学生们选择学习目标、学习专业、学习课程时的出发点和依据。另一方面,学校也把学生就业作为一项重要工作,成立专职负责学生就业的管理部门,对学生开展就业咨询指导、进行技能培训、开通考证渠道以及联合企业界建立企业实习基地等等,目标是为了让学生找到工作。甚至学校之间、学校内部对毕业生就业率进行实时跟踪报道。这些做法,目的是为了让学生顺利找到工作,减轻就业压力。但是,不可否认,它让学生产生认识误区,似乎学校教育目标是培养学生从事某项工作的职业技能,帮助学生找到一份理想工作,相反,学校教育学生确立远大理想、增加中国传统人文知识修养等等,则被轻视或忽略了,结果,经常能在学校中看到,讲崇高理想、人生信仰不能形成浓郁的氛围,不能变成师生自觉自愿的行动。

五、学校教育管理观:民主与集权的矛盾

启蒙运动以来,民主与科学是治理社会的基本观念,成为制定社会政策的核心理念,这也对学校管理产生深刻影响。学校管理以人为本,注重调动师生积极性,尊重学生个性发展,建立平等的师生关系,是社会民主观念在学校管理中的具体体现。

对此，我国基础教育新课程改革中已经明确提出了学校治校治教的要求。新课程改革确定的目标之一就是要"倡导学生主动参与、乐于探究、勤于动手，培养学生搜集和处理信息的能力、获取新知识的能力、分析和解决问题的能力以及交流与合作的能力"。为实现这一目标，《基础教育课程改革纲要》要求现代学校落实民主、自由的教育观念，建构民主的师生关系，实施民主办学、民主管理。

然而，现代学校管理受到技术化、程序化管理思想的影响，比如学校对学生读什么书、穿什么衣服、教师提问讲什么、集会讲什么话等都有严格规定，不允许学生触犯，否则属于违纪，给学生个人"扣分"、所在班级"扣分"，甚至危及到教师奖金发放、评优与晋升。这样的管理，强调学校的统一管理、确保学校教育教学活动的有序、有效率是有积极意义的，但是，学校管理对象是青少年学生，思想活跃，富有挑战性，这就使学校管理与学生个性成长造成冲突，学校管理缺失亲近性。

由于教育的"强权"与"集中"，学生对学校、老师"奉若神明"，视为权威，它不利于学生主体意识的塑造、主体能力的培养，因为人的主体性，最基本一条是人具有独立思考、独立做事的能力与责任感，唯唯诺诺、缺乏主见、唯命是从、只求考取好分数不关心周围的人与事的学生，难以培养主体意识与主体能力。但是，问题的另一方面，实施民主教育，开展民主治校，鼓励学生个性发展，这是否就意味着让学生随心所欲，学校又该怎样发挥教师的主导和引领作用，这是现代教育面临的矛盾。

现代学校教育观暴露的矛盾，已不是一个理论问题，它已经成为影响学校任务完成的制约因素，是急需改革的实践课题。这就要反思教育问题形成的根源，确立一种理解教育的思想方式。

第二节 教育思想方式的追问

要清理学校教育观矛盾形成的根源，需要追究现代教育形成的认识路线，这就要反思与质疑教育问题与教育思想方式之间的关系。而影响教育研究的主要思想方式是本体论、认识论、价值论，对教育研究思想方式的探讨，有助于揭示教育问题形成的深层次原因，为建构现代教育研究的思想方式提供思路。

一、本体论思想方式构成教育理解的形而上特征

认识教育的本体论思想方式，这是理解与阐释教育的经典思路，其重要特点是强调学校教育的文化价值、精神价值，淡化学校教育实用价值，走向学校教育观的形而上特性。[①]

所谓学校教育观的形而上特性，指学校把现实世界之外的"神圣"因素确定为教育目标，比如抽象的道德目标、价值观念或者是上帝等等。的确，在人的日常生活之中，除了要认识与研究现实生活中可以看到、听到、感觉到的实际存在的客观事物之外，也会对现实世界之外各种可能存在，包括物质的、精神观念的，作出各种想象或解释。有时，这种解释是无法用现代科学技术手段进行实验论证或证实的，但它的确是人在日常生活中所不可或缺的。比如关于宇宙是什么的问题，对大多数普通老百姓来说，科学家的解释未必满足了他们内心的需求，他们还会给予宇宙及各种星体种种想象与"假说"。还有关于上帝的问题，关于决定人自身心灵与肉身关系等问题，既是老百姓在日常生活中遇到的认识困惑，也需要通过对知识世界的幻想与建构，给予老百姓以生存、生活的"精神"力量。

其实，这些问题被哲学研究称作是形而上问题、形而上信念，在排除形而上信念中的迷信与伪科学的成分后，在需要肯定形而上信念在人的日常生活中的重要性，这就是说，凡是不愿意浑浑噩噩过日子的人，就会考虑人活着的意义与价值问题，就会尽力使人的生命有限性在价值实现中伸展它的无限性，从而实现生命的有限与生命价值的无限的有机统一。事实上，这已经完成了对人的本质及功能的一种形而上的选择。

从这一角度说，对学校教育进行形而上的探索，它的合理性是强调教育的文化意义与精神价值，重视发挥教育引导与铸造人的灵魂与思想的功能，希冀培育具有人生信仰目标、能够主动关怀人生与社会而不是被技术或物质异化的社会公民。不过，在具体的教育实践及其教育思想的构想中，存在着两大缺失。

一是教育目的与教育价值目标是抽象的。这种理解教育的思想方式，把人看做是实现某种神秘的、神圣的目的的手段，比如苏格拉底、柏拉图就认为理念是客观存在的，国家、法、道德等等都受其制约才是合理，只有认识到理念的人才可能具有"美德"，把教育构建成一种完美的"理

---

① 舒志定：《古希腊教育观的形而上特性》，《宁波大学学报（教科版）》2006 年第 2 期。

想国",教育解决了人生至善问题,意味着教育解决了一切问题。因而有研究者批评希腊教育理念过于强调教育的本质性而忽略了教育的实用性,过于偏重教育的理想,而疏忽了教育的实践。[1]

二是教育方法是脱离实际的。受这种理解教育思想方式的制约,片面地强化与突出教育影响人的精神与思想的功能,主张教育目的是使人去接受"观念"或"精神"等本体性因素,只有得到"观念"、"理念"等本体性因素,人才能变得崇高,才能实现教育目的。因而,在实际的教育方法中,依据概念辨析、逻辑推断的认识原理,运用对话、辩论的方法,认知抽象"观念",实现个体"精神"变革,达到教育目标。无疑,这样的教育活动,脱离了现实社会生活,变成抽象的思维与精神观念变化运动。

二、认识论思想方式强化学校的知识教育功能

以认识论思想方式指导教育研究,认为科学知识是客观存在的,获取知识是学生接受学校教育的主要意图。学校的教育任务是传授知识与发展技能,研究教育,核心任务是研究传授什么知识以及怎样传授知识,使教育成为一种科学活动。[2] 对此,有俗语作了描述:没有教不会的学生,只有不会教的老师。学生能否顺利完成学习任务,取决于教师是否掌握了高超的教学技能与技巧,这是教师教学科学化水平的体现。

结果,生动多样的教育过程变成是客观的科学知识探索过程,教育效果取决于学生的认知能力与教师教学的科学化水平。有如捷克 17 世纪教育思想家夸美纽斯倡导班级授课制的认识前提是确信每一个个体的认知能力是一样的,坚信"学问、德行与虔信"的种子已经存在于人身上,就像是树植根在泥土中一样。只要给予同样的知识及学习条件,学生能够完成相近的学习目标。

此后,受科学与理性的地位与作用的片面认识的影响,对这种观点的认识变得更为极端,认定教育的科学性而否定教育的价值性,实证主义教育思潮便是一例,其核心观点是认定教育是一种科学活动,教育研究主旨是研究传授什么知识以及怎样传授的方法。

不能否定,结合学生认知规律开展教学工作,这是有积极意义的。它要求教师遵循学生的认知规律、遵循学科知识发展逻辑,使学生更快

---

[1] 区应毓:《教育理念与基督教教育观》,四川大学出版社 2005 年版,第 22 页。
[2] 王策三:《认真对待"轻视知识"的教育思潮》,《北京大学教育评论》2004 年第 3 期。

更好地掌握更丰富的、更宽广的知识，避免出现基础知识不扎实、专业知识面过窄等现象。但是，它的问题是没有处理好人与知识之间的关系，没有处理好人的情感、意志、欲望等非理性因素对知识学习产生的影响，没有把培养创造性、个性全面发展的学生放在最突出的位置。

这就必须强调知识传授不是教育目的，它是实现教育目的的手段之一。教育根本任务是培养人对世界、自然及人自身存在意义与人生价值的领悟，因而要把教育从师生知识传授与接受关系向着师生共同对话、相互理解的关系转变，教师不仅要向学生传授客观知识，而且要帮助学生理解知识及社会的意义。只有这样，才能避免出现统一化、标准化的学校教育活动，以满足学生成长多方面的需求。

三、传统价值论思想方式凸现学校价值理想的虚幻化

启蒙运动确立自由、民主、科学、理性等基本价值理念，坚守人的教育的信念，确立"使人成为人"的教育目标，这些观点的进步意义是显而易见的。问题的核心是不能准确地理解"人"。

这一时期理解"人"的思路的特点，是以启蒙价值观念为前提，确信人是理性的人。比如卢梭、洛克强调人的自由权利高于一切，是社会不可剥夺的基本权利，教育要遵循个人自觉运用理性的能力和勇气，质疑社会文化制约了个人的自由生存。著名的20世纪政治哲学家斯特劳斯（Leo Strauss）清楚地表达了教育的价值目标：实现自由教育。而自由教育"是一架阶梯，凭借这阶梯，我们可以努力从大众民主上升至原初意义上的民主。自由教育是在民主大众社会里面建立高贵气质的必要努力。自由教育呼唤着大众民主中那些有耳能听的成员，向他们呼唤人的卓越"。[①] 为民主社会培育高贵气质的人，这是自由教育的目标。要实现这样的教育目标，教育方法是倾听"最伟大的心灵之间的交谈"，这样，"自由教育是一种最高形式温顺中的锻炼——虽不能说这温顺就是谦卑。同时，自由教育是一次勇敢的冒险：它要求我们完全冲破智识者及其敌人的名利场，冲破这名利场的喧嚣、浮躁、无思考和廉价"。[②] 教育培育崇高的心灵，倡导民主、自由、平等的价值理想，这是非常积极的教育

[①] ［德］列奥·斯特劳斯：《什么是自由教育》，刘小枫、陈少明主编：《古典传统与自由教育》，一行译，华夏出版社2005年版，第5页。

[②] ［德］列奥·斯特劳斯：《什么是自由教育》，刘小枫、陈少明主编：《古典传统与自由教育》，一行译，华夏出版社2005年版，第8页。

理想。

但是，实现社会的民主与自由，完善人的心灵，仅仅通过阅读伟大著作、与大师的对话是难以实现这一教育目标。因为，学校既要坚守象牙塔的神圣与高贵，又要服务于社会，切实推行社会的政治、经济、文化等各个领域的变革。所以，崇高的价值目标最终要返回到现实的社会生活中，价值理想不能不受到现实社会条件制约。如果不能处理价值理想与现实生活之间的关系，会使价值理想、信仰目标失去现实的社会基础，要么是坚持信仰而变得固执，要么是放弃理想变得世俗，这都不是积极的处世态度，不利于构建适合社会与个人发展的教育目标。

由此可见，受传统本体论、认识论及价值论思想方式的影响，把学校教育活动看做是一种崇高的观念行动，教育效果是变革学生的思想观念，这种认识教育的思路，使现代学校教育面临着观念与行动的双重困惑。一方面坚持自由、民主、科学的价值观，通过教育，挖掘人的潜能，提升人的主体地位，实现人的解放，这是启蒙价值观念对现代教育产生的积极作用，是教育需要坚持的价值理念。

另一方面，夸大科学与理性的作用，同时又受到市场经济社会的负面影响，个人权利、科学、理性、自由、民主变成了具有"强制力"的符号。结果，不论个人需求是否合理，人们借口遵循个人权利，强调无条件地满足个体需求，造成学生个性发展与学生社会化之间的尖锐矛盾。

比如现代教育倡导遵循和促进学生个性发展。问题在于它只是停留在口头上，没有实际的措施以保护学生个性，或者采取有效措施促进学生个性的发展。这种现象的出现，不是人们不知道个性教育的重要性，不是不知道坚持民主、自由的重要性，而是将启蒙价值观念变成了一种观念的符号，用这种符号规范人们的思想与行为，使学校教育变成是观念的行动，缺乏对实际生活与学生思想实际的关注。对此，杜维明已经作了很好的评述："启蒙理性以观念和符号所建构的人的精神世界的新的枷锁囚笼"，[①] 启蒙价值变成观念的符号暴力，暴露出现代教育内在的矛盾与缺陷。因而，消除现代教育的矛盾现象，必须在社会生活中寻找教育的现实根基，从现实出发构建"美好的观念"，以避免使"美好观念"成为"符号的统治"，束缚师生的精神成长。因而，冲破观念符号的统治，这是提出教育面向生活世界的重要背景。

---

① 哈佛燕京学社：《启蒙的反思》，江苏教育出版社2005年版，第15页。

第三节　生活世界的研究主题

引发教育领域对"生活世界"的关注,很重要的原因是这一术语极易使人联想到人的日常生活,它与每一位师生是不可分离的,容易对它产生亲近感,自然就会接受"教育与人的日常生活"相联结的观点。其实,作为理论研究的"生活世界",它包含的内涵与意义不只是局限于人的日常生活范围。

正如德国生命哲学家狄尔泰(Wilhelm Dilthey)所说,在20世纪头10年,生活世界这一术语被不断地介绍与传播,当时主要用于强调哲学要反思、沉思世界与生活。狄尔泰说哲学家们主要和直接地致力于解决世界之谜和生命之谜。因此,他们所形成的各种有关哲学的概念,都是从这种关注之中产生出来的,由此发展起来的哲学精神,也是与此紧密地联系在一起。从这个意义上说,哲学就是一种反思态度,它可以使人类的全部活动都上升成为普遍有效的知识,而其实质则是以概念、思想的形式对自身的反思,自身的经验与存在构成哲学反思的现实基础。[①]

把生活世界作为理论研究对象,以创立现象学而成为20世纪最重要哲学家之一的德国哲学家德蒙德·胡塞尔(Edmund Husserl)是重要代表。他的现象学思想影响了一批哲学家,比如马克斯·舍勒(Max Scheler)、马丁·海德格尔(Martin Heidegger)、让-保罗·萨特(Jean-Paul Sartre)、莫里斯·梅洛·庞蒂(Maurice Merleau-Ponty)、列维纳斯(Emmanuel Levinas)等。而且,受其思想影响的学科远不止哲学,社会学、人类学、历史学、艺术、文学等学科领域都因其产生深刻、广泛的影响。概述地说,他的哲学贡献主要集中在三部分:一是早期在数学哲学和逻辑学方面的研究逐渐导致他发现现象学的方法;二是用超验论的观点去发展并明确表达与论证这种方法;三是把现象学的方法应用于诸如知觉、想象、记忆、空间、时间、主观际性等问题研究之中,并且还应用于研究科学哲学、伦理学、社会学等学科领域。[②]而生活世界理论的

[①] [德]狄尔泰:《历史中的意义》,艾彦、逸飞译,中国城市出版社2002年版,第165—168页。

[②] 伊丽莎白·迪瓦恩:《20世纪思想家辞典:生平·著作·评论》,贺仁麟总译校,上海人民出版社1996年版,第280页。

形成、阐述的基本观点以及对以后哲学家产生的影响，这是与胡塞尔哲学研究思路与研究方法密不可分的。有学者认为尽管"生活世界"这个词汇并不是由胡塞尔发明的，但是，"生活世界"被研究者认可与接受，是胡塞尔玄妙沉思的思路。①

当然，胡塞尔重视生活世界，但没有把它看做是哲学研究的课题，而是希冀通过它达到追问通往现象学的先验哲学途径的目的。所以，在胡塞尔生前发表的著作中，很少能够看到关于"生活世界"这一术语。因为胡塞尔给自己规定了一项极其重要的工作是建立"作为严格科学的哲学"。"哲学从最早开始就要求成为严格的科学。不仅如此，它还要求成为能够满足最高的理论需求，并且能够使得从伦理——宗教的观点来看是受纯粹理性的规范规整的生活成为可能的科学"。② 就哲学史而言，从古希腊起，胡塞尔认为哲学就是追求严格科学的历史，由此倡导的"现象学"，则是寻求哲学成为"严格科学"的一次努力，它是在欧洲哲学史上继苏格拉底、柏拉图、勒内·笛卡儿和伊曼努尔·康德哲学三次"哥白尼式的革命"之后的第四次"哥白尼式的革命"。

胡塞尔创立的现象学，其核心思想是要求专注于纯粹的自我意识，由此提出现象学还原的方法，即通过"悬置"一切日常观念、科学见解和生物学思想，专注于纯粹意识现象，为研究哲学问题确定认识前提与研究边界。胡塞尔断定，在悬置了个体对外部世界原有的各种观念、意识、信仰之后，即对个体原有认识加了括弧之后，剩下的就只是纯粹意识领域。这样，随着意识的流动与变化，使事物的本原得到清晰与显示，形成体验流。所以，"只要我们专注于意识的体验流，就会绝对清楚地把握住这个思着的'我'。即使我的记忆发生误差，但在回忆时那个记忆着的'我'是自明地显现的，即使我的推测不一定准确，但在推测时那个推测着的'我'是自明地显现的，即使我可以悬置一切、怀疑一切，但在悬置、怀疑时那个怀疑着的'我'是自明地显现的"。③ 胡塞尔设想通过"还原"或"悬置"，借助人的体验流、意识流，还原人的先验存在，从而规定哲学研究的问题域。

---

① ［德］E. W. 奥尔特：《"生活世界"是不可避免的幻想——胡塞尔的"生活世界"概念及其文化政治困境》，邓小芒译，《世界哲学》1994 年第 5 期。
② ［德］胡塞尔：《哲学作为严格的科学》，倪梁康选编，《胡塞尔选集》上册，吕祥译，上海三联书店 1997 年版，第 83 页。
③ 杨耕：《胡塞尔：从先验自我转向生活世界——从马克思的观点看》，《吉林大学社会科学学报》2004 年第 5 期。

胡塞尔试图以人的意识（纯粹意识）维护人的主体地位，把意识与主体性画上等号。然而，这一研究思路，遇到了与笛卡尔类似的困境，即处在现代社会中，人的主体性凭据"纯粹意识"就能得到确立吗？基于这一点，为了探求纯粹意识所带来的困惑，胡塞尔希冀在"生活世界"概念下寻求塑造社会主体的可能性。

在1913年出版的《纯粹现象学通论》一书中，胡塞尔提到了生活世界。在这一本著作的第二编《现象学的基本考察》中的第一章"自然态度的设定及其排除"，胡塞尔论述了"我和我周围的世界"。他说"我们从自然生活中的人的角度开始思考，'以自然的态度'去想象、去判断、去感觉、去意愿"，① 这样就会意识到一个"在空间中无限伸展的世界"，对此，胡塞尔作了描述：

"它在时间中无限地变化着，并已经无限地变化着。我意识到它，这首先意识着：在直观上我直接地发现它，我经验到它。通过我的看、摸、听等等，而且以不同的感官知觉方式，具有某一空间分布范围的物质物就直接对我存在着，就在直接的或比喻的意义上'在身边（vorhanden）'，不论我是否特别注意着它们和在我的观察、考虑、感觉或意愿中涉及它们"。②

胡塞尔把这个"对我而存在的世界"称作是"周围的世界"，它不只是纯粹由客观事物构成的世界，也是价值世界、善的世界和实践的世界，依赖它，人与人相互交往才能得到实现。

对生活世界这一术语作更为详细讨论则是在《欧洲科学危机和超验现象学》一书的第二部分第九节，它的标题就是"生活世界是自然科学被遗忘了的意义基础"。③ 这一标题已经显示了胡塞尔理解"生活世界"的背景与内涵。胡塞尔说生活世界是客观存在的，它恰恰是人生活的世界，是不可回避的，任何科学活动，以及由科学构造起来的世界，并不改变它，只是以它为基础的前提下提出的各种实践和理论问题。但是，长期以来，人们所谈及的"世界"，是人的意志、意愿改造的对象，是建构的"世界"，特别是受到伽利略以来对数学方式的确信，以及受到由此影响形成的科学理性主导的认识观念的制约，结果遗忘了通过知觉实际地经验到的、并能

---

① ［德］胡塞尔：《纯粹现象学通论》，李幼蒸译，商务印书馆1992年版，第89页。
② ［德］胡塞尔：《纯粹现象学通论》，李幼蒸译，商务印书馆1992年版，第89页。
③ ［德］胡塞尔：《欧洲科学危机和超验现象学》，张庆熊译，上海译文出版社1988年版，目录。

够经验的世界,其实它是客观存在的。胡塞尔指出了这一点:

"我们所发现的这个世界是一切已知的和未知的实在的东西的世界。时空的形式以及一切以这种形式结合起来的物体的形状,都属于这个实际的经验直觉的世界。我们本身生活在这个世界之中,我们的人的身体的存有方式是与这个世界相适应的。但是在这个世界中我们看不到几何的理念存有,看不到几何的空间、数学的时间以及它们的一切形状"。①

显然,胡塞尔在这段话中阐明了"生活世界"的基本立场,有三点是理解"生活世界"的关键:一是"生活世界"是一种"视域",是人认识、解释、改造"世界"的对象总和。二是"生活世界"与科学活动不同,科学活动是使人把世界确定为某一个明确的对象,把世界当做是一项研究课题,比如冶金术,就把世界中存在的矿产作为认识与改造对象,最终得到关于冶金的技术、能力与知识。三是人的所有活动,包括科学世界的建构,都是与生活世界密不可分、是密切联系的。生活世界是人的活动的基础。从这一意义上说,胡塞尔关于生活世界提出了一个基本观点:生活世界是科学世界建构与发展的基础。

对此,德国研究胡塞尔的重要思想家克劳斯·黑尔德作了评述。"有别于那种作为科学研究对象的一般的世界,有别于近代的科学化世界,胡塞尔把它称作'生活世界'。"② 由此可以简略地把握胡塞尔生活世界理论的主要特征。

当然,讨论胡塞尔的生活世界理论,需要提及胡塞尔思想产生的社会背景。在胡塞尔的研究工作中,前期主要强调"自我意识",后期转向生活世界理论,这与时代环境的变化密不可分。自20世纪以来,一方面经历了启蒙运动的洗礼,理性、民主、自由、法治等现代观念得到进一步强化,推动着科学、技术的发展,促进了社会生产力的进步。另一方面社会问题不断涌现,经济危机、工人失业、社会价值观混乱、战乱不断,使欧洲社会出现了现代文明与社会危机同在的现象。因此,消除社会危机,寻求与确立人生价值坐标与意义归宿的方案成为一批有识之士的时代使命。

对危机的忧虑,对解决社会问题方案的求索,成了胡塞尔后期研究的重点。在《欧洲科学的危机和先验现象学》一书中,阐述了欧洲人的危机

---

① [德]胡塞尔:《欧洲科学危机和超验现象学》,张庆熊译,上海译文出版社1988年版,第60页。

② [德]胡塞尔:《生活世界现象学》,倪梁康、张廷国译,上海译文出版社2002年版,第41页。

以及欧洲文明的危机,并认为这两类危机表征着欧洲科学的危机,因而,批评欧洲科学危机,就需要批评欧洲人的危机及欧洲文明的危机。对此,胡塞尔提出欧洲科学危机的批评重点,主要批评科学对社会变革、社会公民生存理念形成的负面影响,即伴随着近代工业革命而日益膨胀起来的物理学的客观主义及其演变形式——实证主义对社会变革出现的消极影响。

胡塞尔说近代科学的发展与技术的进步,它不仅仅是科学知识与人的劳作、生产技能的改进,而且科学与技术已经变成是一种"观念",一种影响人们日常生活与工作的"观念",受此影响,人们会习惯用这一"观念"去评价生活的周围世界,这样,周围世界就被"观念"衡量着、把持着,进而就会按"观念"把周围世界区分成有用与无用,而对那些无法被测量又具有无限的道德价值、审美价值等因素,未受重视。更重大的问题是,人们并未意识到自身依靠科学世界形成的观念去生活与工作的局限,并未意识到自身鲜活的灵魂已经被生硬的理性、僵化的制度与不变的技术统治着,结果,人虽然获得了"科学知识",但是失去了"精神",获得了丰厚的物质财富但失去了对灵魂的自觉滋养。胡塞尔论述道:

"这件'数学和数学的自然科学'的观念外衣,或这件符号的外衣,即符号的数学理论的外衣,包括了所有那些对于科学家以及受过教育的人来说作为'客观实际的和真正的'自然而代表着生活世界、化装成生活世界的东西。这件观念的外衣使得我们把一种方法的东西当做了真正的存在"。①

结果把"方法"当做我们追求本身,而忽略了对"方法"形成过程中对人与周围世界关系的揭示,以及人生活在周围世界中的意义问题,而事实上,这种意义则被称为是人生活的更为原初的、本真的意义,其实这也是"被遮蔽着的理性的问题"。② 所以,胡塞尔说我们可以高度称赞人类历史上科学家的贡献,比如伽利略,他们是发现、发明的天才,他们做出的重大发现与发明,为人类的科学进步、社会发展做出了卓越贡献,但是,他们关于物理学等科学思想与理论,它所蕴藏的"原本的、原始的、真正的意义仍然是被遮蔽着的,并且必定仍然是被遮蔽着的",③

---

① [德] 胡塞尔:《生活世界现象学》,倪梁康、张廷国译,上海译文出版社2002年版,第241页。
② [德] 胡塞尔:《生活世界现象学》,倪梁康、张廷国译,上海译文出版社2002年版,第242页。
③ [德] 胡塞尔:《生活世界现象学》,倪梁康、张廷国译,上海译文出版社2002年版,第242页。

这就需要人类承载揭示科学活动乃至人活着的意义的历史使命。

基于此，胡塞尔指出了生活世界不同于人为建构的科学世界，两者有着不同的意义规定与价值取向。科学世界是人类借助理性力量围绕功利性的目标而逐步建造起来的，它是人为的，一方面它满足了人类生存与发展的需要，另一方面人类不断扩充功利化目的，又无法采取措施加以制止，结果使人类遗忘了构造科学世界的原初目标，谁也辨别不清一个人为什么会去从事这样的活动，做这样的事情，甚至会把错误的、不正当的目的当做了合理目的加以宣扬与传播，这是"科学世界"隐含的片面性、狭隘性。对科学世界隐藏的类似问题，虽然有时候会被社会意识到，但是，只是意识了科学世界出现的问题与困境，没有找到形成"问题"的根本原因，反而把问题当成了原因。比如原子弹对人类的杀伤，把仇恨定位在原子弹，定位在原子弹技术发明专家或者原子弹制造专家、技术工人身上。

与科学世界这种课题化世界相反，生活世界是一个自在的世界，是一个"非课题化世界"。[①] 也就是说，生活世界不是人为构造的，是先于人而存在着，它既是历史的、也是当下的。"我们一般不会把生活世界作为一个普遍的课题来加以专门研究"，人的日常生活、活动与工作都处于生活世界之中，人不可脱离生活世界。这样，胡塞尔为我们划定了两个世界：一个是基本的世界，即永远被视为当然的、已知和未知的、作为普遍领域的生活世界，另一个是为追求这种目标而产生出来的科学家的生活、他们感兴趣的境域、科学的实在性和成果的境域。

同时，胡塞尔强调生活世界与科学世界之间存在着密切联系。科学世界是在生活世界之中被建构起来的，生活世界为科学世界奠基，包容着科学世界。"生活世界是永远事先给予的，永远事先存在的世界，人们确认它的存在，并不因为某种意图、某个主题，也并不因为某种普遍的目标"，生活世界的基础地位，不是由人规定的，但是在生活世界基础上，人们从事科学研究，建构科学的知识系统、科学的世界，它是与人密切相连的世界。就此来说，科学世界是开放的、值得人去探索的，因而也是无限的。"科学的世界对于作为前提的人和生活世界来说是一个无

[①] 要了解非主课题化世界的意思，简单了解胡塞尔的"课题"含义。胡塞尔是从自我与意识对象之间的关系角度展开论述的。它主要指两层意思：一是指自我对其对象的"清醒意识到"，这种意识到大都是以直向方式进行的自然观点，"课题"就指意识活动的结果，是意识中被构造的意识对象；二是指意识自我对其对象的一种特殊的意指方式，它意识着某种可以被关注地把握、可以在意指中得到进一步展示的对象。参见倪梁康：《胡塞尔现象学概念通释》，生活·读书·新知三联书店1999年版，第454页。

限开放的目标构成物的区域"。① 这段话表明，胡塞尔所说的生活世界的界域是宽广的，它是一个包括人们一切实际生活在内的实在世界，一切以时空形式组合起来的事物都属于这个世界。

在此基础上，胡塞尔指出要形成多样的生活世界观，"我们所发现的这个世界是一切已知的和未知的实在的东西的世界"。② 生活世界涵盖面是广泛的，不同的理解就会形成不同的生活世界，这就涉及不同的生活世界观，至少有三种生活世界观是需要关注的：一种是地理学、物理学意义上的生活世界。它是客观存在的世界，是人类生活、生存发展的基础，是必须要依赖的场所。二是人的科学研究活动构成的科学世界。通过科学研究，创造科技文明，形成科学文化。这种科技文明的取得，是与人类对未知世界不断拓展相伴随，但它用知识、理论形式去描述与表达客观世界。三是从人的精神世界理解生活世界。认为人有别于动物，人有精神追求，创造精神财富，构成精神生活，它往往用神话、文学、艺术等形式去直观表达世界，或者对世界的象征性、抽象化的表达。

很清楚，胡塞尔是着眼于整体视域理解生活世界，指出了生活世界的两个基本特征：

一是指生活世界是一切有意义事物的源泉。胡塞尔肯定每一个人都生活在这个世界中。不过，每一个人对生活世界的取舍是不一样的，有的人只满足于客观的物质世界，有的人只关注科学创造的文明世界。这些都没有从整体、全面角度把握生活世界，更没有从人的精神、人的意义维度去理解人与世界关系，生活世界理应成为是一切有意义事物的源泉。"现存生活世界的存有意义是主体的构造，是经验的，前科学的生活的成果"③，"只有彻底地追问这种主体性……我们才能理解客观真理和弄清楚世界最终的存有意义"。④ 所以，生活世界是属人的、"为我的存在物的总体"世界。黑尔德对此评论道："相对于以往的理解，世界概念现在得到了根本的丰富。自然观点的世界现在是一个历史地通过在它之中进

---

① [德] 埃德蒙德·胡塞尔：《生活世界和科学世界》，倪梁康选编：《胡塞尔选集》，张庆熊译，上海三联书店1997年版，第1087页。

② [德] 胡塞尔：《欧洲科学危机和超验现象学》，张庆熊译，上海译文出版社1988年版，第60页。

③ [德] 胡塞尔：《欧洲科学危机和超验现象学》，张庆熊译，上海译文出版社1988年版，第81页。

④ [德] 胡塞尔：《欧洲科学危机和超验现象学》，张庆熊译，上海译文出版社1988年版，第82页。

行的实践和积淀、通过'流入'而丰富着自身的世界。这是具体的、历史的世界"。①

二是科学世界是生活世界的一部分。对于人来说，生活世界是自在的存在物，它与主体并无关联地独立存在，因而它是客观的。就这层意思上说，不能把生活世界等同是人的目标、意愿，它是不能用逻辑、概念的方式给予表达与呈现，只有当人与生活世界交往关系形成时，生活世界才在人的意识中得到呈现、敞开。所以，生活世界的意义与价值，只有对人而言才能显示，只有与人相联系，生活世界才变得有意义。人也是在与生活世界建立交往联系的过程中，生活世界是有意义的，使人获得认知事物、分析事物的视域与境界。这就与科学世界不同，科学世界本身就是人的目标产物，是"目标构成物"，②它意味着人的理论思考的胜利，并且它体现着人具有理智的、逻辑的力量。

由上概述可知，胡塞尔讨论生活世界理论，分析生活世界理论的来源与构成，人与生活世界、生活世界与科学世界之间的关系，指出生活世界是人安身立命之处所，强调生活世界的价值是因为它构成了人的日常生活、社会交往、科学活动的意义之源，由此阐明了人是一个意义的生物体，只有自觉追求人的意义、社会的价值，才能确保完整的人生，实现科学进步与社会昌明才是可取的。在这层意义上说，生活世界不是我们要不要去认识、能不能认识的问题，而是说生活世界成为决定我们一切行动的意义之源。

这样，胡塞尔关于生活世界的研究成果给予当前的意义，主要是迫使现代人重新思考生活的意义与价值，为人与世界交往关系的确立寻求正确的思想方式。也是因为胡塞尔生活世界理论是为了寻求拯救欧洲生存危机的出路，由此使生活世界的理论与观点受到了重视。尤尔根·哈贝马斯是受其影响的重要代表之一。

尤尔根·哈贝马斯是德国法兰克福学派最重要的、最有影响的代表人物。1929年6月18日出生于德国的杜塞尔多夫，曾就读于哥廷根大学，1954年在波恩大学获博士学位。③作为法兰克福学派的重要成员，哈

---

① ［德］胡塞尔：《生活世界现象学》，倪梁康、张廷国译，上海译文出版社2002年版，第44页。
② ［德］胡塞尔：《生活世界和科学世界》，倪梁康选编：《胡塞尔选集》，张庆熊译，上海三联书店1997年版，第1087页。
③ ［美］伊丽莎白·迪瓦恩：《20世纪思想家辞典：生平·著作·评论》，贺仁麟总译校，上海人民出版社1996年版，第237页。

贝马斯把寻求解决社会合法性危机作为研究工作的重心。他借助马克斯·韦伯的工具理性与价值理性基本观点，把人的交往行为作为研究切入点，通过阐述交往行为的合理性，分析社会危机与人的危机的形成机制以及解决策略。为此，他在吸收胡塞尔现象学、美国人类学家米德（G. H. George Herbert Mead）的符号互动理论、法国社会学家涂尔干（Emile Durkheim）社会理论、美国社会学家塔尔科特·帕森斯（Talcott Parsons）的社会行动和结构——功能分析理论、英国哲学家卡尔·波普尔（Karl Raimund Popper）三个世界理论的基础上，阐述了他的生活世界理论。

对生活世界基本内涵的理解，哈贝马斯认为应该遵循现象学生活世界的分析线索。[①] 不过，与胡塞尔的观点有些区别，哈贝马斯并不满足于把生活世界看做是科学世界形成的基础，并不赞成把生活世界看做是产生人的"意识"的基础，而是以人的交往行为合理性为着眼点，认为人生存的世界是继承了一定文化传统和社会规则的世界，它是人与人共存和交往的世界，任何个人的成长发展（社会化），必定要受到社会发展的影响，只有促使个体发展与社会发展保持一致性，才能具备个体发展合理性，才能使个体与社会之间建立交往行为并确保交往行为的合理性。

对此，哈贝马斯提出交往行为合理性在于"个性系统（主要考察语言能力和行为能力）"和"社会系统"之间的一致性，因而，研究人的理想交往行为的基本特征与要求，这是研究交往行为合理性的重要任务。哈贝马斯指出：

"任何人都不能脱离开其他人同他共同具有的相同性（Identifikation）来建立他自己的同一性（Identitat）。这些相同性当然是其他人在相互作用参与者的行动中所认定的相同性，不是在观察者的陈述观点中所认定的相同性。甚至，自我也不是用陈述的观点实现他自身的相同性；作为实践的自我，他是在交往行为的实施过程中表现自己的"。[②]

这就是说，一个人从出生到成长，直至成为一名参与社会生活的社会人，完成个人的社会化，这是任何一个人都要完成的任务。只有这样，人才能够被称作是人。同时必须指出，个人的社会化，不是由个人主观意识决定的，而是以社会范围内不同主体之间相互认同为前提，而人的相互认

---

① ［德］哈贝马斯：《交往行动理论第1卷——功利主义理性批判》，洪佩郁、蔺青译，重庆出版社1994年版，第165页。

② ［德］哈贝马斯：《重建历史唯物主义》，郭官义译，社会科学文献出版社2000年版，第17页。

同，是在现实社会中完成的，即使是互联网时代，虽然交往主体不需要面对面进行交流就能建立交往关系，比如通过 QQ、E-mail 等信息手段建立人与人的交往关系，但是，这种交往关系的确立，仍然不能摆脱物质、时间等因素的制约，这正说明交往关系具有鲜明的现实性特征。

就此而言，人与人相互交往构成的共同生活空间，包括实实在在客观存在的物理空间、地理空间，也包括长期形成与流传的文化传统，这些"空间"与"文化传统"都构成是满足人的理想交往情境的一个视角或背景。对这些与人的交往行为相联系的各种因素，哈贝马斯概述成是生活世界。

"我可以把生活世界的概念首先作为理解过程的关系而引入进来。进行交往行动的主体始终是在生活世界范围内相互理解的。他们的生活世界是由或多或少分散的，但总是固定的确实的背景构成的"。[①]

很清楚，哈贝马斯肯定生活世界，是源于它对交往行动产生重要影响的把握，同时，又强调生活世界与交往行动是有区别，它不是交往行动本身，是交往行动的一种补充概念[②]。

所以，哈贝马斯说生活世界应该是"交往理论的生活世界"，[③] 它不仅是人实现交往行为的背景因素，而且因为社会规则体系的存在，它成为影响人与社会、人与人正常交往的重要因素。由此，哈贝马斯主张把社会分成"生活世界"和功能化、系统化的社会机制（简称"系统"）两部分。前者是按照价值目的建构完成的，为人领悟生活意义与人生意义创造条件；后者是按照功利主义思想建构起来的，约束与规范着人的思想观念、行为方式，而且，这种约束与规范是通过强制性手段实现的，是为了达到一定目的采取的一种手段。因此，要研究的问题是如何坚守对价值与意义的追求旨趣，并使它不再受到僵化的社会体制以及社会功利主义思想与做法的影响，哈贝马斯称作是生活世界避免被"殖民化"，这是哈贝马斯生活世界理论的主要特色。

这样，哈贝马斯肯定生活世界是独立存在的，但它又是融进社会文化体系之中。这不同于胡塞尔的观点。胡塞尔把人们周围所处的世界区

[①] ［德］哈贝马斯：《交往行动理论第 1 卷——合理性和社会合理化》，洪佩郁、蔺青译，重庆出版社 1994 年版，第 101 页。

[②] ［德］哈贝马斯：《交往行动理论第 2 卷——功利主义理性批判》，洪佩郁、蔺青译，重庆出版社 1994 年版，第 165 页。

[③] ［德］哈贝马斯：《交往行动理论第 2 卷——功利主义理性批判》，洪佩郁、蔺青译，重庆出版社 1994 年版，第 186 页。

分成生活世界与科学世界，对此，哈贝马斯明确表述不同的看法。他通过评述与分析波普尔三个世界理论之后，提出生活世界结构由文化、社会和个性三部分组成，而生活世界并不属于这三个因素中任何一个因素，是与这三个因素并存的。说它是并存的，不是把生活世界当做构成社会结构的第四种因素，而是强调它与其他三个因素是相互融合的。就此，哈贝马斯作了清晰的阐述：

"我们可以认为，生活世界的各个部分，如文化模式、合法制度以及个性结构等，是贯穿在交往行为当中的理解过程，协调行为过程以及社会化过程的浓缩和积淀。生活世界当中潜在的资源有一部分进入了交往行为，使得人们熟悉语境，它们构成了交往实践知识的主干"。①

所以，在促进与实现人与世界交往关系建构中，哈贝马斯提出这些因素有着各不相同的作用，不能简单地肯定它对科学世界具有奠基作用。而且，哈贝马斯特别强调社会结构三个因素的融合，发挥生活世界对人建构与世界交往关系中的作用。对这一点，哈贝马斯称作是生活世界的生产功能，它确保人与社会交往关系建立与发展。如果有效地发挥生活世界的生产功能，生活世界就不是独立存在的，它已经成为文化的一部分，影响着个体的个性发展。

从这一点可以看出哈贝马斯强调生活世界理论的出发点，主要是建构人与世界的交往关系。因为人需要坚持一种立场与视角，指导与规范着人与世界关系的建构。而生活世界提供了人建构与世界交往关系的视角与立场，是建立与世界交往关系的背景因素。"行动状况构成参与者生活世界的中心；行动状况具有一种运动的视野，因为它是通过生活世界的复杂性表现出来的。在一定方式下，生活世界，即交往参与者所属的生活世界，始终是现实的；但是只是这种生活世界构成了一种现实的活动的背景"。②

如此，哈贝马斯提出从"结构"的角度理解生活世界的认识思路，是考察影响与决定交往关系结构形成的关键，并把这种"结构"作为一种视角，是一种背景，目标是揭示与阐明社会交往行为的合法性，因此，它不是本体论、也不是认识论的思路。"合法性意味着，对于某种要求作为正确

---

① [德]哈贝马斯：《后形而上学思想》，曹卫东、付德根译，译林出版社2001年版，第82页。
② [德]哈贝马斯：《交往行动理论第2卷——功利主义理性批判》，洪佩郁、蔺青译，重庆出版社1994年版，第171页。

第六章 马克思"感性活动"为教育面向生活世界奠基 315

的和公正的存在物而被认可的政治秩序来说，有着一些好的根据"。① 任何事物的存在是否具有合法性，必须要探究其存在的依据。对交往行为的合法性来说，同样如此。通过研究分析交往行为合法性的依据，进而分析交往行为与社会体系完善之间的关系，从而寻求批判病态社会现象的思路与策略，寻求建构适应美好社会建设的社会理论。围绕这一研究假设，哈贝马斯规定的研究任务是揭示交往行为如何发生，旨在说明社会现代化理论的建构思路。② 由此哈贝马斯画了下面这张图（图6-2），③说明交往行动是在社会生活中发生的，受到客观现实条件的制约。

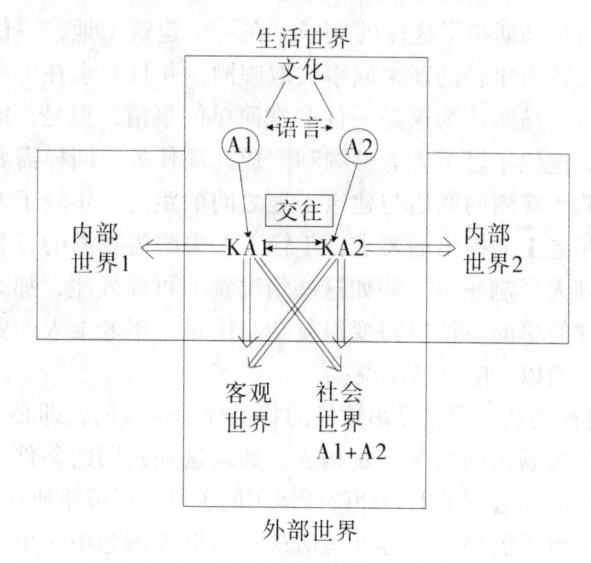

图 6-2 交往活动（KA）的世界关系

上图 6-2 中的箭头表示交往行动主体 A1 与 A2，为实现交往行为，需要与各种"世界"建立的多种关系。哈贝马斯利用这张图，是要形象

---

① [德] 哈贝马斯：《交往与社会进化》，张博树译，重庆出版社1989年版，第184页。
② 哈贝马斯在《我和法兰克福学派》一文中谈了他对交往行为与社会理论建构的认识。他把自己所研究的"交往行为理论"说成是一个"怪词"。意思是说交往行为并不是研究最终目的。只是通过交往行为理论的研究，以唤醒对"理性"价值的重新理解与思考，以压制非理性主义思潮的高涨，同时，采取措施批判社会的病态现象，提出一种把"体系理论同行为理论合二为一的社会概念"。参见 [德] 哈贝马斯：《我和法兰克福学派》，《哲学译丛》1984年第1期。
③ 对世界关系的双箭头是由行动者（A）与他们的表达（KA）产生的。[德] 哈贝马斯：《交往行动理论第2卷——功利主义理性批判》，洪佩郁、蔺青译，重庆出版社1994年版，第175页。

地表达了个体、生活世界、外部世界之间的关系。具体地说,作为交往者个人(A1,A2),要实现相互交往的目标,语言是手段,而每一个体在运用语言进行交往活动时,并非仅仅是把书写文字变成声音文字或肢体文字,对于活生生的个人来说,不是"对书写的记号以如此这般的方式作出反应",不是"完全无关于精神的",① 而是渗透着各自"内部世界"的内容,受"内部世界"的制约。

因此,对于人的认识活动,既要承认人的认识、观念、行为的产生,受到自己已有的生活世界的影响与规范,又要充分考虑不同交往对象、交往主体之间的生活世界是否具备沟通的条件及其可能性。

对此,哈贝马斯举了这样的例子。在一个建筑工地,一位年老的建筑工人让一位较为年轻的新来同事去取啤酒,并且要求在一两分钟内就办成此事。哈贝马斯认为这是一件非常简单的事情,但是,即便是简单的事情,要使这位年轻工人能够顺利完成此项任务,同样需要具备基本条件。比如购买啤酒的商店与建筑工地之间的距离,年轻工人是否能够领会、听懂年老工人提出的要求,年轻工人去购买啤酒的行为是否会被建筑工地管理人员制止等。假如这些情况都有可能发生,那么,年轻工人去办理这样简单的事情也将变得复杂与困难,年老工人的要求就不可能顺利实现。所以,哈贝马斯说:

"一种交往表达的背景是由这样的状况规定构成的,即必须根据现实的理解要求充分满足的状况规定构成。如果这种共同的条件事先不能具备,那么行动者就必须借助为理解所运用的手段尝试策略地行动。"②

通过这个例子的描述,哈贝马斯从生活世界概念中引申出另一个重要课题,即交往合理性,它是指交往主体之间就交往目标达成共识的条件。它既要考虑交往主体发生交往行为的背景、交往主体认同的生活世界能否达成共同交往、相互理解与沟通的目的。由于影响交往主体交往行为的生活世界是不相同的,因而在现实的交往过程中,交往主体会表述自己的见解、观点与立场,如果在交往过程中,只有一方显示独立的观点与立场,对方只是被动接受,没有表达意见、看法与观点,这不是民主的交往行为,而是独断的、武断的交往行为。如果交往主体都能够表达观点、阐述立场,使交往过程呈现出多种视域、多元化的观点与立

---

① [英]维特根斯坦:《哲学研究》,李步楼译,商务印书馆1996年版,第95页。
② [德]哈贝马斯:《交往行动理论第2卷——功利主义理性批判》,洪佩郁、蔺青译,重庆出版社1994年版,第168页。

场，这说明这样的一个事实：交往主体建立的交往活动，包含着丰富的内容、多样的观点，而这种丰富性是与交往主体密切相关的，同时，又会对交往活动参与者产生影响。针对这一现象，哈贝马斯把生活世界称作是交往主体的"信念库"，因为它影响着人的思想、观念与行动。而这种"信念库"的构成，包含着每一个交往主体的社会经历、知识结构等因素。

据此，哈贝马斯分析了"信念库"的构成与作用。哈贝马斯指出"信念库"不是主观的，不是个人的意识活动，而是与社会化进程联系在一起。"文化、社会和个人作为生活世界的结构因素与文化再生产、社会统一和社会化这些过程相适应"。① 这就是说，构成生活世界的各种因素，它对个人思想、言语与行为方式产生有效影响，但是，这种影响的产生，不会按照个人的意愿而发生变化，从这一角度说，它对个人交往行为产生的影响是潜移默化的，是"潜在的"。正是因为这样，人的交往行为会受到生活世界的影响，是生活世界各种因素综合发挥作用的结果，难以明确地把某一方面因素归结是对人的行为产生决定性的因素。表6-1就对哈贝马斯的这一观点作了初步汇总，很清楚地呈现哈贝马斯对于生活世界与人的行为之间关系的基本立场。

表6-1 生活世界构成因素的作用②

结构因素 再生过程	文 化	社 会	个 性
文化再生产	能意见一致的解释模式（"适合的知识"）	合法化	有教育作用的行动模式，教育目的
社会统一	规定	合法组织的个人内部关系	社会从属性
社会化	解释成就	符合规范行动的动员	内部活动能力（"个人的同一性"）

表6-1是哈贝马斯按照知识合理性、社会成员规范的合理性以及个性能力发展的合理性等方面进行归类与总结，揭示了生活世界在人的合

---

① [德] 哈贝马斯：《交往行动理论第2卷——功利主义理性批判》，洪佩郁、蔺青译，重庆出版社1994年版，第189页。
② [德] 哈贝马斯：《交往行动理论第2卷——功利主义理性批判》，洪佩郁、蔺青译，重庆出版社1994年版，第194页。

理性交往行为发生中所起的作用。但是，这种影响时常会遭受破坏，这种破坏称作是交往行为的危机。发生危机的核心要素是"意义"的丧失。表6-2就陈述了危机现象的种种表现。

表6-2　生活世界的危机现象①

领域中破坏＼结构因素	文化	社　会	个　人	运动方面
文化再生产	意义丧失	合法化的丧失	方向危机和教育危机	知识的合理性
社会统一	集体统一性的非固定化	无规律性	异化	成员的联合
社会化	传统的破裂	动机的丧失	心理病理学	个人的承担责任能力

这些危机现象的存在，也从反面证实了要合理利用生活世界所具有的积极作用，哈贝马斯把它称作是生活世界的再生产职能。它主要表现在文化再生产、社会统一以及个体社会化等方面的功能上。

表6-3　行动的再生产职能②

再生产过程＼结构因素	文　化	社　会	个　人
文化再生产	文化知识的流传，批判和获得	合法化作用的知识的更新	教育知识的再生产
社会统一	价值方向的核心部分的丧失	关于主观内部承认的运用要求行动的合作化	社会从属性模式的再生产
社会化	文化化	价值内部化	同一性教育

结合生活世界功能的认识，哈贝马斯概括了构成生活世界的三个因

---

① [德] 哈贝马斯：《交往行动理论第2卷——功利主义理性批判》，洪佩郁、蔺青译，重庆出版社1994年版，第195页。
② [德] 哈贝马斯：《交往行动理论第2卷——功利主义理性批判》，洪佩郁、蔺青译，重庆出版社1994年版，第195页。

素：文化、社会与个人。文化是一种知识储存，社会是合法的秩序，而个性则理解为一个主体在语言能力和行动能力方面具有的权限。人的交往行为的发生与这三方面因素密切相连，这些因素是人的交往行为产生的"媒体"，交往行为便是借助这些"媒体"而进行的"再生产"。因此，作为信念的生活世界，其内在的构成因素之间是相互联系，结合成一个完整的知识整体。

总之，哈贝马斯的生活世界理论目标在于为交往行为的合理性阐明社会基础。有两点需要引起重视。

一是通过关注生活世界而建构社会价值秩序，确证社会秩序的合法性。[1] 它强调交往行为合理性与社会变化发展的一致性、同一性，不能脱离社会文化、社会秩序的约束。

二是生活世界是"媒介"，它具有生产的功能。哈贝马斯强调个人依赖生活世界构造交往信念、价值准则，进而以此为基础产生创造性的行为，只有个人的创造性，才能推动社会的进化，这也是哈贝马斯非常关心的个人的自我发展与社会发展之间的同一性问题，是肯定哈贝马斯生活世界理论积极意义的基本因素。

20世纪以来对生活世界关注的思想家，除了上述介绍的胡塞尔、哈贝马斯的观点之外，还有不少思想家阐述了对生活世界问题的基本看法。比如维特根斯坦（Ludwig Wittgenstein）提出要从理想的人工语言转向对日常语言的研究，要重视研究"生活形式"。他所说的"生活形式"，目标是解决语言的意义来源问题，认为语言丰富多彩的意义只能在生活中得到展现，在生活中展示语言的意义。"一个词的意义并不是人们听到或说出它时所具有的经验，一个语句的意思也不是这样一些经验的复合物。语句是由单词构成的，这就够了"。[2]

存在主义理论创始人海德格尔也是研究生活世界的重要代表之一。他与胡塞尔、维特根斯坦、哈贝马斯的观点相比较，区别在于试图寻求人的真实、原初的生存境遇，也就是未被社会与文化所异化的生存状况，他称之为是研究人的存在，因为人以存在者呈现在日常生活中，也即所

---

[1] 哈贝马斯评述了马克斯·韦伯的宗教伦理与资本主义社会合法性基本观点，梳理了宗教、道德与科学认识论去构建理想的、有秩序的社会的各种可能性，阐述了在现代社会背景下，寻求社会秩序合理性的依据不可能是宗教宇宙起源论，也不可能是脱离现实社会生活的形而上学抽象观点。参见［德］哈贝马斯：《交往行动理论第2卷——功利主义理性批判》，洪佩郁、蔺青译，重庆出版社1994年版，第275—276页。

[2] ［英］维特根斯坦：《哲学研究》，李步楼译，商务印书馆1996年版，第276页。

谓具有某种社会角色或被社会文化所规定的某一类人、某一种人，结果，生动多样的个性以及个体需求的丰富性与差异性，得不到充分关注，出现了千人一面的现象，这被海德格尔看做是人的异化处境，它阻碍着个性的培育与发展，是对人的存在事实的遮蔽。海德格尔断言，人的日常生活或者说人生活的日常世界，是不"真实"的世界，是遗忘了人的存在的"世界"，因而，追问遮蔽人的存在的根源及其回归人的本真存在，成了海德格尔留下的精神遗产。

如此，反思与消除人的异化处境，是引发生活世界研究课题的重要动因。比如法国哲学家昂利·列斐伏尔（Henri Lefebvre）的《日常生活批判》、《现代世界的日常生活》两部著作使其成为研究生活世界理论的代表人物。不过，他的思路、内容与海德格尔的研究主题极为接近，主旨是批判日常生活中的异化现象。让·鲍德里亚（Jean Baudrillard）在《消费社会》中则以物的消费为中心阐述人的生存处境，指出现代文明造就了丰富的物质财富与消费欲望的不断膨胀，改变了消费物品的逻辑思路，物品不再被当做物品具有的实用价值被消费，而是"物品都彻底地与某种明确的需求或功能失去了联系。确切地说这是因为它们对应的是另一种完全不同的东西——可以是社会逻辑，也可以是欲望逻辑——那些逻辑把它们当成了既无意识且变幻莫测的含义范畴"。① 因而，当代社会，看到的是物的不断产生，消亡的却是我们自己。

当然，西方思想界研究生活世界、日常生活世界的观点不止这些，以上只是对生活世界主要观点作了极其有限的介绍。从中也能清楚地发现生活世界理论研究的前景与价值，比如通过生活世界寻求社会的价值信仰，分析促进人的发展与社会进步的合理途径等。当然，在肯定这些理论观点与研究思路具有积极意义的前提下，不能否定这些观点认识中存在的问题。对此，我们需要结合马克思的生活世界观加以批判性的解析。

第四节 马克思的"感性的活动"

以上对胡塞尔、哈贝马斯等学者关于生活世界的理论及观点作了简要介绍。从中发现，这些思想家倡导生活世界，意图是批判启蒙理性、

---

① [法]让·鲍德里亚：《消费社会》，刘成富、全志钢译，南京大学出版社2008年版，第58页。

科学技术发展引发的消极现象，寻求解决社会危机的出路。

启蒙理性通常指18世纪初欧洲启蒙运动开创的新的思想道路，是一场深刻的思想解放与社会解放运动。它既秉承了欧洲文艺复兴致力发展的人文精神的思想传统，又受到现代工业革命与自然科学技术思想影响，崇尚科学、实证，体现强烈的批判、质疑精神，对社会政治、文化、制度、经济建设等领域都产生深刻的影响。但是，启蒙理性重视科学与实证的思想，既对社会变革与个体意识觉醒产生积极意义，又造成了启蒙的困惑，这是引发对启蒙理性批判与反思的重要原因。

就此，卡西尔（Ernst Cassirer）就说18世纪对理性的理解，不是把它看做知识、原理和真理的容器，而是把它看做是一种能力、一种力量，"启蒙运动认为，近代以来科学思维复兴的实际道路就是一个具体的、自明的证据，它表明'实证精神'和'推理精神'的综合不是纯粹的假设，相反，已确立的这一目标是可以达到的，这一理想是可以充分实现的"。[①] 这反映了启蒙理性的重要特征，即依据理性的性质与力量，断言自然科学的道路是永无止境的，实现社会进步是无需置疑的。

的确，启蒙运动产生了积极的社会效应。以英国、法国等国家为代表的一批欧洲思想家，对宗教信仰展开了批判，从人的眼光而不是神的眼光审视世界，为人在世界上生活的合理性找到自然人性、世俗化的基础。马克斯·韦伯把它称作是世界的"祛魅"，即主张还原人的世俗生活，追求人的平等。受此思想解放的影响，带来了物质上的富裕、便利，也带来了心智的启蒙与解放，提升了社会公民的基本素养。

无疑，这是启蒙运动的贡献，它尊重个人的独立地位与基本权利，崇尚"理性"，试图建构以维护人权为核心的国家民主体制，这样的国家机器运转是理性有序的。对人权与民主国家的假设，使人对自身所拥有的理性充满着自信和骄傲，对社会未来发展的前景抱着乐观期望。但是，这种对理性的坚定不移的信仰，又走向了片面理解启蒙理性、夸大人类理性能力的思想倾向，而且对理性迷信程度越来越严重，由此造成的影响领域也越来越广泛。如此，提出批判与反思启蒙理性的时代课题，以此切实关注人的生存境遇，改善生活质量，帮助人实现过上好生活。

面对启蒙理性造成生活"困厄"与"灾难"，试图重新考量或者否定"理性"的作用，以达到解决社会困境的目的。而马克思则提出人的实践的基本观点，以寻求与拓展解决这一问题的新思路。因为日常生活存在

---

① [德] E.卡西勒：《启蒙哲学》，顾伟铭译，山东人民出版社1988年版，第7页。

的各种问题甚至灾难，根源是人而不是理性，解决生活世界的问题，实质是要解决人的问题。对此，如果仅仅依靠提出一堆抽象的概念或者依赖逻辑推理进行"观念"革新，比如从"崇拜理性"到突出"非理性"的作用，从科学至上到强调人本关怀等等，只是关注到人的某一方面的需求或特点，没有注意到人在社会生活中是与社会系统（政治、经济、文化、社会、生态）的紧密相连的系统存在，因而，类似的思路并不能有效、彻底地解决日常生活出现的问题。

其实，马克思在《关于费尔巴哈的提纲》就明确提出人的实践是检验人的思维、观念合理性的标准。"人的思维是否具有客观的真理性，这不是一个理论的问题，而是一个实践的问题。人应该在实践中证明自己思维的真理性，即自己思维的现实性和力量"。[①] 这就需要考察人与世界最基本的交往关系结构，需要在人的实践中解决人的问题。人的实践是"人的感性活动"，它既不是把人的实践活动看做是脱离现实社会的"内省"、"省思"，不是"精神的活动"，又不是看做是人从事的某种具体的"活动"、"劳动"，比如农民种田等，也就是说，不能从技术、生产技艺、工厂生产流产线等具体的"生产劳动"理解"实践"，其实，实践是具有丰富个性的人与客观对象世界之间交往关系的建构。

要进一步理解与把握马克思所说的"感性活动"，需要梳理马克思提出"感性活动"的思想线索。

马克思提出"感性活动"，是与马克思批判黑格尔抽象的自我意识观念和费尔巴哈"感性的人"的认识有关。黑格尔认为自我意识是超验的，受制于"神圣精神"观念，人与社会发展都与此有关。而费尔巴哈则强调人的感性的力量，看到了人的自然属性的价值，肯定人是自然之子而不是宗教宣扬的上帝之子，这一点是有积极意义的。问题正如马克思指出的那样，费尔巴哈对人的"感性"的重视，其实只是突出人的"感官"在认识中作用，没有从社会性维度揭示人的本质，结果把感性的人变成了纯自然的人。针对费尔巴哈的问题，马克思着重从人的社会性维度考察人的本质，对"自我意识"与"感性的人"的观点进行改造，提出人的"感性的活动"的概念，既否定类似黑格尔把人的活动看做是"自我意识的抽象的精神活动"，又否定类似费尔巴哈的"自然的人"、"客观的人"的观点。

---

① ［德］马克思：《关于费尔巴哈的提纲》，《马克思恩格斯选集》第 1 卷，人民出版社 1995 年版，第 55 页。

事实很清楚，马克思强调"感性活动"，不仅是指人的感官对客观世界的接触，而且强调它是人的主观世界与客观对象物建立相互交往的客观实践活动，只有依赖这种感性活动，人从事的认识世界、改造世界的活动才是真实的、客观的，而不会变成纯粹是主观的臆测或观念的想象活动。所以，马克思说"感性的活动"就是要表明人是活生生的、活动着的现实的人，它不是抽象的精神实体，也不是被动受到客观世界约束的自然人。正是因为如此，它体现着马克思研究社会问题的历史唯物主义思想路线。

马克思和恩格斯指出："诚然，费尔巴哈比'纯粹的'唯物主义者有很大的优点：他承认人也是'感性对象'。但是，他把人只看做是'感性对象'，而不是'感性活动'，因为他在这里也仍然停留在理论的领域内，没有从人们现有的社会联系，从那些使人们成为现在这种样子的周围生活条件来观察人们——这一点且不说，他还从来没有看到现实存在着的、活动的人，而是停留于抽象的'人'，并且仅仅限于在感情范围内承认'现实的、单个的、肉体的人'。"[1]

这里，马克思提到了费尔巴哈的"感性的对象"的观点，并指出费尔巴哈的问题是把"感性"看做是在人的感觉之外、在语言和思维之外的实在存在，它是感觉论的恢复。正如费尔巴哈批判黑格尔为什么不从存在本身，从当下直接存在开始，亦即从感性具体事物开始？[2] 可见，费尔巴哈确证了客观对象存在，是独立于人而存在的，人也是感性的、自然的存在，而且是富有理想的、意志的"意识存在物"。当然不能否定，费尔巴哈提出"感性"理论的意义，在于费尔巴哈重视人本身的价值，以人为核心讨论宗教、政治等问题，确立了人本主义的思想方式，这既是对唯心主义的批判，也是对旧哲学（包括旧唯物主义）的超越，对此，得到马克思的肯定，进而批判性地超越费尔巴哈的"感性"理论。

概述地说，从人是"感性的对象"的观点出发，费尔巴哈已经努力摆脱把人理解成抽象的人、思辨的人的局限。可是，他没有从人所处的社会关系为考察人的本质的前提，只是把人看做是自然的人，没有真正理解人，"他不知道'人与人之间'还有什么其他的'人的关系'"。[3] 因

---

[1] ［德］马克思、恩格斯：《德意志意识形态》（节选），《马克思恩格斯选集》第1卷，人民出版社1995年版，第77—78页。
[2] ［德］费尔巴哈：《费尔巴哈哲学著作选集》（上），商务印书馆1984年版，第170—171页。
[3] ［德］马克思、恩格斯：《德意志意识形态》（节选），《马克思恩格斯选集》第1卷，人民出版社1995年版，第78页。

此，马克思说费尔巴哈不了解"感性活动"的意义，"这种活动、这种连续不断的感性劳动和创造、这种生产，正是整个现存的感性世界的基础，它哪怕只中断一年，费尔巴哈就会看到，不仅在自然界将发生巨大的变化，而且整个人类世界以及他自己的直观能力，甚至他本身的存在也会很快就没有了"。①

进而，马克思指出人的感性活动是生命的存在形式。"感性活动"的对象以及"感性活动"形成的各种结果，构成了人的"感性世界"，"感性世界"是感性活动中形成和发生着的人的主观到客观、客观到主观的多重双向对象化的运动过程，体现着人的能动性与受动性的统一，展示着人的本质力量，由此维护着人的生命存在的尊严，体现着人的生命活力，在此意义上说，感性活动是人的生命的存在形式。"那些能成为人的享受的感觉，即确证自己是人的本质力量的感觉"，都是由于它的对象的存在，"一方面为了使人的感觉成为人的，另一方面为了创造同人的本质和自然界的本质的全部丰富性相适应的人的感觉，无论从理论方面还是从实践方面来说，人的本质的对象化都是必要的"。②

因此，只有从现实世界出发，才能理解"理论问题"，才能去除统治在人身上的各种观念、意识形态的抽象、晦涩的氛围，使它们从"天上降低到地上"。马克思在《德意志意识形态》中就此指出，"没有一个想到要提出关于德国哲学和德国现实之间的关系问题，关于他们所做的批判和他们自身的物质环境之间的联系问题"。唯有如此，一方面肯定人是现实的而不是抽象的、思辨的、观念的人；另一方面肯定生活世界并不是脱离人存在的自然世界，而是与人有关的，其性质是属"人的"。

第五节 一种思想方式的绽裂

诚然，如果一个人依靠科学与技术生活，这只是帮助人完成了日常生存活动的一部分内容，因为它毕竟使人摆脱与克服了盲目、愚昧的状态，有助于改善人的物质生活条件，看到人的力量、独立与尊严。但是，

---

① ［德］马克思、恩格斯：《德意志意识形态》（节选），《马克思恩格斯选集》第 1 卷，人民出版社 1995 年版，第 77 页。

② ［德］马克思：《1844 年经济学哲学手稿》，《马克思恩格斯全集》第 3 卷，人民出版社 2002 年版，第 306 页。

人有着极为丰富的生活需求、生活目标。过上好生活,更是现代社会每一位公民的基本生活诉求。

过上好生活,需要一定的物质条件,但是,它与物质条件并没有构成必然的关系,相反,好生活更应该与人生观、价值观的设定密切相关。正如英国哲学家伯特兰·罗素(Bertrand Arthur William Russell)所说,幸福生活是不会受到职业分工、财富多寡、对社会贡献大小等因素的影响。因为从事平凡工作的花园花匠、掘井工人、农民都可以得到快乐与幸福,关键取决于理解幸福与快乐乃至好生活的秘诀,"使你的兴趣尽量广泛,使你对那些自己感兴趣的人和物尽量友善,而不敌视"。① 罗素说对人和物保持友善而不是敌视,这就是一种生活的立场与态度,是一种与世界建立交往关系的姿态,它是实在的、真实存在的,无需概念论辩或逻辑修饰的。

罗素对"好生活"的理解,明确地提出"好生活"取决于人对生活的"姿态",这种"姿态"是"人文取向"而不是"科学取向",即不能把生活与世界当做人去征服与获取资源的对象。顺此思路,就能领会不断强化与凸现"生活世界"这个命题的真实意图,核心是消除科学霸权地位,试图在科学发达、物质财富高度文明的现代社会,探询人的生活价值、社会的存在意义、文明的真谛等人文科学话题。事实上,要完成这一时代赋予的"思"的任务,前提是正确领会生活世界的本质。

生活世界的本质是什么。其实,在马克思的文本中是难以找到"生活世界"这样的词语或概念,也没有发现马克思给予"生活世界"概念作出明确的界定。当然不能据此否定马克思对生活世界展开的研究。事实上,马克思以实践哲学的思维方式论证人与世界的价值,阐述人的生命活动是人类社会历史形成发展前提的思想,为研究生活世界提供一条思想方式,实现研究生活世界方法论的根本变革。

马克思强调从感性的、主观方面理解世界,理解对象,它是思想意识、精神观念的基础。在 1844 年写的《神圣家族》一文中,马克思明确提出要从人的现实物质生产中寻找批判社会的武器,历史不可能是在"天上的云雾中",而是在"尘世的粗糙的物质生产中"。② 而在《德意志

---

① [英]伯特兰·罗素:《幸福之路》(上),曹荣湘、倪莎译,文化艺术出版社 1998 年版,第 101 页。
② [德]马克思、恩格斯:《神圣家族,或对批判的批判所做的批判》,《马克思恩格斯全集》第 2 卷,人民出版社 1957 年版,第 191 页。

意识形态》中更为系统地阐述了这一基本观点，提出人的意识与客观物质生活之间的辩证关系，论证了历史发生的客观前提是人的现实的物质活动。

"我们开始要谈的前提并不是任意提出的，不是教条，而是一些只有在想象中才能撇开的现实前提。这是一些现实的个人，是他们的活动和他们的物质生活条件，包括他们已有的和由他们自己的活动创造出来的物质生活条件。因此，这些前提可以用纯粹经验的方法来确认"。①

这就决定了马克思讨论的哲学前提不是抽象的，而是现实的。

"个人怎样表现自己的生活，他们自己就是怎样。因此，他们是什么样的，这同他们的生产是一致的——既和他们生产什么一致，又和他们怎样生产一致。因而，个人是什么样的，这取决于他们进行生产的物质条件"。②

历史是由现实的个人在从事客观的物质生产过程中实现的，绝不是单纯的精神或理念或上帝的意志构成人类历史发展的源泉，相反，人类社会的历史是现实的个人的客观社会活动创造而成的：物质生产、满足新的需要的再生产、人自身的生产以及生产过程中所结成的生产关系。所以，马克思批判费尔巴哈总是抽象地谈论人，从来没有看到真实存在着的、活动的人。因为"他从来没有把感性世界理解为构成这一世界的个人的全部活生生的感性活动"。③

这样理解，马克思认为还是非常抽象的，不容易透彻地说明"感性活动"、"人的实践"的本质特征及意义，容易导致费尔巴哈那样对"感性活动"、"人的实践"的误读与误解。

为更透彻地揭示"感性活动"、"人的实践"的本质及价值，马克思通过考察"商品"这一具体的、可以把握的存在物，揭示"商品"中隐含的"秘密"，即抽象劳动以及资本主义生产关系。在这一研究中，马克思确立了考察问题的思想方式，即要求关注社会现实的人与现实的社会生产活动。

其实，现实的人与现实社会生产活动是一个问题的两个方面。在马

---

① ［德］马克思、恩格斯：《德意志意识形态》（节选），《马克思恩格斯选集》第 1 卷，人民出版社 1995 年版，第 66—67 页。
② ［德］马克思、恩格斯：《德意志意识形态》（节选），《马克思恩格斯选集》第 1 卷，人民出版社 1995 年版，第 67—68 页。
③ ［德］马克思、恩格斯：《德意志意识形态》（节选），《马克思恩格斯选集》第 1 卷，人民出版社 1995 年版，第 78 页。

克思看来，所谓现实的人，指从事实践活动的人，不是动物那样生存的人。当然，人的"实践"有别于动物的本能式的生存活动，它是人的"感性活动"，是"感性的"人与人的对象物建构交往关系的活动，渗透和体现着人的理念、精神等"主观意图"，也就是说，人的活动，是把意志、欲望等主观因素投射到需要建构关系的对象物之上，这说明人与对象物建立交往关系，不是盲目的、随意的，而是主动的、能动的，它会随着人对对象物的认识程度、环境条件的变革发生相应的变化。

对此，为进一步说明人的活动的本质特征，马克思比较了人与动物的差异。动物只会按照与生俱来的本能获得生存的本领，维持生存，"动物和自己的生命活动是直接同一的。动物不把自己同自己的生命活动区别开来。它就是自己的生命活动"。[1] 而人与动物不同，人是有意识的生命活动，就会考虑自己的需要、目的和理想，在一定物质条件下能动地表现自己。"动物只是按照它所属的那个种的尺度和需要来构造，而人懂得按照任何一个种的尺度来进行生产，并且懂得处处都把内在的尺度运用于对象"。[2] 这就说明人是有意识的认识与改造对象世界，通过改造对象世界，人与对象世界建立相互依存的交往关系，而动物做不到这一点，也就是说，动物凭着本能与世界进行交往，但这种"交往"是基于动物的本能需求，比如山坡上盛开着各色草花，对牛、羊来说，只是满足食欲的青草而已，因此，动物有世界，但动物不会建构世界。

比较两者差异之后，指出了人的活动的本质特征。马克思说人在改造对象世界中，人懂得按照任何一个种的尺度来进行生产，并且懂得处处都把内在的尺度运用于对象，即人能够按照美的规律来构造，这就真正地证明人自身是类存在物[3]。"一个种的整体特性、种的类特性就在于生命活动的性质，而自由的有意识的活动恰恰就是人的类特性。生活本身仅仅表现为生活的手段"。[4] 生活只是展示人的自由个性目的的手段，不能把生活过度神圣化与神秘化，不能把生活当做人追求的目的，重要

---

[1] [德] 马克思：《1844年经济学哲学手稿》，《马克思恩格斯全集》第3卷，人民出版社2002年版，第273页。

[2] [德] 马克思：《1844年经济学哲学手稿》，《马克思恩格斯全集》第3卷，人民出版社2002年版，第274页。

[3] [德] 马克思：《1844年经济学哲学手稿》，《马克思恩格斯全集》第3卷，人民出版社2002年版，第274页。

[4] [德] 马克思：《1844年经济学哲学手稿》，《马克思恩格斯全集》第3卷，人民出版社2002年版，第273页。

的是在生活中实现人的自由本性，即马克思所说的"种的类特性"。

因此，研究日常生活对人的自由本性的约束因素与障碍条件，采取政治的、经济的、文化的等手段加以改造、改革乃至革命，都是十分必要的举措，但是，这一切的最终价值取向在于人的解放。

这样，不仅区分人的活动与动物的生存活动的本质差异，而且深化了对人的活动本质特征的认识，它是一个包括了物质生产、精神生活乃至人类自身再生产等生产领域在内的全面的、整体的生产活动。

第六节　生活世界与人的问题的消解

上节内容概述了马克思提出"感性活动"的思想方式，"感性活动"不只是人在日常生活中的一种活动方式或表现形式，而是建构了人与对象物之间的"感性世界"，包含着人与自然、人与世界、人与人等之间的交往关系。这些交往关系的产生，"感性世界"的建构，既是人的本质特征的必然要求，也体现着人的本质特征。也就是说，通过感性活动建构的感性世界，在不同的时代，有着不同交往形式、内容与手段，体现着人的思想、观念与行为方式的差异，体现着社会文明程度的差异，也深刻地体现着社会生产力的差异。

据此需要反思人的交往关系的发展历史。马克思指出建立在资本主义生产前提下的人的交往关系，是一种"人与人"、"人与物"的依附关系，是被"资本统治"的关系，不是人的自由的交往关系。因此，马克思主张打破这种物对人的统治，建立个人全面发展的"联合体"，确保人的交往活动的丰富性、多样性，以及交往关系的全面性，从而使人回归到本真的生活之中。在这个意义上说，马克思通过人的感性活动提出生活世界命题，回到被"理性"遮蔽的人的感性世界，体现着马克思生活世界理论的实质。

一、马克思生活世界理论奠定了消解人的问题的依据

研究生活世界，与研究人的问题密切相关。马克思之前的思想家，探究人的问题，由于没有确立理解人的本质和人的存在的思想方式，他们往往是从人本身之外的超越世界中寻找解释人的日常生活的本源，结果把人的问题推向了抽象的彼岸世界，或者是把人自身的因素如理性或非理性因素，结果无限制地放大了理性或非理性因素的社会历史价值。

这样，就不可能真正抓住人的本质和生活的根本。在这样背景之下，提出对生活世界的关注与研究，明确人的问题、切实把握人的本质，是理解生活世界本质及意义的优先课题。而马克思通过确立人的感性活动的思想方式，指出了解决人的问题的紧迫性以及道路。

马克思指出，人类活动不能从抽象的人性或客体化的绝对精神中寻找人的生存和发展的真实根据。在1859年《〈政治经济学批判〉序言》中就写道：

"人们在自己生活的社会生产中发生一定的、必然的、不以他们的意志为转移的关系，即同他们的物质生产力的一定发展阶段相适合的生产关系。这些生产关系的总和构成社会的经济结构，即有法律的和政治的上层建筑竖立其上并有一定的社会意识形态与之相适应的现实基础。物质生活的生产方式制约着整个社会生活、政治生活和精神生活的过程。不是人们的意识决定人们的存在，相反，是人们的社会存决定人们的意识。社会的物质生产力发展到一定阶段，便同它们一直在其中运动的现存生产关系或财产关系（这只是生产关系的法律用语）发生矛盾。于是这些关系便由生产力的发展形式变成生产力的桎梏。那时社会革命的时代就到来了。随着经济基础的变更，全部庞大的上层建筑也或慢或快地发生变革。"①

全部庞大的上层建筑是"人为"的，而不是先验的或自然产物，它以物化或固化形态体现着人的精神、意识活动，而精神、意识的来源是人的实践，"社会生活在本质上是实践的"。②

二、马克思生活世界理论开启了人的自由而全面发展目标实现的通道

通过对感性活动的分析，揭示了决定上层建筑、意识形态、价值观念的"经济基础"，进而论证市民社会与国家及法之间的关系，这是马克思从另一层面揭示了"生活世界"是存在的事实，以及"生活世界"给予的意义，这便是马克思批判政治经济学的理想，即寻求人的解放、人的自由发展的思想线索。

---

① ［德］马克思：《政治经济学批判》第一分册，《马克思恩格斯全集》第31卷，人民出版社1998年版，第412—413页。

② ［德］马克思：《关于费尔巴哈的提纲》，《马克思恩格斯选集》第1卷，人民出版社1995年版，第60页。

马克思研究黑格尔的法哲学理论之后指出：
"我的研究得出这样一个结果：法的关系正像国家的形式一样，既不能从它们本身来理解，也不能从所谓人类精神的一般发展来理解，相反，它们根源于物质的生活关系，这种物质生活关系的总和，黑格尔按照18世纪的英国人和法国人的先例，概括为'市民社会'，而对市民社会的解剖应该到政治经济学中去寻求。"[1]

在此，马克思肯定了决定人类社会发展的秘密，它既不是黑格尔认为的精神观念，也不是宗教宣扬的上帝的创造，而是人类的物质生产力与生产关系的辩证运动。奠基在这对运动关系之上的，是人类的思想观念、意识形态，以及国家与法。因此，要理解国家、法、道德的秘密，答案是在现实社会生活之中，在"政治经济学"中。也正是因为这一点，马克思说人类的解放，让每一个人自由的发展，并不取决于政治解放，政治解放并不等于真正的人的解放，人类解放的基础还在于市民社会。"对思辨的法哲学的批判既然是对德国迄今为止政治意识形式的坚决反抗，它就不会面对自己本身，而会面向只有用一个办法即实践才能解决的那些课题"。[2]

三、马克思生活世界理论颠覆了理解人的问题的形而上特性

上述两点可知，马克思提出生活世界理论，确立了人与现实世界交往的视角考察人的问题思想方式，既表明人的问题需要立足现实社会生活，又指出要用发展的视域消除制约人的现实社会生活的各种障碍，真正实现人的解放。事实上，这打开了理解人类历史的窗口，马克思称作是解答了人类历史发展之谜。

唯有坚持人的发展的历史维度，才能对人类社会发展道路、取得的成就作出合理的说明、解释，也才能对人类社会发展进程中出现的各种问题，找准变革的出路，如果依赖某种精神的理念或宗教救赎，是无法实现的。如此我们能够反思胡塞尔、哈贝马斯的生活世界理论的意义，应该肯定这些理论思考了人的存在处境，对人的异化现象作了深刻的理论批判，但是依靠个人理性自觉或者培养良好的道德觉悟，是无法达到

---

[1] [德]马克思：《政治经济学批判序言》，《马克思恩格斯选集》第2卷，人民出版社1995年版，第32页。

[2] [德]马克思：《〈黑格尔法哲学批判〉导言》，《马克思恩格斯全集》第3卷，人民出版社2002年版，第207页。

人的自由全面发展的目的，无法使人过上幸福自由的生活。紧随其后的比如政治自由主义、社群主义的立场，也是难以解决人的发展问题。在政治自由主义看来，把尊重个人利益确定社会治理的前提，认定社会治理的任务是建设能够保证共同利益的道德规则。社群主义试图通过个人内在的共同体道德意识建设，实现社会和谐发展目标。

可见，马克思分析人与世界关系的目标，不是构建一个脱离人类社会历史而存在的抽象的生活世界、观念世界，期冀在抽象的思辨中寻找被现实社会政治权力、经济利益所湮没的人的纯真的"理想"、"信仰"，事实上，生活世界承载不了这一目标，因为它本身就是人类活动的产物。改造生活世界，前提是对人的改造。也是在这个意义上，马克思并没有把人与生活世界、与感性世界对立起来，并没有把人之外的一切当做被动的、客体的存在，相反马克思强调人与世界是共生共荣的辩证关系。"它既不是像自然世界那样纯正，在那里大自然的力量是唯一主宰……也不像理想世界那样纯粹，在这里意志力量是最高的权威，它可以凭借目的和应然性去安排一切"。[①] 可以说马克思的"生活世界"理论作出了一个革命性的变革，即对人的本质的形而上学理解的一次颠覆，为人的存在与发展奠定现实的社会生活基础。

第七节 生活世界开启理解教育的当代视域

对人的生存问题的思考，转向生活世界中探求人的出路，不少思想家提出了关于生活世界的构想和理论。尽管不同思想家给予生活世界不同的规定与理解，但是，他们试图瓦解传统形而上学对人与社会发展的抽象理解，试图重建人的生存与发展的意义和价值基础，克服社会文化与人性的双重危机。这些思考，尽管与马克思的研究立场、出发点是根本不同的，但是理论研究表现的旨趣则与马克思对生活世界的价值追求是基本一致的，都是要转换传统形而上学的思想方式，为实现人的自由全面发展目标寻求可靠的根基。

所以，生活世界理论给予人的生存的意义与价值世界的关注，避免出现人的异化处境，着力为社会培育健全的主体。这也是解决教育问题

---

① 高清海：《哲学回归现实世界之路——评哲学本体思维方式的兴衰》，《社会科学战线》1993年第1期。

的基本目标。在此意义上,马克思的生活世界理论,提出消解人的生存矛盾的构想,阐述自由全面发展的人的解放理论,对推进当前教育思想理论建设、改革教育实践,富有积极意义。

因此,依据马克思的生活世界理论,强调教育转向生活世界、教育回归生活世界的需求与构想,目的是在新的历史条件下,找到教育关注人的幸福生活的切近道路,使教育有助于人的自由全面发展,最终使受教育者学会生活、懂得生活的意义。在这一意义上,教育回归生活世界,使学校既能关注受教育者的个人利益,又能对公共性、公众利益的关注与坚持。在这一意义上说,教育回归生活世界,不同于杜威的观点,使学校变成是儿童(学生)自由活动的场所,也不同于后现代教育学倡导消解权威、反对标准、关注差异的学校教育。

强调教育与生活世界的关系,就是要求以解决人的存在问题作为理解学校教育的思想方式,把"使人成为人"作为学校的基本教育使命,就要使学生认识到人之为人的特征、本质要求与途径。具体地说,包含着人的自我意识、处置世界交往关系的意识、能力。这种人的教育,不仅仅是掌握现代科学知识、获得生活的技能,能够谋生,而且懂得欣赏与赞美人生、生活,理解人与社会交往的意义,实现人的全面发展、自由发展。

正是在此意义上,教育面向生活世界,不是指回到客观世界本身,而是完成了理解学校教育思想方式的转变,它既不否定学校教育传授系统的现代科学知识的重要性,又不否定教育过程中利用学生社会生活经验的积极意义;它既强调提升教师在课堂教学、日常教育活动中的教育教学能力,使自身的教育活动更科学、更规范,实现更好的教育效果,又不否定教师深入到学生中间,以平常人的身份与学生相处,了解学生所思、所想、所愿。所以,现代学校教育就要使上述这些方面做到辩证统一,不能顾此失彼,这样,面向生活世界的教育,实现教育活动的理论旨趣与思维方式的转换,它主要指三层意思:

一、作为具体的教育活动:在对象性活动中实现人的成长

马克思指出人是对象性的存在,感性活动建构人的交往关系,它是现实的而不是"迷乱"的生活。马克思在分析伊壁鸠鲁时指出:"我们的生活需要的不是玄想和空洞的假设,而是我们能够过没有迷乱的生活。"[1]

---

[1] [德]马克思:《德谟克利的自然哲学和伊壁鸠鲁的自然哲学的差别》,《马克思恩格斯全集》第1卷,人民出版社1995年版,第57页。

没有迷乱的生活，关键是把人放置在现实的社会生活之中，找到生活的现实基础，这是人追求美好、自由生活的前提。

然而，这一点并没有在人类历史发展过程中得到真正的揭示。相反，用各种神圣的观念或神话笼罩了人的日常生活，迷惑了人对自身生活本质的真实思考。历史发展的事实已经证明，无论是宗教宣扬上帝救赎的理念，还是启蒙思想家倡议的先验理性，都难以找到能够保证人的存在与发展的切实道路。事实上，只有在人与对象物、人与世界的现实交往活动中，逐步发展与完善人的认识、情感、意志品质，如此谈论人的发展议题才是可能的。

可见，这种可能性是与人的对象性交往能力密切相关的，塑造人的对象性交往能力，是实现人的发展目标的现实要求。就此来说，强调教育面向生活世界，重点培养学生创新意识与实践能力，支持学生坚持基础理论知识与实践锻炼结合的学习方式，在基础知识学习与现实的社会实践中增强与提升学生建构与社会交往关系的意识、能力。

由此断言，教育面向生活世界，是进一步明确决定教育合理性的依据是社会实践而不是抽象的理性或抽象的思辨，如此就应该把教育活动场域确定为现实社会生活而不是抽象的概念知识体系。

也就是说，要求学校结合社会实践需要组织教育活动，使学校教育积极、主动地走向社会生活，发挥学校教育在对社会生活的指导、引导与变革的作用，这与传统教育观有很大区别。

传统教育观认为追求崇高或终极性的理想目标是教育合理性原因，学校教育的意义，是通过传递超验的理念使人变得崇高和富有教养。这种教育观受文艺复兴、启蒙运动倡导的核心价值观影响，对教育价值定位发生了变化，把教育合理性前提确立是人的理性因素，使受教育者掌握现代科学知识，改善人的理性能力，确立为教育价值目标。

问题是把改善人的心智或唤醒人的理性当做教育价值取向，人成为是抽象的存在。这两种认识思路，虽然观点各异，但是有着共同的特征，即预设了"人是可教"的信念，并且把"可教"限于对人本身的改造，如变革人的德性，抑或变革人的认知能力，但未能切实地看到人的变革的现实社会基础，使教育活动停留在理性层面。

这引起了卢梭、洛克等近代教育思想家的强烈反抗，他们把原因归结是现代社会文化束缚了个体的自由发展，提出让受教育者（儿童）自然、自由地发展。英国哲学家洛克就此作了生动描述："一个人自己毫无真才实学，却填满了他人的思想和词语，可以说世界上再也没有哪一件事比这更可笑了。其结果肯定是徒然的，使自己的空虚欲盖弥彰，内心里面没有一点优雅的因素。"① 进而，洛克肯定地说，"我所针对和反对的是他们被迫去熟记教给他们的许许多多作家的作品。我认为这种办法没有一点好处，特别是对他们将来所从事的工作"。② 正是这样，洛克重视让儿童回归到日常生活之中，在自然中接受教育。比如儿童玩玩具，不赞成到商店购买玩具供他们玩，而是强调教师或家长与儿童一起制作玩具。洛克提出这一看法，是认为人的权利是天赋的、是自由的、是不可剥夺的。学校教育必须遵循这些天赋权利，这样的教育是人道的、民主的。

其实，让儿童制作玩具，不能简单地理解是为了更加有利于提高儿童的动手能力，实质上隐含着更深刻的意义，这就需要从人的生存处境的视角思考，即着重培养他们与对象物（玩具）构成紧密的关系，使他们确立"我能行"的自我意识，而且是在"人与对象物交往关系"中确立自我意识。如果儿童逐步确立良好的自我意识，儿童才能够从周围环境相互联系的角度分析自己的言与行，这是儿童作为独立主体的开始与实现。

这样的认识思路，是有价值的。它确立了人是关系存在的辩证思想方式，即从运动、相互作用、相互联系的思维方式把握人作为人的本质特征，解决了教育中存在的个人与他人、主观与客观、理论与实践分离的难题。

当然，没有科学知识的充实，人是"空壳的"、是"无助的"，但是，掌握了一定的科学知识，未必能够让人变得崇高和富有教养，因为人的成长是"实践的"，抽象理论的灌输，为人的成长准备了一定条件，要达到成人与成才的目标，还需要密切结合现实的社会生活，只有在现实的社会生活过程中，人的个性、能力、品质才能得到展示。这就要求教育理想的确立要关照人的社会生活，人的社会生活是教育理想建构的现实基础。对此，从两方面揭示教育与人的社会生活之间构成的辩证关系：一是人的教育活动现实依据的确立。如此，才能避免使教育变成是空想与浪漫的幻想。由此从现实条件出发开展教育活动，不能脱离社会生活环境，避免教育成为主观的智力活动。二是人类从事先进的教育活动，对现实社会发挥着引领、导航的作用。先进的教育活动是基于现实社会

---

① [英] 约翰·洛克：《绅士的教育》，方晋译，西安出版社 1999 年版，第 246 页。
② [英] 约翰·洛克：《绅士的教育》，方晋译，西安出版社 1999 年版，第 246 页。

生活，又从社会生活出发，为社会生活的变革培养具有创造力的人才。同时，先进的教育活动，产生先进的科技知识、人文精神观念，引领着社会的变革。所以，教育面向生活世界，意义在于阐明现实社会生活与教育的基本关系，明确社会生活是教育活动的基础与前提，不能脱离现实社会生活抽象谈论教育的性质、功能与教育理想。

二、作为理解教育的思想方式：完整把握人的教育的实质、功能与价值

正确理解人的教育，关键是把握理解人的本质的思想方式，揭示人的本质。我们认为，人只有与社会、自然世界相互交往中逐步使人摆脱自然属性，养成参与社会的立场与精神追求，逐步把人变成是人的存在。从这一意义上说，走向世界、与世界建立交往关系，是人之为人的基本路径，因而，人的成长，它是一个与世界互动、共同成长的现实过程，不能依靠个体自我意识就能完成。由此，提出现实的人是教育的基本出发点，人的存在是理解教育思想路线。所谓人是现实存在的，是指人的活动是以一定客观现实为前提，不能脱离客观现实社会生活环境谈论人的意志、欲望、理想与能力，不能把人的需要、理想、能力与客观现实生活环境割裂开来，教育是培养人认识现实、超越现实的意识与能力，而超越现实，并不是脱离现实。

首先，面向生活世界，构建理解与阐释教育目的思想方式。

学生个体的存在，但不是孤立的存在，是与世界紧密关联着的，这种关联，既是观念的、思想层面的联结，又是人采取的某种特定的行为，而"行为"凝结着人的观念与思想，是观念与思想的现实化，比如"我有能力摘到长在这棵树上的苹果"，这只是概念的判断，说明"我"有了这样的意识，但如何使"我"的意识（我对是否"有能力摘到苹果"的看法以及确立的信念——"我有能力摘到苹果"）变成真实的能力（"摘到苹果"），这必须要使"我"通过"摘"的动作与苹果建立关系，这一关系表明人是在生活世界中存在着，而日常生活世界是学生成长的现实场所。

当然，这样说并不是否定理论、思想与观念的重要性，并不是否定向学生传授科学知识与道德理想的必要性。只是需要我们对这一观点提出慎重的思考：即知识是否必定能够塑造人的品性？有知识的人是否一定是有美德、有创造能力的人？这就要求从更基础的视角理解人的成长，即结合人的成长特点理解人的成长。无疑，日常生活世界是人成长必须

具有的环境，也是形成人的观念、知识转化能力的着眼点。

凭着我们的生活常识可知，学会生活与学会选择是人是否获得成长的生动体现。因为人每天都必须做出生活选择，关键是作出的选择是机械重复的还是有所变化的，如果能够进行主动变化的、能够独立思考地作出生活选择的人，已经具有了主体意识，相反，墨守陈规、不思进取、不动脑筋、不肯负责、缺少风险与责任意识的人，谈不上具有主体意识。道德、法律、人生理想等，是使学生学会选择的规范要求，科学知识、工作技能是让人学会选择的生活技能。比如劳动力市场，尽管用人单位不同，但是，选择员工都会提出两条基本要求：一是遵纪守法，工作勤奋，遵守劳动纪律，二是需要掌握某种工作技能，能从事某项工作，使从事的工作富有效率与质量。如果掌握了从事某项工作技能的劳动者，比如技工、电工等等，找工作成功的概率就相当高。这两方面基本条件是相互联系，缺一不可。

所以，通过教育，增强学生选择生活的能力，让学生在选择生活中体现知识、能力与水平。这一点，赵汀阳在《论可能生活》一书中就认为人不是认识者而是创造者，并对"创造者"的特征作了阐述：

"创造性冲动是每个人的天然冲动，所以它是普遍必然的人生目的。各个人所想做的事情的确因人而异，但不管每个人想做的是什么事情，他都力图使'做'这一活动本身成为有创造性的。这就是为什么我们不可能从所做的'事情'而只能从'做'的方式中发现生活的目的。对于每个人来说，每一件事情都是一个可选择的对象（人各有所好）。"[①]

这意味着教育的目标不能满足于让学生知道什么，而是通过学校的教育活动，激发学生学会尝试做什么、去努力实践做什么，如此，学生的创造性、创造力就能慢慢地显示出来，进而，学生在不断尝试与变革中懂得了怎样"做"更有价值。持之以恒，就能使受教育者成为创造者，让受教育者过着创造性的生活。

这就是说，人的选择、人的创造性活动，只能在现实社会生活中得到实现。同时，人的选择也是矛盾转化过程，因此，要使教育产生育人力量，教育必须面对现实社会生活，积极回答生活过程中提出的鲜活课题，才能真正帮助学生接触社会、认识社会、理解社会。

其次，面向生活世界，提供了理解与阐释互为主体师生关系的认识路径。

[①] 赵汀阳：《论可能生活》，中国人民大学出版社2010年版，第96页。

师生关系是组成学校日常教育活动最基本的人际关系。问题是如何把握师生关系的实质,使师生关系发挥教育功能,这是需要深思的课题。

如果在以传统课堂为中心、教材为中心、教师为中心的三中心教育模式之中,师生关系是非常简单的关系,即以教师为主体,学生是被动的学习者,学生的任务是听教师的话。因而,要对这种师生关系作改变,需要以一种新的思想方式去理解教师的角色、学生的角色。

提出教育面向生活世界,是理解师生关系的一种新思路。因为,这里提及的生活世界,它并不等同于客观存在的现实世界本身,而是立足现实社会生活需要反观教育要培养怎样的人才。就当前知识经济社会来说,学校要着眼于人的终身发展的视域理解教育目标、教育价值,学校培养的人才要具备这样三种关键能力:一是自主行动的能力。具有良好的个人自我意识,能主动适应社会环境的变化,能够自觉制定并实施个人生活计划,承担社会责任。二是交互地运用工具的能力。把工具作为参与社会生活、与不同人进行合作交往对话的工具,能够交互地运用语言、文本、符号、信息、知识和科技手段完成目标。三是在多元种族的团体中发挥作用的能力。能有效地与他人(包括来自不同背景的人们)的交往,了解个体的社会性特征,能创造社会资本,与他人良好地相处,善于合作,能处理和解决冲突。[1]

面对这样人才能力需求的变化,当前学校教育就要结合实际,至少要通过学校教育活动,让学生培养或掌握技术、人际和方法等三种基本技能。技术技能是指读写能力、外语能力、数学能力、科学能力、解决问题的能力和分析的技艺,人际技能是指团队合作的能力、领导能力和沟通技巧,方法技能是指独立学习的能力、追求终身学习的能力、应对风险和面对变化的能力。

要培养学生掌握这些能力,如果师生关系仍然是以师为中心、权威的、亦步亦趋的状态,是难以有机会让学生去锻炼和发展这些能力。所以,立足于生活世界透析教育,就是要反对把追求分数、考试成绩作为教育目标,不再把教育看做是教师传授知识、提出德性品质要求的布道者,甚至是具有绝对权威的知识拥有者的角色,因而认为在教育过程中形成的师生关系还有更本质的内容,这就是现实的人与人的交往关系,彼此分享知识、情感、志趣和信仰,双方以人的方式理解对方、评价对

---

[1] 国家教育发展研究中心组译:《全球知识经济中的终身学习——发展中国家的挑战(世界银行报告)》,高等教育出版社 2005 年版,第 21 页。

方,相互尊重人的主体地位,而不是彼此把对方当做实现某种目的的工具。

再次,面向生活世界,深化了对学校坚守教育信仰的意义的认识。

教育面向生活世界,并不是回到现实生活本身,而是强调教育培养的人要具有批判与反思现实社会生活的意识与能力,这是教育超越性特征的体现,即通过教育活动,使学生确立追求理想、改造现实社会生活的理想与信仰。

当然不能否定,教育的信仰与理想目标,它具有主观性的特征,从一般意义上说,人的信仰活动,它是超越了经验范围而为自己设立一个矢志不移的追求目标,并能自觉付诸行动的精神活动。因而,人的信仰目标,有非理性的因素。但是,学校教育活动传授的信仰目标,不是盲目的、无知的信仰,而是科学的信仰,它是建立在正确认识人类社会生活发展规律的基础上,重点是正确认识社会生活,把握社会生活的发展规律,承担起建设理想的人类社会生活的历史责任,培养人主动投身社会生活、改造社会的责任感、使命感。从这一角度说,学校开展信仰教育,目标是唤醒人为社会承担使命感与责任感,进而使人确立改造现实社会生活使命的坚定不移的信念。

三、作为教育的价值观念:面向生活世界的教育,是一种意向、一种"心态"

教育是人类社会特有的活动,寄予了人类的理想与希望。因此,提出教育面向生活世界,虽然对生活世界尚存在着不同理解,作出各种解释,但是,希望教育培养社会有用之才,避免教育传授神圣的观念,避免教育传授无多大益处的内容。对教育的这种期望,已经成为一种心态,尤其是启蒙运动对教育产生的影响,把教育等同于社会的文明,教育普及年限被当做测量评价社会文明程度的重要指标之一。从18世纪卢梭、洛克的自然主义教育思想、康德的"人的教育"理想,以及20世纪富有影响力的杜威的实用主义教育思想,直至当代后现代主义教育理论等,都有这方面的意图。

从这一角度说,教育面向生活世界,主要是改变或调整对教育的不良心态,确立对教育的理想与期望,即对教育做什么、教育怎么做作出判断,并依据这些判断规范自身的教育行为。这样的认识思路,使教育面向生活世界成了价值愿景与价值取向,成为弥漫在教育者、受教育者心中的一种意向。

首先，教育面向生活世界，有助于辩证处理教育理想与教育现实的关系。

生活世界是教育的现实基础，它也为展望教育理想奠定基础，即教育理想要植根于现实的教育活动。

当然，强调生活世界的基础地位，并不是说生活世界的全部内容都是学校教育的内容，因为客观存在的世界，并不能保证学校教育的正常开展。因为，只有适合教育活动需要的生活世界，才能够成为教育的资源。如此，寻找合适的学生成长需要的生活世界，并立足于此的学校教育，才是现实的学校教育，才能确保教育质量与教育理想的实现。

其次，教育面向生活世界，明确了实现个人能力充分发展目标的要求。

在马克思看来，提出生活世界命题的意义，展示了个人能力充分发展是可能的命题。而且指出，个人能力的发展，不可能在真空中完成，相反，人必须与学会与社会的交往。由此要求教师除了关注学校生活的学生，更要关注学生在学校之外的活动空间中的表现，收集他们的思想、行动、话语等材料，研究分析教育对策。

再次，教育面向生活世界，确立了终身教育、终身学习的良好期望。

生活世界是人的成长的背景与前提，而生活世界的丰富内涵与广阔视野，让受教育者明确学校学习的不足，对人提出终身学习、建设学习型社会的基本要求，逐步培养与训练学生的终身学习习惯。

当然，作为一种教育意向、一种教育心态，并不是远离具体的学校教育现场，而是指出学校在开展教育实践时要注意三个问题：

其一，实施差异化的教育策略，使普遍性的教育理想与复杂多样的教育对象的有机结合。

通俗地说，我们要求每一个学生确立高尚的理想目标，成为一名乐于奉献的人，但是，学生思想变化十分多样、参差不齐。对不同类型的学生，就要采取不一样的教育内容与教育方式。比如对于经常犯错误的学生，首要任务是帮助他们确立自信、确立基本的社会规范。比如要求他们不打架、不骂人，基本目标是做一名诚实的公民、做一名遵纪守法的公民。在此前提下，对他们提出更高的要求。更高的要求是努力的理想，是应然目标，是价值目标，它会对学生在现实生活中怎样做产生制约作用，即规定着实然目标。也就是说，学生在学校生活、社会生活中怎样做，受到理想的价值目标、应然目标的制约，对学生的行动起到规范作用。当然，另一方面工作是要求学校为学生"怎样做"创造现实活动空间。

其二，平衡人文教育与科学教育，破除唯科学主义教育实践建构的精神枷锁。

科学教育使学生懂得了科学的力量，但要避免使学生对理性的不当认识，即避免把理性看做是绝对的、能够解决一切问题的"信念"，相反，更重要的任务是使学生带着正确的人生观、价值观走向社会，成为社会劳动者、建设者。而现代社会重要特点专业分工十分细致，专业化程度越来越高。每个人都要面临着专业化的挑战，在社会生活中扮演着多种社会角色。因此，学校教育除了传授科学知识，帮助促进他们的专业水准，关键是教会学生如何做人，成为一名社会合格公民。社会合格公民，基本一条是具有社会意识、具有社会责任感。培养学生的爱心、同情心、责任心，需要对自己社会生活状况的了解，不了解或无视学生日常生活状况，要让学生确认高尚的理想目标是十分困难的。

其三，把握人与知识相互关系，既要重视发挥知识完善人的素质的作用，又要避免把人变成是知识的奴隶、科技的奴隶。

不能否定学校教育承担知识传授的职责，也不能否定学校教育研究如何提高知识传授科学化水平的重要性。但是，知识对人的作用，既要重视它的工具性作用，比如帮助受教育者找到工作，又要重视知识的价值性作用，通过知识教育，帮助个人完善内心世界，为个人成长提供价值观的引导。对这个问题，一方面要看到知识产生的作用，包括进行道德知识的灌输，提高学生的道德认知水平，掌握道德规范；另一方面研究如何使知识价值更有实效，避免出现"思想的巨人，行动的矮子"。因此，研究提高开展知识教育科学化的同时，必须研究知识教育怎样真正成为个人健康成长的内在动力，这是倡导面向生活世界的教育理论旨趣。

第七章 马克思唯物史观解读教育现实性

改革开放三十余年来，我国的经济建设、政治建设、文化建设、社会建设以及生态文明建设全面推进，工业化、信息化、城镇化、市场化、国际化深入发展，人口、资源、环境压力日益加大，经济发展方式加快转变，凸显了提高国民素质、培养创新人才的重要性和紧迫性，这就要求确立并始终坚持教育优先发展的战略地位。

必须肯定，新中国成立特别是改革开放以来，我国教育事业取得了举世瞩目的成就，建成了世界上最大规模的教育体系，保障了亿万人民群众受教育的权利。但是，我国教育还不能完全适应国家社会经济发展和人民群众接受良好教育的要求，必须在改革创新中促进教育事业科学发展。因此，在《国家中长期教育改革和发展规划纲要（2010—2020年）》中提出了"优先发展、育人为本、改革创新、促进公平、提高质量"的20字工作方针。

正是在这样背景之下，当前的学校教育遭受社会的批评也是不争的事实。其中，影响制约教育质量，引发社会批评的焦点之一是学校的"应试教育"。认为学校只关心学生考试分数，结果是学校一切工作为了升学考试，学生只知道考什么学什么，教师与学生把时间与兴趣都聚焦在做题、练题、考题的题海战术上，自觉或不自觉、意识或无意识地把自己变成是取得好的升学考试成绩的手段。这样，学校变成是与日常社会生活相隔绝的"知识生产工厂"，遗忘了学校教育活动的主体——教师与学生除了知识学习之外的多方面需求。[①] 同时，这种情况在现代信息技术环境下，又出现另一种现象，即把网络构建的虚拟空间当做是"真实的生活"。对此，日本学者佐藤学（SatoManabu）批评说是现代学校教育

[①] 舒志定：《人的存在与教育——马克思教育思想的当代价值》，学林出版社2004年版，第二章。

失去现实性,需要与虚无主义作斗争,以克服学校的危机。[1]

学校教育现实性的消失或遗忘,似乎是一个不可信的命题,是一个假命题。因为学校教育是由师生共同完成的。就每一所学校来说,在这所学校里工作的教师和学习的同学都是真实存在的,比如每年都有一批学生进入学校,都有一批学生离开学校,在每一天正常的教学工作日,都正常地上课与下课,似乎没有理由能够证实学校教育是非现实性的存在。可是,"教育的现实性"问题的确存在,现代信息技术构筑的虚拟空间和学校教育重视理论知识学习,这是导致学校教育现实性缺失的重要因素。但是,这样理解学校教育现实性缺失,并没有抓住教育现实性问题的根本,它只多是陈述了教育现实性的缺失的外在体现。换言之,教育是现实的,或者说现实的教育是什么,此类话题的分析与讨论变得格外重要。这里运用马克思唯物史观解析学校教育现实性的理解思路,从学校教育的对象、学校教育过程、学校教育历史性等三方面阐述学校教育现实性的危机的原因,展示马克思唯物史观论述教育现实性所构成的意义。

第一节 质疑教育的现实性

谈论学校教育的现实性,并不是危言耸听的议题。原因在于要区分学校教育是客观存在的事实还是具有价值的学校教育。所谓客观存在的学校教育,是指一定的时间与空间内发生的一次教育活动,它是一次"教育事件"或一个"教育过程",这就构成了一个教育发生的事实。就教育事实而言,学校教育是客观存在的,是现实的。但是,作为教育事实,不能等同于教育价值。[2] 换言之,面对教育事实,我们必须要追问这样的教育活动有价值吗?为何让没有教育价值或者产生负面价值的教育活动继续存在?要解决这些问题,实质是提出了学校教育现实性问题,即是批评与反思当前学校教育的问题及理解学校教育的认识思路。

所以,把学校教育现实性作为问题提出的实质,不是讨论学校教育"有没有"客观存在,而是要确认学校教育"是不是"真正意义上的学校教育,是不是实现了学校教育的功能与价值。进而以此为理论视角,反思当前教

---

[1] [日]佐藤学:《学习的快乐——走向对话》,钟启泉译,教育科学出版社2004年版,第334页。

[2] 舒志定:《论教育与价值》,《教育研究》2000年第12期。

实践，回答教育是什么、具有现实性的教育特征又是什么，教育现实性又是如何消失等基本问题。澄清关于这些问题的认识，找到适合指导教育实践的教育理论，这是把教育现实性作为问题提出并迫切需要解答的动因。

一、源自深化教育理论研究的需要

远的不说，单是从20世纪90年代以来，"什么是教育"成为教育理论研究的热点议题，有研究者出版专著详述这个问题①，不少研究论文的标题就直接以这一关键词命名。②

提出探讨"什么是教育（教育是什么）"的课题，直观而言，为了解答"教育"的概念。其实，这是涉及教育学科建设的基础理论课题，是建构教育学科理论框架的重要前提。对这个问题的解答，不仅提供了"什么是教育（教育是什么）"的答案，而且通过对"什么是教育（教育是什么）"的解答，明晰了理解教育的思路，形成了理解教育的思想方式。无疑，这是教育理论研究的基础性课题。

尽管这是深化教育理论研究、丰富教育学科建设的基础性课题，但是，当20世纪90年代被再度提及并着力寻求解决这一问题答案的时候，依然感到有点意外与惊奇。因为各级各类学校及其他教育机构，遵照国家教育法规及教育政策的规定，依法开展教育活动，这是客观存在的、不争的事实。③可是，教育理论研究为何还要开展"什么是教育"这一涉及教育实际活动与教育学科建设的基础理论问题。

其实，通过分析质询"什么是教育（教育是什么）"的原因，可以明确肯定一点，最主要原因是对已经存在于现实社会中的学校与已经发生的教育活动的不满意，这种不满意，要么是持彻底否定的态度，要么是

---

① 例如1998年张巽根在湖北教育出版社出版《教育是什么》，把"教育"作为研究对象，对"教育"本身进行反思。又如郑金洲在《教育通论》（华东师范大学出版社2000年版）中第一部分内容就是论述什么是教育。

② 从中国期刊网上搜索，时间是1999年到2009年。关键词是"题名"+"什么是教育"，共计29篇。其中解读、评析雅斯贝尔斯的《什么是教育》著作的研究文章达16篇。这说明对"什么是教育"问题的研究有需求，希望找到一个答案，这是对雅斯贝尔斯著作引起重视的原因之一，也说明对国内研究者关于"什么是教育"给出的答案并不满意。

③ 改革开放以来，在中国共产党领导下，我国教育事业取得显著成绩。当然，各级各类学校与教育机构遵纪守法，为培养优秀人才恪尽职守。当然也要承认存在着极少数的违法办学现象。比如2002年在上海松江创立的孟母堂，被称作"全国第一家全日制私塾"。2006年、2009年两次因没有国家认可的办学资质、违规教育收费、家长违反《义务教育法》规定等原因被叫停。参见平泳佳：《叫停"孟母堂"有多难》，《上海教育》2009年第5期。

对学校教育活动某些方面的不满意。不论是对现实存在的学校教育进行彻底的、全部的否定，还是部分否定，这里暂不探讨。但是，针对当前学校教育的种种批评与不满之声，有一点必须强调，这就是评析当前学校教育活动存在的主要问题。

问题一：纯粹从教育技术[①]、教育操作层面描述教育问题。

从教育技术、教育操作层面理解教育，是当前理解学校教育占主导地位的认识思路，特点是对教育现象进行直观描述，把学校教育活动等同于自然科学活动，用一种"数学统计学"的方式管理学校教育、评价学校教育，有如刘奔教授在2007年所描述的：一种有利于文化产品商品化的"量化"标准——SCL（科学引文索引）和SSCL（社会科学引文索引）成为学术评价的相当重要甚至最重要的标准。在这种标准下，并不重视被评价对象之间的价值观、意识形态、道德价值立场等方面的差异。这势必导致社会科学研究越来越遵循资本的经营方式，学术研究日益成为一种"投入—产生"关系，追求利润最大化成为理论工作的价值取向。[②] 这就反映出从教育技术、教育操作层面理解教育的不足，原因是教育对象并非是一架"机器"，而是具有复杂的内心活动与价值需求，可见，这种理解思路的问题就在于没有切准教育活动复杂性的特征，比如对当前中国"高考"的批评是典型一例。

批评"高考"存在的问题，这并没有错，关键是批评"高考"要区分两个不同问题：一是作为一种人才选拔制度与考试制度的高考；二是对"高考制度"的执行问题，也就是说如何进行操作"高考"、如何有效执行"高考"，这主要是讨论对"高考"的具体操作方法，它包括高考政策以及高考具体操作方式。虽然，两者之间有一定的关联性，但是，这是两个不同的问题，这就要求在研究高考问题时进行认真的区分或者作分类研究。如果说，把这两个有区别的问题混在一起讨论，虽然都是在谈论"高考"问题，但是，问题的性质是不一样的、问题的成因也是有区别的，解决问题的举措也应该有所不同，应该区别研究。可是，在日常生活中，往往把第二种思路（即没有把有区别的问题分开而是混在一起讨论）当成是研究教育问题的认识思路。正如俗语所说"眉毛胡子一把抓"，这种问题解决方法的局限性是可想而知的。

[①] 这里讲"教育技术"，并不是现代信息技术意义上包括计算机、投影仪、远程教育网络等构成的教育技术。而是把教育活动按照现代工业生产产品那样划分成各种流程、程序或方法。教育是可以区分成若干工作程序或方法，但是教育意义更在于对人性改造、对人的精神生活产生作用，它难以量化及完全能够被某种程序所涵拓。

[②] 刘奔：《经济全球化时代的文化问题》，《哲学研究》2007年第5期。

问题二：探讨教育问题，关键是明晰理解教育的思想方式。

任何一项教育活动的出现，都与教育活动发生者的观念、意识有关，这些思想意识与观念是教育活动产生的前提。比如分析"高分低能"现象的原因。我们既可以从教育、教学方法上寻找原因，把原因归结是教师教育方法存在缺陷或者是教师缺失教学的艺术，也可以从教育理论、教育思想寻找原因，把它归结是教师或学校教育思想的滞后。

又如进入21世纪以来，理论界批评高等教育办学是追求大楼而不关注大师的培养，追求教育的市场化而缺失大学精神。基于这样的认识，有研究者为学校变革开出非常美妙的处方：呼唤大学精神，并由此阐述理想的大学应该怎么办等涉及大学构建的理想思路。

表面上看，这种阐述学校教育问题形成原因的思路与做法并没有错。然而，针对大学建设，提出诸如大学要追求什么样的大学精神、作为知识分子的大学教授（教师）应该担当什么样的角色职责等问题，对大多数的大学领导者、大多数的大学教授来说，并不陌生，关键问题是怎样切实做到。正如复旦大学钱文忠教授在回答记者提及假学历一事的看法时所说："有人说是因为我们的制度不完善，所以不认错。我不相信制度能管得了一切，我也不针对最近卷进学术界很多漩涡里的人。我只讲一点，不要太'执著'，是不是错了自己最清楚，不认错的人是太把自己当回事了。如果中华民族连认错的勇气都没有，那这个民族也快完了，如果这个民族当中自以为是精英的人都不敢认错，那么我们就什么都不用讲了"。①"不认错"并不是说真的不知道这种行为或做法是错误的，可能是明知故犯。那么，问题又出在什么地方？这是值得寻味的课题。

由此类推，开展"什么是教育"的讨论，实质是为了深入研究被称作是教育学本体论的问题，试图揭示影响学校教育改革与发展更为深层次的问题，确立理解教育的思路，避免把教师教育方法或教学技巧归结为教育问题形成的原因。

对"什么是教育"的追问，同样引起国外学者的关注。比如德国著名哲学家雅斯贝尔斯（Karl Theodor Jaspers）曾写过一本题名为《什么是教育》的著作。雅斯贝尔斯于1909年获医学博士学位，1910—1913年在海德堡大学附属精神病专科医院任助理，后在海德堡大学、巴塞尔大学任哲学讲师、教授等职。他是从医学科学研究转向哲学研究，医学的任

---

① 却咏梅：《文化与文明的双重迷失之痛——对话复旦大学历史学系教授钱文忠》，《中国教育报》2010年9月2日。

务是救死扶伤,这也可以说,"生命存在"是医学研究的目标,也成为他哲学研究的使命。的确,他在哲学研究中,实现了哲学研究对象的转向,即转向对人的"存在"问题研究,把研究人的生存处境作为研究主题。当然,人的"生存"的哲学研究与人的"生存"的医学研究是不一样的,医学研究目标是给予具体的生存之道,而哲学研究不可能给人的生存提供一种技术性的思路或物质性的帮助,但是,它可以做到对人的生存的"阐明",即为人的生存与发展提供价值的引导与关怀,使人自觉地摆脱社会给人的生存行为造成的各种约束与制约,从而成为一个自由的人。所以,对自由的渴望,是他从事哲学研究的重要使命。

不过,雅斯贝尔斯把人的"自由"归结成是个人"内心的解放",教育是实现个人内心解放的有效通道,这是雅斯贝尔斯对教育的诠释。雅斯贝尔斯能够这样诠释教育,是以他理解人的问题的思想方式为前提的。他在《什么是教育》一书中,以人的存在合理性作为考察教育本质与价值目标的理论前提,剖析学校教育问题成因,阐述学校教育理想是实现教育的文化功能与教育对灵魂铸造功能的融合,改变机械的、冷冰冰的、僵死的教育状况。由此提出引人注目的批评教育的观点:"教育是人的灵魂的教育,而非理智知识和认识的堆集。通过教育使具有天资的人,自己选择决定成为什么样的人以及自己把握安身立命之根。"[①]

二、源于对教育现状的不满与批评

教育是以培育年轻一代成为有知识、有文化、有理想、身心健康的社会公民为目标,然而,当前学校教育中存在着"三个不投入"的现象,对学校实现教育目标产生着深刻影响。这"三个不投入"是指学校管理者精力不投入、教师精力不投入、学生学习精力也不投入,[②] "三个不投

[①] [德]雅斯贝尔斯:《什么是教育》,邹进译,生活·读书·新知三联书店1991年版,第4页。

[②] 从20世纪90年代以来,受到市场经济经商潮流的影响,从高等学校到中小学,出现了学校经费投入不足,学校领导抓教学、管理学校的精力投入不足,教师从事教学科研的精力投入不足,学生精力投入不足等四个投入不足的现象,进入新世纪以来,这一现象并没得到根本治理、彻底解决。为此,2010年发布的《国家中长期教育改革和发展规划纲要(2010—2020年)》指出当前教育存在的主要问题:教育观念相对落后,内容方法比较陈旧,中小学生课业负担过重,素质教育推进困难;学生适应社会和就业创业能力不强,创新型、实用型、复合型人才紧缺;教育体制机制不完善,学校办学活力不足;教育结构和布局不尽合理,城乡、区域教育发展不平衡,贫困地区、民族地区教育发展滞后;教育投入不足,教育优先发展的战略地位尚未得到完全落实。接受良好教育成为人民群众强烈期盼,深化教育改革成为全社会共同心声。

入"现象出现的原因是多方面,但是越来越激烈的应试教育竞争,对学校来说,最关心的问题莫过于学生的考试成绩,学生考试成绩被当做是衡量办学质量与人才培养质量的指标,结果反而成为师生工作与学习倦怠、教与学兴趣低落的重要诱因。

对以培养人才为职责的学校来说,关注学生在考试中取得优异成绩,这是可以理解的,也是需要支持的立场。试想,如果在一所学校读书的学生,连基本的读、写、算的技能都没有很好掌握,还能说这所学校完成了教育职责吗?但是,对当代学校来说,传授知识的知识教育功能只是学校教育使命中的一部分,教育的更重要使命则是培养社会需要的合格公民,乃至造就社会精英人才、卓越人才,单纯依靠学生学习成绩、考试成绩的提高是难以达到教育目标的。

取得好的考试成绩,掌握了学校传授的文化知识,这只是人的素养中的一部分内容,更何况,当前信息社会知识总量庞大,新旧知识更新迅速,生产周期变短,创新需求增大,[1] 这就要求学校培养具有终身学习能力的学生,培养致力于终身发展的学生。对当前学校教育来说,就要培育学生最为基本的科学与人文素养,科学教育与人文教育是不能隔离,更不能对立。正因为如此,钱学森之问变成是一个十分沉重的话题:"为什么我们的学校总是培养不出杰出人才?"[2] 钱老提出这一疑问之前,回顾了自己受教育的经历,特别强调小时候除了学理科,又学绘画和音乐。钱老认为艺术上的修养对自己后来从事科学研究工作产生很重要影响,它避免了机械唯物论,思路更开阔,思维更敏捷。[3]

然而,当前的学校教育实行分科教学,而且分科教学与升学考试相连接,不仅使自然科学知识教育、社会科学知识教育、人文科学知识教育融合困难,而且即便是学习某一学科的知识,有效地处理学生知识学

---

[1] 生产周期变短,创新需求增大。在1990年的汽车业,一个概念从产生到最后投产要经历6年时间,今天这个过程已经缩短到2年。专利申请增多,跨国的和复合型的专利申请也越来越多。1997年工业化国家向欧洲专利局提出82846项专利申请,比1990年增加了37%。参见国家教育发展研究中心组译:《全球知识经济中的终身学习——发展中国家的挑战(世界银行报告)》,高等教育出版社2005年版,第2页。

[2] "钱学森之问"是指2005年温家宝总理看望著名物理学家钱学森时,钱学森谈到教育问题。他说:"现在中国没有完全发展起来,一个重要原因是没有一所大学能够按照培养科学技术发展创造人才的模式去办学,没有自己独特的创新的东西,老是'冒'不出杰出人才。这是很大的问题。"佚名:《亲切的交谈——温家宝看望季羡林、钱学森侧记》,新华网(www.XIN-HUANET.com),2005年7月30日。

[3] 佚名:《科学家的艺术修养》,http://www.pep.com.cn/,2005年11月20日。

习与能力发展之间的关系,造成实际运用知识能力缺乏的"两脚书橱"。正如葛兰西(Gramsci Antonio)所批评"我们拥有的将会是虚夸的学校,毫无严肃性,因为'肯定的东西'的坚实物质将丧失,而'真实的东西'只不过是口头上的真理:也就是说,完全是虚夸",① 更形象地说,学生除了满脑子都装着转眼就忘的公式和单词词句之外,别无所有了,这使教育应该承担丰富人性、完善心灵的职责被淡忘了。②

基于上述两方面分析,虽然学校确立社会发展与人的发展为教育目标,但是,在现实学校教育实践中,出现了有违这一教育目标的现象,甚至影响学生身心健康发展。显然,这种教育活动违背了教育规律,这是造成学校与现实社会生活难以完整结合、协调发展的决定性原因。结果是使学校教育全部或部分地失去现实存在的合理性,由此就必然提出教育的现实性议题。

可见,提出教育现实性问题,不是讨论现在有没有学校教育(学校教育是否不存在或消失了),因为有没有学校教育,只是表明学校教育"有"或"无"问题,或者说是对多少所学校的一个数量统计与陈述。就这一点来说,即使是处于经济欠发达的区域,也已经完成了义务教育的普及任务,这些地区的青少年儿童受教育权利得到了保护。

当然,"有没有学校可供学生上学读书"是解决青少年儿童受教育权利的最基本一条,是发展教育、提高教育质量不可或缺的条件。要解决教育硬件设施问题,它取决于社会政治、经济、法律或是影响教育发展其他的社会条件,但是,这些条件的"有、无",以及由此提供学校办学的硬件设施条件等状况,不是这里论及的"教育现实性"。这里所谈及的"教育现实性",是讨论已经存在的学校教育是否合理、是否有价值,以及理想的、基于社会发展与人的发展需要的学校教育如何使其成为现实。通俗地说,国家组织实施各级各类学校教育项目,是否满足了社会民众接受教育的需求,是否有助于促进现代社会公民的养成,以及教育在社

---

① [意大利]安东尼奥·葛兰西:《狱中札记》,曹雷雨、姜丽、张跣译,中国社会科学出版社 2000 年版,第 27 页。
② 在 2010 年 9 月 17 日举办的第四届复旦基础教育论坛上,复旦大学校长、中科院院士杨玉良等专家批判了社会及教育界某些人的功利化心态,认为教育不能只注重知识传授,而忽视学生的德性培养和责任感的培育。杨玉良举了一则例子:2001 年 6 月底,复旦大学邀请加拿大总督米夏埃尔·让女士来校作演讲。在互动环节,好几位学生一再追问:从海地移民到加拿大,当了总督,你是怎么成功的?杨玉良评论说:"这样的问题,粗听没什么,仔细想想,就暴露出不少学生急功近利的心态,总希望找秘诀、走捷径"。参见姜泓冰:《教育≠成功学》,《人民日报》2010 年 9 月 20 日。

会革新中产生的现实价值。如果学校解决了这些问题，是能够成为受社会欢迎与肯定的学校，并且，它将会融入到现实社会变革与发展进程之中。在这里可以看到，现实社会的需要，是衡量学校教育是否具有现实性的关键，换言之，现实社会需要是考察学校教育现实性的出发点。

强调教育的现实社会需要，并不排斥学校要以促进学生个性自由发展为主旨，因为个性自由的发展也是以现实社会为根基。马克思、恩格斯在共同完成的《德意志意识形态》一文中明确地阐述了这一点。"生存于一定关系中的一定的个人独立生产自己的物质生活以及与这种物质生活有关的东西，因而这些条件是个人的自主活动的条件，并且是由这种自主活动产生出来的"。① 把社会生产力的发展同人的能力发展联系起来，"个人发展与社会发展的一致"，是马克思考察人的发展问题的基本思路，"每一个新的一代承受下来的生产力的历史，从而也是个人本身力量发展的历史"，② 个性自由发展的实现要以社会生产力发展为基础。由此使讨论学校教育现实性的实质得以明晰，它是讨论学校教育的出发点以及呈现学校教育的目的，也就是说学校教育能够满足社会发展需要，又能有助于人的全面发展。

对教育现实性作出这样的构想，是源于从理论与实践两方面反思教育问题的基本要求，意图是寻求适应现代社会发展与公民培育需要的教育，既能够满足社会发展需要，又能有助于人的全面发展。这样的教育，它是基于社会发展需求，又是面向每一位学生，立足学生身心发展的需求，它是活跃的、生动的、充满丰富人性色彩的教育，而不只是使知识传授变成僵化的、冷冰冰的学生认知发展过程，也不能使教育的社会价值绝对化，而导致受教育者个性发展受到压抑，影响受教育者个性健康发展。

因此，要求把学校建设成为青少年学生健康、快乐成长的乐园，使教育过程充满着教育者与受教育者的欢歌笑语，充满着因对人生、生活的无限期待而焕发的生命激情。

诚然，这样解释教育现实性，实质是提出一个问题，即从何种意义上谈论教育现实性才是合理的。如果只是从字面解释论及"教育现实

---

① ［德］马克思、恩格斯：《德意志意识形态》（节选），《马克思恩格斯选集》第1卷，人民出版社1995年版，第123页。

② ［德］马克思、恩格斯：《德意志意识形态》（节选），《马克思恩格斯选集》第1卷，人民出版社1995年版，第124页。

性"，是指教育是否尊重规律、是否合乎教育价值，是否满足社会与公民的现实教育需求，在教育过程中，是否与教育者、受教育者所处的现实社会相结合。也就是说，教育过程不是脱离实际的空中漫谈或是不着边际的白日呓语。对此归结一点，就是要强调办教育的教育观与办教育的教育者素质的问题。就此，温家宝在全国教育工作会议报告中明确提出"教育家办学"。"要倡导教育家办学。教育的发展有其自身的规律……我国教育事业要兴旺发达，一个重要条件就是尊重、敬畏教育的价值和规律，拥有系统的教育理论和丰富的实践经验，对教育充满热爱并深深扎根于教学第一线"。[①] 这里非常强调"办教育"要"懂教育"，即尊重教育规律，把主观积极性、能动性与教育规律的客观性有机结合起来，不能凭主观意志、臆想去"设计"教育，这只能对教育造成破坏。同时，又指出尊重教育规律并不是独尊教育的客观性，也不能把教育理解成是可以分解的流水线作业，可以用数量"计件"、"计量"的客观活动。这是实证主义思维方式理解教育的反映。因而，要把教育客观性、科学性与价值性结合起来，要强调教育对人性改造、社会文化建设产生的积极作用。

的确，学校组织教育活动时，需要强调这些基本特征，否则就使学校的教育活动失去存在基础，就使学校教育活动等同于网络虚拟课堂、虚拟学校，甚至可以用网络"虚拟学校"加以取代。为避免出现这样的结果，就必须强调学校教育给予社会与个体发展独特价值，体现它的存在的不可替代性。对此，考察马克思对学校教育现实性的阐释，为理解当前学校教育现实性问题构建路标。

第二节 "实践"视阈中的教育现实性

事实上，类似的思路马克思已经提到了。马克思在《1844 年经济学哲学手稿》中提出人的存在的三种样态："观念的生活"、"现实的生活"与"人的存在（社会的存在）"。被宗教统治的人的生活，是对人的内心深处意识领域的统治，是"观念的生活"。而资本主义社会造成的经济异化则是人的"现实生活"的异化，使人受到货币、"物质商品"等统治，并把这些"物质实体""神化"或"离奇的幻想"成一种"强大的力

[①] 温家宝：《强国必强教　强国先强教》，《中国教育报》2010 年 9 月 1 日。

量",它控制着人的欲望、需求与行动,追求这些"幻想的物质实体",被臆想成是人的"生命本质力量"的展示与确证。①

所以,必须从"观念的生活"、"现实的生活"中解放出来,实现"人的存在"即"社会的存在"的复归。实现这种复归,应该从观念的东西,从表象的、期望的存在,转化成感性的存在,从观念转化为生活,从想象的存在转化为现实的社会存在,"一句话,人的感觉、感觉的人性,都是由于它的对象的存在,由于人化的自然界,才产生出来的"。②所以,"人不仅通过思维,而且以全部感觉在对象世界中肯定自己"。③ 对此,马克思在《关于费尔巴哈的提纲》作了明确结论:

"人的思维是否具有客观的真理性,这不是一个理论的问题,而是一个实践的问题。人应该在实践中证明自己思维的真理性,即自己思维的现实性和力量,自己思维的此岸性。关于思维——离开实践的思维——的现实性或非现实性的争论,是一个纯粹经院哲学的问题"。④

这里,马克思十分清楚地阐明了考察"现实性"问题的思路与要求,同时也为理解"教育现实性"问题提供依据。

其实,对于马克思关于"现实性"、"真理性"问题的基本结论,是非常熟悉的观点。但是,对它的熟悉,未必等同于对它的真正理解,未必能够保证得到的结论与观点是正确的,更未必能够保证是对真理的掌握。因为关键问题在于对人的"实践"的理解。

马克思是在批判旧唯物主义缺陷时提到了"实践"。认为旧唯物主义,包括费尔巴哈的唯物主义,主要缺点就在于"对对像现实、感性,只是从客体的或者直观的形式去理解,而不是把它们当做感性的人的活动,当做实践去理解,不是从主体方面去理解"⑤。马克思提及的"实践",是着眼于人与世界交往的"感性的人的活动"。在马克思看来,人与世界交往关系的确立,既能使人认识世界,又能通过认识世界而使人

---

① [德]马克思:《1844 年经济学哲学手稿》,《马克思恩格斯全集》第 3 卷,人民出版社 2002 年版,第 305—307 页。

② [德]马克思:《1844 年经济学哲学手稿》,《马克思恩格斯全集》第 3 卷,人民出版社 2002 年版,第 305 页。

③ [德]马克思:《1844 年经济学哲学手稿》,《马克思恩格斯全集》第 3 卷,人民出版社 2002 年版,第 305 页。

④ [德]马克思:《关于费尔巴哈的提纲》,《马克思恩格斯选集》第 1 卷,人民出版社 1995 年版,第 55 页。

⑤ [德]马克思:《关于费尔巴哈的提纲》,《马克思恩格斯选集》第 1 卷,人民出版社 1995 年版,第 54 页。

自身发生变化（马克思称作是自然的人化与人化自然）。人与世界的双向交往关系的实现，是人的力量的体现。在此意义上理解马克思的"实践"命题，要明确三点：一是要与人的纯粹意识的、观念的、思维的活动相区别，否定黑格尔的"精神"创造历史观；二是要与从科学、技术等实证科学角度理解"实践"思路相区别，把"实践"等同于一种技艺、技术性活动，比如工人生产某种产品的活动；三是要与亚里士多德从道德、德性维度理解实践的思路相区别，不能把"实践"看做是一种知识类别，更不能窄化成是一种伦理与德性知识。①

因而需要指出，马克思提出"实践"的意义，是通过"人的感性的活动"证实人是现实存在的事实，因为只有在人与世界的交往活动中，人才能体现认知、感性、审美等个体所具有的力量。马克思指出：

"人对世界的任何一种人的关系——视觉、听觉、嗅觉、味觉、触觉、思维、直观、情感、愿望、活动、爱——总之，他的个体的一切器官，正像在形式上直接是社会的器官的那些器官一样，是通过自己的对象性关系，即通过自己同对象的关系而对对象的占有，对人的现实的占有"。②

马克思肯定人的主观性与客观性是在对象性关系建立中得到统一的，"人不仅通过思维，而且以全部感觉在对象世界中肯定自己"。③ 这种对象性关系的建立，使主观与客观得到了统一，马克思把它称作是感性的活动，它的意义与价值在于确证人的本质力量，"随着对象性的现实在社会中对人来说到处成为人的本质力量的现实，成为人的现实，因而成为人自己的本质力量的现实，一切对象对他来说也就成为他自身的对象化，成为确证和实现他的个性的对象，成为他的对象"。④

当然，人如何与对象建立相互交往关系，对象如何成为人的对象，

---

① 亚里士多德把一切知识分为理论、实践与创制三类。亚里士多德的理论知识与实践知识的区别依据不是"实际事务"而是普遍性的对象、普遍性知识，把"最高尚的善"作为实践知识对象，它目标在于致人具有德性，而"创制"则是关于技术的、技艺的知识。"创制和实践互不相同。因为实践所具有的理性品质不同于创制所具有的理性品质，两者并不相互包容。实践并不是创制，创制也不是实践。"参见［古希腊］亚里士多德：《尼各马科伦理学》，苗力田编：《亚里士多德选集·伦理学卷》，苗力田译注，中国人民大学出版社1999年版，第129—147页。

② ［德］马克思：《1844年经济学哲学手稿》，《马克思恩格斯全集》第3卷，人民出版社2002年版，第303页。

③ ［德］马克思：《1844年经济学哲学手稿》，《马克思恩格斯全集》第3卷，人民出版社2002年版，第305页。

④ ［德］马克思：《1844年经济学哲学手稿》，《马克思恩格斯全集》第3卷，人民出版社2002年版，第304页。

则与对象的性质有关，也与人自身有关。比如不同人的素质是不一样的，因而不同的人对同一对象的认知，对处理与对象交往关系的意识、能力是极不相同的，甚至是完全相反的。正是因为这些差异的存在，并且通过对这些差异的考察，我们就能看到每一个个体本质力量的基本状况。由此，我们循着马克思的思路，换一种说法可以这样表示，对一个人的水平与能力乃至整体素质的考察，仅凭这个人的能说会道是不能断定的，必须安排在具体的实践环境中，在处理具体的事务中得到表现，所谓"日久见人心"，这种"见人心"，不是我们去发现的，而是这个人通过从事各种活动完成各项事务中自行地呈现出来。

所以，当我们说出"人是现实的存在"这样观点时候，不是以某种科学或学科的观点进行判断，比如生物学、生理学，把人看做是一种可以被认识的存在物，并作出静态的、客观描述，而是从"感性活动"的角度去理解人的本质特征，因为，即使是私有财产——生产和消费，也是人的感性的展现，而社会政治、道德、艺术、科学、法等等，都不过是生产的一些特殊方式，同样也是人的"感性"的体现。因此，克服人的异化状态，事实上是使人能够展示他的意志、意愿、情感，"直接体现他的个性的对象如何是他自己为别人的存在，同时是这个别人的存在，而且也是这个别人为他的存在"。[①] 这样，人的现实存在，是人与对象物（世界）的交往、互动中实现的，正是这种建构活动，"人是现实存在"便成为是一种客观的现象与客观的事实，这是马克思研究人的问题的视角。

由此可见，马克思以"实践"统一了人的自然性存在与社会性存在（自然人与社会人），它便是人依赖意志、智力、情感等内在性因素去认识与改变交往的外部（外在）世界，以进一步创造适合人类生存需要的新的外部世界。伴随这一过程的发生、发展，人在改造外部世界中，使人的内在性因素得到外化，而人的内在性因素的外化，也是人的生命力量的体现。在这个意义上说，"实践"阐释着人的生命活动基本内涵。

但是，我们知道人的生命活动是丰富的、复杂的、多样的，如果人的生命活动能够完整、自由的呈现，这说明人在社会中是自主、自由的，社会是文明、开放、进步的。可是，在人类社会发展过程中，总是遮蔽了人的生命活动丰富性的特征。马克思把它称作是人的历史存在，指出人的问题是受到当时社会生产力、社会历史条件的制约，解决人的问题

[①] ［德］马克思：《1844年经济学哲学手稿》，《马克思恩格斯全集》第3卷，人民出版社2002年版，第298页。

是一项社会系统工程。对此,马克思和恩格斯在《德意志意识形态》中阐述的观点是非常清楚的:"有个性的个人与偶然的个人之间的差别,不是概念上的差别,而是历史事实。在不同的时期,这种差别具有不同的含义,例如,等级在18世纪对于个人来说就是某种偶然的东西,家庭或多或少地也是如此。这种差别不是我们为每个时代划定的,而是每个时代本身在它所发现的各种不同的现成因素之间划定的,而且不是根据概念而是在物质生活冲突的影响下划定的"。[①]

很清楚,马克思提出人的实践问题,阐述了人的存在与发展是以社会为前提的基本结论。这一观点得到确立,因而,认识与理解人的生命活动,就不是一个能否认识、认识多少的认识论问题,而事实上已经转换成一个存在论问题,即人与世界关系的建构问题。

因为,按照马克思"实践"视野去理解人与世界交往关系的建构,这个"实践"就不同于建筑工人按设计师图纸完成建筑物的建造,也不同于心理学家如皮亚杰所说人对某一物体的认知活动的结束,它包含着这样两方面内容,而且还不止这些。因为这两种"建构",重点是强调人的"认知"完成,是一种"技术"活动。马克思说实践是人的感性活动,是"建构"的,是人与交往的对象物完整关系的建立,对象物不只是人认识的客体,不只是人需要改造的客体。因为人与对象物的交往关系的建构,是人全面占有自己的本质的实现。由此可说,人要真正成为人的现实社会存在,是随着人与对象物交往关系的确立而得到确证。因而,人的主观活动、人的意识,必须是这样的交往关系中才具有合理性,才是现实的,如此就解决了"人的主观活动"是否具有合理性的问题。也正是如此,"意识在任何时候都只能是被意识到了的存在,而人们的存在就是他们的现实生活过程"。[②]"人的存在就是他们的现实生活过程",它并不是指我们每天早上几点起床、吃饭、上学、做工那样简单的"生活项目的流水线",而是人在经历每一项生活项目、从事或做每一项生活项目时,是人与对象物发生了交往关系、建立了交往关系,比如上班做工,就会涉及为什么要做工,为什么选择到这家公司做工等等无数个"为什么"。当然,有的回答做工是为了谋生。先不论这种回答是否崇高,但

[①] [德]马克思、恩格斯:《德意志意识形态》(节选),《马克思恩格斯选集》第1卷,人民出版社1995年版,第122—123页。

[②] [德]马克思、恩格斯:《德意志意识形态》(节选),《马克思恩格斯选集》第1卷,人民出版社1995年版,第72页。

是，要思考这样的一个事实：即便是为了谋生，为什么要选择这家公司而不是那家公司，有的是工作轻松待遇好。这里已经显露一个人对工作的价值取向，除了谋生，他要考虑是以怎样更便捷、更轻松为自己谋利的价值取向。

因此，对一个人来说，思考这些"为什么"是十分重要的生活内容，它解决了人对"做工"的价值判断与个人心理意愿、道德倾向、经济诉求，正是有了这些"为什么"，使人与对象物的交往关系是生动的、多样的，比如有的人从事保洁员、公司大楼的门卫等工作，但依然做出了不平凡的业绩。把"平凡工作做得不平凡"，这不仅仅是工作技巧与技能问题，而是与人对工作使命、意义的理解密切相关。如果每一个人都能做到这一点，我们对工作的认识，就不会把工作看做是"今天，我上班期间接待了五批客人"，这只是做成了一种"工作（上班）"的事实。

结合这些讨论，当我们说"人的实际生活过程"的意义就非常清楚地得到了展示，它标举了一条理解人的意识、人的存在、人的生活之间相互关系的道路，既要求克服思辨的、抽象化的、逻辑的分析所导致的主观的、虚无的理解，又要求消除科学的、实证的思想方式追求的客观性理解。这里，马克思提及从人的感性活动、从人的实践视角理解人的思想路线，无疑是理解"教育现实性"的一条极其重要的思想方式。它的特点在于：既反对把教育引入抽象化、思辨化的道路，又需要解构因追求教育的科学性、实证性而导致教育价值、教育功能的虚幻，把教育构建成"教育者利用知识去发展受教育者"的想象共同体。

可见，这里提出教育现实性议题，不是指教育活动是客观发生的一种既定事实，是可以经验到、直觉感知到的实际存在，而是对导致教育活动脱离现实社会基础的观念与做法进行质疑与批判，目标是避免使教育变成是纯粹意识的精神活动，避免使教育成为脱离社会生活的概念判断、逻辑推理的认知活动。比如宗教时期的学校教育，不能说它是不存在的，而是宗教对学校教育性质、功能、人才培养目标的设定与宗教的超越性价值取向紧密结合在一起，它就丧失了教育的合理性，因而也就消失了教育现实性。正因如此，这里所提的教育现实性，恰恰是要消除主观世界理解教育所产生的不切实际现象，实质是消除制约教育通向现实社会的障碍。比如洛克把"儿童是理性支配的人"作为教育观的理论前提，坚信儿童是可教的，而且是可以让教育者造就的一块"白板"。问题是把受教育者看做是脱离社会现实生活与现实社会历史文化的"白板"，在此前提下谈论学校与教师给予学生的影响，教育是传授纯粹的思想观念或一堆知识材料的"理论活动",如此的教育活动,不可能是合乎现实性的教育活动。

因此,马克思实践视域理解教育现实性,是否满足人与世界交往关系建构的需要,作为评判教育是否具有现实性的依据,这是理解教育现实性的思想方式,它对理解教育现实性提出三方面要求:

首先,教育现实性指"教育是基于社会"的现实活动。

决定教育活动的出发点是现实的,它要求遵循教育本质、遵照教育理想,辩证处理社会的教育需求与受教育者个人的教育需求之间关系。因为教育需求是植根于现实的社会政治经济文化条件之中,植根于现实的人的需要。如果学校教育满足不了社会与受教育者个体的教育需求,就难以收到预期的教育效果。

其次,教育现实性指"教育是在社会中"的现实活动。

满足教育需求的教育活动必须是在现实的社会中完成的。因而说教育现实性指"教育是在社会中"的现实活动。所谓"教育是在社会中",是指教育要受到社会政治经济历史条件的制约,社会又为教育过程的展开、学校的发展创造宽广空间,构成教育发展现实基础。比如学校教育质量提高,需要改善办学的软硬件条件,只有在社会政治、经济、文化与历史背景下,这种改善才是可能的。所以,教育必须回到现实的社会历史发展过程中,不能脱离社会环境谈论怎样举办教育,这只能导致"空谈"教育。

再次,教育现实性指"教育是为了社会"的现实活动。

教育现实性还有一个方面是强调教育结果要有助于现实社会的变革,为社会发展提供人力资源与知识及智力支撑,成为社会变革的重要思想源泉与智力库。所以,强调教育现实性,就是要办成为了社会的教育,这样的教育才会受到民众的接纳,才能对社会产生积极贡献。就此来说,强调"教育是为了社会",是为了肯定与强调教育在推进社会变革与发展中的积极作用。

如上就形成了考察教育现实性的三个层次,即"基于社会"、"在社会中"、"为了社会"。当然,考察与判断"教育现实性",必须把这三方面整合在一起,其中的一个方面都不足以构成评判教育现实性的依据。

诚然,上述三层次讨论教育现实性,突出"社会"是人的教育的主题词,是理解"人的教育"的核心。强调这一点,不是要把教育中的个人与社会对立起来,不是对个人地位的否定,而是强调这是坚守学校教育本质特征的必然要求与具体体现。因为人的对象性存在、人的对象性关系的建构，表明人与对象物是互动的，而这种"互动"就是人的社会性本质属性的体现，也是人的社会性本质属性的必然要求。唯此，完整地展示指导学校教育活动的基本依据、价值取向以及发展动力，切实保证实现培养人的自由而全面发展的现代社会公民的教育目标。

对照这三个方面，我们就能够对出现在教育发展史中的纷繁复杂的教育观念、教育的规范取向进行辨析，清理出三条解读"教育"及"教育现实性"的思路。

一是伦理型的教育观。原始社会的教育，是与人的日常生活联系在一起，传授人的日常生活经验，这种教育的现实性是简单的、直接的、"粗陋"，原因是受到当时知识条件与人的思想意识及认知能力的限制。进入文明社会以来，教育与日常生活分离，由相对独立的教育机构与教育工作者来承担教育任务，这样，教育逐步被赋予一种手段，即作为传播思想、控制思想的手段，因而，社会主导的思想方式、精神状态支配着教育的运作，按照"文治"、"德治"的理念教化人性，发挥教育铸造人的心灵世界、培植对统治集团主流意识形态的认同，教育被赋予神圣的、道德的价值，是这一时期学校教育的重要特征。比如教育目标是培养"修身、齐家、治国、平天下"的圣人（孔子）、培养治理国家的哲学王（柏拉图）等。

二是功利型的教育观。与近代工业革命相适应，洛克、斯密（Adam Smith）等思想家提出了功利主义、实用主义的教育观。他们强调教育要介入现实世界，但是，教育受社会功利主义思想负面侵蚀，使教育与人之间的关系被某种功利性目标控制了，比如教育等同于培养产业工人、教育人成为"赚钱机器"等。

事实上，受功利主义思想影响的学校教育，延续到21世纪的市场经济社会。激烈的就业竞争，不断激发的生活欲望，渴望财富的冲动，这些都是影响受教育者决定是否接受学校教育的重要缘由。在这种处境中，为满足受教育者的教育需求，为使学校教育能够融入到市场经济社会之中，出现了为某种功利性目标服务的学校教育。

虽然，受不同功利目标的影响，学校的教育目标定位、教育内容选择、教育方式组织等都会作出不同的安排，但是，无论怎样变化，没有把人作为教育目的，人只是变成达到教育功利目的的手段，这一点是共同的。基于这样考虑，有不少研究者提出学校教育不能仅仅局限于某一国家或民族的视野，扩展教育的全球视野，使学校教育超越不同文化、不同国家利益之争，为建构更公平、合理、正义的世界秩序服务，因而，学校教育目标是培养能够共同应对全球性问题的"世界公民",比如消除环境污染、贫富差距、战争等。①

三是人的存在的教育观。教育是特有的人类社会活动之一。离开人,谈不上教育。因而,要求从"人是社会现实存在"的维度理解教育。

要认识人的存在的事实,这个"人"一定是生活在现实社会中的人。人、日常生活、社会历史、学校教育等诸多因素构成多元关系,在多元关系联结、多层次、多领域互动中分析教育本质、功能与价值取向,才能选择合适的教育内容与教育方法,向受教育者传授科学知识、发展谋生的技能,又要满足受教育者的道德、审美的需要,使人在社会上成为一个自主、自觉、自由的人。

显然,第三条思路是值得选择的。它包含着这样三方面内容:应用什么理论或思想方式去理解教育、教育应该是什么以及如何开展教育。这三方面内容构成对教育的理解,由此把它称作是关于教育的观点,而不是教育是什么、怎样开展教育的教育观。因为,后者主要是对"教育是什么"的事实分析,讨论教育包含哪些内容、要求及途径的认识。而前者则扩大了认识教育的思路与视域,除了对"教育是什么"及"教育应是什么"的辩证阐释外,还应该辨识理解教育的思想方式。

结合如上认识,要批判性分析当前学校教育现实性问题,就要引入第三种思路。要正确把握第三种思路,需要重读马克思创立的唯物史观,它的核心要旨在于,把现实的人确立是教育的出发点,突出人的自由全面发展是人的目的,也是社会进步的标尺,回答了个人与社会之间的关系问题,维护了教育是历史性存在的基本特征,体现第三种思路的核心理念。为此,下文指出"教育对象误读"、"均质化教育对个性教育的冲击"以及"教育历史性的缺失"等三方面是遮蔽教育现实性的根源,由此阐释了维护教育现实性的基本思路与要求。

第三节 教育对象的误读与教育现实性消失

着眼于人的存在考察学校教育的现实性,如何理解人、认识人,即把握人的本质成为判断学校教育活动是否有现实性的第一项指标。也就

---

① [美]乔治·奈特:《教育哲学导论》,简成熙译,台北,五南图书出版股份有限公司2010年版,第149页。

是说，如果对人的把握是不准确的，那么，是否把人当做学校教育的对象就成了一个疑问。看起来这样说是没有任何意义的。因为没有哪所学校，不把人当做是学校教育的对象。而事实上，这的确是一个值得反思的问题，它是引起学校教育现实性缺失的关键因素。

我们提及"是否把人作为教育对象"的论点，不是指过去或时下的学校教育没有把人当做教育对象，也不是指不认可"人是学校教育对象"的基本观点，而是强调由于对作为教育对象的人的本质的不当认识，难以妥善处理人在教育中的地位，难以处理知识、技能、意识形态与个人成长之间的相互关系。比如：批判与抵制应试教育，不是反对或禁止或取消教育评价采用"考试"的方法，而是反对把受教育者的学习目的片面地归结为对分数、考上好的学校的期望，反对把教育促进人的发展目标抽象化成"分数"的变化，反对把智力的发展被当做是人的发展的全部内容。所以，抵制应试教育的意图非常清楚，这就是要使学校教育"归位"，即回归到学校素质教育的轨道上来，让人真正成为学校教育的目的，以避免造成教育中"人的空场"的状态。

然而，探究学校出现应试教育问题的原因，有一种流俗的观点是把它归结为功利性价值偏好的影响，或者把它归结是社会的考试制度、人才选拔机制存在着问题。事实上，这些只是表面现象，究其最本质原因，则是传统教育本体论思想方式的局限。但是，这一点却容易被教育研究者淡忘。

本体论译自英文 ontology，是形而上学的一个基本分支，主要探讨存在的本身，即一切现实事物的基本特征。依据这一点，本体论思想方式的目的是寻求事物本质，通过揭示事物的本质阐明事物价值。

其实，这一思想方式是理解与阐释教育的经典思路，它强调人的自由发展是观念或精神变革的结果，教育是让人去接受"观念"或"精神"等本体性因素，只有得到"观念"、"理念"等本体性因素，人才能变得崇高，才能实现教育目的。在这种理解教育的思路中，教育对象的人变成是实现其他目的的手段，甚至变成是为了实现"超验价值"目的的手段。

比如苏格拉底、柏拉图就认为教育是寻求在人的当下存在之外的"理念"，它是超越人的现世生活而存在的，又制约着人的现世生活，即使是国家、法、道德等，也只有受到"理念"的制约才是合理的，因而，只有沟通"理念"、分享"理念"的人才具有了"美德"，教育目标是着力让人超越现实生活世界寻求未知世界，达到"至善"人生的目标。

中世纪宗教神学思想垄断教育，虽然也注重通过教育活动促进受教育者知识与学问的发展，但是，神学把上帝确定是世界形成、人类历史发展的根本原因与动力，是人类活动的意义所在。因而，教育就被用于使人学会爱上帝和侍奉上帝的最好的手段，是人解除罪恶、获得救赎的途径。"中世纪形而上学把人看做是自然的一个有决定作用的部分，是物质和上帝之间的联系"。① 这样，借助教育、发展教育，是为了帮助个体获得灵魂的解脱，结果，控制人的思想、意志与行为成为教育的目的。为此，学校教育活动被分成三步：第一步"澄清"。除去其感觉方面的种种印象；第二是"深造"。"良善作业依习惯而履行为止"；第三是"大成"。由细心审察及融化的工夫，以接近上帝的生活。②

至近代，虽然对中世纪的神秘主义有了新的认识，对教育是寻求灵魂超脱的做法，不再认同。但是，这种不认同只是观点的不认同，并没有彻底变革理解教育的思想方式，而这恰恰是解决问题最为根本的、决定性的因素。正是这一点，中世纪认识教育的思想方式被变相地继承下来。换句话说，教育可以满足人追求超越于世俗生活之外目标的需要，对此仍受到了重视。

对这样的教育功能认识，并没有因为中世纪的结束而消失。这一点在不少教育思想家的教育思想中表现明显。夸美纽斯、福禄培尔等教育思想家就认为教育"是以内部的、最本质的东西为根据、为基础的"，所谓"内部的"就是"上帝精神"。因此，"教育应当和必须引导人了解自己和关于自己的一切，与自然协调，同上帝一致；因而它应当使人认识自身和人类，认识上帝和自然，并使之实现由这种认识决定的纯洁的、神圣的生活"。③ 很清楚，上帝精神或抽象的观念作为人的本质，使人自觉和自由地按照"上帝精神"（抽象理念）生活，这是教育价值的实现。

很清楚，这种理解教育价值的认识思路，它的问题实质是使教育成为改造人的内在意识、观念世界、改造人的"心灵"的手段，培养一批服从于"上帝"意志的"纯粹"的人，如此已经把人的生存变成是"意识与精神观念活动"。这一点，福禄培尔说得更明确："人进行创造，原来仅仅是为了使存在于他身上的精神的东西，上帝的本质，在他自身以外以一定的形式表现出来，这样他可以认识他自身的精神的、上帝赋予

---

① ［美］伯特:《近代物理科学的形而上学基础》，徐向东译，北京大学出版社2003年版，第78页。

② ［美］格莱夫斯:《中世教育史》，吴康译，华东师范大学出版社2005年版，第49页。

③ ［德］福禄培尔:《人的教育》，孙祖复译，人民教育出版社1991年版，第3页。

的本质，以及上帝的本质。"①

上面列举古代及近代主要教育家的基本教育立场，似乎与当下教育问题没有直接关联。事实上，这种思想方式的局限性则深刻地影响着当前教育实践，这就是从人的某种属性理解受教育者（教育对象），比如文化属性、精神属性或观念属性。结果，人被看做是精神的人、观念的人，学校的教育活动、学生的学习活动也被理解成是促进学生思维或精神变化的抽象的观念运动。这样，把教育的文化意义与精神价值，确定是"好教育"的评判标准，教育目标是培养学生成为有文化素养、品性完善的人，形成积极向上的精神观念。对此，已有研究者作了批评，认为理解教育思路的主要问题是偏重教育精神理想，疏忽教育的实践。② 因此，怎样有效地消除这种理解教育的思想方式？这就需要把"现实中的个人"作为消除这种理解教育思想方式的前提。

所谓"现实中的个人"，是指人生活在现实中，人的活动是以一定的客观现实为前提，不能脱离客观现实的社会生活环境谈论人的意志、欲望、理想与能力，不能把人的需要、理想、能力与客观现实生活环境割裂开来。通俗地说，每一个人都离不开"生活"，如何生活、怎样生活、为何生活是每一个体都必须面对的课题。正如阿格妮斯·赫勒（Heller Agnes）所说："如果个体要再生产出社会，他们就必须再生产出作为个体的自身。我们可以把日常生活界定为那些同时使社会再生产成为可能的个体再生产要素的集合"。③ 这里的"日常生活"，反映着人生存于世的一种方式，体现着人与周围世界的关系状态，包含着人与世界、人与社会、人与自我等三重关系的建构。只有人与世界建立良好的交往关系，才能为实现积极的人生意义与高尚的人生价值提供保障，这既是学校的基本教育使命，又是学校教育现实性的实现。

把"现实中的个人"确定为理解教育前提，才能确保学校教育的客观性、现实性。这一问题由马克思对费尔巴哈人本论的超越性批判中，为我们提供了思考范式。

费尔巴哈在《基督教的本质》的第一部分论述人的本质。他发现宗教与人有关，动物没有宗教，因而认为找到人与动物的区别之处，就找到阐述人的本质的思想路线。那么，究竟是何种因素表明人与动物的差

---

① [德] 福禄培尔：《人的教育》，孙祖复译，人民教育出版社1991年版，第22页。
② 区应毓：《教育理念与基督教教育观》，四川大学出版社2005年版，第22页。
③ [匈] 阿格妮丝·赫勒：《日常生活》，衣俊卿译，重庆出版社1990年版，第3页。

异。费尔巴哈认为是"意识"。不过,动物也有"意识",但人的意识与动物意识的不同,是因为人能够对"类"的思考,动物不能。费尔巴哈说:"动物只有一种生活,而人却具有双重的生活。在动物,内在生活跟外在生活合而为一,而人,却既有内在生活,又有外在生活。人的内在生活,是对他的类,对他的本质发生关系的生活。"① 正是"人的内在生活",使人超越了动物。

问题在于费尔巴哈把"人的内在生活"归结是人的思维。他说人能够自己跟自己交谈、对话,人会不断地思考、想问题,动物就做不到这一点。就这个意义上说,宗教就是人的思维产物,"上帝之意识,就是人之自我意识;上帝之认识,就是人之自我认识"。② 在费尔巴哈看来,宗教并不神秘,"可以从人的上帝认识人,反过来,也可以从人认识人的上帝;两者都是一样的"。③ 费尔巴哈提出从人本身理解上帝,使上帝不再是神秘的、具有无限力量的存在,这对摆脱人受上帝统治和支配处境是有积极意义的。问题在于费尔巴哈认为要从人本身理解上帝的理由,是他抓住了人的自我意识,因为在他看来自我意识是人的本质。

费尔巴哈说人的本质就是人的"理性、意志、心"。一个完善的人,必定具备思维力、意志力和心力。"存在者之尺度,也就是理智之尺度"。④ 如果"没有了它们,人就等于乌有,只是凭借它们,他才成其为人,它们是给既非他所具有、也非他所创造的他的本质奠定基础的要素,它们是鼓舞他、规定他、统治他的权力——是属神的、绝对的权力,这种权力是人所不能违抗的"。⑤ 费尔巴哈用人的某些因素(理性、意志、心)规定人的本质,肯定了人的本质与人的力量,确立费尔巴哈的人本观。

对于费尔巴哈提出的人本观,马克思十分重视并给予积极肯定。马克思指出对宗教观念的批判,是施特劳斯(Strauss)到施蒂纳(Max Stirner)的整个德国哲学关心的课题,结果把人的社会生活包括政治活动、道德规范、法律制度都被宣布是宗教或神学意识的产物,人的宗教意识、宗教观念成为是社会问题的根源,宗教的统治是人的一切社会生活的前提,企图通过批判与反思宗教,达到解决问题的目的。而费尔巴

---

① [德] 费尔巴哈:《基督教的本质》,荣震华译,商务印书馆1984年版,第30页。
② [德] 费尔巴哈:《基督教的本质》,荣震华译,商务印书馆1984年版,第42页。
③ [德] 费尔巴哈:《基督教的本质》,荣震华译,商务印书馆1984年版,第43页。
④ [德] 费尔巴哈:《基督教的本质》,荣震华译,商务印书馆1984年版,第37页。
⑤ [德] 费尔巴哈:《基督教的本质》,荣震华译,商务印书馆1984年版,第31页。

哈提出宗教本质是人的本质，试图消除对抽象的上帝、超越人的现实世界形成的一种幻觉、一种奇异的幻想，而导致对人的现实社会生活关注的缺失。

当然，费尔巴哈揭露与批判宗教的虚幻与想象的特性，其积极意义是开启了思考人的问题的正确大门。只是费尔巴哈打开了"大门"，但是，没有进入"大门"之内，原因在于没有找到理解人的本质的正确思路。这一点费尔巴哈在《未来哲学原理》中说得很清楚："未来哲学应有的任务，就是将哲学从'僵死的精神'境界重新引导到有血有肉的，活生生的精神境界，使它从美满的神圣的虚幻的精神乐园下降到多灾多难的现实人间。为了达到这个目的，哲学不需要别的东西，只需要一种人的理智和人的语言。但是用一种纯粹而真实的人的态度去思想，去说话，去行动，则是下一代的人才能做到的事。"因此，费尔巴哈给自己提出的任务是："这不在于将人之所以为人陈述出来，而是在于将人从他所沉陷的泥坑中拯救出来。"这一拯救任务，是对"神的哲学批判"转变成"建立人的哲学的批判"。[①] 所以，马克思说："费尔巴哈没有看到，'宗教感情'本身是社会的产物，而他所分析的抽象的个人，是属于一定的社会形式的。"[②] 没有从人与社会关系维度思考人的问题，阐述人的本质内涵，只是抓住了人本身的生物学因素，比如意志、欲望、情感，自然就把人的本质归结是人的某种因素，这是费尔巴哈人本观存在的最主要问题，即费尔巴哈不知道真正的人的本质不是纯粹的、抽象的意识，而是现实的社会关系，是一切社会关系的总和。

也正是因为这一点，体现了马克思对费尔巴哈人本观的超越。这种超越，不仅是关于人的本质概念的不同表述（语言、语句的区别），而且最为关键问题是理解思路与思想方式的差异。马克思提出通过实践构建人与社会之间交往关系，确立了理解人的本质的社会性维度，阐明了研究人的问题的新的思想方式、思想路线，完成了从费尔巴哈"直观唯物主义"、"旧唯物主义"向"新唯物主义"、"实践唯物主义"的转变。以此确定理解"人的教育"的思想路线，即立足现实人的现实社会生活需要理解人的思想与精神生活，现实的人是理解教育现实性的钥匙。它主

---

① ［德］费尔巴哈：《未来哲学原理》（引言），《费尔巴哈哲学著作选集》（上），商务印书馆1984年版，第120—121页。

② ［德］马克思：《关于费尔巴哈的提纲》，《马克思恩格斯选集》第1卷，人民出版社1995年版，第56页。

要是指两方面意思：

首先，人是教育的对象，正确把握人的本质，是决定教育现实性问题的前提。

人是教育对象，能否正确把握人的本质，确认人的需要，切准人的成长规律和途径，是组织实施学校教育活动的前提条件。只有认定教育对象是现实社会生活中的现实个体，是充满着丰富个性、具有生命活力的个体，才能把教育定位在现实的人与世界关系之中，才能使教育面对现实的、生动的个体，不致于把师生之间生动的人际互动变成干巴巴的、冷冰冰的知识交流的认知活动。这一认识前提的确立，使"人的自由而全面发展"为核心的现代社会公民的培养活动成为现实。

其实，这一点在现实的社会生活中都能看得很清楚。因为人的成长的每一个环节、成长的每一步，都是非常实在的、具体的，它既是以日常生活为基础，又构成人的日常生活的内容。同样，对学校教育来说，它是培养、促进学生全面发展的实践活动，学生是真实的、具有权利意识和人格尊严的独立个体，只有在现实社会生活的视野中，学生作为独立个体的存在，才是真实的而不是虚幻的。

如果不以此为前提，即便学生习得了大量知识，无论是自然科学知识还是人文社会知识，仍然不能保证学生具备了参与现实社会生活的实际能力。正如雅斯贝尔斯所说："不成系统的专业和知识，传授考试技巧等等，这些都削弱了原初的精神生活，削弱了学生的反思能力，以及独立自主的个性和对一个问题反复思考的习惯。"[①] 雅斯贝尔斯呼吁学校教育不能使学生思考能力的丧失，这仍然是当前教育实践活动加以关注的课题：学校通过怎样的教育才能促进受教育者的身心健康成长，成为现代社会公民。无疑，切准人的本质，把学生融入在日常社会生活之中，提高与增强学生参与社会生活的能力、意识与水平，培养学生成为现代社会公民的教育活动才能变成现实。

其次，人是教育的对象，把握教育的社会前提，是产生教育现实性问题的基本条件。

人作为教育对象，任何人都是处于特定社会历史环境之中。教育是不可能超越历史文化环境而独立存在，学校教育要受到特定社会政治、经济、历史文化条件的约束，任何脱离现实社会实际的教育活动，要么

---

① ［德］雅斯贝尔斯：《什么是教育》，邹进译，生活·读书·新知三联书店1991年版，第33页。

纯粹是理智的活动，要么是抽象的、幻想的观念运动。

当然，这样说并不是对"人的教育"作庸俗化理解，把教育变成是满足人在现实社会生活中谋生就业的手段。对教育作出的任何一种解释与理解，都不能否定人寻求生活意义、寻求理想与信仰目标的合理性，只有如此，才能避免使学校教育变成是满足人的谋生需要的手段、工具。因此，对学校教育提出明确要求，既要通过传授和学习科学知识，促进人的智力发展，增强人的学习求知的能力，使人从不识字的"文盲"变成了解与掌握读写算基本技能的"知识人"；又要强调教育关注对人类存在意义和终极价值的追求，通过哲学、美学等人文学科知识的教育、熏陶与社会实践，丰富现代人的内心世界，净化现代人的心灵，为生活在忙忙碌碌社会中的现代人提供一个想象的、给予精神寄托的超越性领域。

对此，雅斯贝尔斯说"科技讲求的是生产力和强大的武器，而精神要求的则是人的转变，前者只能制造装备，把人变成工具，并且导致毁灭。后者使人悔改，变成真正的人，并且借助精神的转变，人们不但不会被生产力和制造武器的技术打败，反而能掌握它们，挽救我们的生存"。[①] 曾任"台湾教育部"部长的曾志朗对这个问题说得更具体。他要求学校教育必须关注学生的日常生活，把学生日常生活密切相关的经验活动融入到学校教育之中，这是培养学生尊重生命、自强不息的人格世界的基本要求。比如他在课程改革与生命教育问题时谈到，学校教育要充分重视游戏的价值。他说学习人际相处可从游戏开始。这种人和人相处的学问，最好的训练场所就是游戏，要让孩子在游戏过程中，使所学知识生活化，与其他学生相处的技巧精致化。就此来说，游戏是孩子发展创造力的必要空间，老师家长应该以正确的态度看待孩子的游戏，千万不要以为他在浪费时间。两个人一起玩时，他其实是在学做人的道理，而一个人自己玩时，他是在发挥他的想象力、培养他的创造力。培养出有思想会思考的孩子，我们才可以在这个基础上谈人格的培养与正义的精神。[②]

可见，学校确立开展教育活动的社会前提，找准影响制约学校教育实施的社会条件，这是学校组织教育工作的起点，唯此才能走向远大的教育理想。着眼于学校教育的社会前提，关怀现实的人与现实社会的教

[①] ［德］雅斯贝尔斯：《什么是教育》，邹进译，生活·读书·新知三联书店 1991 年版，第 68—69 页。

[②] 曾志朗：《生命教育——教改不能遗漏的一环》，《联合报》1999 年 1 月 3 日。

育，这是实现理想的教育与教育的理想实现的必然选择。

第四节 异质性与均质化的抗衡隐没教育现实性

前面是从教育对象讨论教育现实性丧失的缘由。正确认识教育对象的本质、成长规律，是顺利实施学校教育活动的起点。做到了这一点，才能有效确保学校教育现实性的实现。此外，当前学校教育现实性问题的凸现，还需要从教育过程中寻找原因，保证教育过程的每一个环节都能落实教育的现实性。对此，以教与学过程为例，分析教与学的观念与建构的教学制度，是形成教育现实性问题的重要原因。

直观地看，师生之间的教与学，是在特定的时间与空间中完成的。从这一点上说，师生的教与学是现实的活动。但是，对近代教育持批判立场的教育思想家，对教与学活动的现实性提出了批评。他们认为，由于学校教育受到现代大工业生产的影响，学校迎合社会与市场的需要，比如按一种标准化、可以统计的数学模型评定学生学习成绩、教师教育业绩，结果是用统计数据表达教师的教学工作、学生的学校生活，使学生个体成长的鲜活性与教师教育劳动的丰富性蜕变成是一种"数字"或者是一种"符号"，并且，这种"数字"或"符号"又变成是指导师生教与学行为的"规范与准则"，成为教师理解自身职业的依据，成为决定教师从事职业活动的态度与行为取向的因素。同样，它也制约着学生对学校的学习目的与人生态度的理解。在这种情况下，生动的、个性鲜明的师生个体形象不见了，取而代之的是统一的、标准的、可以用文本加以表达的"数字"。有研究者曾举小学生考试的例子生动地说明这个问题。

> "雪融化以后会变成什么？对这个问题，回答是'变成水'的，为'正确'，回答'春天'的，为'错误'。还有一个例子，'法隆寺是谁建造的？'学校准备的标准答案是'圣德太子建造的'。如果回答'是木工建造的'，那只能得到'×'"。[①]

当然，这只是个案。但是，它生动地反映着标准化教与学模式引起的

[①] [日] 土屋基规：《现代日本教师的养成》，鲍良译，上海教育出版社2004年版，第14页。

误区。对此,这些数字化、标准化的评定举措被称作是一种"符号暴力",[①]影响着师生的教与学的行为,影响着教师的职业发展与学生的健康成长。

上述简要分析教与学中的问题,可以看出,虽然师生的教与学是客观发生、客观存在的,但是,无论是教师,还是学生,个体的独特性、丰富性、生动性被轻视与淡化了。就此,日本学者佐藤学(Sato Manabu)把它称作是体制化与均质化的学校管理体制。他认为"官僚组织"理念用来指导以往学校建设,成为支持现代学校运行的核心原理,影响着传统学校内部管理机制的建设,造成了学校工作的行政化管理思路。[②] 这种"行政化管理思路"表现在学校工作追求效率、强调统一与标准,导致教育过程、教育内容、教育目标的均质化(标准化)。这种"行政化"的管理思路,给学校教育工作造成很大的负面影响,有研究者提出了批评:"标准化改革的逻辑太简单且具有误导性:学校和学校教育体系应该对学生的学习负责。它强调所有学生都具有学习能力,并明确地要求学校和学校教职员工对学生的学习负责。"[③] 教育中的标准化的、行政化的管理,又加上现代教育技术构建的虚拟学习环境,虽然方便了学生学习,但是,这样的学习活动,忽略了教育过程中教师与学生是差异性存在的事实,造成师生个性化的教与学行为的缺失,使学校教育陷入僵化、无生气的状态之中。

因此,要使学校教育富有活力与生气,要确立每一位师生都是具有个体需求的异质性存在的基本观点,采取切实措施开展面向师生特点的教育活动,在此,把它称作是开展异质性、差异性的学校教育活动。

所谓异质性、差异性的学校教育活动,是指学校教育关注师生的个体差异与个体需求,通过学校教育,激发师生的个体潜能,让每一位师生成为教与学的真正主体。这样的教育活动,是切实可行的,也是让每一位师生教有所得、学有所获。所以,从这一角度谈论学校教育现实性,是指学校教育过程面向每一个学生,提供适宜学生个体发展的教育环境,

---

① 法国著名的社会学家布迪厄(Pierre Bourdieu,1930—2002)关注到语言的"温和暴力"。他注意到语言生产与语言习性、资本和场域之间潜藏着千丝万缕的联系,试图把语言同社会以及在社会中复杂地建构和运作的权力网络,连接成一个不可分割的整体。如此,语言不仅是沟通的一种单纯手段,而且是整个社会结构进行再建构和再生产的一个中介,也是社会中不同阶层和地位的人发挥各自行动能力的中介,从中揭示语言具有的象征性权力。参见高宣扬:《布迪厄的社会理论》,同济大学出版社2004年版,第170页。

② [日]佐藤学:《学习的快乐——走向对话》,钟启泉译,教育科学出版社2004年版,第104页。

③ [英]阿尔玛·哈里斯、丹尼尔·缪伊斯:《教师领导力与学校发展》,许联、吴含文译,北京师范大学出版社2007年版,第1页。

而不是用一个标准为学生构建一种发展模型。

其实，这一点在《国家中长期教育改革和发展规划纲要（2010—2020年）》已有定论。它表述成学校要"为每个学生提供适合的教育"。《纲要》指出教育要以学生为主体，以教师为主导，关心每个学生，促进每个学生主动地、生动活泼地发展，尊重教育规律和学生身心发展规律，为每个学生提供适合的教育，使促进学生健康成长成为学校一切工作的出发点和落脚点。

诚然，这一角度论及教育现实性，实质是要求学校切实履行"让每一个受教育者生动活泼的发展"的教育职责。要使受教育者生动活泼的发展，必定是在现实社会生活中实现的，必定是与学生个体密切联系在一起，离开学生个体，不能针对学生个体，就谈不上促进了学生个体的生动活泼的发展。

按这样的理解，体制化与均质化是制约学生个体差异化、个性化发展困境的原因。这里引入一则极富戏剧性的案例，从中可以看出体制化的教育管理对个性化教育与教育个性化的实现构成的障碍。

复旦回应"国学天才"事件：8教授未联名请求录取①

复旦大学自主招生破格录取陕西省高三学生孙见坤的事件，近日经过部分媒体的报道，引发了社会强烈关注与热议。27日，复旦大学招生办向新华社记者解释了这一事件的来龙去脉并表示，虽然复旦希望破格录取孙见坤确有其事，但复旦八位教授从未联名写请愿书，也从未称赞孙见坤是"国学天才"或"奇才"。复旦大学招生办认为，个别媒体对复旦大学录取孙见坤事件的报道有诸多不实之处。

据复旦大学介绍，去年10月，陕西省高新唐南中学高三应届毕业生孙见坤参加了2010年度复旦"博雅杯"全国征文大赛并获得了一等奖，获得了自主招生的资格。不过，今年6月，孙见坤参加高考后成绩低于陕西省一本线6分，按章程不能被复旦录取。

在获知孙见坤没达到一本线的消息后，复旦大学文史哲专业的8名专家向学校建议，希望将他破格录取到历史系。复旦大学招生领导小组决定破格录取该生，并与陕西省招办联系落实此事。

---

① 资料来源：孙丽萍：《复旦回应"国学天才"事件：8教授未联名请求录取》，新华网，发布时间2010年8月28日。

最终因陕西省招生办公室以招生政策为由，未能把孙见坤档案交给复旦大学招生办公室，复旦大学也未能实现破格录取的计划。在这则招生案例中，考生、招生办公室、招生学校是这则"公案"的主体，"公案"的最后结果，是谁的过错，难以判定。但是，复旦大学未能借助"破格录取"的政策录取考生孙见坤，这一结果是客观存在的，而且，面对这样的结果，考生、复旦大学、陕西省招办三方面都不满意。那么问题的根源何在？怎样破解类似这则招生公案遭遇的教育困境？

实际上非常清楚，上述案例折射出当前教育管理体制与机制（高等学校招生）的局限。地方招生办公室"放不放"档案的依据，是遵照当前国家关于高校招生政策、程序、办法及规则，这些规定是体系化、规范化的教育管理制度、管理机制的具体体现，同时，它也是构成体系化、规范化的教育管理制度的重要因素。在这种管理制度与机制的约束下，学生与学校相互沟通出现了困难，学校不能自由选择学生、学生也不能完全按个人喜好选择学校，这是造成学校培养个性化的学生、具有自主自由学习能力的学生困难的基本原因。

其实，不论是"体制化"还是"均质化"，不是影响学生的个性化发展、创造性人才培养的最根本原因。因为，"体制化"与"均质化"本身就是学校教育问题，这就需要更进一步探求形成"体制化"与"均质化"矛盾与冲突的主要原因。

对这个问题的认识，康德的观点极其经典。他说："人是唯一必须受教育的被造物"，"人只有通过教育才能成为人"。① 教育使"人成为人"，看起来是简单的词语重复，其实，它的内涵深刻与丰富，即怎样才能称得上达到康德设定的"成为人"的目标？因而要思考从人到"成为人"（"真正的人"）的途径是什么？对这些问题存在着不同的认识思路。

康德看到了人的天性与教育的关系，他说"人的天性将通过教育而越来越好地得到发展，而且人们可以使教育具有一种合乎人性的形式"。② 一方面，教育通过利用人的自然禀赋并发展人的禀赋，实现从自然人到社会人的转变；另一方面，在顺应人的自然禀赋的前提下，积极建构理想的、"合乎人性"的学校教育。康德把这种"合乎人性"的教育分成"照料"与"塑造"两个方面。③ 前者是自然性的培养，为了避免孩子犯错误，要求孩子习得谦恭，这是

---

① ［德］康德：《论教育学》，赵鹏、何兆武译，上海人民出版社2005年版，第3—5页。
② ［德］康德：《论教育学》，赵鹏、何兆武译，上海人民出版社2005年版，第6页。
③ ［德］康德：《论教育学》，赵鹏、何兆武译，上海人民出版社2005年版，第12页。

一种被动的服从。后者则是"道德塑造",是导向人格养成的教育,是"把人塑造成生活中的自由行动者的教育"①。康德把"教育"划分两种类型,表明了康德的教育理想,在他看来,理想的教育是合乎人性,但又要超越人性,需要社会道德理想加以引导与规范,完成道德教化,以此造就自由的人。

  立足人性,完成道德教化,这是康德解决教育问题的基本思路。在这一思路中,他避而不谈教育培养受教育者的个性与社会性问题,而是用"普遍性道德"规范与应对个体差异问题,又通过遵循"普遍性道德"规范,提出个人自由目标,以此展现教育对个人发展的价值。看起来,这样解释教育对人的发展的意义,突破了教育"体制化"与"均质化"带来的困难。实际上,它难以在现实的学校教育中做到。原因是对"教育与人"的关系认识存在着误区,而且还没有意识到这种"认识误区"导致的教育危机。因为相信学校是能够完成按既定目标改造人的教育目的,"人们需要校园的塑造或教导,以便有技能达到其所有的目的。这种塑造给人以自身作为个体的价值。而通过对明智的塑造,人成为公民,这样他就取得了一种公共的价值。他既学会为其自己意图驾驭公民社会,也学会投身其中为其服务。最后,通过道德塑造,他获得了一种对于整个人类的价值"②。如果说作为一种教育理想,一种对人类教育价值的信念,这是具有积极意义的。事实上,大量的教育实践表明,要使社会实现这样的教育目标,仅仅依赖学校教育是难以完成的,必须依赖学校与社会相互联动、密切联系的前提下,创造实现教育价值的条件。

  结果,改善人的认知能力、发展人的技能,被当做是"人成为人"的目标实现。而且,在"应试教育"、"考试成绩至上"等"教育观念"制约下,要解决学生思想道德教育的实效性、男孩教育的针对性等教育困难③,

---

① [德]康德:《论教育学》,赵鹏、何兆武译,上海人民出版社2005年版,第15页。
② [德]康德:《论教育学》,赵鹏、何兆武译,上海人民出版社2005年版,第15页。
③ 男孩教育面临的挑战,被各国研究者称作是"男孩危机"。并且认为"男孩危机"不仅仅限于学业,而且男孩在体质、心理及社会适应的各个方面都面临更多"麻烦"。从20世纪90年代中后期以来,出版了有关这方面的研究著作。1998年哈佛大学心理学家威廉·波拉克出版《真正的男孩》,这本书指出当代男孩"胆小懦弱","缺乏自信",取得的成就"远不及"当代女孩。1999年,记者苏珊·法吕迪在著作《Stiffed》中认为,冷酷的全球经济使美国男人失去雄性。2000年,美国企业研究所的哲学家克里斯蒂娜·霍夫·萨默斯批评女权主义正酝酿一场"反对男孩的战争"。2002年,作家伊丽莎白·吉尔伯特称"最后的美国男人"只生活在阿巴拉契亚山的帐篷里。2010年中国出版《拯救男孩》一书。这些书关注着"男孩问题"形成的原因,阐述了解决之道。也是因为这样的认识,国际上已有报告强调:"21世纪的基本国民教育,更要关注的是男生的受教育问题"。为此,欧美很多国家已经提出了"拯救男孩计划"。根据百度百科"男孩危机"的主要内容进行摘编与改写。佚名:《男孩危机》,http://baike.baidu.com/view/3074243.htm。

并不容易。

探究出现这一现象的原因,需要考察教育的认识论立场。所谓教育的认识论立场,这里是指开展教育活动遵循了哪一种认识论。按传统观点看,认识论是研究人类认识的本质、前提和基础,揭示认识发生、发展的过程及其规律,建构认识的真理标准等问题的哲学学说,它对人的日常生活产生深刻影响,主要是它为人的认识活动提供认识路线与认识立场,不同的认识论指导人的日常生活,人的思想、观念、行为方式都会有所不同。只有正确的认识论指导,才能揭示事物变化的规律,达到探求真理的目的。

其实,学校教育活动必定要受到认识论的影响。因为学校承担着知识教育功能,体系化的、系统化的学科知识,是人类认识活动的结晶。然而,在教育历史发展中,教育受到哪一种认识论影响,则与不同时期社会倡导或流行的认识论密切相关。

西方近代以来的认识论,伴随着近代自然科学,尤其是随着数学知识发展而发展。数学强调逻辑,科学追求实证,近代西方认识论受到这种思维逻辑的影响,对提高认识水平、揭示自然世界发展规律,产生积极作用。但是,对科学与人的理性因素的片面追求,使近代西方认识论出现重大缺陷,主要表现在:把自然界、人类社会生活领域中的人与物解读为一种数学符号式的东西,把客观对象变成是可以认识的对象,而未能重视社会生活与人的日常行为的复杂性。

凭借这种认识论指导教育研究,使教育研究的思想方式陷入了误区:即认为科学知识是客观存在的,是学生认识的对象,学生的任务是获取知识,进而把传授知识与培养技能规定是学校教育任务,甚至提出"没有教不会的学生、只有不会教的教师"等"教育信条",学生能否顺利完成学习任务的原因,还原为教师是否具有高超的教学技能与技巧,也就是教师的教学科学化水平。这样,教育研究的任务变成是研究传授什么知识以及怎样传授知识,且研究标是努力使教育成为一种科学化的活动。[1]

这样,一个十分重要又容易被遗忘的问题产生了,学校教育活动被理

---

[1] 教育研究中存在的"科学化"问题,杜威提出了警示,他呼吁教育研究应该更多地依赖哲学而较少地依赖量化的东西。他担心忽视哲学和仅仅关注能够量化的事物的现象,会导致学者们对教育的巨大意义熟视无睹。参见[美]埃伦·康德列夫·拉格曼:《一门捉摸不定的科学:困扰不断的教育研究的历史》,花海燕等译,教育科学出版社2006年版,第232页。

解成是客观的科学知识学习过程,教育效果取决于学生理解知识的理性能力与教师组织知识教学的科学化水平,这是对生动多样、极其复杂的教育过程的误解,而问题是这种误解被当成是关于教育的"常识",且被当做是"合理的教育"。夸美纽斯倡导班级授课制的认识前提是确信每一个个体的认知能力是一样的,因为"学问、德行与虔信"的种子存在于人身上,[①]就像是树根深植在泥土中一样。只要给予同样的知识学习条件,学生就能完成学习目标。实证主义教育思潮是坚持这种观点的典型一例。

不能否定,结合学生认知规律开展教学教育工作,遵循学生认知规律,遵循学科知识生产、发展、建构规律,这是教育科学化的基本要求,它要求教师遵循学生的认知规律、遵循学科知识发展的内在逻辑,使学生更快更好地掌握更多知识,避免出现基础知识不扎实、专业知识面过窄等现象。但是,强调教育教学工作要遵循学生认知规律与学科知识发展规律,它反映与体现着教育教学活动的普遍性特征和普遍性要求,然而,学校的教育对象是有差异的,怎样把教育教学活动的普遍性规律与每一个学生成长的不同需求、不同的成长特点相结合,这是教育教学活动的特殊性,实质是提出了如何把普遍性规律与学生创造力培养的有机结合、如何在集体教育中兼顾学生个性发展等严肃的课题。因而,学校教育改革目标是既要消除采用统一化、标准化的教育活动的缺点,满足学生成长多方面的需求;又要不能因为张扬学生个性,导致教育虚无主义或个人主义的出现。20世纪前半期美国实用主义哲学家杜威试图通过教育改革实验去解决这个问题。

杜威认为建设民主社会,解放人的心灵是关键因素,这就需要教育,教育是"社会进步和改革的根本方法",[②] 是实现社会民主的重要手段。杜威说"每一个关心教育的人都要坚持把学校看做社会进步和社会改革赖以进行的一种主要的和最有效的手段"。[③] 而且,民主本身也是一种教

[①] 夸美纽斯在《大教学论》第五章的标题就是"这三者(学问、德行与虔信)的种子自然存在我们身上"。因为夸美纽斯认为自然界的一切事物都有其存在的合理性,也有它存在的目的,并且具备了实现它的目的的必要的器官与工具。所以人的这三者也是自然存在的,而且人会不断地领会到它的存在,并运用它去实现人的存在的目的。而要使人不断地领会它的存在的重要工作需要教育。参见[捷克]夸美纽斯:《大教学论》,傅任敢译,教育科学出版社1999年版,第13页。

[②] [美]斯蒂文·洛克菲勒:《杜威宗教信仰和民主人本主义》,赵秀福译,北京大学出版社2010年版,第236页。

[③] [美]杜威:《我的教育信条》,涂纪亮编:《杜威文选》,涂纪亮译,社会科学文献出版社2006年版。

育原则，它落实在学校教育目标的设定上。杜威把它确认是现代学校教育培养学生成为一名富有挑战性环境中的问题解决者。

具体而言，帮助学生学会思考是学校教育的着力点。因而，教育，不能简单地向学生灌输教育者认定的今后生活所需要的东西，也就是通常所说教育是为未来生活作准备。杜威不同意这个观点。他指出培养仅仅拥有大量信息和高水平专业技能的学生不应该成为教育目标，相反，应该让学生具有面临任何事情都易于作出明智判断的心性，最终使学生成为能够自觉作出"明智判断"的成年人。

可见，在杜威的教育理想中，关注教育培养学生判断力，并不重视给学生灌输知识。这与传统学校教育存在着显著差异，传统教育是把大量精力"仅仅用于提供标准的知识和某些种类的技巧，把这些知识和技巧当做目的"。对此，杜威把它形成的原因归结是自然科学的侵入，是因为承认科学在知识领域内处于至高无上的地位，代表着人类经验的整个领域。因而，杜威告诫说，学校教育不能被"科学化"，[1] 教育既要向学生告知事实与原理，也要向学生告知事实与原理隐含的价值。这被研究者称作是杜威的教育信念，是杜威给予教育的宗教意义。[2]

由此可以清晰地看到，杜威的教育理想，是试图解决学校教育与社会生活分离的状态，避免教育被数量计算的实证化、被"自然科学化"、被"工艺学"化（马克思语），而是坚持"学校是家庭生活的一种形态这个基本原则"。[3] 因此，杜威主张学校教育与社会的结合，主张儿童与社会环境的交往。杜威的这些努力是有意义的。不过，问题在于，杜威只是把社会环境作为儿童认识与改造的客体，"交往"只是看成儿童生活经验的一部分，是"经验的改造"，[4] 即使是科学教育，其价值也只是作

---

[1] ［美］杜威：《科学与哲学的关系是教育的基础》，涂纪亮编：《杜威文选》涂纪亮译。社会科学文献出版社 2006 年版，第 385 页。

[2] ［美］斯蒂文·洛克菲勒：《杜威宗教信仰和民主人本主义》，赵秀福译，北京大学出版社 2010 年版，第 237 页。

[3] ［美］杜威：《我的教育信条》，涂纪亮编，《杜威文选》，涂纪亮译，社会科学文献出版社 2006 年版，第 393 页。

[4] 对于杜威"经验"论中的主观主义立场，主要是基于把自然（环境）置于被人认知、感受的对象，是用于人的经验的改造，经验改造处于主体地位，而自然（环境）仅是经验改造利用的客体。不少研究者已经注意到杜威经验论中的问题。有研究者称杜威是人类中心主义，也有研究者称"自然（环境）"只是知识研究与获取的对象，也有研究者把休谟的感觉论与杜威的经验论相提并论。参见［美］亚历山大·托马斯：《杜威的艺术、经验与自然理论》，谷红岩译，北京大学出版社 2010 年版，第 75 页。

为儿童"用以解释和控制自己经验的能力",[1] 因而,注重教育对儿童清晰的思维能力和选择能力的培养,这又把教育引向了新的主观主义道路,走向了新的神秘主义、不可知论。

这样的认识思路,进入 21 世纪以来又一次体现在"生命教育"的努力中。生命教育,初看起来是非常合理的,主张学校教育要尊重生命、爱护生命、激发生命潜能等。关键问题是如何把握理解"生命"的思想方式。因为无论对生命作何种解读,生命是隶属于人的范畴,所有提及学生生命、教师生命的说法或论断,无疑都是人的生命,生命是人的范畴下属的一个概念。如此,我们引述"生命教育"这样新的概念,还不如把"人的教育"的概念给予清楚、合理、规范的陈述,这尤为重要。其中最基本一点是强调人是教育的目的而不是手段,其意义是把教育奠基在以人为本的前提上。以人为本,着眼于培育"社会历史主体"为教育目的,而且,以人为本的教育,更强调学校教育要关注教育者的发展,要依靠教育者的积极性、创造性推进学校的持续发展。这样,"生命教育"只构成"人的教育"中的一部分,或者说是在当前科技异化与伦理价值观多元交融与冲突的时代,"生命教育"变得紧迫与重要而已,但这并不能替代"人的教育"。

然而,实现"人的教育"的理想,当前的学校教育实践面临不少困难,比如它会受到教师素质、教育理想、学生人数、社会文化氛围等条件的约束,特别是当前中国城市中小学校,尤其是所谓受老百姓评价较高的"优质学校",学校班级的师生比例居高不下,一个班的学生人数达到40 多人、50 多人,甚至突破 60 人。[2] 班级学生人数过多(称为大班上课),这是当前我国中小学教育的普遍性问题之一。在这样班级上课,教师能够掌控班级,使学生自觉遵守课堂纪律,完成预定的教学任务,这本身就不是一件非常容易的事。如果说,要进一步要求教师关注学生个性发展、组织实施个性化教育,对教师来说,工作难度非常大。

基于这样的教育事实,如果要对学校教育提出批评,提出教育改革的举措,必须奠基在现实的学校校情、教育实际之上。当然,尊重教育

---

[1] [美]杜威:《我的教育信条》,涂纪亮编:《杜威文选》,涂纪亮译,社会科学文献出版社 2006 年版,第 396 页。
[2] 在 www.baidu.com、www.google.com.hk 上搜索主题词"中小学学生班级人数太多",有近 8 万条相关信息反映评价当前中小学校班级人数太多。这些信息中有向当地教育行政部门反映意见的,也有与国外学校进行比较,指出班级人数多是难以开展教育教学改革的重要原因,也有直接反映有关学校班级人数达到多大规模的信息等。

的事实，并非是坚持保守的立场甚至是墨守陈规的做法，关键是形成破解教育问题的正确思想方式。当我们谈及教育如何兼顾均质与差异、标准（整体要求）与个性发展关系时，并不是要把它们对立起来，而是研究如何妥善处理这对关系，对此，马克思提出了富有启示的答案。

实际上，要处理这些教育关系，首要问题是正确辨析"标准、规范、统一"的合理性。这里引用马克思关于"语言"本质的论述，阐明客观性、普遍性对人来说，意味着什么。在大多数人的常识中，"语言"是与个人主观有关的活动，不同的人说出不同的话。即使面对同一个对象，同一个人也可以用不同语言去描述与表达，这使"语言"呈现差异性与主观性的特点，这是"语言"的特殊性特点的体现。但是，马克思指出"语言"的实质是普遍的、客观的、规范的。"语言和意识具有同样长久的历史；语言是一种实践的、既为别人存在因而也为我自身而存在的、现实的意识。语言也和意识一样，只是由于需要，由于和他人交往的迫切需要才产生的"。① 这说明语言的产生是建立在客观社会基础之上，这种客观社会基础决定了存在的基本形式与特征，在一定时期里，"语言"是不会因为人的主观欲求变化而发生变化，同时，标准、统一、规范是"语言"的客观性特征的外在体现。在这个意义上说，作为传授科学知识为基本职责的学校教育，强调规范、标准与统一是有合理性的。

当然，肯定这种合理性，不是无条件地认同"标准、统一、规范"，而是要求把"人"的原则与标准化、规范化、客观化管理相结合，由此体现运用严格、规范、标准化的管理日常生活的思路也是合理的。

因而，关键是要理解何谓"人"的原则。马克思在《1844年经济学哲学手稿》中就有明确论断：人是有意识的类存在物。这就是说，要从"类"的特性去判断人的活动是否是生命、生活活动，生活本身只是生活的手段，而人的类特性是指人的自由自觉的活动。正是把"类"看做是人的本质，这就使人与动物的日常生活、生产是截然不同的。动物只生产它自己或它的幼仔所直接需要的东西，只是在直接的肉体需要的支配下生产，只是按照它所属的那个种的尺度和需要来建造，而人的活动、人的生产是全面的，可以不受肉体需要的支配就能够进行生产，也就是说，人懂得按照任何一个种的尺度来进行生产，并且懂得怎样处处都把

---

① [德]马克思、恩格斯：《德意志意识形态》（节选），《马克思恩格斯选集》第1卷，人民出版社1995年版，第81页。

内在的尺度运用到对象上去，人是按照美的规律来建造的。① 这是马克思关于人的发展体现着内在与外在两种尺度的基本观点，并指出这表明了人与动物的本质差异。正因如此，促进人的发展，要遵循和体现科学尺度与美的尺度协调发展的原则。

然而，近代启蒙理性崇尚科学主义带来的现代性状况表明，人类已经认识到科学主义的局限，纯粹依靠理性与科学是不可能确保社会实现幸福生活的目标，显示着"科学尺度"的局限。德国哲学家雅斯贝尔斯就对科学知识的局限作了评述："科学中根本不存在作为立身之本和对终极价值叩问的东西，因此也就没有绝对价值可言。对教育来说，科学更多地意味着知识价值的匮乏，在教育过程中，科学的思维方式会强制地成为有意识的知识经验。这样，作为人类存在的不可或缺基础的科学思维方式，应该在一个自身有限范围为人的生成造福，相反，对人的本体的追问则是人的深度价值所在。"②

与此相应，人类也意识到"非理性"主义宣扬的"人本"立场，尽管对科学至上的"科学主义"展开了批评，认识到人的情感、意志、欲望等非理性因素的价值，但是，它走向了"个人主义"，片面强调个体自我的地位与作用，相信"造就自我"的"自我奋斗"，脱离社会与群体，让人生活在"空幻"的、想象的、"虚拟世界"之中，这种状况正如美国学者布鲁姆（Allan Bloom）描述的：③

"这些年轻人的心灵处在一种像天地初开时第一批人所具有的心理状态——精神上一片空白，无牵无挂，独来独往，与事事、人人无固有的或绝对的关系——一样的状态。他们能够做他们想做的任何事情，却没有特别的理由想做特别的事情。他们不仅可以自由选择地方，而且可以自由决定信仰上帝还是做无神论者，或者干脆做不可知论者，不作选择；自由决定是正正派派做人，还是游戏人生，或者不作选择……生活中没有什么不可缺少规范，没有道德，没有社会压力，也没有为之献身的东西"。

所以，指出人与动物在日常生存活动中存在的本质差异，意图不是为了说明人比动物更具有丰富的情感，更容易调控自身的需求，包括生

---

① ［德］马克思：《1844年经济学哲学手稿》，《马克思恩格斯全集》第3卷，人民出版社2002年版，第273—274页。

② ［德］雅斯贝尔斯：《什么是教育》，邹进译，生活·读书·新知三联书店1991年版，第30页。

③ ［美］艾伦·布鲁姆：《走向封闭的美国精神》，缪青、宋丽娜等译，中国社会科学出版社1994年版，第87页。

理的、心理的、物质的需求,而是强调人具有追求丰富个性、多方面展示自身才智与性情的需求。因而,为了个体的发展,创造宽广的、民主的环境与条件是十分必要的,既能够提供人的发展的规范与标准的社会目标,又能够体现对个性发展需求的尊重。

明确了规范的合理性与个性发展合理性的前提下,如何统摄这对矛盾,既要反对强调规范、强调整体利益而制约着个人生动活泼的发展,又要反对因强调个人需求而导致极端个人主义,结果造成教育的虚无主义。为此,要把握以下几方面:

一是学校要坚持社会化的价值取向。学校(尤其是基础教育阶段的各级各类学校)的工作对象是青少年,这就要求学校工作坚持社会立场,坚持社会化的价值取向。尽管青少年是独立自主的个体存在,但是,青少年思想方式、生活态度、求知能力等处于萌芽、发展之中,与社会需要处于冲突与融合之中。学校工作只有坚持社会立场、民族立场,坚持学校履行为国家、为社会进步与文明传承的职责,施以社会主流的、核心的科学文化知识与价值观念的引导,以培育具有厚实的文化传统知识基础、具有社会共同理想、能够积极上进的年轻一代为使命,这并不会妨碍青少年学生的个性发展。

二是培育人的主体性是学校工作的出发点与终极目标。尊重与满足学生个性发展的需要,消除规范化、标准化管理对学生发展的消极影响,最终目标是培育社会主体。而教育塑造人的主体性,这不是一组概念的、逻辑的命题,而是一个具体实践的话题。作为实践的话题,人的主体性,必须立足于历史的维度,所有的个人都是历史的产物,受历史的制约。因为不同的社会历史条件下,社会对学校教育提出了不同的要求,设置了不同的教育教学目标与内容,以及社会提供了不同的教育教学方式。比如当前网络、移动电话等先进的技术对学校的冲击与挑战,引发的中小学生怎样运用电脑、是否可以带手机进入学校等引发争议,[①] 说明学校怎样更有效地应对是面临的新课题。

因此,要求各级各类学校要结合社会历史条件,根据时间、条件的变化,辩证地辨析学生个性发展需求的合理与否,以社会主义核心价值体系为价值导向,遵循人的发展的基本规律,创建更有利于人的发展的学校管理制度与机制。

[①] 安文联:《"校园禁带手机"引争议学校称可不禁止但须规范》,《中国新闻网》,http://www.chinanews.com/edu/2011/05-18/3049798.shtml。

三是要重视教育集体的建设，建立适宜个人发展的"共同体"。马克思在《德意志意识形态》中对"共同体（集体）"作了讨论，指出要建立"真实的共同体（集体）"，避免"虚假的共同体（集体）"。虚假的"共同体（集体）"看起来是"共同体（集体）"，实质上是消灭了个人独立性的存在，是对个性自由的一种抑制。"在过去的种种冒充的共同体中，如在国家等等中，个人自由只是对那些在统治阶级范围内发展的个人来说是存在的，他们之所以有个人自由，只是因为他们是这一阶级的个人。从前各个人联合而成的虚假的共同体，总是相对于个人而独立的；由于这种共同体是一个阶级反对另一个阶级的联合，因此对于被统治的阶级来说，它不仅是完全虚幻的共同体，而且是新的桎梏"。① 因此，必须建立真实的共同体（集体），"只有在共同体中，个人才能获得全面发展其才能的手段，也就是说，只有在共同体中才可能有个人自由"。② 在这样的共同体（集体）中，它消除了共同体（集体）对个人发展构成的冲突与对抗，相反，这样的共同体（集体）创造了高度发达的社会生产力，促进了经济的快速发展，夯实了人的生存与发展的社会物质基础，而且，共同体创造的科学成就与发达的教育事业，它有助于丰富与充实人的精神生活，有助于完善人的心智系统，使人成为一个精神成熟的人。无疑，建设这种真实的共同体（集体），它是实现个人自由发展目标的条件。在这一意义上说，对年轻人实施教育过程中，加强集体建设与尊重学生个性发展并不矛盾。建设健康向上、努力进取的集体，是学生个性丰富与发展所必需的条件，是实现个人全面自由发展为核心的现代社会公民教育目标的有力保障。

这一点对深化当前中国特色社会主义教育改革实践具有特别重要的现实意义。中国是一个具有深厚封建文化传统的国家，直到20世纪初期才引入现代意义上的新教育，西方启蒙思想与社会理想逐步在国内传播，一批有识之士面对剧烈变动的时代，呼唤在国内创造"一个新的风气"、"确定新的人生观，实现新的生活方式"。③ 但是，外敌入侵、国内战争、自然灾难等一系列的"天灾人祸"，使20世纪前50年的中国历尽艰难，不可能建构让每一位社会成员自由全面发展的"社会共同体"。

---

① ［德］马克思、恩格斯：《德意志意识形态》（节选），《马克思恩格斯选集》第1卷，人民出版社1995年版，第119页。
② ［德］马克思、恩格斯：《德意志意识形态》（节选），《马克思恩格斯选集》第1卷，人民出版社1995年版，第119页。
③ 罗家伦：《写给青年：我的新人生观演讲》，中国人民大学出版社2005年版，第9—10页。

尽管20世纪80年代开始经济改革，迅速解放社会生产力，促进社会经济的快速发展，为教育事业健康发展创造良好的物质条件。但是，长期积累的封建思想观念与意识形态，在当前学校管理体制的科层化、官僚化的又重影响下，怎样创建理想的共同体（集体）以实现培养具有个性的、创造性的学生的教育目标，既需要大力发展社会生产力，为教育优先发展的战略地位提供经济保障，又要以创新思路破解教育体制的弊端，激活体制与机制的活力，革除不利于学生个性发展的各种因素，使学校成为学生个性得到充分发展的教育场所。

第五节　教育历史性与教育现实性的失衡

上文第三部分指出，对"人的教育"的抽象理解，是造成教育现实性缺失的理论前提。这里说"教育的抽象理解"，是指师生开展的教育活动，被当做是概念分析或逻辑推理的过程，"教育"成为达到一个抽象目标（如理念或上帝）或"知识"的手段，"教育"目标是训练人的认识能力。[①] 当然，学校开展教育活动，实现教育目标，是与人的理智活动密切相联系，需要师生开展抽象的智力劳动。其实，马克思也肯定这一点。他指出人是内在与外在尺度的统一，说明人既需要学习、掌握系统化、体系化的科学知识，培养人掌握生产、生活的技能，以便认识世界、改造世界。但是，认识世界、改造世界又依赖人的"心智完善"，它需要学校开展价值规范、思想道德、审美体验的教育。只有使这两方面有机统一，人接受了完整的教育，以便使人过着有意义的、快乐的、幸福的生活创造条件。

如此，就要求学校承担启发与完善人的"心智"的教育功能，使人具有"健全的见识、清醒的思维、理性、公正、自制和稳定的见解"，[②]进而全面提升人的精神品质、培育崇高人生信仰、促进人性改善。对此，雅斯贝尔斯认定这是教育本质问题，"真正的教育应先获得自身的本质"。明确教育本质，就是确立教育信仰，"教育须有信仰，没有信仰就不成其

[①] 例如：在古希腊柏拉图的教育思想里，教育目标是通过辩证法，把人从感官世界中引导到理念世界，获得善的理念。经院式教育中，它的目标仅限于"传授"知识，教师只是照本宣科，学生到学校的目的就是学习固定的知识，学会一些现成的结论和答案。

[②] ［英］约翰·亨利·纽曼：《大学的理念》，高师宁、何克勇、何可人、何光沪译，贵州教育出版社2003年版，第26页。

为教育，而只是教学的技术而已"，① 因此，我们平常听到的一些教育口号、教育观点，比如进学校就是为了识字、念书，学校要关注学生就业率、提高升学率等，是没有全面完整把握教育内涵的体现，也不可能是正确的教育信仰。针对这些问题，雅斯贝尔斯提出了关于教育的基本看法："教育过程首先是一个精神成长的过程，然后才成为科学获知的过程"。②

由此雅斯贝尔斯对教师提出了民主教育的要求。他说教育者不能无视学生的现实处境和精神状况。要与学生平等相待，切不可认为自己比学生优越，不能对学生耳提面命，不能以教育者为中心制订教学计划。他要求把教育变成是一种爱的活动，教育者不能以机械的、冷冰冰的、僵死的方式从事教育工作。③

对此，英国数学家、哲学家怀特海说得更明白，他说教育是教人们掌握如何运用知识的艺术，教育者要使知识的教与学充满活力，不能使它变得僵化、呆板，这是一切教育的核心问题。要做到这一点，怀特海主张两条原则：一是不可教太多的科目；二是所教科目务须透彻。以这两条原则指导学校教育工作，提出了具体要求：一是向受教育者传授的主要思想、概念要少而精；二是要求这些思想概念相互关联，便于受教育者融会贯通，以便受教育者能够把这些思想、概念变成自己的思想、概念；三是要让受教育者从开始接受教育起，就应该体验发现的乐趣，逐步培养受教育者学习的兴趣、发现的兴趣。④

教育要培养人运用知识的能力，教育要塑造人的心智、促进人的精神成长，这是非常积极的教育理想。当然，论及教育的理想，就要思考什么样的教育理想是合理的，如何使教育理想变成现实的教育实践活动，真正发挥教育对涵养、丰富人的精神生活的功能。对此，必须提及教育的历史性。

讲到教育的历史性，一般认为它是指教育存在于特定社会历史之中，任何时期的学校教育活动，它是人类社会历史发展的组成部分，不可能

---

① [德] 雅斯贝尔斯：《什么是教育》，邹进译，生活・读书・新知三联书店1991年版，第44页。
② [德] 雅斯贝尔斯：《什么是教育》，邹进译，生活・读书・新知三联书店1991年版，第30页。
③ [德] 雅斯贝尔斯：《什么是教育》，邹进译，生活・读书・新知三联书店1991年版，第1页。
④ [英] 怀特海：《教育的目的》，徐汝舟译，生活・读书・新知三联书店2002年版，第3—9页。

存在脱离人类历史的学校教育。但是，这样理解学校教育的历史性，只是从"时间维度"认识学校教育，即把"历史"只是看做时间意义上的"历史"，是在人类历史发展长河中，处于特定社会时期的学校教育，是这条"历史长河"中的一部分。这种理解"教育历史性"的观点，有它的合理性。但是，这样理解教育的历史性，是有局限的。因为它只是把社会历史当做一种时间概念，从时间变化的角度揭示学校教育是存在于某一特定时间、空间的事实，表明了人类的学校教育活动是逐步发展、具有阶段性的特征，但是，这种观点没有把握"历史的本质"，因而未能阐释教育历史性的实质以及讨论这一问题的意义。

针对这一点，需要认真品味马克思的一段话："这些个人使自己和动物区别开来的第一个历史行动不在于他们有思想，而在于他们开始生产自己的生活资料"，"人们生产自己的生活资料，同时间接地生产着自己的物质生活本身"。①马克思的这些说法，阐明了人与历史的关系，它不只是告诉我们历史是人的现实劳动的产物，而且强调历史为人的存在起着奠基的作用。也就是说，对人的存在而言，"历史"更是基础性的存在。

类似这样的表述，在马克思诸多著作中都可见到，可见马克思对此问题的重视。因而，问题的关键在于如何理解。其实，马克思提出了理解"历史"的两点思路：一是"第一个历史行动"并不是有"思想"而在于"生产"，阐明"历史"形成中的"思想"与"生产"的关系，阐明"生产"在"历史"中的地位，如此才能使避免像黑格尔那样理解人的思想与社会历史，把"历史"变成抽象的"精神"运动史、人的"观念"变革史；二是人的"生产"活动，不仅生产着生活资料、物质生活，而且通过"生产"建构了人与世界的交往关系，人认识对象世界，改造着对象世界。这种"人与对象世界的构成"就变成是考察历史的思想路径，恰恰是这种分析问题的视角，容易被人们忽视：人是在和世界的交往中"建构"起来、"呈现"出来的。

对"历史"的这两点思考，它价值在于开启一条从"人是生成着"角度理解人的问题的思路，这被称作是生存论思路。这一思路的确立，使"历史"不只是物理学意义上的"时间"的变化，从昨天到今天到明天；也不是黑格尔断言"历史"是人的自我意识"逻辑"推断。这种"历史观"的确立，改变了"人是神授"的神秘主义立场，也有别于理性

---

① [德]马克思、恩格斯：《德意志意识形态》（节选），《马克思恩格斯选集》第1卷，人民出版社1995年版，第67页。

认识论的立场,类似笛卡尔把"我思"规定是人的存在之根基,把"自我意识"等同于人的主体性的全部内容。

对此,马克思在《1844年经济学哲学手稿》中已经明确地提及:"人的异化了的本质现实性,不外是意识,只是异化的思想,是异化的抽象的因而无内容的和非现实的表现",[①] 人是现实的,不可能脱离现实变成是"精神"的存在。所以,马克思提出了努力的方向:"有一种神秘的感觉驱使哲学家从抽象思维转向直观,那就是厌烦,就是对内容的渴望","由于这种抽象理解了自身并且对自身感到无限的厌烦,所以,在黑格尔那里放弃抽象的、只在思维中运动的思维,即无眼、无牙、无耳、无一切的思维,便表现为决心承认自然界是本质并且转而致力于直观"。[②] 把人的自我意识看做是形成"历史"的决定因素时,"历史"变成是概念的辩证法。马克思批评了这种观点,指出人是生存着的,是人的生产劳动中创造了历史,同时,人也被历史所塑造着,历史赋予人的意义,是为人的生存提供基础与资源。当然,历史不可能脱离人而存在,只有依赖人的"生产劳动",赋予"历史"新的内容,使不合乎时代变革需要的历史变成传统沉积下来,不断推动"历史"的发展,这是人与历史相互依存的辩证关系。

因而,在历史中,我们不仅看到历史是谁创造的问题,而且进一步明确了人是怎样创造历史以及创造自身的课题,体现人在产生、传承、再创造"历史"过程中的主体作用。

这样,要创造历史,关键问题是要培养能够创造历史的社会主体。当然,创造历史的社会主体只能在社会历史中培养和造就,这是理解学校教育历史性的重要思路。

作为人类独特活动方式的学校教育,只有参与到人类历史的传承、创造过程中才变得有意义。这就是说,学校培养的人才,使其能够参与创造历史,并通过创造历史,表现和确证着自己的生命力量、生命价值,成为"自觉自为"的社会生活的主人,成为在现实社会生活中创造社会历史的主体,这是教育历史性的基本规定。也是因为历史性,使教育现实性与人类社会存在、变革、发展相联系,进一步丰富与完善教育现实

[①] [德]马克思:《1844年经济学哲学手稿》,《马克思恩格斯全集》第3卷,人民出版社2002年版,第333页。

[②] [德]马克思:《1844年经济学哲学手稿》,《马克思恩格斯全集》第3卷,人民出版社2002年版,第334—335页。

性的内涵,更深刻、全面、完整地体现学校教育的意义与价值。

所以,任何一项学校教育活动,如果脱离了历史发展规律,必定使教育活动失去意义,是应该被逐出历史的教育,这样的学校教育,不可能是现实性的教育。由此断言,教育历史性是教育现实性的前提与归宿,它展示了教育历史性理解教育现实性的基本思路。

教育历史性是教育现实性的前提,是指任何一项学校教育活动必定立足于社会历史发展过程中,要受到社会历史文化制约,社会历史文化是学校教育得以发生、发展的现实基础,而社会历史文化是以"现实的个人"为前提的,不能把生动的个人实践抽象成一堆概念或知识体系,在特定学校教育中,意指受到特定民族、国家立场的制约,要结合特定国家与民族发展历史,规范、约束学校教育,只有具有现实性的学校教育,才能对人类社会历史发展产生积极意义,才能融入到人类历史发展长河之中。

教育历史性是教育现实性的归宿,是指任何一项具有现实性的教育活动,要以"教育的历史贡献"作为准则。凡是有利于人类社会历史进步发展的学校教育,是能够融入到人类社会历史发展的洪流之中,这才使学校教育具有了现实性。从这一角度说教育的现实性,它要求教育遵循人类社会历史发展基本规律,站在人类社会历史发展过程考察学校教育,把握与顺应历史发展潮流,做时代的"弄潮儿",既不保守也不激进,使继承传统与适时变革做到有机统一。

由此进一步明确什么样的学校教育才具有现实性。既然历史是人创造的,培养创造历史的社会主体的学校教育才是具有现实性的。这包含着两方面意思:

一是指学校教育的现实性存在于历史性之中。"存在于历史性之中"是表明学校教育活动发生的条件与基础是历史地形成的。因为社会历史发展积累了丰富的科学知识、文化传统资源,创造了社会物质财富,这是推动学校教育改革与创新的文化、思想与知识资源,是支撑教育发展的物质基础。就此来说,教育是有传统的,任何一项教育创新,都不能割裂传统,都不能放弃教育具有传承传统、弘扬优秀传统文化资源的使命,总是以特定的社会政治、经济、文化发展为基础,完成教育传统的现代化。

"存在于历史性之中"还表明人类历史发展是有规律的,比如当前中国提出要"统筹城乡发展,统筹区域发展,统筹经济社会发展,统筹人与自然和谐发展,统筹国内发展与对外开放"的"五个统筹"发展战略,就是对社会发展规律的创造性运用。教育作为社会发展大系统中的子系统，它的发展要融入到社会发展之中，必然要遵循社会发展规律，自觉运用科学发展观指导教育事业，寻求教育事业科学持续发展的战略思路和行动策略，为中国特色社会主义事业提供强大的智力支持和精神动力。在这个意义上说，只有合乎历史发展规律的学校教育，才具有现实性。

二是指学校通过培养具有创造力人才体现教育的历史性。以培养人的全面发展为核心的现代公民为目标的学校教育，它的现实性，不仅要求教育活动存在于现实社会之中，并在现实社会中产生教育结果，而且要求培养能够从事现实社会生活，推动社会历史进步的"主体"。培养创造历史的社会主体，成为学校教育现实性的本质要求。如果做不到这一点，虽然学校教育是存在于现实社会生活之中，但是，只能把这种"教育活动"说成是造成了某种教育事实。

为此，当前各级各类学校都要清醒地意识到提高人的思想道德素质和科学文化素质的紧迫性，人的素质问题，它关系到国家的前途和民族的命运。这就要求狠抓教育，培养数以万计具有良好道德修养、掌握先进科学文化知识的合格建设者、现代社会公民。这既是一项长远的战略任务，又是一项紧迫的现实任务。

同时，要探索有效提升人的思想道德和科学文化素质的途径、方法、举措。因为全球化时代，多元文化与多元价值观的交流与冲突，使我国教育环境变得更加复杂，面临着更大的困难与挑战。而迅猛发展的科学技术知识，又要求我国教育界转变教育观念、转变人才观念，不断地更新教育内容、更新教学方法，只有建构具有时代特征的教育观、人才观，才能培养一批建设未来社会的合格公民。以此理念组织实施学校教育，才谈得上是具有现实性的教育活动。

综合上述这两方面可知，教育现实性是教育历史性的一个部分、一个阶段、一个领域、一个方面。教育的历史性规定着教育现实性，是实现教育现实性的客观依据。而教育现实性又构成历史性的具体内容，只有使每一阶段、各个领域的学校教育的现实性得到实现，才使教育历史性是客观的、真实的。这就要求从教育历史性理解教育现实性，使教育现实性在教育实践中得到体现。

其一，教育历史性规定着教育现实性的本质。

把握社会与教育的辩证关系及教育发展规律，才能确保学校各项工作的持续发展。只有不断地反思教育实践，总结教育经验，才能有效地、准确地掌握教育发展规律。对教育实践的反思，实质是反思教育的历史，是教育历史性的确立。

其二，教育历史性规定教育现实性的未来向度。

教育现实性并不排除教育的理想性、教育的超越性。教育的理想性与教育的超越性是人类教育活动的重要特征。关键问题是怎样把握教育的超越性、教育的未来向度。因为，教育的超越性和未来向度，不是宗教神学家或者是古代教育家构想的超验世界、超验目标，它不是虚无的概念，也不是属于人的精神观念范畴，而是以培育社会主体为目标，帮助人确立正确的自我意识，不断地挖掘人的潜力，实现自我超越，进而达到自我实现的目的，成为"无限的存在"。

其三，教育历史性规定了教育现实性的价值期待。

教育需要理想与信仰。充满教育价值的教育活动，是有效的、具有现实性的教育活动。而教育价值的实现，无法摆脱教育历史性的制约。因为实现教育价值的基础是现实人的现实社会生活。如果脱离社会历史条件理解学校教育价值，只能停留在人的意识与观念之中，变成是抽象的认识。

所以，从教育历史性论述教育现实性，为理解教育现实性提供现实基础与发展愿景。设计与实现教育发展目标与愿景，最终要返回到现实的社会生活之中，受到现实社会历史条件的制约。如果不能处理教育愿景与社会现实历史之间的关系，就会使教育发展目标与愿景、教育理想与信仰失去现实的社会基础，结果只能是这样：要么是坚持教育信仰而变得固执，或者是为了教育信仰而采取激进的姿态；要么是放弃教育理想变得世俗，使教育改革失去动力与活力，这一切既不是发展教育的积极态度，又不是掌握和利用教育发展规律的体现，都不利于教育的科学持续发展。

第六节 唯物史观敞开教育现实性的路标

上述五方面对教育现实性的讨论，显示了我们理解教育现实性的重要立场：讨论"教育现实性"，目的是辨认使教育具有现实性的思想方式，以此确保学校教育价值的实现。因而提出理解"教育现实性"，不能只是把它看做是一种客观存在的教育活动，甚至简单地用量化的手段去判断或测量学校的教育活动，比如培养多少学生、开设多少课程等。当然，这样说，只是指出这些观点没有抓住教育现实性问题的实质，并不否定这些观点所列举的教育活动是教育现实性的具体体现。换句话，谈得上是现实的教育活动，具有现实性的教育，它的体现形式是非常多样的，绝不仅仅局限于我们通过感官能够直接观察到的一些现象（如教育空间、教育内容等）。如此就给我们理解教育现实性提出了基本要求，即从教育活动的现象转向对教育本质的把握。实现这种转向，前提是要确立理解教育的思想方式。这就需要对理解教育的思想方式作一回顾与清理，否定与批判不合理的思想方式。如此理解教育现实性，就变成探讨怎样的教育思想方式是合理的问题。

其实，不少思想家都试图开展这项工作的研究。赫尔巴特以心理学理论为指导，把德育确定是教育研究的核心命题，目标是建构知识学习的道德教育原理，所以他的教育学还没有脱离形而上学的窠臼。[①] 杜威从个体与社会、主体与客体相互联系中改造"经验"，试图用"经验"统合主体与客体的二元对立与分离的状态，只是杜威注意到主体与客体的联系，没有很好区分主体与客体之间的本质性差异。[②] 以这样的思想方式构建教育理论、指导教育实践，把教育等同于人的思维的改造，凸现了教育的抽象性。就此，罗蒂就批评杜威依然具有构建形而上学的偏好，"他都想要写出一个形而上学体系"。[③] 由此看来，对理解教育的不合理的思想方式的否定与批判，这是一项十分重要的思想课题与实践任务。而要完成这项工作，不能不提及马克思，是马克思终结了传统教育的思想方式，实现了教育思想方式的重大变革，开启了理解教育的新路标。

事实上，这一命题已经在上面五部分的讨论中作了回答。如果说上面五部分对这个问题的解答还不是十分清楚的话，那么，这里再次讨论马克思是如何终结理解教育的传统思想方式，以及长期来对这样重大的教育思想革命的实现，我们为何是视而不见的。无疑，出现这种现象，是与笛卡尔以来主客对立的思想方式阐释马克思教育思想的做法是密切相连的。

笛卡尔是西方哲学思想史发展中十分重要的人物。他提出"我思故我在"的论断，在哲学史上标志着哲学研究思想方式的转折，即从古代本体论研究过渡到认识论研究。随着这种思想方式的转变，更重要的意

[①] 吴俊升、王西征：《教育概论》，福建教育出版社2006年版，第265页。
[②] 蒋晓东、龙佳解：《马克思"实践"概念与杜威"行动"概念之比较》，《马克思主义与现实》2011年第2期。
[③] [美]理查德·罗蒂：《实用主义哲学》，林南译，上海译文出版社2009年版，第71页。

义被凸现出来,即宣扬人的主体意识、自主意识的地位与价值。

人的主体意识,通俗地说是把人作为主体来看待。这个论断的提出,是人类历史发展的重大进步。在古代社会,人是受到自然界或超越人日常生活之外的神秘力量的制约,人是被动的存在者,正如中国古人所说"听天由命",一切都是"命"定的,人是无法掌握"命",因而,只能在超越人的现实生活之外寻找决定人与世界的本质力量。这种立场,古希腊的柏拉图、亚里士多德可谓是代表性人物,他们提出的本体论思想方式影响了西方社会上千年。而笛卡尔确定追问"我"、"我思",从"我"入手讨论我之对象——客观世界的存在及其意义,它与古代思想家的研究方式是截然不同的。他说我可以设想没有身体、没有客观世界,但不能设想没有我自己。所以,只有在我的思考中、我的怀疑中才能感觉到我是存在的。如果我停止思考,即使原先我想象已经存在的外部世界是真实存在的,但是,因为"我"已经不存在了,外部世界就不再有意义了。可见"我的"思考对"我"的存在来说是十分重要的。而人的身体、外部自然,只有对思考的"我"来说,才有存在的意义。他甚至在《形而上学沉思》"沉思第二"中讲到,当一个人感到什么都可以不要,什么都可以不需要的时候,正说明他是沉思着人的,正说明他是存在着的。

笛卡尔对"我思"的重视,企图通过"我思"确立人的主体地位,而"怀疑"又是"我思"的重大特征与存在方式。在笛卡尔看来,只有经过怀疑,站不住脚的学说与主张就销声匿迹,进而有利于掌握真知。所以,笛卡尔说如果要建设可靠的知识新大厦,首先就必须"对每一个问题我都仔细思考一番,特别注意其中可以引起怀疑、可以使我们弄错的地方,这样,就把我过去马马虎虎接受的错误一个一个连根拔掉了"。①

笛卡尔提出"我思",意义不凡。正如列维纳称笛卡尔这一理论向度是存在论的转向。②虽然这只是列维纳的观点,但是,可以肯定一点,笛卡尔通过"我思"提出了确立人的主体地位的任务,以及要为人的主体地位建立牢固的基础。

在笛卡尔看来,只有"我思"才是真实存在的,自我是一个思维者,是一个思维着的存在,只有在"我思"的前提下,客观世界才是有意义

---

① [法]笛卡尔:《谈谈方法》,王太庆译,商务印书馆2000年版,第23页。
② 张汝伦:《自我的困境——近代主体》,《复旦学报(社会科学版)》1998年第1期,第101—108页。

的存在，甚至连自身的身体也只有在"我思"条件下才是可能的。这样就把"我思"看做是与身体以及外部世界完全分离、隔绝的"独立"存在，这被称作是笛卡尔主客分离的思想方式，即人的主体地位可以脱离客观对象而变得独立存在，主体变成是"自我意识"意义上的"主体"，培育人的自我意识成为造就人的主体性的基本课题。换言之，要使人具有主体地位，培养人成为一个社会主体，只能依赖人自身的思维活动就能实现。这样，主体的人变成是现成的、由人的主观（人自身的思维）给予的东西。这种思想方式理解"主体"，是认识"主体"问题的唯我主义、唯心主义倾向。因为由"我思"——主观给予主体的人，缺乏人与现实相互交往活动为基础，必定是空洞的、抽象的，它阻隔了人与现实世界交往的通道，反而变成是在现实社会生活中培养社会主体的一种障碍。

无疑，把"我思"作为人之存在的决定依据，这样，"我思"就成为优先于身体、世界的存在，这使"我思"具有本体意义。其实，这只能是一种形而上学的思考，这也是笛卡尔"我思故我在"的问题所在。

对此，引发了一批思想家积极改造这一观点的兴趣与热情。康德就把"我思"改造成先验的自我，改造成现象与物自体。费希特则把"我"设定为能够创造一切的"自我"，试图消除"我"与外部客观世界的对立状态。可这一切，并没有走出笛卡尔设置的思想障碍，正如黑格尔所说这些无非都是主观意识、主观思想的"反思"活动，"反思通常是以主观的意义被认为是判断力的运动"。[①] 由此可说，如果摒弃了把握主体的客观现实基础，要确证人的主体地位，这只能是一种纯粹的理智活动。

无疑，这已经暴露了笛卡尔"我思"思想方式的局限性。即便如此，仍要肯定他的思想对欧洲文化教育界产生的深刻影响。或者说，当今教育理论界讨论人与教育的关系问题，讨论人为何可教、怎样可教等基本问题时，并没有超出笛卡尔考虑的范围，或者说在很大程度上是在笛卡尔观点基础上衍生和发展起来的。捷克教育家夸美纽斯是受其影响的代表之一。[②] 在其《大教学论》中就认为"学问、德行、虔信"等"上帝神圣的种子"已经潜伏于人的身上，教育就是要把暗藏在人本身固有的东西揭露出来。[③] 可见，夸美纽斯对教育的理解，预设了一个前提，这便

[①] ［德］黑格尔：《逻辑学》（下卷），杨一之译，商务印书馆1981年版，第20页。
[②] 林玉体：《西方教育思想史》，九州出版社2006版，第229页。
[③] ［捷］夸美纽斯：《大教学论》，傅任敢译，教育科学出版社1999年版，第15页。

是人身上固有的"神圣的种子",而"神圣的种子"的来源是上帝。显然,这样的预设是没有依据的,不具有科学性与事物存在发展的必然性,因而它也不具有客观性。

如果以这样的思想方式理解教育,就会用一种概念分析、逻辑的判断与推演的方法,规定教育目的、教育内容与教育方式,结果是把生动的、满足人的发展多样性需求的学校教育,变成纯粹是学科知识的概念学习,或者变成是灌输、服从抽象的"上帝"观念。德国教育学者底特利希·本纳对近代教育学思想方式的特点作了概述:"近代教育学在其所有的问题和行动维度方面都是通过目的论的秩序的丧失、通过近代对理性的理解的发展而确定的,这种理解寻求解释世界的一切存在并使其服从人的统治。"①

如本纳所说近代教育学建构及其教育实践,重视理性是一大特点。怎样使重视理性的教育学,规避问题,以张扬合理性,依然是当前教育学理论建设与教育实践推进的关键议题。重读马克思的立场,是一项破解这些问题的有意义的工作。其实,马克思肯定笛卡尔以来重视人的自我意识和价值的思想,并提出了理解"理性"、"自我意识的"本质要求。在《关于费尔巴哈的提纲》中,马克思说:

"从前的一切唯物主义(包括费尔巴哈的唯物主义)的主要缺点是:对对象、现实、感性,只是从客体的或者直观的形式去理解,而不是把它们当做感性的人的活动,当做实践去理解,不是从主体方面去理解。因此,和唯物主义相反,能动的方面却被唯心主义抽象地发展了,当然,唯心主义是不知道现实的、感性的活动本身的。"②

这段话意蕴极其深刻与丰富。它确立认识与批判旧唯物主义、唯心主义的依据,与解释与理解人的问题的思想方式相联系。马克思总结了思想史上旧唯物主义与唯心主义的各自历史贡献与局限,在此基础上,马克思找到了理解人、确证人的主体地位的思想方式。上述引文中已经清楚地展示了马克思的这一思想,"当做感性的人的活动"、"当做实践去理解"("感性活动"、"实践"的概念的理解,本书的第三章、第五章、第六章等章节中作了较多阐述)。

---

① [德]底特利希·本纳:《普通教育学——教育思想和行动基本结构的系统的和问题史的引论》,彭正梅、徐小青、张可创译,华东师范大学出版社2006年版,第186页。

② [德]马克思:《关于费尔巴哈提纲》,《马克思恩格斯选集》第1卷,人民出版社1995年版,第54页。

首先，马克思阐释了"当做感性的人的活动"、"当做实践去理解"的可能性。

这种可能性，马克思是从解析"历史"入手。在《1844年经济学哲学手稿》中，马克思用简洁的语言给予明确的论断："历史是人的真正的自然史"。① "真正的自然史"意味着历史是人创造的，人又是现实的、自然的存在，是人认识自然、改造自然过程中造就了人类的历史，这是理解人最基本的前提，也是最直观的、客观的思路。就此，马克思明确断言："因为对社会主义的人来说，整个所谓世界历史不外是人通过人的劳动而诞生的过程，是自然界对人来说的生成过程，所以关于他通过自身而诞生、关于他的形成过程，他有直观的、无可辩驳的证明。因为人和自然界的实在性，即人对人来说作为自然界的存在以及自然界对人来说作为人的存在，已经成为实际的、可以通过感觉直观的，所以，关于某种异己的存在物、关于凌驾于自然界和人之上的存在物的问题，即包含着对自然界和人的非实在性的承认的问题，在实践上已经成为不可能的了。"②

人是在社会历史中的客观存在。所谓客观存在，是指人的自我意识、意志、知识、能力的发展都要受到自然与历史的双重制约。只有深入到人类活动本身，才能把握人的活动规律、把握人类历史发展规律。而人类活动本身，它是整体的，包括人类社会物质生产以及人类自身再生产，既指物质生产劳动，又指精神生产活动。

其次，马克思阐释"当做感性的人的活动"、"当做实践去理解"的现实意义。

马克思指出实现人的自由全面发展的目标，使人有尊严的生活和有尊严的劳动，这样的人是有"感受力"的人。要做到这一点，实现人的解放，如果通过批判宗教、法哲学批判的途径，是无法使每一个人全面自由发展。这就需要"革命"，"使人的世界和人的关系回归于人自身"。③ 当然，它包括着政治革命完成之后的"革命"，即把人变成市民社会的人、变成公民，这是马克思所说的人的、解放。

---

① [德] 马克思：《1844年经济学哲学手稿》，《马克思恩格斯全集》第3卷，人民出版社2002年版，第326页。

② [德] 马克思：《1844年经济学哲学手稿》，《马克思恩格斯全集》第3卷，人民出版社2002年版，第310—311页。

③ [德] 马克思：《论犹太人问题》，《马克思恩格斯全集》第3卷，人民出版社2002年版，第189页。

"只有当现实的个人把抽象的公民复归于自身,并且作为个人,在自己的经验生活、自己的个体劳动、自己的个体关系中间,成为类存在物的时候,只有当人认识到自身'固有的力量'是社会力量,并把这种力量组织起来因而不再把社会力量以政治力量的形式同自身分离的时候,只有到了那个时候,人的解放才能完成"。①

实现人的解放的目标,它只能在人的现实社会生活才能完成,这是一条现实的通道。所以,马克思要求把人"当做感性的人的活动"、"当做实践去理解",它的现实意义是要消除了对人的种种幻想。

再次,马克思阐释"当做感性的人的活动"、"当做实践去理解"的方法论创新。

马克思通过阐述人、人类社会历史、理论以及现实社会生活之间的关系,辩证分析人类社会历史发展之谜,马克思建构了唯物史观的基本思想。因此,"现实"、"历史"提供了人的生活基础和条件,也告诉我们怎样理解人、理解实证科学,使之具有理解人的问题的方法论意义。"思辨终止的地方,在现实生活面前,正是描述人们实践活动和实际发展过程的真正的实证科学开始的地方"。② 可见,马克思创立的唯物史观,提供了分析社会变革基本规律与发展趋势的方法论,指出了人在社会历史发展中的地位与作用,确立了理解复杂多变的社会现象与社会问题的思想方式。这一思想方式,对于今天的意义,在于它提供了理解社会发展与人的存在地位的思想方式,也成为理解人类种种活动之一的学校教育本质以及把握它的发展规律的思想方式。

由此遵照唯物史观的基本思想,要理解与质疑教育问题,它并不关心采取怎样举措与方法解决教育问题,而是要求形成或提出分析教育问题的方法论,这是解决问题的前提。由此按照唯物史观的基本理论,要解决教育问题,必须要在人——社会——教育三维关系中研究与分析教育问题,使教育问题的分析思路具有现实性与客观性。

这种解决教育问题的思路,就有异于笛卡尔主体自我与客体世界二元对立思维方式,因为笛卡尔二元对立思维方式,特点是就某事论某事,因而,解决问题的路径是孤立的而不是联系的、是片面的而不是辩证联

---

① [德]马克思:《论犹太人问题》,《马克思恩格斯全集》第 3 卷,人民出版社 2002 年版,第 189 页。

② [德]马克思、恩格斯:《德意志意识形态》(节选),《马克思恩格斯选集》第 1 卷,人民出版社 1995 年版,第 73 页。

系的，结果出现了就"教育"谈论"教育"的思路，窄化了解决教育问题的视野，对创新性思路解决教育问题形成影响。这一点伽达默尔在批评黑格尔的历史遗产中已经提到了："因为黑格尔哲学通过对主观意识观点进行清晰的批判，开辟了一条理解人类社会现实的道路，而我们今天依然生活在这样的社会现实中"。① 伽达默尔的这一论断，指出了主观思想是影响我们对社会现实考察的重要障碍，而且，在很大程度上，我们并没有感觉到这一点，甚至，我们还自以为是找到了把握社会现实的切近通道。

所以，提出以唯物史观作为分析教育问题的指导理论，全面、历史、辩证地看待教育问题，使教育融入到人类创造社会历史的洪流之中，在提供丰富的、适合人民群众需要的教育中实现教育在社会历史发展中的价值。

一、唯物史观为理解教育目的创建理论思路

教育目的是学校教育工作的前提，它规定着学校教育工作的发展方向。但是，不同理论视域对教育目的有不同的理解。运用马克思创建的唯物史观，就能完成对传统教育目的的解构，提供理解教育目的的理论思路。

唯物史观是马克思一生的重大发现。马克思通过对现实人的现实社会生活，揭示人与社会发展的规律，解开了理解人类社会发展的秘密。以唯物史观作为教育理解的思想方式，把教育与现实人类社会历史创造活动融合在一起，把塑造全面发展的社会主体确立为学校教育目的，教育是培养现实人的现实社会活动，是解决教育现实性问题的首要工作，是学校教育活动顺利有效地进行的基础性工作。

1. 唯物史观明确人是教育目的。学校的教育目的是把受教育者培养成什么样的人的总规定。处于不同社会历史阶段的学校，设计的教育目的是不尽相同的。即使是处于同一历史时期，不同国家、不同地区的学校教育目的也未必是完全一致的。因而，正确认识人的发展的基本含义以及要求，切实把握人的发展的现实道路，这是学校确立教育目的时必须首先要回答的根本性问题。对这个问题的回答，必须要找到研究人与社会发展的正确理论，以此确立解读学校教育目的的指导思想。人类社会历史和学校教育改变发展的实践证实，唯物史观为学校教育目的形成提供思想准备与认识基础。

以唯物史观分析学校的教育目的，是从人类社会发展普遍规律与终

---

① [德] 伽达默尔：《哲学解释学》，夏镇平、宋建平译，上海译文出版社1994年版，第111页。

极目标的角度阐释学校教育目的，把社会发展规律与学校人才培养工作做到有机结合。就此，马克思在《关于费尔巴哈的提纲》中作了论断："人的本质不是单个人所固有的抽象物，在其现实性，它是一切社会关系的总和"。① 从"现实性上是社会关系总和"角度论述人的本质，这与培根等思想家从科学、理性的角度理解人的思路存在本质差异，它也不同于费尔巴哈从人的感觉、感性理解人的思路，因为这些认识人的思路，脱离现实社会文化讨论人的价值，实质上只是关注人的理智的价值，要么是张扬自然主义教育主张，要么是脱离人的现实社会生活谈论人的感性的价值，变成是教育的浪漫主义。

诚然，要强调社会关系与人的发展之间的关系，并不否定教育与人的理性之间的关系，相反，它非常重视教育在增进人的知识、提高人的认识水平、增强人的生存技能中的作用。当然，这里需要提醒，要求我们放弃从教育与人的理性或教育与人的非理性关系理解教育的思路，因为这样理解教育，只是把满足人的某些方面需要当做教育目的。虽然这种观点也抓住了教育能够产生某些价值或功能的特性，但是，它肢解了人的教育的真实涵义。也正是因为这样，我们并不完全同意学校教育要着力增强受教育者的生活、工作技能的观点。因为，这种观点只是谈及了教育的某一部分功能，或者说教育给予人的日常生活产生部分的"现实"功能，如果我们把这样的教育"功能"当做了学校教育功能本身，当做了学校教育的一切，势必发生以偏概全的问题。而这一问题的产生，恰恰是因为理解学校教育的思想方式所导致。

2. 唯物史观明确了实现人是教育目的教育要求。认识教育目的，除了确认人是教育目的的立场外，还要明确人的教育的具体要求与具体内容。马克思唯物史观提出人的本质是社会关系的总和，"人的本质"的现实表现则是人的社会实践能力。因而，培养人的实践能力是人的教育的核心内容，是人的发展的本质要求。马克思在《1844年经济学哲学手稿》中就说"人不仅通过思维，而且以全部感觉在对象世界中肯定自己"。② 这种全部感觉，不仅是指人的认知能力、逻辑分析能力等理性因素，而且还包括情感、意志、欲望等非理性因素。因而，塑造具有丰富的、全

---

① ［德］马克思：《关于费尔巴哈的提纲》，《马克思恩格斯选集》第1卷，人民出版社1995年版，第56页。

② ［德］马克思：《1844年经济学哲学手稿》，《马克思恩格斯全集》第3卷，人民出版社2002年版，第305页。

面而深刻感觉的人，是学校教育与社会发展的历史使命，也是社会文明发达的象征。

对此，马克思把它称作是"人的复归"。马克思说："人向自身、向社会的即合乎人性的人的复归，这种复归是完全的，自觉的和在以往发展的全部财富的范围内生成的。"[①] 从而使人从处于异化的、受奴役的、受愚弄的、未受启蒙的状态中解放出来，这是"人的复归"。当然，这种"复归"不是回归到人的自然本性，而是使人走向自由自主的社会主体。马克思用非常生动、形象的词语形容人的"复归"特征："具有丰富的、全面深刻感觉的人"。

"具有丰富的、全面深刻感觉的人"，这绝不是"美文学"的词语表达，也不是心理学的描述，因为马克思是立足在社会实践的视域理解什么是"丰富的、全面深刻感觉的人"。对此，马克思的立场是十分明确的：

"只有在社会中，自然界对人来说才是人与人联系的纽带，才是他为别人的存在和别人为他的存在，只有在社会中，自然界才是人自己的人的存在的基础，才是人的现实的生活要素。只有在社会中，人的自然的存在对他来说才是自己的人的存在，并且自然界对他来说才成为人。"[②]

只有在社会中才能谈论人与社会交往关系的建构，从中展现人自身的需求、意愿，比如改造了自然界，形成了丰富的物质或精神产品。如此说，人的能力、人的发展是在"实践"中完成的，提高人的社会实践能力，便成为学校促进人的发展的关键内容。

可是，马克思的这一立场，却被批判教育学的思想家们误读。在批判教育学看来，尽管马克思肯定人是教育对象，但是，这个"人"是社会经济力量的代名词，"个人化约为中人是广泛经济力量（生产关系）的一项工具或傀儡"。其实，这是批判教育学对马克思关于人与生产力关系、经济与人的异化关系的理论的误读。也正是因为这一点，批判教育学把重视"人"作为自身理论建构的特色与重点，正如批判教育学的重要代表保罗所说："教育者的工作并不是去形成或塑造学生，但以我的观点，教育者都是学生形塑、成长过程中的一个协助者"。[③] 保罗的表述反

[①] ［德］马克思：《1844年经济学哲学手稿》，《马克思恩格斯全集》第3卷，人民出版社2002年版，第297页。

[②] ［德］马克思：《1844年经济学哲学手稿》，《马克思恩格斯全集》第3卷，人民出版社2002年版，第301页。

[③] ［美］伊拉·索尔、［巴西］保罗·弗雷勒：《解放教育学——转化教育对话录》，林邦文译，台北，巨流图书公司2008年版，第153页。

映了批判教育学对受教育者个体自主、个人自由和创造力的重视。[①] 其实，批判教育学理解人的教育存在的误区是明显的，这一点在批判教育学质疑马克思人的本质观的时候已经崭露了。

3. 唯物史观规定了人的教育的价值目标。明确了人的社会实践能力是人的教育的核心内容，因而要明确培养人的实践能力的教育所蕴含的价值目标。

教育价值目标涉及教育活动的基本问题。在教育思想史上，对教育价值目标的理解，存在着不同的、甚至是对立的认识思路。古希腊追求自由教育，设置"七艺"学科，教育的价值是替人的发展提供永恒学问。近代以来受工业革命和市场经济的影响，备受关注培养产业工人、技术人才的职业教育，使学校教育价值取向向着职业与技能教育的变革，这就出现了怎样调适与平衡教育的社会价值与个人价值、道德价值与知识价值、超验的价值与实用的功利价值之间的困惑。

要解答教育困惑，马克思创建的唯物史观提供了一条思路。为解决这一困惑，唯物史观没有从个体与社会对立的思路提出教育价值目标，而是确立人是对象性存在作为分析教育价值的理论前提，使人与社会、人与自然的关系，通过人是对象性存在的理念得到统一。这一点，马克思在《关于费尔巴哈的提纲》提到人是"感性活动"意义上的"实践"的存在。"实践（practice）"一词在语义上相近的词有创造（create）、工作、劳动（work）、生产（production）、工艺、技术（technology）等。马克思融合了这些词的相近意义，论述人是"实践"的存在，即"通过实践创造对象世界，改造无机界，人证明自己是有意识的类存在物"，[②] 在这里，"实践"是人与世界对象性关系的建构与完成，它体现着人是"能动"的存在、是"自由的有意识的活动"。所以，马克思断言不仅要认识世界（解释世界），更重要任务是改造世界。改造世界就是一种"变化世界"，是一种"创造"。

因而，提升人的实践能力是教育价值的实现，也是教育完成社会主体培养任务的基本要求。这就是说，对教育价值以社会为本还是以个人为本的争论，在人是对象性存在的认识前提下获得了解决。也就是说，

[①] [英]雷克斯·吉普森：《批判理论与教育》，吴根明译，台北，师大书苑股份有限公司1988年版，第12页。

[②] [德]马克思：《1844年经济学哲学手稿》，《马克思恩格斯全集》第3卷，人民出版社2002年版，第273页。

教育要以培养社会主体为己任,而这个"社会主体",是在认识世界、解释世界与改造世界中完成人与社会、人与自然的统一,这一点恰恰只有马克思唯物史观阐释学校教育的理论贡献。

4. 唯物史观指明了全面、完整地实现学校教育功能的要求。教育要培养"认识世界"与"创造世界"的社会主体,不仅要使人掌握认识世界与创造世界的某种技能或知识,造成了某种改变与创造世界的"结果",而且是使人确立建构与世界交往关系的意识与立场,即要教会学生能够自觉地反思我与自我的关系、反思我与他人的关系、反思我与世界的关系,如此使教育变成是"意义与人际关系的'关系重建'",它包括着学习者与客体的关系、学习者与他(她)自身(自己)的关系、学习者与他人的关系。教育与学习活动,成为建构客观世界意义的活动,是探索与塑造自我的活动,是编织自己同他人关系的活动。①

以此关系建构理解学校教育与学生学习活动,关键是解决学生的"意义"的问题,需要帮助学生提高对自我、他人、世界的存在价值与合理性的理解水平,使学生确立人生理想,坚守人生的信仰,坚持道德关怀的立场,做一名对生活充满情趣的"文化人"。实现这些任务,需要解决学生的知识与技能,因为知识与技能反映与体现着学生的认知能力,但是,解决认知能力只是第一步,不是最终目标。

对此,针对当前市场经济对学校教育工作构成的负面影响,学校既要反对像工厂生产产品那样把人才培养工作"标准化"、"机械化",缺失对学生生动、多样的个性发展的关注;又要避免由于重视知识教育,只关注学生认知能力的发展,而淡化对学生道德、法律等"做人"的教育。

二、唯物史观确立了学校教育科学发展的现实道路

作为现实的教育活动,怎样判断它是具有现实性的教育,这需要在教育与人及社会三维围绕的系统中才能作出结论,关键是把握教育与人、教育与社会之间的辩证运动。这就解决了什么是学校发展、怎样促进学校发展、学校发展的主体是谁以及学校发展是为了谁等涉及学校发展的基本问题。

然而,曾经一度把学校教育看做是社会上层建筑,是社会意识形态的重要组成部分。因而,社会高度关注教育,从社会意识形态的角度规范与要求学校教育,未能科学研究与切实关注学校教育活动的自身特殊性。事

---

① [日]佐藤学:《学习的快乐——走向对话》,钟启泉译,教育科学出版社2004年版,第38页。

实上，促进学校教育的改革与发展，采用单纯转变意识形态对教育的束缚或约束，或者单纯改变教育的物质条件等做法，都难以达到教育发展的目标。这一点在1949年新中国成立以来的教育变革实践中得到了证明。

中华人民共和国成立30年时，国家控制教育中的意识形态话语，希望通过灌输政治意识形态，达到培养"根正苗红的无产阶级接班人"的目标。不可否认，这些教育做法曾经一度造成教育思想与学校管理秩序的混乱。改革开放以来，国家大力发展教育事业，确立教育优先发展的战略地位，在教育投入、师资队伍建设、学校校舍改善等方面达到了新中国成立以来最好的水平。[①] 可是，社会对教育质量仍然忧心忡忡。教育改革的路标到底何在？有一条思路是清晰的，仅仅是在教育领域内部进行改革，是难以取得实质性效果。教育是社会的教育，它取决于社会的教育条件、教育政策以及教育环境的优化。[②]

因此，学校教育改革与发展要建立在现实社会历史发展基础上，辩证处理学校教育与社会发展之间的关系。

一是要看到教育发展受到社会的制约，这就要求通过大力发展社会生产力，为教育发展提供更好的社会条件。

二是要重视发挥教育对促进社会进步发展的贡献。要重视研究提升教育质量的思路与出路，既要重视传授系统的、规范的科学知识，培养现实社会生产需要的生产、生活技能，又要重视对年轻一代的道德教化，帮助年轻一代完成社会化，为社会发展提供人才支持、智力支持。

[①] 改革开放以来，科教兴国战略的确立，坚持以人为本，努力将沉重的人口负担转变成人才资源强国，凸现人力资源的竞争优势。为此，国家加大财政投入，改善教育条件。2003年，中央财政教育、卫生、科技、文化、体育事业投入855亿元，比上年增加94亿元；安排专项投资20亿元，继续支持农村中小学危房改造工程等。2004年，全国教育支出增加421.89亿元，增长14.4%。其中，中央财政教育支出增加43.23亿元，增长15%。2005年，全国教育支出3951.59亿元，增长17.4%。中央财政负担的教育支出384.38亿元，增长15.9%。2006年，全国财政教育支出4752.7亿元，增长19.6%。其中，中央财政教育支出536亿元，增长39.4%。2007年，中央财政用于教育支出1076.35亿元，增长76%。2008年，中央财政预算计划用于教育的支出1561.76亿元，增长45.1%。国家教育发展研究中心：《2008年中国教育绿皮书——中国教育政策年度分析报告》，教育科学出版社2008年版，第6页。

[②] 胡锦涛在2010年全国教育工作会议的讲话中明确要求党和国家工作全局中，必须始终把教育摆在优先发展的战略地位，财政资金优先保障教育投入、公共资源优先满足教育和人力资源开发需要，并尽快形成科学规范的制度。要转变政府教育管理职能，落实政府发展和管理教育责任。同时，要求各地区各部门明确分工，落实责任，密切配合，形成推动优先发展教育合力，构建体系完备的终身教育，健全充满活力的教育体制。胡锦涛：《在全国教育工作会议上讲话》，教育部网站（http://www.moe.gov.cn/）。

三是要避免教育对社会进步与发展产生的消极作用。学校教育对社会发展起着积极的推动作用，也会出现消极的负面作用。它通过传递陈旧的、过时的、落后的知识观念，甚至是反科学、伪科学的"知识"，影响受教育者知识与能力的发展，还有，通过不恰当的教育方式、教育手段，影响甚至是摧残受教育者个体身心健康发展，甚至是培养出一批反社会力量，给社会稳定、进步带来障碍，导致社会冲突与混乱。

因而要坚持以唯物史观指导学校教育工作，结合各级各类学校所处的社会历史文化实际，找准学校发展定位，确立学校发展目标，依靠广大教师和学生，充分调动师生参与教育改革的主动性、创造性，创建一条适应社会需要而又富有特色的学校发展之路。

三、唯物史观为学校教育确立价值取向

结合上述第二点提出学校发展是为了谁的问题，实质是明确学校教育的价值取向。如果明确这一点，就能够克服工具论或功利论的学校教育价值观念造成的消极作用。

所谓从工具论或功利论理解学校教育，是指没有把促进人的持续、全面发展作为学校教育的目的，而是把学校教育看做实现其他目的（比如考试分数、通过学生竞赛获奖拿更多奖金等）的工具或手段，结果，生动活泼、个性多样的教育对象受制于某一种"教育目的"的规范与约束，接受学校教育，变成是为了实现"某一种目的"的工具，这种现象在市场社会利益原则的冲击下，并不少见。因此，克服教育的功利化，寻求教育的人文价值，成为社会致力于教育发展的一个重要目标。

要克服这一认识误区，使学校教育回归到"本真"状态、"原初"状态，即教育是人的教育，学校是师生健康成长的快乐园地与精神家园。这就需要明确学校教育的价值取向，为学校教育实践规定方向，发挥它对教育实践的引领作用，关键是怎样理解作为教育对象的人。

马克思唯物史观视野中人的发展，经历着从原始社会"人对物"的依赖阶段，逐步发展到人的本质力量释放的未来社会，这也是实现人的自由本性的阶段，是"人完成占有自身的本质特征"，因而，一方面，实现人的自由本性是人的发展最高阶段，是人的发展的理想境界；另一方面，人的发展是与世界交往关系过程中完成的。不过，这种互动关系，不能用某一种"技术"的方式就能完成，比如类似书法，老师告诉学生一点一划怎样写、怎样安排字体结构等。这些是"技术"性的方式，按这种方式培养学生，学生能够按教师要求把字写正确、写清楚，但是，

这种培养方式是造就不了"书法家"。"书法家"与能"写一手好字（写漂亮的字）"的人的区别，书法家更强调写字是对汉字美的把握，在书写汉字中展示着书法家的内心世界，是书法家通过书写汉字展示个人理解人生的境界。[①] 可见，不能把"教育活动"等同于教学技术、教学技艺、教学方法，它理所当然地具有"技术、技艺、方法"的含义，比如教师怎样维护课堂教学纪律等，这既是一个教育技术、教学方法层面能够解决的问题，又不能等同于汽车维修工给轮胎充气那样的"技术活"，它有另一层面的特质。这就是教育与人性相联系，既有"求真"的使命，更有"崇善"、"尚美"的使命，是对人性需求的呵护和对人生的终极关怀。故此，教师组织实施教育活动，要求教育者挖掘教育活动中蕴含的人性美，使教育科学、教学技术和方法奠基在"善与美"的基础上，这样的教育活动是合理的、是有意义的。

这是唯物史观开启理解教育的价值向度，然而，对此的认识出现了功利的、技术主义的立场。在突出阶级斗争的年代，把教育变成是服务于无产阶级政治利益的工具。随着社会工作重点转向市场经济建设，以"经济决定论"的思想方式解析教育的经济功能，把教育当做是促进经济、发展生产力的手段与工具，出现了片面倡导教育产业化、教育商品化的现象。

当然，这里并不否定教育的经济功能，特别是它对提高劳动力、促进社会经济发展、创造科学技术成果产生的积极贡献，也不否定发展教育需要大量资金的事实，以及优质教育资源的富集，它也能够带动当地产业的发展，能够使培养人才具有很高的社会地位以及获得丰厚的经济收入，由此也给这些人才培养机构、提供科技服务的机构带来经济的回报。就此意义上说，它并不否定学校对推动社会经济发展、产业结构调整、人力资源开发具有重要价值。但是，这只是学校教育功能中的一部分，如果要完整把握教育功能与意义，这种认识思路是不完整的。

如果对上述三方面理解不当，则会遮蔽已经展露的马克思教育思想

[①] 我国著名梵学研究、印度文化研究大家金克木先生曾在《汉字和抽象画》一文中谈到中国汉字书法其实是早期的"抽象画"。不但篆书和草书，对不认识的人来说，是抽象画，隶、楷、行书也是。中国书法的奥妙，就在于能以图形表达抽象（包括思想、感情），是"意象图"。中国字和中国画互相通气，表面上一是抽象的，一是形象的，实际上两者有同一性质，都是符号，一样的"言近而旨远"。若就书法字去求词句的意义，那就好像见面的是苹果便整吃一样了。孙过庭在《书谱》中说了他找出王羲之的各种帖写时的各种心情，这是他对书法符号的一种解说。所以，诗、文与书、画在中国是通气的。金克木：《汉字和抽象画》，周锡山编：《文化厄言》，中国人民大学出版社 2006 年版，第 105—106 页。

的当代价值,对此,列举下述三方面问题是重要的提示。

之一:抽象化地理解完善人的教育功能。

促进个人素质的发展与完善是学校的教育功能。人的完善,是人在现实社会生活中完成的。因而,学校的教育任务是帮助人更主动更好地适应社会生活,完成培育人的社会性、促进人的社会化的任务。

但是,学校抽象、片面地理解"人的完善",比如把人看做是某种实体,或是自我意识的完善。对于前者,主要是把人看做是理性的人,结果,人的发展视作是发展人的理智能力,这一点在现实社会生活中,已经变得很普遍,甚至被人熟视无睹了。对于后者,现实学校教育中最典型体现是制造了一批极具投机取巧之技能又缺乏社会公共责任感的"公民",不能说这些"公民"没有知识、没有技能,然而,他们的思想、观念以及行为的出发点是自我为中心,满足自我的利益,是自我意识极度膨胀的必然产物。[1]

之二:教育的社会分层功能的异化。

讨论教育现实的问题,实质上是讨论教育是实际发生的、是实际存在的事实,这是一个科学的问题,因为它可以通过一定科学手段给予客观的描述。但是,讨论教育现实性,这是一个价值评鉴问题,是对教育事实是否具有合理性、价值性作出判断。这种判断的依据则是教育能否促进人的发展,不仅要促进每一个人的发展,而且要建构有助于所有人自由发展的群体,以促进群体的发展。然而,在穷国办大教育的特殊教育现状中,教育资源短缺,教育资源分布不均,对教育的不公平管理,形成了城市与乡村教育、重点学校与非重点学校、普通教育与职业教育、学校教育与终身教育分离的局面,甚至造成接受不同学校教育的学生与今后社会阶层密切相关,教育变成是年轻一代进入不同社会阶层的助推器,学校成为社会分层的"孵化基地"。[2]

无疑,教育要促进人的发展,但是,不可能使所有人都能获得同样

---

[1] 北京大学钱理群教授称之为培养了一批"精致的利己主义者"——世故老到,善于表演,懂得配合。也有人称北京大学有的是人才,却并不培养精英。因而,"在怀疑的时代需要信仰"变得如此紧迫。卢新宁:《在怀疑的时代更需要信仰》,《中国青年报》2012年7月6日。

[2] 2011年8月5日新民网刊登潘晓凌的《内地农村学生难入名校 北大学生占比从三成跌至一成》文章。文章指出"出身越底层,上的学校越差",这一趋势正在被加剧和固化。30年来,国家的转型在继续,但底层个体命运的转型,却在逐渐陷入停顿。"我国高等教育公平问题研究"表明,中国重点大学农村学生比例自1990年代起不断滑落。北大农村学生所占比例从三成落至一成。清华2010级农村生源仅占17%。参见潘晓凌:《内地农村学生难入名校 北大学生占比从三成跌至一成》,http://www.xinmin.cn/2011-0805。

的发展，即便是在同一所学校、同一间教室、接受同一个教师的教育，教育结果也会有差异的。更何况提倡教育中的因材施教，这就给人的不同成长模式与路径提供条件。在此意义上说，教育影响社会成员的流动，使他们从事不同的职业、处于不同的阶层，这是完全可能的。问题在于这种教育分层功能的形成，是否是基于每一个个体的内在需求，是否是在教育公平与正义的条件下，展示了教育分层功能。如果不是这种情况下形成的教育分层功能，则对受教育者来说，是不公平的教育，也是不正义的教育，是对教育分层功能的异化。

之三：教育独立性受到质疑。

马克思阐述教育——社会——人之间的关系，它说明学校的教育活动要受到社会与人的相互制约，又要在此基础体现教育是相对独立的子系统，因而，早在20世纪初期，中国就有学者提出教育独立的问题，并受到社会关注。随着西方列强枪炮送来的启蒙思想，以及国内一批接受西学的知识分子开启新文化运动，这样催生了教育独立的思想，并逐渐获得教育界的认同。但鉴于当时的国际国内局势，争取教育独立的重点领域是教育经费独立、教育脱离政治、教育脱离宗教等方面。舒新城作了概括："教育界觉得政府之不可靠，于是有'教育经费独立'的要求。后来因宗教及政党问题在教育上引起种种纠纷，于是乃由教育经费独立，推广及于教育脱离政治宗教而在立法上行政上完全独立"。[①]

由此可说20世纪以来，追求"教育独立"构成中国教育发展的一项重要命题。当然，对当前中国教育独立问题的讨论，是难以去除的学校行政化与学校等级制，加剧了政府、学校、社会之间的紧张关系，把办学权利与办学意志集中在"行政权力"之中。尽管对这些问题展开了讨论，也写入了中国《国家中长期教育改革和发展规划纲要（2010—2020年）》之中，[②] 但是，保障教育的独立地位，维护学校的办学自主权利，这不是一项理论辩护的工作，不是理论家的空洞说教，它需要法律、制度与机制的保证，以及要有一批代表教育理想、教育精神去执行教育制

---

① 舒新城：《近代中国教育思想史》，福建教育出版社2007年版，第184页。
② 《国家中长期教育改革和发展规划纲要（2010—2020年）》"第十三章建设现代学校制度"明确了政府与学校之间关系。推进政校分开、管办分离。适应中国国情和时代要求，建设依法办学、自主管理、民主监督、社会参与的现代学校制度，构建政府、学校、社会之间新型关系。适应国家行政管理体制改革要求，明确政府管理权限和职责，明确各级各类学校办学权利和责任。来源：《国家中长期教育改革和发展规划纲要（2010—2020年）》中央政府门户网站www.gov.cn:2010-07-29。

度的教育家。

第七节　唯物史观理解教育现实性的当代价值

上文论及教育现实性，强调从理解人的教育的思想方式、教育过程的认识论立场、实现教育价值的历史性等三方面分析教育现实性消逝的缘由，提出要以唯物史观分析教育问题，全面、历史、辩证地看待教育问题，使教育融入到人类创造社会历史的洪流之中。对它的重新发现与解读，展示着马克思教育思想的当代价值。

一、从历史维度把教育纳入现实人的社会实践范畴

近代以来的思想家理解教育与古希腊教育思想存在显著不同，这就是近代启蒙思想家把人作为教育的对象，提出教育是人的教育的论断。然而问题也正是在这里，即何谓是人的教育？德国哲学家费希特就认为传统教育是"没有一种关于人的教育的正确概念"。[①] 因而，他提出要实施"新教育"。"新教育必须按照一种确实可靠、普遍有效的规则，培养这种坚定不移的意志"，[②] 它的本质是"培养学子去过纯粹的伦理生活，新教育力求达到的这种伦理生活，是作为一种首要的、独立不倚的事物存在，它靠自己的力量过它自己的生活"。[③] 虽然费希特不认同传统教育，但是他提出的新教育实质上仍然是"传统教育"，因为费希特又把自己的思想回归到"主观的"、"精神"领域。

马克思概括了问题的实质："这一切都是在纯粹的思想领域中发生的。"[④] 而要消除思想中的"主观性"的"精神"维度，实现"绝对精神的瓦解"，马克思提出坚持历史的观点才能破解以形而上学思想方式理解教育的局限。在马克思看来，费希特的人的自我理论、费尔巴哈的人本

[①] [德] 费希特：《对德意志民族的演讲》，梁志学、沈真、李理译，辽宁教育出版社2003年版，第21页。
[②] [德] 费希特：《对德意志民族的演讲》，梁志学、沈真、李理译，辽宁教育出版社2003年版，第22页。
[③] [德] 费希特：《对德意志民族的演讲》，梁志学、沈真、李理译，辽宁教育出版社2003年版，第35页。
[④] [德] 马克思、恩格斯：《德意志意识形态》（节选），《马克思恩格斯选集》第1卷，人民出版社1995年版，第62页。

主义立场、黑格尔的理性的思辨等观点，尽管看到了人的问题，但是，把人看做是纯粹自然的、抽象的和非历史的存在。因此，他们所进行的斗争只是"意识"的斗争、只是"意识"的"幻象"，努力的目标是"意识的改变"，而缺失思想与现实社会生活的联系，① 所以，马克思提出要寻求"思想"的现实基础，"关于他们所作的批判和他们自身的物质环境之间的联系问题。"② 只有这样，才能使我们思想和活动，乃至于我们自身生存的前提不是任意提出的，不是教条，而是一些只有在想象中才能撇开的现实前提。③ 而现实前提是现实的个人的活动和通过他们自身活动创造出来的物质生活条件。正是人的活动及其创造的物质生活条件，它构成人类历史的第一个前提。

马克思在《1844年经济学哲学手稿》中用简洁的语言作出了明确的论断："历史是人的真正的自然史"④。"真正的自然史"意味着历史是人创造的，而且是人在现实社会中通过劳动创造历史。"因为对社会主义的人来说，整个所谓世界历史不外是人通过人的劳动而诞生的过程，是自然界对人来说的生成过程，所以关于他通过自身而诞生、关于他的形成过程，他有直观的、无可辩驳的证明。因为人和自然界的实在性，即人对人来说作为自然界的存在以及自然界对人来说作为人的存在，已经成为实际的、可以通过感觉直观的，所以，关于某种异己的存在物、关于凌驾于自然界和人之上的存在物的问题，即包含着对自然界和人的非实在性的承认的问题，在实践上已经成为不可能的了"。⑤ 人是现实的、自然的存在，是人认识自然、改造自然过程中造就了人类的历史，这是理解人最基本的前提，也是最直观的、客观的思路。

正是因为人类与社会历史之间的密切联系，它表明人的生存与发展的实质，这便是人认识世界、改造世界的实践活动，因而，不能离开历史发展的事实谈论人的问题，"人的思维是否具有客观的真理性，这不是一个理

---

① ［德］马克思、恩格斯：《德意志意识形态》（节选），《马克思恩格斯选集》第1卷，人民出版社1995年版，第65—66页。

② ［德］马克思、恩格斯：《德意志意识形态》（节选），《马克思恩格斯选集》第1卷，人民出版社1995年版，第66页。

③ ［德］马克思、恩格斯：《德意志意识形态》（节选），《马克思恩格斯选集》第1卷，人民出版社1995年版，第66—67页。

④ ［德］马克思：《1844年经济学哲学手稿》，《马克思恩格斯全集》第3卷，人民出版社2002年版，第326页。

⑤ ［德］马克思：《1844年经济学哲学手稿》，《马克思恩格斯全集》第3卷，人民出版社2002年版，第310—311页。

论的问题,而一个实践的问题"。① 这就是说,人存在于特定的社会历史之中,人的自我意识、意志、知识、能力的发展都要受到自然与历史的双重制约。如果不能坚持这一点,就会把解决问题思路集中到人的理性、意志、心情等主观的、思辨或神圣上帝范畴。因而,解决人的问题,包括教育问题,都需要坚持历史的维度,只有这样,才能使我们明确意识到人的问题是现实的社会问题。所谓是现实的社会问题,是指人生活在现实的社会关系之中,正如马克思所说"事情是这样的:以一定的方式进行生产活动的一定的个人,发生一定的社会关系和政治关系"。② 而这种"现实"性,构成解决人的问题的基础,它包括政治、经济、教育等各种关于人的问题,而且这种解决思路不会带上任何神秘和思辨的色彩。

由上述所论可知,当前推进教育创新的改革实践,除了研究学校自身的教育问题,比如是否遵循了教育发展的基本规律、人的发展规律,努力创造条件让教育家办学,此外,更要关注教育与社会的关系,要着力研究社会政治、文化、经济发展的基本规律、特点及趋势,着力优化与改善教育发展的社会条件,又能够主动吸纳社会发展的资源服务教育改革,包括教育目标的调整与优化、教育教学内容的充实与更新、人才培养模式的变革等,不再使教育变成是科学知识的概念判断与逻辑推理,而是鲜活的现实社会中个人的"活劳动",是每一个个体生命力的激扬。

二、凸现人的教育问题的公共性取向

自古至今,无论中外教育思想家,都一致地认识到人是教育的对象,教育目标是对人的改造。然而,人是什么,人为何可以通过教育受到改造、如何才能被改造,这是理解教育的出发点,也是思想家理解教育的思想方式的展现。

在古代教育思想家看来,认为决定人与社会存在合理性的依据不是现实人的日常生活世界,而是人的感官不可能把握的"超验世界"。它是人的感官看不见、触摸不到的世界,这个"世界"才是决定人的日常生活乃至世界存在的根本因素,规定着世界与人的日常生活的规则与秩序。这就是古希腊教育思想家把追问世界根源的"终极目的"以及受其制约

---

① [德] 马克思:《关于费尔巴哈的提纲》,《马克思恩格斯选集》第 1 卷,人民出版社 1995 年版,第 55 页。
② [德] 马克思、恩格斯:《德意志意识形态》(节选),《马克思恩格斯选集》第 1 卷,人民出版社 1995 年版,第 71 页。

的"等级秩序"确立是决定教育存在与否的本质因素。① 正是基于对这种"秩序"与"规则"的认识，柏拉图认定生活在城邦中的人群分成四个等级，不同等级的人在城邦中从事不同工作，教育要按照不同等级的人来组织实施，使每一等级的人都能根据自身本性为城邦工作。比如国王，接受哲学教育，成为城邦的统治者，这样就能维系城邦的秩序。

亚里士多德理解教育的思想方式也体现着这一特点。他在《政治学》第八部分中把教育作为维护城邦稳定秩序的重要因素，认为教育是"公共的要务"，不应作为"各家的私事"，应由城邦管理与负责，并确定教育规程、教育制度，"邦国如果忽视教育，其政制必将毁"。② 亚里士多德对教育是"公共的"而不能是"私事"的认识，是因为教育任务是使人成为城邦的一个公民，使公民能够从事实践城邦的善业，当所有城邦公民都能遵守法律（礼俗）而维持良好秩序的社会是最好的社会、是追求人的幸福生活的社会，是"善"的社会。③ 在亚里士多德看来，只有顺应城邦秩序的基本法则，才能维护城邦的良好统治，这也包括了对未成年一代进行适当的教育。基此，亚里士多德把教育定义为是城邦统治者控制被统治者的政治活动，这便是要指导和养成成长着的自由公民的习惯，引导他们进入"合目的"的秩序之中，并通过这种方式确保城邦的稳定。④ 可见，合乎"城邦秩序"教育行动的第一选择与理由，是决定教育合理性的前提。正因如此，亚里士多德指出不是所有人都需要接受教育，教育只是针对自由民而言，通过教育，使自由民先于奴隶而成为城邦的公民，承担治理城邦任务。而奴隶，他们是"会说话的工具"，不能从事城邦公民活动，只能由其主人进行管理，不需要向他们实施教育。

很清楚，以柏拉图、亚里士多德为代表的古希腊思想家是把"超验的终极目的"作为教育合理性的前提，教育的功能与价值是维持社会等级秩序。这样，让人接受教育，是为了使人朝向崇高的超验目的，进而自觉地遵循与实践维持城邦统治所固有的规律与法则。无疑，这样的思路，教育基础不是现实社会生活，而是形而上学地认为教育是"理想世界秩序"衍生的必然要求，因而缺失了理解教育的"人的维度"。

---

① ［德］底特利希·本纳:《普通教育学——教育思想和行动基本结构的系统的和问题史的引论》，彭正梅、徐小青、张可创译，华东师范大学出版社 2006 年版，第 93 页。
② ［古希腊］亚里士多德:《政治学》，吴寿彭译，商务印书馆 1965 年版，第 406—407 页。
③ ［古希腊］亚里士多德:《政治学》，吴寿彭译，商务印书馆 1965 年版，第 353 页。
④ ［德］底特利希·本纳:《普通教育学——教育思想和行动基本结构的系统的和问题史的引论》，彭正梅、徐小青、张可创译，华东师范大学出版社 2006 年版，第 180 页。

这一点在宗教教育思想中更是被推向极致。不同宗教派别，有不同的教义与宗教思想，但它们有一个共同特点，即认为世俗生活中的人都是有罪的、是不幸的，需要获得解救与拯救。为了让人能够获得拯救或福祉，不仅要依赖上帝的宽恕，而且依赖于教育和自我养成，它的目标是使人成为按照耶稣基督精神成长的新人。① 这是人需要得到拯救的神学信条，也是设置学校教育合理性的前提。

随着文艺复兴及此后的启蒙思想运动，开启了重视人的地位的新时代。以个体和社会自由为前提，消除了人受上帝或"超验世界"异力量制约的思想困境，教育目的不是要求受教育者领会超验异己物，而是要使人确信自身是社会的主体。正如卢梭所说民主原则是现代社会建立的基础，人是民主社会的一个独立成员，因而，教育是塑造人的主体地位，是这一时期的教育主题。

尽管近代教育思想突出人的教育主题，但是，近代意义是怎样理解人的教育？理解人的教育的思想方式是什么，这是正确把握人的教育的关键。这一点黑格尔在《哲学史讲演录》中作了概括。"近代哲学的出发点，是古代哲学最后所达到的那个原则，即现实自我意识的立场；总之，它是以呈现在自己面前的精神为原则的。中世纪的观点认为思想中的东西与实存在的宇宙有差异，近代哲学则把这个差异发展成为对立，并且以消除这一对立作为自己的任务"。② 黑格尔把"现实自我意识的立场"确立是近代哲学开端的论点，深刻地阐述了近代哲学对古代关注人的异己世界立场的超越，转向对人本身的关注，开启了一条以人自身为视点理解人的思想方式的道路，即"我是主体"问题的凸现。但是，因为这一时期把"自我意识"确定是"我是主体"的基础，构成了这一时期理解教育思想方式的形而上学特征，即"意识的内在性构成近代以来全部形而上学的主导原则和基本精神"。③

因此，要切实解决怎样认识人的教育问题，在结合近现代启蒙理性的基础上，使古希腊培育城邦公民的教育公共取向的价值得以重现，马克思提出了"实践原则"，试图从现实的个人与世界相互交往的关系视角去破解人的教育难题。目的是避免出现马克思在《关于费尔巴哈的提纲》中批判的错误观

---

① [德]沃尔夫冈·布列钦卡：《教育科学的基本概念分析、批判与建议》，胡劲松译，华东师范大学出版社2001年版，第183页。
② [德]黑格尔：《哲学史讲演录》（第四卷），贺麟、王太庆译，商务印书馆1978年版，第5页。
③ 吴晓明：《论马克思哲学中的主体性问题》，《复旦学报》2000年第5期。

点，即"把社会分成两部分，其中一部分凌驾于社会之上"。[①] 因而，马克思特别指证学校教育，是让受教育者（学生）确立个人与社会之间的辩证关系。[②] 由此提供了创新教育、推动教育发展的启示与要求。

一是全社会要形成人是社会发展目的观念。中国特色社会主义建设事业的发展，最根本目的是为了满足广大人民群众不断增长的物质与精神生活的需要，促进人的全面发展。这一认识，与强调教育培养人关心社会公共事务的品质，并不矛盾。相反，只有在肯定人是教育发展目的的前提下，才能谈论培养人的全面发展为核心的现代公民的问题。

二是必须坚守教育的信仰，坚持正确的教育价值取向。这就是伟大的中国特色社会主义建设事业的主体是一代又一代的中国人民，中国建设社会主义，必须依靠广大人民群众，依靠全面发展着的人，依靠具有社会责任感、有知识、有能力的社会公民。特别是在当前全国社会经济发展不平衡、社会生产力比较落后的状况下，学校教育更要坚守理想与信仰，必须从小就要培养学生确立"国家建设、人人有责"的意识、观念与实际行动能力。

三是实践人的教育的公共取向，必须在全社会倡导尊重知识、尊重人才的氛围，要切实提高各级各类教师的社会政治地位，改善经济待遇。只有教育者安心教育、乐于教育，才能对教育充满信心，为教育目的实现提供最有效的人才支撑。

三、划定学校的任务与教育研究的论域

马克思创立的唯物史观，提供了分析社会变革基本规律与发展趋势的方法论，指出了人在社会历史发展中的地位与作用，确立了理解复杂多变的社会现象与社会问题的思想方式。"思辨终止的地方，在现实生活面前，正是描述人们实践活动和实际发展过程的真正的实证科学开始的地方"。[③] 由此说它对于今天的意义，是它提供了理解社会发展与人的存在地位的思想方式，是理解学校教育本质以及把握它的发展规律的思想方式，划定了学校的任务及教育研究的论域，为辨析与批判当前西方学者的马克思教育思想研究的基本观点提供思想武器。

当代西方教育思想家继承马克思唯物史观阐释教育现实性的思想方

---

① [德] 马克思：《关于费尔巴哈的提纲》，《马克思恩格斯选集》第1卷，人民出版社1995年版，第55页。

② 舒志定：《论马克思生产劳动理论赋予教育的当代价值》，《学习论坛》2011年第5期。

③ [德] 马克思、恩格斯：《德意志意识形态》（节选），《马克思恩格斯选集》第1卷，人民出版社1995年版，第73页。

式,他们试图尝试用马克思分析教育的思想方式去批判资本主义学校教育对人性的压抑及其教育功能的片面性,进而阐明学校的任务及教育研究的论域。在美国的沃尔特·范伯格(Walter Feinberg)和乔纳斯·F.索尔蒂斯(Jonas F. Soltis)看来,马克思阶级理论是阐释学校教育功能三大理论之一。[1] 法国的 D. 布尔迪厄(Pierre Bourdieu)、J. C. 帕斯隆(Jean-Claude Passeron)就从"再生产"理论出发,批判了资本主义学校缺失教育职能的独立性。他们认为学校教育的基本职能是文化传递与人才培养,然而,资本主义社会已经使学校教育变成"一种符号暴力理论的基础","一些集团或阶级把文化专断的建立和继续所必需的教育权威委托给了教育行动。作为提供持续性培养的长期灌输工作,即作为生产符合上述集团或阶级文化专断原则的实践的生产者的工作,教育工作有助于通过习性,这一客观结构再生产实践的发生功能本源,再生产生产这一文化专断的社会条件,即它作为其产品的那些客观结构"。[2] 这就是说,在资本主义社会,在形式上,学校教育承担着传递社会文化的使命,实质上是服务于统治阶级文化传递的需要,是统治阶级文化的再生产。

因此,在亨利·A.吉鲁(Henry A. Giroux)等新进步主义思想家看来,当前学校把教育功能确定是培养技术工人、促进工业化及传递西方文明的核心价值观。[3] 这就需要重新审视学校教育职能,避免使学校教育成为体现"文化霸权"和"国家意识形态"的场所。

类似上述所列举的思想家对马克思教育思想的阐析与运用,实际上并没有完整理解马克思的人的教育思想。尽管上述思想家列举并尖锐批判了资本主义学校教育中的问题,但是,他们只是停留在社会与个人对立的前提下理解学校教育,把学校教育当做传授科学知识、解决人的技能的手段作为理解人与教育关系的认识前提,重点讨论学校教育是以学生为本还是以社会为本、以社会的意识形态为本等课题,关注的课题是学校教育是否传授了学生关心的知识与技能,还是传授了社会关注的知识与意识形态,这样的理解思路,与传统教育理解思路是一脉相承的,即学校教育是一种改造人的心智的手段。其实,在马克思看来,学校教

---

[1] [美] 沃尔特·范伯格、乔纳斯·F.索尔蒂斯:《学校与社会》,李奇等译,教育科学出版社 2006 年版,第 43—59 页。

[2] [法] D. 布尔迪厄、J. C. 帕斯隆:《再生产——一种教育系统理论的要点》,邢克超译,商务印书馆 2002 年版,第 42 页。

[3] [美] 亨利·A.吉鲁:《跨越边界:文化工作者与教育政治学》,刘惠珍等译,华东师范大学出版社 1992 年版,第 236 页。

育的根本任务是让受教育者（学生）确立个人与社会之间的辩证关系。①

四、清理制约教育创新的思想障碍，奠定教育发展的认识基础

马克思唯物史观论证教育现实性，核心问题回答了人的教育命题，即培养社会实践的主体，避免使教育成为培养"原子式"的自我的"温床"，使主体变成是"观念的主体"、"思想的主体"。重读马克思唯物史观阐述教育现实性的立场，有助于处理好教育中的三大关系，确保教育科学持续发展。

（一）正确处理学校追求纯粹目的与世俗目的之间的关系

这里把学校追求的教育目的，划分成纯粹目的与世俗目的。所谓学校追求教育的纯粹目的，是指教育着眼于改善学生的精神生活，提升学生精神境界，以塑造独立健全的人格为典范，培养学生学会独立思考、坚持理性批判精神。如古代科学家宋应星撰写的《天工开物》，这是一部与社会生活、科学技术发展密切相关的学术著作。书中按照"贵五谷而贱金玉"的原则列为18个类目，记载了谷物栽种、蚕丝棉苎纺织染色、制盐制糖、砖瓦陶艺制作、车船制造、金属铸造、矿石开采烧炼与制油、造纸方法、兵器制造、颜料生产、酿酒技术、珠玉采集和加工等古代农业和手工业技术，其中不少是在当时居于世界领先地位的工艺技术和科学创见。但在书中开篇之处则写着："此书与功名利禄毫不相干也"。② 事实也如此，这部书直到近代才被重新发现。

所谓学校追求教育的世俗目的，是指把社会功利取向的人才培养模式、评判标准作为学校教育目的。比如古代中国学校，在政教合一的教育体制内，是脱离现实社会生活的"功利"教育，只要不利于维护社会等级制统治秩序的思想观念、行为方式都会被社会主流拒之门外，学校或读书人以求取功名仕途为目标，除此之外的科学知识、科学技能，未能受到重视。③

---

① 舒志定：《论马克思生产劳动理论赋予教育的当代价值》，《学习论坛》2011年第5期。
② 宋应星：《天工开物》，岳麓书社2002年版。
③ 儒家对科学的态度是矛盾的。一方面倡导人非生而知之，人能够学习，这有助于科学发展，另一方面又成为科学发展阻力。因为儒家的教育理想是学而优则仕，集中关注于人与社会，只对"事"的研究而放弃一切对"物"的研究。虽然中国思想流派众多，但对这一点认识上，则存在着惊人的相似。比如儒家和名家重视经验与理性，但不对自然感兴趣，而对自然深感兴趣的道家，却不信赖理性和逻辑。这种现象在希腊文化中是没有的。参见［英］李约瑟：《中国古代科学思想史》，陈立夫等译，江西人民出版社1999年版，第14、第185页。

尽管孔子提出并实践"有教无类"的教育思想,认为受教于他,都可不必考虑家世出身。但是,孔子的教育目标则是统一与明确的,要求君子务本,通达至圣至贤之境界,以便实现服务君主的目的。

当然,学校教育应把两者统一,并取两者的优点。强调学校追求纯粹目的,不是根据宗教教育的理想,认同神或上帝,追求超越的信仰目标,不是追求脱离社会生活的虚无幻想,而是强调培养人的社会主体意识,成为社会主体,能够凭着社会良知、社会责任感、坚持用批判精神审视社会的发展、引导社会的发展。

(二) 正确处理学校教育标准的统一性与人才成长个性化要求之间的关系

在创新成为当前时代关键词的背景下,培养创新品质的公民是学校教育的题中之议。而个体的创新品质,是人的道德品质、精神诉求与知识修养的综合,在众多的素质构成要素中,独立性是考察人是否具有创新品质的重要维度,因为盲目崇拜权威、墨守成规的思想意识是不能培养独立性和创造性品质。[1]

为此,不少西方学者以人的因素为评析现代社会与传统差异的依据。如英国学者安德鲁·韦伯斯特（Andrew Webster）就指出"富于革新意识的人"是现代社会的重要特征之一。他说传统社会成员是用带有感情色彩的、迷信的和宿命的眼光看待世界,认为一切都得由命运摆布,而现代社会的成员不听天由命,而勇往直前和富于革新意识,表现出强烈的企业家精神和对世界的理性与科学的态度。[2]

因而,如何使传统的个人向现代的个人转变,从而成为具有创造性品质和创新能力的个人,这是十分重要的课题。以研究人的现代化著名的社会学家英格尔斯（A. Inkeles Alex）早在20世纪60年代就指出,要使人从传统的人向现代的人的转变,他把教育看做是个人现代性的一个

---

[1] 美国现代化研究著名学者布莱克就说我们正在经历一场人类的伟大的革命转变。这种现代化的社会变革,给社会政治、经济、文化、生活方式等各个领域产生深刻的影响。他说现代化对传统人格的稳定和认同也是一种挑战。在传统社会中,绝大多数的社会成员从不会因遭遇规范和价值冲突而紧张。因为传统社会的文化遗产经历千百年,变化甚慢,而老人则是这种遗产的公认受托者。孩子在家庭邻里的一片安全感的氛围中长大,这种环境和氛围有助于形成强烈的认同感和自信心。与这种传统社会相比,现代社会中价值规范的不确定在增强,都市化改变了传统的家庭结构,个人变得更加自由,也更需要独立自主,否则人会处孤独与异化之中。参见 [美] C.E.布莱克:《现代化的动力》,段小光译,四川人民出版社1988年版,第42—44页。

[2] [英] 安德鲁·韦伯斯特:《发展社会学》,陈一筠译,华夏出版社1984年版,第29页。

有力的预报器。① 英格尔斯为代表的一批社会学家,以对世界范围内的 6 个发展中国家的 6000 人的实证调查为依据,得出教育是培养具有创新能力与资质的重要影响因素的结论,这是值得重视的观点。问题是如何把学校建设成为真正有助于创新性人才成长的乐园。

为了使学校能够有助于创新性人才的培养,学校要结合现实社会发展特点与条件,创造民主的教育环境,完善学校内部管理机制,使个人的创造精神受到制度的保障与支撑,这为培养创新性人才提供思想与制度基础。何兆武对此有一个较好的论断:"文化上的民主实质上也就是社会政治的民主,其精义只不过在于能最大限度地容纳不同的思想和见解及其表达方式而已。社会既然是一个共同体,当然就要有一套大家所共同遵守的规范。如果没有一套大家所必须共同遵守的规范,每个人都与所有的人为敌(霍布斯),社会共同体就会沦为无政府,就无法存在了。不过,确立社会共同规范,要以最大限度地保障个体的自由为准则,它的目的在于保障个体的自由发展而不是强求千篇一律;它的生命力就存在于它对不同个体的包容性之中。它的包容度越大,它的生命力也就越大。因而有研究者指出,一种文化的生命力就在于它那包含性广度,或者说它那民主性的精神与实践"。②

在这层意义上说,建设具有包容性的学校文化,是激发学校发展生命力的必然要求,也是学校生命力勃发的体现。具有包容性的学校文化,才能真切正做到关注学生的差异,尊重学生的差异,注重每一个学生身上的闪光点,这需要积极探索创建生动活泼的学生生活的集体,通过公共的、集体价值观的引导,这样的学生才是社会所需要的。

(三) 正确处理学校教育的知识训练、技能习得与精神自觉之间的关系

学校的教育对象是鲜活的生命体。学生发展是学校教育的出发点与前提,一切的教育与教育的一切都是为了学生的健康发展。因此,评鉴学生发展的指标,不仅仅是看学生是否取得了高分,而且应该把评鉴的重点确定是培养学生学会学习、学会做人、学会生活、学会关心,评价学生是否能够做到与社会的和谐相处,是否具有自我学习、自我发展能力的人。这一点在中国传统学校教育中表现尤其显著。有研究者指出,

---

① [美]英格尔斯、戴维·H·史密斯:《从传统人到现代人——六个发展中国家中的个人变化》,顾昕译,中国人民大学出版社 1992 年版,第 47 页。
② 何兆武:《文化漫谈——思想的近代化及其他》,中国人民大学出版社 2004 年版,第 178 页。

中国传统学校教育，以儒家教育思想为主导，在"性善说"的基础上，着重主体的精神自觉，实施以德行为主的整合人格的通识教育。传统学校教育扮演着超越知识领域的功能，以启迪人心为主，教育本质是以涵融整合的人格为终极目标。[①] 倡导整全人格的传统教育，时至今日，也有其积极意义。当然，这一教育思想，要适应现代社会发展的现实需要，进行创造性转换，开掘其合理资源。

教育重视人的发展，尊重生命、关爱生命，是学校教育的崇高价值目标。尊重生命，不仅是指生理或物理意义上的活的生命体，而是要求确立生命是不可超越的信仰。这就要求学校实施科学技术知识教育，改善人的理性品质，而且，要求从学前教育、小学教育开始，从小塑造学生保持对日常生活世界的关怀之情，养成一种习惯于从思想、理念层面的思考，而不是满足于对物欲无止境的需求，类似古人所说"修身养性"、"无欲则刚"，从而丰富自身的精神生活，构建自身独特的精神世界，避免因过度沉迷器物之中而失去对终极意义的思考。

因此，帮助学生破除科学主义建构的精神枷锁是重要的教育任务。虽然科学教育使学生懂得科学的力量，但是，也要避免形成理性力量是绝对的、科学是能够解决一切问题的"信念"，而是应该使学生确立正确的人生观、价值观，成为一名有益于社会发展的劳动者、建设者。这是因为现代社会重要特点之一是专业分工十分细致，专业化程度越来越高。每个人都面临着专业化的挑战，在社会生活中扮演着多种社会角色。如此要求学校传授科学知识，帮助促进他们的专业水准，更重要的是教会学生如何做人，成为一名社会合格公民。社会合格公民，基本一条是具有社会意识、具有社会责任感。培养学生爱心，同情心，责任心，需要对自己社会生活状况的了解，不了解或无视学生日常生活状况，要让学生确认高尚的理想目标是十分困难的。因而，在社会现代化程度不断提升的处境中，避免把人变成是知识的奴隶、科技的奴隶是一项重要的教育课题。

要解决这个问题，关键是怎样做好"知识教育与人的发展"的文章。因为知识传授是学校的基本任务，是实现人的培养目标的重要渠道。为此，就要研究如何通过知识教育完善个人的内心世界，为个人成长提供价值观的引导，使学校成为教育者与受教育者吸取精神养料的乐园。对这个问题，一方面要看到知识产生的作用，包括道德知识灌输的合理性，

[①] 黄俊杰：《大学通识教育的理念与实践》，华中师范大学出版社2001年版，第58页。

使学生懂得并明白做人处世的基本道德规范与道德知识,另一方面应该研究如何使知识的价值更有实效,避免出现"思想的巨人,行动的矮子"。因此,既要研究怎样提高知识教育科学化水平,又要研究如何使知识教育更有效地促进个体的健康成长,发挥学校教会学生学会求知、做事与做人的教育功能。

综上所述,人的教育是教育的核心问题。但要避免教育成为培养"原子式"自我的"温床",或者使受教育者成为"观念的主体"、"思想的主体",这就需要全面深刻地理解马克思教育思想。可是,在解读马克思教育思想时,并未重视这一点。不少观点只是把马克思教育思想看做是经济学范畴或者是意识形态范畴,认为马克思教育思想最大贡献在于确立对资本主义社会的批判立场。其实,这样认识与研究马克思教育思想,把马克思教育思想当做分析教育与政治、教育与意识形态的一种工具与手段,这就遮蔽了马克思变革传统教育思想方式产生的革命性意义。所以,从消除传统教育理解思想方式的维度着眼,重读马克思唯物史观视域中的教育,有助于让我们找到以传统理解教育的思想方式解读马克思教育思想的局限,进入有助于深入研究与揭示马克思教育思想的当代价值。

参 考 文 献

[1]《马克思恩格斯选集》第1卷，人民出版社1995年版。
[2]《马克思恩格斯选集》第2卷，人民出版社1995年版。
[3]《马克思恩格斯选集》第3卷，人民出版社1995年版。
[4]《马克思恩格斯选集》第4卷，人民出版社1995年版。
[5]《马克思恩格斯全集》第1卷，人民出版社1995年版。
[6]《马克思恩格斯全集》第3卷，人民出版社2002年版。
[7]《马克思恩格斯全集》第21卷，人民出版社2001年版。
[8]《马克思恩格斯全集》第25卷，人民出版社2001年版。
[9]《马克思恩格斯全集》第30卷，人民出版社1995年版。
[10]《马克思恩格斯全集》第31卷，人民出版社1998年版。
[11]《马克思恩格斯全集》第32卷，人民出版社1998年版。
[12]《马克思恩格斯全集》第33卷，人民出版社2004年版。
[13]《马克思恩格斯全集》第44卷，人民出版社2001年版。
[14]《马克思恩格斯全集》第45卷，人民出版社2003年版。
[15]《马克思恩格斯全集》第46卷，人民出版社2003年版。
[16] 朱维铮主编：《万国公报文选》，生活·读书·新知三联书店1998年版。
[17] 朱小蔓：《教育的问题与挑战：思想的回应》，南京师范大学出版社2000年版。
[18] 陈青之：《中国教育史》，东方出版社2008年版。
[19] 秦家懿、孔汉思：《中国宗教与基督教》，吴华译，生活·读书·新知三联书店1990年版。
[20] 雷通群：《西洋教育通史》，东方出版社2007年版。
[21] 林玉体：《西方教育思想史》，九州出版社2006年版。
[22] 金一鸣：《教育原理》，高等教育出版社2002年版。
[23] 潘懋元、宋恩荣、喻立森：《马克思主义教育理论家杨贤江》，光明日报出版社2005年版。
[24] 张栗原：《教育哲学》，福建教育出版社2008年版。
[25] 刘小枫：《现代性社会理论绪论》，上海三联书店1998年版。

[26] 刘小枫、陈少明主编：《古典传统与自由教育》，华夏出版社 2005 年版。
[27] 渠敬东：《现代社会中的人性及教育——以涂尔干社会理论为视角》，上海三联书店 2006 年版。
[28] 黄瑞祺：《马学与现代性》，台北，允晨文化实业股份有限公司 2001 年版。
[29] 牟宗三：《圆善论》，台北，台湾学生书局 1985 年版。
[30] 张祥龙：《思想避难：全球化中的中国古代哲理》，北京大学出版社 2007 年出版。
[31] 钱穆：《中国思想通俗讲话》，生活·读书·新知三联书店 2002 年版。
[32] 唐君毅：《文化意识与道德理性》，广西师范大学出版社 2005 年版。
[33] 张安国：《劳作教育思想之系统的研究》，正中书局 1942 年版。
[34] 倪梁康：《胡塞尔现象学概念通释》，生活·读书·新知三联书店 1999 年版。
[35] 赵汀阳：《论可能生活》，中国人民大学出版社 2010 年版。
[36] 何兆武：《文化漫谈——思想的近代化及其他》，中国人民大学出版社 2004 年版。
[37] 黄俊杰：《大学通识教育的理念与实践》，华中师范大学出版社 2001 年版。
[38] 孙周兴选编：《海德格尔选集》，上海三联书店 1996 年版。
[39] 倪梁康选编：《胡塞尔选集》，上海三联书店 1997 年版。
[40] 涂纪亮编：《杜威文选》，涂纪亮译，社会科学文献出版社 2006 年版。
[41] 舒志定：《人的存在与教育——马克思教育思想的当代价值》，学林出版社 2004 年版。
[42] 舒志定：《教师教育哲学》，北京大学出版社 2012 年版。
[43] 高宣扬：《布迪厄的社会理论》，同济大学出版社 2004 年版。
[44] 齐良骥：《康德的知识学》，商务印书馆 2000 年版。
[45] 高明士：《东亚传统教育与学礼学规》，华东师范大学出版社 2008 年版。
[46] 石计生：《马克思学：经济先行的社会典范论》，台北，唐山出版社 2009 年版。
[47] 王宁、薛晓源编：《全球化与后殖民批判》，中央编译出版社 1998 年版。
[48] ［美］汉娜·阿伦特：《马克思与西方政治思想传统》，孙传钊译，江苏人民出版社 2007 年版。
[49] ［法］路易·阿尔都塞：《保卫马克思》，顾良译，商务印书馆 2006 年版。
[50] ［美］沃尔特·范伯格、乔纳斯·F. 索尔蒂斯：《学校与社会》，李奇等译，教育科学出版社 2006 年版。
[51] ［法］D. 布尔迪厄、J. C. 帕斯隆：《再生产——一种教育系统理论的要点》，邢克超译，商务印书馆 2002 年版。
[52] ［美］S. 鲍尔斯、H. 金蒂斯：《美国：经济生活与教育》，王佩雄译，上海教育出版社 1990 年版。
[53] ［美］巴里·卡纳普：《批判教育学导论》，张盈堃、彭秉权、蔡宜刚、刘益诚译，台北，心理出版社 2004 年版。
[54] ［英］约翰·齐曼：《可靠的知识：对科学信仰中原因的探索》，赵振江译，商

务印书馆 2003 年版。

[55] [德] 康德：《论教育学》，赵鹏、何兆武译，世纪出版集团、上海人民出版社 2005 年版。

[56] [德] 康德：《历史理性批判文集》，何兆武译，商务印书馆 1990 年版。

[57] [法] 马瑞坦：《十字路口的教育——通识教育的理论基础》，简成熙译，台北，五南图书出版公司 1996 年版。

[58] [德] 于尔根·哈贝马斯：《交往与社会进化》，张博树译，重庆出版社 1989 年版。

[59] [德] 于尔根·哈贝马斯：《现代性的哲学话语》，曹卫东译，学林出版社 2004 年版。

[60] [德] 于尔根·哈贝马斯：《公共领域的结构转型》，于晓等译，译林出版社 1999 年版。

[61] [德] 于尔根·哈贝马斯：《后形而上学思想》，曹卫东等译，译林出版社 2001 年版。

[62] [德] 于尔根·哈贝马斯：《认识与兴趣》，郭官义、李黎译，学林出版社 1999 年版。

[63] [德] 于尔根·哈贝马斯：《重建历史唯物主义》，郭官义译，社会科学文献出版社 2000 年版。

[64] [德] 底特利希·本纳：《普通教育学——教育思想和行动基本结构的系统和问题史的引论》，彭正梅、徐小青、张可创译，华东师范大学出版社 2006 年版。

[65] [挪] G. 希尔贝克、N. 伊耶：《西方哲学史——从古希腊到二十世纪》，童世俊等译，上海译文出版社 2004 年版。

[66] [英] H. D. F. 基托：《希腊人》，徐卫翔、黄韬译，世纪出版集团上海人民出版社 2006 年版。

[67] [古希腊] 柏拉图：《理想国》，郭斌和、张竹和译，商务印书馆 1986 年版。

[68] [德] E. 策勒尔：《古希腊哲学史纲》，翁绍军译，山东人民出版社 1996 年版。

[69] [德] 马克斯·韦伯：《经济与社会》，林荣远译，商务印书馆 1997 年版。

[70] [德] 马克斯·韦伯：《儒教与道教》，洪天富译，江苏人民出版社 1997 年版。

[71] [德] 马克斯·韦伯：《社会科学方法论》，韩水法、莫茜译，中央编译出版社 1999 年版。

[72] [德] 马克斯·韦伯：《新教伦理与资本主义精神》，于晓、陈维刚等译，生活·读书·新知三联书店 1987 年版。

[73] [美] 阿伦·奥恩斯坦、莱文·丹尼尔：《教育基础》，杨树兵等译，江苏教育出版社 2003 年版。

[74] [美] 威廉·V. 斯潘诺斯：《教育的终结》，王成兵等译，江苏人民出版社 2006 年版。

[75] [捷克] 夸美纽斯：《大教学论》，傅任敢译，教育科学出版社 1999 年版。

[76] [法] 让-雅克·卢梭：《论人类不平等的起源和基础》，李常山译，商务印书馆 1962 年版。

[77] [法] 让-雅克·卢梭：《爱弥尔》，李平沤译，商务印书馆 1978 年版。

[78] [法] 笛卡尔：《第一哲学沉思集》，庞景仁译，商务印书馆 1985 年版。

[79] [德] 海德格尔：《面向思的事情》，陈小文译，商务印书馆 1999 年版。

[80] [德] 海德格尔：《存在与时间》，陈嘉映、王庆节合译，生活·读书·新知三联书店 1999 年版。

[81] [美] 吉拉尔德·古德克：《教育学的历史与哲学基础——传记式介绍》，缪莹译，湖南教育出版社 2008 年版。

[82] [英] 哈耶克：《致命的自负》，冯克利译，中国社会科学出版社 2002 年版。

[83] [英] 约翰·亨利·纽曼：《大学的理念》，高师宁等译，贵州教育出版社 2003 年版。

[84] [意大利] 维柯：《维柯论人文教育——大学开学典礼演讲集》，张小勇译，广西师范大学出版社 2005 年版。

[85] [美] 亨利·A.吉鲁：《教师作为知识分子——迈向批判教育学》，朱红文译，教育科学出版社 2008 年版。

[86] [美] 罗蒂《后哲学文化》，黄勇编译，上海译文出版社 1992 年版。

[87] [德] 黑格尔：《法哲学原理》，范扬、张企泰译，商务印书馆 1961 年版。

[88] [德] 黑格尔：《逻辑学》，杨一之译，商务印书馆 1981 年版。

[89] [德] 斐迪南·滕尼斯：《共同体与社会》，林荣远译，商务印书馆 1999 年版。

[90] [英] 安东尼·吉登斯：《现代性与自我认同》，赵旭东等译，生活·读书·新知三联书店 1998 年版。

[91] [美] 曼弗雷德·S.弗林斯：《舍勒的心灵》，张志平、张任之译，上海三联书店 2006 年版。

[92] [德] 马克斯·舍勒：《爱的秩序》，林克等译，生活·读书·新知三联书店 1995 年版。

[93] [美] 约瑟夫·科克尔曼斯：《海德格尔的〈存在与时间〉》，陈小文等译，商务印书馆 1996 年版。

[94] [法] 莱昂·罗斑：《希腊思想和科学精神的起源》，陈修斋译，广西师范大学出版社 2003 年版。

[95] [美] 格莱夫斯：《中世教育史》，吴康译，华东师范大学出版社 2005 年版。

[96] [德] 谢林：《对人类自由的本质及其相关对象的哲学研究》，邓安庆译，商务印书馆 2008 年版。

[97] [日] 佐藤学：《学习的快乐：走向对话》，钟启泉译，教育科学出版社 2004 年版。

[98] [日] 佐藤学：《课程与教师》，钟启泉译，教育科学出版社 2003 年版。

[99] [法] 爱弥尔·涂尔干：《教育思想的演进》，李康译，上海人民出版社 2003 年版。

[100] [法] 爱弥尔·涂尔干:《职业伦理与公民道德》,渠东、付德银译,上海人民出版社 2001 年版。

[101] [德] 费尔巴哈:《基督教的本质》,荣震华译,商务印书馆 1984 年版。

[102] [瑞士] 裴斯泰洛齐:《裴斯泰洛齐教育论著选》,夏之莲等译,人民教育出版社 2001 年版。

[103] [日] 小林澄兄:《劳作教育思想史》,周心安译,世界书局 1935 年版。

[104] [德] 赫尔巴特:《普通教育学 教育学讲授纲要》,李其龙译,浙江教育出版社 2002 年版。

[105] [美] 威廉·巴雷特:《非理性的人——存在主义哲学研究》,杨照明、艾平译,商务印书馆 1995 年版。

[106] [德] 伽达默尔:《哲学解释学》,夏镇平、宋建平译,上海译文出版社 1994 年版。

[107] [英] 怀特海:《教育的目的》,徐汝舟译,生活·读书·新知三联书店 2002 年版。

[108] [法] 埃蒂安·巴利巴尔:《马克思的哲学》,王吉会译,中国人民大学出版社 2007 年版。

[109] [美] 华勒斯坦等:《学科·知识·权力》,生活·读书·新知三联书店 1999 年版。

[110] [芬兰] 冯·赖特:《知识之树》,陈波等译,生活·读书·新知三联书店 2003 年版。

[111] [美] 彼得·麦克拉伦:《校园生活——批判教育学导论》,萧昭君、陈巨擘译,台北,巨流图书公司 2004 年版。

[112] [德] 卡尔·雅斯贝尔斯:《什么是教育》,邹进译,生活·读书·新知三联书店 1991 年版。

[113] [德] 卡尔·雅斯贝尔斯:《时代的精神状况》,王德峰译,上海译文出版社 1997 年版。

[114] [英] 齐格蒙·鲍曼:《立法者与阐释者:论现代性、后现代性与知识分子》,洪涛译,上海人民出版社 2000 年版。

[115] [德] 狄尔泰:《历史中的意义》,艾彦、逸飞译,中国城市出版社 2002 年版。

[116] [德] 胡塞尔:《纯粹现象学通论》,李幼蒸译,商务印书馆 1992 年版。

[117] [德] 胡塞尔:《欧洲科学危机和超验现象学》,张庆熊译,上海译文出版社 1988 年版。

[118] [德] 胡塞尔:《生活世界现象学》,倪梁康、张廷国译,上海译文出版社 2002 年版。

[119] [英] 维特根斯坦:《哲学研究》,李步楼译,商务印书馆 1996 年版。

[120] [法] 让·鲍德里亚:《消费社会》,刘成富、全志钢译,南京大学出版社

2008年版。
[121]［德］E. 卡西勒：《启蒙哲学》，顾伟铭译，山东人民出版社1988年版。
[122]［英］约翰·洛克：《绅士的教育》，方晋译，西安出版社1999年版。
[123]［英］约翰·洛克：《教育漫话》，傅任敢译，教育科学出版社1999年版。
[124]［意大利］安东尼奥·葛兰西：《狱中札记》，曹雷雨、姜丽、张跣译，中国社会科学出版社2000年版。
[125]［美］乔治·奈特：《教育哲学导论》，简成熙译，台北，五南图书出版股份有限公司2010年版。
[126]［美］伯特：《近代物理科学的形而上学基础》，徐向东译，北京大学出版社2003年版。
[127]［德］福禄培尔：《人的教育》，孙祖复译，人民教育出版社1991年版。
[128]［匈］阿格妮丝·赫勒：《日常生活》，衣俊卿译，重庆出版社1990年版。
[129]［美］伯特尔·奥尔曼：《辩证法的舞蹈——马克思方法的步骤》，田世锭、何霜梅译，高等教育出版社2006年版。
[130]［美］法兰克·麦纽尔：《马克思安魂曲——思想巨人的光与影》，蔡淑雯译，台北，究竟出版社股份有限公司2000年版。
[131]［美］帕玛：《诠释学》，严平译，台北，桂冠图书股份有限公司1992年版。
[132]［美］马克·里拉：《维柯——反现代的创生》，张小勇译，新星出版社2008年版。
[133]［英］巴索·伯恩斯坦：《教育、象征控制与认同》，王瑞贤译，台北，学富文化事业有限公司2005年版。
[134]［美］约翰·罗尔斯：《正义论》，何怀宏、何包钢、廖申白译，中国社会科学出版社1988年版。
[135]［美］斯蒂文·洛克菲勒：《杜威宗教信仰和民主人本主义》，赵秀福译，北京大学出版社2010年版。
[136]［美］亚历山大·托马斯：《杜威的艺术、经验与自然理论》，谷红岩译，北京大学出版社2010年版。
[137]［美］艾伦·布鲁姆：《走向封闭的美国精神》，缪青、宋丽娜等译，中国社会科学出版社1994年版。
[138]［美］弗朗西斯·福山：《历史的终结及最后之人》，黄胜强、许铭原译，中国社会科学出版社2003年版。
[139]［墨西哥］卡洛斯·安东尼奥·阿居雷·罗哈斯：《拉丁美洲：全球危机和多元文化》，王银福译，山东大学出版社2006年版。
[140]［南非］达里尔·格雷泽、［英］戴维·M. 沃克尔：《20世纪的马克思主义——全球导论》，王立胜译，江苏人民出版社2011年版。
[141]［英］T. 莱姆克：《马克思与福柯》，陈元等译，华东师范大学出版社2007年版。

[142] [英]斯图亚特·西姆:《后马克思主义思想史》,吕增奎、陈红译,江苏人民出版社 2011 年版。

[143] [斯洛文尼亚]斯拉沃热·齐泽克:《意识形态的崇高客体》,季广茂译,中央编译出版社 2001 年版。

[144] [波兰]亚当·沙夫:《结构主义与马克思主义》,袁晖、李绍明译,山东大学出版社 2009 年版。

[145] [美]马泰·卡林内斯库:《现代性的五副面孔:现代主义、先锋派、颓废、媚俗艺术、后现代主义》,顾爱彬、李瑞华译,商务印书馆 2002 年版。

[146] [法]奥古斯特·孔德:《论实证精神》,黄建华译,商务印书馆 2001 年版。

[147] [美]大卫·库尔珀:《纯粹现代性批判——黑格尔、海德格尔及其以后》,臧佩洪译,商务印书馆 2004 年版。

[148] [英]阿伦·布洛克:《西方人文主义传统》,董乐山译,生活·读书·新知三联书店 1997 年版。

[149] [美]国家研究理事会:《教育的科学研究》,曹晓南等译,教育科学出版社 2006 年版。

[150] [法]雅克·德里达:《马克思的幽灵》,何一译,中国人民大学出版社 1999 年版。

[151] [美]埃伦·康德利夫·拉格曼:《一门捉摸不定的科学:困扰不断的教育研究的历史》,花海燕等译,教育科学出版社 2006 年版。

[152] [英]尼克·史蒂文森:《文化与公民身份》,陈志杰译,吉林出版集团有限责任公司 2007 年版。

[153] [英]李约瑟:《中国古代科学思想史》,陈立夫等译,江西人民出版社 1999 年版。

[154] [美]英格尔斯、戴维·H·史密斯:《从传统人到现代人——六个发展中国家中的个人变化》,顾昕译,中国人民大学出版社 1992 年版。

[155] [美]斯蒂文·贝斯特、[美]道格拉斯·凯尔纳:《后现代理论——批判性的质疑》,张志斌译,中央编译出版社 1999 年版。

[156] [美]洛伦·S.巴里特、[美]托恩·比克曼、[荷兰]汉斯·布利克、卡雷尔·马尔德:《教育的现象学研究手册》,刘洁译,教育科学出版社 2010 年版。

[157] [美]艾赅博、百里枫:《揭开行政之恶》,白锐译,中央编译出版社 2009 年版。

[158] 孙喜亭:《马克思主义教育学说在中国的传播与发展——纪念马克思逝世一百周年》,《辽宁教育研究》1983 年第 2 期。

[159] 王佩雄:《当代西方教育理论与马克思主义》,《比较教育研究》1983 年第 3 期。

[160] 王顺生:《关于设立马克思主义一级学科的几点思考》,《思想理论教育导刊》2005 年第 7 期。

[161] 姚启和:《教育的本质与党的教育方针》,《高等教育研究》1981 年第 3 期。

[162] 于光远：《重视培养人的研究》，《人民教育》1979 年第 1 期。
[163] 于光远：《重视教育经济学，改进教育工作》，《教育研究》1980 年第 4 期。
[164] 黄济：《对教育本质的再认识》，《中国教育学刊》2008 年第 9 期。
[165] 包国庆：《后现代思潮中的教育解构》，《高等教育研究》2004 年第 7 期。
[166] 贺来：《超越"现实"的"现实关怀"——马克思哲学如何理解和关注现实?》，《哲学研究》2008 年第 10 期。
[167] 杨耕：《胡塞尔：从先验自我转向生活世界——从马克思的观点看》，《吉林大学社会科学学报》2004 年第 5 期。
[168] 高清海：《哲学回归现实世界之路》，《社会科学战线》1993 年第 1 期。
[169] 刘奔：《经济全球化时代的文化问题》，《哲学研究》2007 年第 5 期。
[170] 舒志定：《现实的个人：教育的出发点——马克思教育当代性的一个视角》，《教育史研究》2003 年第 1 期。
[171] 舒志定：《论马克思教育思想的当代价值》，《河北师范大学学报·教科版》2007 年第 5 期。
[172] 舒志定：《马克思教育思想研究的基础与路径》，《教育史研究》2005 年第 3 期。
[173] 舒志定：《马克思教育思想的人文价值探析》，《教育史研究》2004 年第 1 期。
[174] 舒志定：《教育与生产劳动理论赋予教育的当代价值》，《学习论坛》2011 年第 5 期。
[175] 舒志定：《马克思现代性批判理路探析》，《胜利油田党校学报》2012 年第 3 期。
[176] 舒志定：《马克思人的教育思想的旨趣》，《教育学报》2012 年第 3 期。
[177] 贡彦：《〈共产党宣言〉与墨西哥萨帕塔民族解放军纲领》，《国外理论动态》1998 年第 10 期。
[178] 王衬平：《墨西哥萨帕塔运动的自治实践研究》，《国外理论动态》2011 年第 4 期。
[179] 陈列、俞天红：《"西方马克思主义教育思潮"简介》，《比较教育研究》1985 年第 6 期。
[180] 丰子义：《马克思现代性思想的当代解读》，《中国社会科学》2005 年第 4 期。
[181] Dennis Saleebey & Edward Scanlon, 2005: "Is a Critical Pedagogy for the Profession of Social Work Possible", Journal of Teaching in Social Work, 3/4.
[182] Elizabeth Heilman, 2003: "Critical Theory As a Personal Project: From Early Idealism to Academic Realism", Educational Theory, 3.
[183] DAVID HARTLEY, 2003: "Education as a Global Positioning Device: Some Theoretical Considerations", Comparative Education, 4.
[184] Adam Tenenbaum, 2000: "Anti-human Responsibilities for a Postmodern Educator", Studies in Philosophy and Education, 19.
[185] Sue Christian Parsons & Pamela U. Brown & Virginia Worley, 2004: "A Metaphor Analysis of Preservice Teachers' Reflective Writings About Diversity", Curriculum and

Teaching Dialogue,1.
- [186] Claudia Rozas,2007:"The Possibility of Justice:The Work of Paulo Freire and Difference",Study Philosophy Education,26.
- [187] Alasdair Macintyre,2006:"The End of Education:The Fragmentation of the American University",Commonweal,20.
- [188] Judith Semeijn & Rolf Vander Velden & Hans Heijke & Ceesvan der Vleuten & Henny Boshuizen,2005:"The role of Education in Selection and Allocation in the Labour Market: An Empirical Study in the Medical Field",Education Economics,4.
- [189] Jamesd Marshall,2001:"Acritical Theory of the Self:Wittgenstein,Netzsche,Foucault",Studies in Philosophy and Education,20.
- [190] Shulman,L.S,1986:"Those who understand:Knowledge growth in teaching",Educational Researcher,2.
- [191] Roni Aviram &Yossi Yonah,2004:"'Flexible Control':Towards a Conception of Personal Autonomy for Postmodern Education",Philosophy of Education Society of Australasia,1.

后　记

　　进入21世纪以来,我国为加强马克思主义理论研究与建设工作,以全面推进中国特色社会主义伟大事业,在2004年组织实施"马克思主义理论研究与建设工程",这是新世纪繁荣和发展我国哲学社会科学的创新之举,使马克思主义理论研究迎来了新的发展机遇。

　　组织实施马克思主义理论研究与建设工程,坚持和发展马克思主义,推动马克思主义中国化发展,以社会主义核心价值体系引领社会思潮、凝聚社会共识。这就要求扎实有效地推进马克思主义中国化时代化大众化,坚持不懈地创新和传播中国特色社会主义理论体系,推动中国特色社会主义理论体系进教材进课堂进头脑,使中国特色社会主义理论体系占据社会思想观念的核心地位,确保中国特色社会主义先进文化前进方向。为此,要重视马克思教育思想研究,它是马克思主义理论研究与建设工程的重要组成部分,这是树立高度文化自觉、增强文化自信的思想之源与理论前提。

　　经历了20世纪80年代以来的改革开放,中国经济获得了高速发展,经济总量跃进到世界第二位,这为中国教育的改革与发展奠定了物质基础。同时,它也对中国教育发展提出改革要求,要求通过中国教育的实践创新、教育理论创新、教育体制机制的创新,以提高教育质量,培养具有社会责任感、创新精神和实践能力的社会主义建设者和接班人。

　　在中国教育走向创新发展的伟大历史进程中,仍然需要重视马克思教育思想的研究,着力拓展马克思教育思想研究深度,不断丰富与完善马克思教育思想的研究成果,它既是创新马克思主义中国化研究领域的具体体现,有助于丰富与完善马克思主义思想的研究成果;又会对推动中国特色社会主义教育学科建设产生重要影响,成为中国特色社会主义教育事业创新实践的思想资源。

　　必须看到,马克思教育思想研究早已融入到20世纪以来的中国教育理论研究与教育实践之中。早在20世纪30年代,我国学者就开始研究马克思教育思想，并通过马克思教育思想研究，试图解决中国教育的实际问题。追溯20世纪近半个多世纪以来我国学者研究马克思教育思想的历程，在不同历史时期形成了马克思教育思想研究的不同研究旨趣，取得了一批有影响的研究成果，培养了一支从事马克思教育思想研究与成果传播队伍，这对推动马克思教育思想中国化、推动中国教育改革与发展起到了积极作用。

比如20世纪30年代杨贤江撰写发表的《新教育大纲》一书，被称作是第一部马克思主义教育著作。张栗原完成的《教育哲学》一书，是一部以唯物史观立场评述西方教育思潮的拓荒之作。吴俊升、王西征的《教育概论》是运用马克思人类社会发展形态理论论证教育与社会关系的一部佳作。孟宪承、陈学恂合作完成《教育通论》，它回答了集体教育与个人自由之间的辩证关系，诠释了促进个人自由发展的教育理想。这些探索工作，对传播马克思教育思想、推进中国特色教育学科建设产生积极影响。

新中国成立至改革开放初期，倍加重视马克思教育思想的研究，并取得了丰硕的研究成果，最重要的成就是确立了马克思主义是新中国教育事业发展的指导思想，并以马克思主义为指导，厘定了新中国教育的发展方向与教育宗旨，以此为指导，推动了中国教育实践的创新性发展，也使马克思教育思想中国化研究迈出了重要一步。只是这一时期研究马克思教育思想，紧扣马克思著作，着眼于意识形态的阐释，强调马克思教育思想的党性与阶级性立场，凸现了教育研究的政治意识形态功能，这造成了马克思教育思想研究视域单一的现象，成为这一时期马克思教育思想研究的突出问题。

随着社会历史环境的变化，在经济全球化、价值观念多元化、教育国际化、人才培养个性化的新背景下，如何进一步加强马克思教育思想研究，使其能够主动对话新世纪的教育实践，指导中国教育理论的发展，规范中国教育学科的建设，依然是一项富有意义的研究课题。毕竟，马克思被西方世界公认是影响人类社会历史进程的重要思想家之一。[①] 正如德里达在《马克思的幽灵》一书中说："不去阅读且反复阅读和讨论马克思——可以说也包括其他一些人——而且是超越学者式的'阅读'和'讨论'，将永远都是一个错误，而且越来越成为一个错误，一个理论的、

---

① 靳辉明：《马克思的历史地位——谈马克思被评为千年最伟大思想家》，《中国社会科学院研究生学报》2000年第3期。

哲学的和政治的责任方面的错误。当教条的机器和'马克思主义'的意识形态机构（国家、政党、党支部、工会和作为理论产物的其他方面）全都处在消失的过程中时，我们便不再有任何理由，其实只是借口，可以为逃脱这种责任辩解。没有这种责任感，也就不会有将来。不能没有马克思，没有马克思，没有对马克思的记忆，没有马克思的遗产，也就没有将来：无论如何得有某个马克思，得有他的才华，至少得有他的某种精神。"① 德里达对马克思的肯定、对马克思思想的认同，而且断定"不能没有马克思，没有马克思，没有对马克思的记忆，没有马克思的遗产，也就没有将来"，这样的胆略与立场是值得重视的。当然，德里达倡导马克思研究，对马克思作出解构式的阅读，试图在全球化背景中寻求一种多元化的国际话语体系与政治秩序，这是德里达研究马克思所隐匿的意图。

诚然，对德里达提出重视研究马克思的原因与价值，不同的研究者表达了不同的观点。比如英国学者斯图亚特（Stuart Sim）认为德里达没有把握马克思的核心思想，他只是提出了马克思思想是一个可以多元解释的话语领域。② 其实，不论怎样评价德里达研究马克思的立场，这并不重要。关键之处是德里达不仅理论上论证研究马克思的意义，而且付诸于行动，这已经是事实，对此必须要给予承认，并且也是值得我们仔细领会的思想与要点之处。唯此，对我们来说，关键问题不是要不要研究马克思，而是怎样研究马克思，怎样使马克思思想回应当下的社会生活。著名美国学者汉娜·阿伦特（Hannah Arendt）在《卡尔·马克思政治思想的传统》一文开篇就提到："要对卡尔·马克思进行思考或写点什么，绝不是一件容易的事情。他对晚近已经在民族国家取得政治上平等和合法参政权利的工人政党有着极大的直接影响。学术界对马克思的无视在他故去后还没有延续到 20 个年头，他的影响力再度逐渐上升。"③ 所以，她说我们今天面临着这样的困难，即如何看待马克思主义，在她看来，这更是一件颇具学术性的工作。

无疑，在这些思想家的努力下，使马克思研究在当代西方世界复兴

---

① [法]雅克·德里达：《马克思的幽灵》，何一译，中国人民大学出版社 1999 年版，第 21 页。
② [英]斯图亚特·西姆：《后马克思主义思想史》，吕增奎、陈红译，江苏人民出版社 2011 年版，第 183 页。
③ [美]汉娜·阿伦特：《马克思与西方政治思想传统》，孙传钊译，江苏人民出版社 2007 年版，第 1 页。

成为了现实。而且，他们取得的研究成果，既是我们开展马克思思想研究的基础与资源，又对我们开展马克思研究提出了挑战，既要求我们结合时代发展的新特征，密切联系中国社会实际，创新马克思教育思想研究的思路、方法，又给我们深入、有效地开展马克思教育思想的研究，以及推动马克思思想中国化增加了困难。产生困难的重要原因是对马克思思想的误读，以及由此造成对马克思思想的漠然。

正因如此，我们更有责任要和影响人类历史进程的重要思想家马克思进行对话，避免对马克思思想做简单化、教条化的理解以及庸俗化的运用。基于这样的考虑，我把"马克思教育思想"作为重要的研究项目，通过阅读马克思著作，撰写马克思教育思想研究论文，展示马克思教育思想对当前中国教育理论建设与教育实践变革的意义。这项研究工作获得了初步进展，发表、出版了相关的研究成果，也开始受到研究人员的重视。本著作的完成与出版，正是这一研究进程中的一个"站点"。

这项研究工作源自21世纪之初。在2003年，我完成了《教育哲学引论》一书。在书中，我按照马克思教育思想的核心命题，把马克思"现实中的个人"的思想作为研究线索，试图为教育哲学研究构建"人——教育——社会"三维一体的分析路径，以此实现作为"实践的"而不是"理论的"教育哲学的使命。但是，这只是一种构想，在书中，只是提到了若干观点与命题，没有展开细致、深入的讨论。因为我深知，要完成"实践的"教育哲学的研究目标，任重而道远。不过，与此相应，书中明确提出教育哲学是为教育学科构建理论的基础，是教育基础理论的理论基础。因而确立工作目标是澄清关于人的教育的不同认识思路，把握人的教育命题的意蕴。

如果说《教育哲学引论》只是以马克思教育思想核心命题提供阐释教育哲学的研究路径，提供建构教育理论的思想方式，而2004年完成《人的存在与教育——马克思教育思想的当代价值》一书是对马克思教育思想的专题研究。在这本著作中，我确定研究对象是以马克思存在论思想方式评析新中国成立以来马克思教育思想研究的主要理论观点，著作的研究目标是阐明还原马克思语境，理解马克思教育思想的重要性与可能性，强烈呼唤展示马克思教育思想的本来面貌、"本真状态"。

在上述工作基础上，就以"马克思实践教育思想当代价值"为题申请2005年教育部人文社会科学研究规划基金项目。在这项研究课题的申请报告中指出，实践的观点是整个马克思哲学的根本观点，但是，理解实践观点，既要强调实践的认识论意义，又要凸现实践的存在论（生存论）意义，这样理解"实践"，就把马克思教育思想奠基于马克思实践观之上，这是开展马克思教育思想研究的重要视角及其基本任务。顺此展开马克思教育思想的深入探讨，试图通过阐释与解读马克思的实践概念，全面、深入地阐析作为人类实践活动之一的学校教育具有的本质特征及价值，将教育回归到人的日常生活世界，全面展示培养人的自由全面发展为核心的现代公民教育价值观，确认人的存在是理解学校教育的新视界，回答了马克思教育思想的理论前提，为提炼马克思教育思想谱系做好准备，也为构建教育学理论体系提供思想方式与理论资源。

很幸运，申报的项目获得了批准（教育部人文社会科学研究基金项目"马克思实践教育思想的当代价值研究"批准号：05JA880039）。这增强了我开展马克思教育思想研究的信心，进一步激发了研究热情。在项目获得批准之后，按照项目设计意图，从研究马克思教育思想的当代价值、马克思关于人的教育的思想、教育与生活世界的关系、教育的人文价值、教育本质等专题展开研究，先后在《教育史研究》、《河北师范大学学报（教科版）》、《学习论坛》、《教育理论与实践》、《宁波大学学报（教科版）》等期刊发表了《马克思教育思想的人文特质》、《马克思教育思想研究的基础与路径》、《论马克思教育思想的当代价值》、《论马克思生产劳动理论赋予教育的当代价值》、《教育面向生活世界的理论旨趣》、《理解个性教育》、《教育价值虚无化的表现及消除》、《论体验教育的合理性及其展现》、《新世纪 10 年教育本质研究的多元视域》、《新中国教育本质研究思路的变迁》等研究论文。在发表或出版的研究成果中，有的成果被中央教科所主办《教育文摘周报》、中国人民大学报刊复印资料《教育学》全文复印或转摘介绍。不少研究学者也对研究成果给予积极评价，或者介绍、引用研究观点，特别是受到了从事马克思主义理论与思想政治教育专业的老师和在读博士研究生、硕士研究生的关注，他们在研究或撰写论文中，提及或参考了我的相关研究观点或研究思路。[①] 这也是对从事马克思教育思想研究的理论与现实意义的一种证明与支持。

这些研究工作的有效开展，是"马克思实践教育思想的当代价值"课题研究的阶段性成果，也为进一步完成这项课题的研究任务奠定了基

[①] 有研究者在概括 20 世纪 80 年代以来国内马克思教育思想研究现状时评述了《教育哲学引论》中提出的基本观点："从存在论的视角研究教育价值问题，对教育何以发生、教育如何发生提出了一些富有启发性的新思考"。参见漆明春：《马克思教育哲学研究的意义、现状、问题及出路》，《理论探讨》2008 年第 4 期。

础。然而，在实际的课题研究中，研究工作的进展，并没有我想象的那么顺利。主要是因为我的任职服务的工作单位、工作环境、工作性质发生了变动，工作任务也更加繁重，工作压力也是有增无减，它们构成了制约、影响课题研究工作持续进展的基本因素。

在2003年7月，根据浙江师范大学的安排，由我担任浙江省高等学校师资培训中心副主任工作，实际上是全面主持浙江省高等学校师资培训中心的日常工作。浙江省高等学校师资培训中心由浙江省教育厅发文成立，建立时间是1987年5月，它依托浙江师范大学，受浙江省教育厅与浙江师范大学双重领导与管理，是全国高校教师培训网络体系中的一级组织，承担着从事高校师资培训的组织管理、理论研究、信息交流及咨询服务等四项基本职能。

虽然此前我曾在农村初中学校做过教师，又长期在浙江师范大学人事处、组织部、教育科学研究所工作，先后从事学校师资调配与培养、组织与干部管理以及学校教育科研管理等方面的教育管理工作，对高校教师培训、教育领导者的教育与管理工作有一定了解，也有一定的工作基础。但是，浙江中心工作任务的繁重与面临的新挑战超出了我的想象。因为，进入21世纪以来，高等学校走内涵建设、促进高校持续发展的内在需要提上议事日程，对培养一支高学历、高学位、高水平教师队伍的需求相当迫切，这既给浙江中心的工作创造了难得机遇，也提出了更高的工作要求、工作目标。对我来说，工作的困难，不仅有来自外部环境的挑战，而且还有来自浙江中心内部的压力，这主要是工作人员的新老交替。原来的同事或是因为提拔就任新职，或是因为攻读博士研究生转成专任教师，或是需要照顾家庭进行工作调动等等原因，都先后调离了浙江中心。这样，一方面要补充新同事，这也是一件困难的工作；另一方面，新加盟的同事要熟悉了解工作，这需要一个过程。面对新的工作环境、工作任务和工作困难，我凭着对工作与职业的忠诚，始终保持着工作的热情，不仅确定了工作理念、思路与方针，而且不计自己投入地工作会给课题研究及照顾家庭等方面带来的负面影响，只是脚踏实地、埋头苦干，克服单位人手紧张、工作需要不断拓展的新困难，认真地投入到新的工作之中。

根据浙江中心的工作职责与性质，我始终坚持把教师培训当做是一项促进教师专业发展的事业来做，认定服务教师专业成长是教师培训工作的核心理念，坚持以市场化配置培训资源作为教师培训工作的基本策略，以有效推进教师专业化作为教师培训方案设计与培训项目开发的指导方针。为此，一方面，积极争取各级教育行政部门的支持，主动加强与地方各级各类学校的合作，使商谈与开发的教师研修合作项目有了实质性的推进；另一方面，秉持培训服务教师的工作理念，为前来参加培训的教师尽力做好服务工作，尽可能地与参加培训、研修的学员建立互信关系。

这是一份十分辛苦与繁杂的工作。不过，和同事们一起努力，工作局面拓展很快，新的教师培训、研修项目被开发，并得到教育行政部门、学校、教师的认可，教师培训、研修服务的区域也从浙江辐射到广东及海南等地区，参加研修的教师人数以及获得培训经费发生显著变化。此外，每年开展涉及教师培训前沿性、问题性的调查研究课题，完成调查报告，分析教师培训面临的新需求、设计培训方案，有一些培训方案也是在调查报告基础上得到浙江省教育厅高校科研师资处、师范处的认同并被采纳与组织实施。同时，为了加强教师培训的理论研究，负责主编《师资培训研究》（季刊）（2006年起改版《教师教育研究与评论》学术集刊），每年召开教师培训方面的学术研讨会与工作会议等。这些都是费时费力的工作，增加的工作量又是难以计量的，而且还要承担"培训风险"，比如组织教师境外教育培训，培训的高回报与高风险是同时并存的。不过，它也教会我学会担当，教会我坚守努力工作的理想与信心，更培养了如何面向风险中寻求创新的能力。

回想自己负责浙江中心工作期间，总是千方百计策划新的教师培训项目，争取每年都能成功实施新的培训项目，让自己的工作不要按部就班，使工作在不断变革中保持持续性与稳定性，在适应教育与社会变革中稳步推进新的教师研修项目。虽然这不是一项容易的工作，但是，和同事们一起想办法、不断探索与实践，做到了尽心尽力尽职。

这种想法还体现在我们对教师培训价值目标的期待上。在我们看来，任何一项教师培训工作，都应该有鲜明的价值追求，也就是要帮助教师确立合理的培训观，要鼓励、引导教师把培训看做是一座桥梁、一根纽带。并且，我们也要通过提供实实在在的培训服务去达到这一目标。因此，我们在组织教师研修项目时，希望参加学习的教师们，通过研修、培训学习，能够有所收获，而且，更重要的意义是希望把"培训"变成是一座桥梁，替他们与优质的教育资源搭建联络、沟通、交流的平台。比如在浙江省教育厅师范处领导下，我们在2005年组织实施全省中小学骨干教师高级访问学者项目，把一部分学员选送到北京师范大学教育学院做访问学者。其中，参加项目研修的5位小学数学特级教师被北京师范大学教育学院选为个案研究对象，对 5 位教师的经验和成果进行了认真的梳理和提炼，最终研究成果以"名师成长轨迹访谈录（每位教师一册，共五册）"为丛书名由教育科学出版社出版。既总结了这 5 位小学数学特级教师教育实践的经验、理念与理想，又为高等学校从事教育理论研究专家找到了鲜活的研究个案、研究素材，拓展了新时期高校开展教师培训工作的内涵与形式，可谓教学相长。更有意思的是，2010 年 4 月，北京师范大学成立教育家书院时，他们中的优秀特级教师被书院聘任为兼职研究员。当今天打开北京师范大学教育家书院网站时，看到曾经选送的学员经常受邀参加教育家书院组织的学术活动，并列为"教育家"进行专题介绍，对我来说，用"欣慰"两字表达并不过分。也许，时间会消磨人的记忆，无论是当年参加这个研修项目的学员，还是我们曾经任职的学校，都会逐渐淡忘当年是我们曾举办过此类研修活动。这种记忆的淡忘，对我们来说并不重要，所谓物换星移。但是，我们关心与留意的主题，则是老师们通过参加研修，他们的专业得到了发展、他们的学术活动平台得到了拓宽、学术影响面得到了扩大，这始终是留存在我心中的一丝温暖，难以割舍。

正是努力追求教师研修的长远效益、持久效益，对自己从事的工作，坚持用心、用力，试图探求并实践更有效的教师研修新模式。但是，在工作中日益感到心有余而力不足，而且，倍感身心疲惫，劳累感日渐积聚。同时，繁忙、繁重的教学、研究与管理工作，频繁的出差，经常性的加班与工作应酬，本应尽心尽责地照顾孩子的学习与生活，被自己对负责的工作寄予的理想、恪尽职守而带来工作的繁忙以及无尽的事务冲淡了，很多时候，只能靠孩子自己照顾自己，而那时的他还只是一名小学生。现在想来，依然是一种刻骨铭心的伤痛，难以叙说，无法用好与坏、对与错给予价值的评判，但它已经是难以弥补的一种事实存在，是不能淡忘的历史记忆。所以，当孩子小学毕业升入初中的时候，我想应该让他到大城市念书，自己也可以集中精力完成课题研究任务。就这样，告别了自己钟爱的教师培训、教师研修事业，把未能来得及付诸现实的教师发展理想储存在内心深处，伴随东海边徐徐而来的海风走进了上海。

在上海工作，有了相对集中的时间可以用于课题的思考与本书的写作，这是本书及课题能够顺利完成的重要条件。正是利用这段时间，我对原先发表的研究论文进行扩充或改写，构成了这本书的一部分内容。当然，书中大部分内容，比如第一章、第二章、第四章、第七章等，都是新的思考成果。

虽然书稿的写作与研究，是以前一阶段课题研究工作为基础。但是，写作这本书稿，还是遇到了不少困难。尤其是阅读马克思的著作，花费了不少时间。即便如此，依然感到对马克思思想理解的不全面、不深刻，在写作与思考过程中，时时感到才思枯竭、用笔乏力。2010年10月初就完成了第一稿，又花了两个多月时间进行修改，形成了初稿，但是，仍然感到书中问题不少，总有许多问题与思想的困惑萦绕在心头，感到很不放心，比如观点论述是否合理、材料运用是否妥善与充分、引文核对是否准确无误等问题。还有，因为直接在电脑上写作，总是担心是否存在文字输入有误等技术性差错。不论怎样，书稿总算完成，这一课题研究也暂告一段落。虽然问题不少，差错难免，但是，它是我用心思考、认真阅读马克思著作的一段心路历程的自我告白，我愿用它真诚感谢所有关心与帮助我的人，正是获得他们的鼓励与支持，使我能够静心学习、潜心问学。

　　书稿初稿完成后，正值申报2011年国家哲学社会科学基金后期资助项目之时。顺利完成这次项目的申报工作，衷心感谢中国人民大学哲学学院龚群教授、张文喜教授、上海师范大学何云峰教授的热情推荐，衷心感谢国家哲学社会科学基金项目评审专家的肯定与鼓励。匿名评审专家提出的修改意见与建议，对于优化与完善我的研究思路，十分有益。从匿名评审专家提供的修改意见看，体现着评审专家们十分严谨的工作态度、认真细致的工作作风与高度负责的专业精神，这令我敬佩与学习，亦感恩至深。

　　2012年6月，经过修改完成的书稿，向国家哲学社会科学规划办公室递交结项申请，顺利完成课题结题工作。对本课题申报、立项、日常管理、结项等工作中，各级科研管理部门给予了指导、支持与帮助，表示衷心感谢。受国家哲学社会科学规划办公室的安排，学习出版社精心组织与编辑书稿的出版，非常感谢学习出版社领导专家，他们请专家审阅了书稿，对书稿结构、文字、格式提出了中肯的见解与建议。

　　书稿的再次修改与完善，已经是2012年暑期结束之时。在结束书稿修改之际，越来越感受到开展马克思教育思想研究的重要性，体悟到阅读教育经典著作、加强教育思想研究的紧迫性。当前，各级各类学校处于经济市场化的包围之中，遭受着后现代瓦解传统教育价值观的挑战。虽然，在当前中国社会，九年制义务教育已经普及，高等教育迈入大众化阶段，越来越多的中国人接受教育的程度越来越高，但是，越来越多的中国人对教育应具有"铸造灵魂"的价值意识则是越来越模糊，甚至把学校教育等同于识字、做题、考试考级、找工作等世俗事务。对教育作这种实证主义思想方式的理解，难怪在社会上流行着功利主义的教育姿态，并且演变成制约学校教育理论研究与教育实践的"恶",[①] 比如学术不端、教师对职业的不忠诚、"大跃进式"的教育评价等问题显示着教育之"恶"的存在，而"中学生校园集体烧书"、"篡改国旗下讲话"等等"教育气象"，则是对教育之"恶"发出的抗议之音，足以警示我们要认真反思并寻求革新教育问题的出路。因此，当我们开展教育理论研究时，前提是要从人文社会学科的范畴理解教育学科，敞开教育的人文维度，倡导教育的规范研究，阐释教育的价值特质与人文关怀，避免教育学科成为一门纯粹的实证科学，这是教育研究与教育实践的基本常识。唯有坚守这一点，才能以尊重智力品质、热爱超越世俗功利目的的纯粹智力活动的姿态与立场参与教育研究，才能真诚、真心、真实地实践关注人性、关怀人生的教育活动。以此教育理想与教育价值愿景推动教育学科的建设与发展，是当前教育理论研究应该追求的致"思"路标。

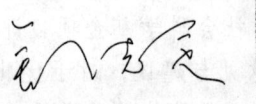

沪南·雅阁花园
初　　稿　2010 年 11 月 28 日
修　　改　2012 年 4 月 28 日
修改完稿　2012 年 8 月 31 日

[①]　[美] 艾赅博、百里枫：《揭开行政之恶》，白锐译，中央编译出版社 2009 年版，第 18 页。